# 清善化皮氏本今文尚書攷證

第一册

清　皮錫瑞撰

天津圖書館藏清光緒二十三年善化皮氏師伏堂刻本

山東人民出版社·濟南

**圖書在版編目（CIP）數據**

清善化皮氏本今文尚書攷證 /（清）皮錫瑞撰 .— 濟南：山東人民出版社，2024.3
（儒典）
ISBN 978-7-209-14286-1

Ⅰ.①清… Ⅱ.①皮… Ⅲ.①《尚書》-研究 Ⅳ.①K221.04

中國國家版本館 CIP 數據核字（2024）第 039063 號

項目統籌：胡長青
責任編輯：趙　菲
裝幀設計：武　斌
項目完成：文化藝術編輯室

**清善化皮氏本今文尚書攷證**
〔清〕皮錫瑞撰

主管單位　山東出版傳媒股份有限公司
出版發行　山東人民出版社
出 版 人　胡長青
社　　址　濟南市市中區舜耕路517號
郵　　編　250003
電　　話　總編室（0531）82098914
　　　　　市場部（0531）82098027
網　　址　http://www.sd-book.com.cn
印　　裝　山東華立印務有限公司
經　　銷　新華書店

規　　格　16開（160mm×240mm）
印　　張　48
字　　數　384千字
版　　次　2024年3月第1版
印　　次　2024年3月第1次
ISBN 978-7-209-14286-1
定　　價　114.00圓（全三册）
如有印裝質量問題，請與出版社總編室聯繫調換。

# 《儒典》選刊工作團隊

學術顧問　杜澤遜　李振聚　徐　泳
項目統籌　胡長青
責任編輯　劉　晨　劉嬌嬌　張艷艷
　　　　　呂士遠　趙　菲　劉一星

# 前　言

中國是一個文明古國、文化大國，中華文化源遠流長，博大精深。在中國歷史上影響較大的是孔子創立的儒家思想，因此整理儒家經典、注解儒家經典，爲儒家經典的現代化闡釋提供权威、典范、精粹的典籍文本，是推進中華優秀傳統文化創造性轉化、創新性發展的奠基性工作和重要任務。

中國經學史是中國學術史的核心，歷史上創造的文本方面和經解方面的輝煌成果，大量失傳了。西漢是經學的第一個興盛期，除了當時非主流的《詩經》毛傳以外，其他經師的注釋後來全部失傳了。東漢的經解衹有鄭玄、何休等少數人的著作留存下來，其餘也大都失傳了。南北朝至隋朝興盛的義疏之學，其成果僅有皇侃《論語疏》幸存於日本。五代時期精心校刻的《九經》、北宋時期國子監重刻的《九經》以及校刻的單疏本，也全部失傳。南宋國子監刻的單疏本，我國僅存《周易正義》、《爾雅疏》、《春秋公羊疏》（三十卷殘存七卷）、《春秋穀梁疏》（十二卷殘存七卷），日本保存了《尚書正義》、《毛詩正義》、《禮記正義》（七十卷殘存八卷）、《周禮疏》（日本傳抄本）、《春秋公羊疏》（日本傳抄本）、《春秋正義》（日本傳抄本）。南宋兩浙東路茶鹽司刻八行本，我國保存下來的有《周禮疏》、《禮記正義》、《春秋左傳正義》（紹興府刻）、《論語注疏解經》（二十卷殘存十卷）、《孟子注疏解經》（存臺北『故宫』），日本保存有《周易注疏》《尚書正義》（凡兩部，其中一部被清楊守敬購歸）。南宋福建刻十行本，我國僅存《春秋穀梁注疏》、《春秋左傳注疏》（六十卷，一半在大陸，一半在臺灣），日本保存有《毛詩注疏》《春秋左傳注疏》。從這些情況可以看出，經書代表性的早期注釋和早期版本國内失傳嚴重，有的僅保存在東鄰日本。

鑒於這樣的現實，一百多年來我國學術界、出版界努力搜集影印了多種珍貴版本，但是在系統性、全面性和準確性方面都還存在一定的差距。例如唐代開成石經共十二部經典，石碑在明代嘉靖年間地震中受到損害，明代萬曆初年西安府學等學校師生曾把損失的文字補刻在另外的小石上，立於唐碑之旁。近年影印出版唐石經拓本多次，都是以唐代石刻與明代補刻割裂配補的裱本爲底本。由於明代補刻采用的是唐碑的字形，這種配補本難以區分唐刻與明代補刻，不便使用，亟需單獨影印唐碑拓本。

爲把幸存於世的、具有代表性的早期經解成果以及早期經典文本收集起來，系統地影印出版，我們規劃了《儒典》編纂出版項目。

《儒典》出版後受到文化學術界廣泛關注和好評，爲了滿足廣大讀者的需求，現陸續出版平裝單行本。共收録一百十一種元典，共計三百九十七册，收録底本大體可分爲八個系列：經注本（以開成石經、宋刊本爲主。開成石經僅有經文，無注，但它是用經注本删去注文形成的）、經注附釋文本、纂圖互注本、單疏本、八行本、十行本、宋元人經注系列、明清人經注系列。

《儒典》是王志民、杜澤遜先生主編的。本次出版單行本，特請杜澤遜、李振聚、徐泳先生幫助酌定選目。特此説明。

二〇二四年二月二十八日

# 目録

## 第一册



## 第二册

## 第三册

# 今文尚書考證

丁酉孟春
師伏堂刊

序

尚書傳自伏生其徒歐陽夏侯西京立學宗習徧天下溯龍門著記虎觀講經迄於熹平所刊一以今文爲主雖其間有史公雜采之說有三家歧出之說要皆截然不紊考迹可知古文肇出魯壁不列學官盛於新莽微於中興厥後杜衛賈馬賡續倡和若故爲今文樹之敵者而其從來亦遠矣夫經義不窮引而日新學塗衆趨則材高者激而返古理勢固然無足怪者漢書稱今文徒衆或善修章句或增多師法未嘗不各自爲說若古文當日之不泯亦非獨文字古也史遷從孔安國問故明孔氏嘗爲故矣遷書載堯典諸篇多古文說是古文有說矣桑君長名傳古文其言散見地

志水經與今文不同者皆可決其爲古文說劉歆又從而推演之如莽立六宗建三公及三統厤言文王受命武王克殷之年顯背今文由歆刱說此可以意定者而必謂古文義說盡出於歆或不其然自鄭君以漢末儒宗雜糅今古爲書學一大變東晉僞經傳出茫昧千年　本朝碩學朋興今古文界域始明而蔽亦因之曲阿高密强仞今文蔽一尊尙古文故抑伏傳蔽二不信史記擯斥舊聞蔽三皮君鹿門治尙書最精嘗爲大傳疏證古文冤詞平議二書行世矣近復以今文尙書攷證視余其條理今文詳密精審兼諸大儒之長而去其蔽後之治今文者得是編爲前導可不迷於所往余讀君撰箸每有鍼芥之合惟於論古文義說反求於心

而未能釋然序君書因併出所見相質竊附於諍友之義云光緒

二十三年歲次丁酉月正元日長沙愚弟王先謙謹撰

# 凡例

自獲麟奮筆刪書百篇祖龍燔經烈火一炬憖遺一老肇啓三家漢代今文沛南爲盛雖復河内屋壁摻魚烏之墜文廟堂金絲發科斗之奇字而或僞眞莫辨傳注全無（今文大誓疑引緯書與大傳史記之文爲之與廿九篇之文不類伏生所傳本無大誓孔安國無受詔作傳事）是以二百餘年不參異義十四博士合爲通家御史大夫衍三大宗之緒（歐陽大小夏侯尚書皆出於兒寬）昌邑太傅開兩夏侯之傳（大小夏侯尚書大小戴禮同出於夏侯始昌）戫戫彬彬元元本本是知子駿之移博士本屬讕言敬仲之序官書皆爲謬論（劉歆移太常博士書云尚書初出於屋壁朽折散絶今其書見在時師傳讀而已衞宏古文官書序云錯所不知者十二三略以其意屬讀而已此皆祖古文而詆今文之謬論沛南之學極盛烏有朽折散絶略以其意屬讀者哉）趙宋以降伏書散亾沛南顓

家無復別風之字吳中孤本僅傳雅雨之編抱經補其遺恭甫刊其誤於是福州輯本鄞縣佚書踵事遂精攷文較覈覽其閎恉拱璧足珍葆此殘篇碎金斯貴如大麓之野必是名山旋機之星乃爲北極四方上下六宗之義可尋三才四時七政之文具在十二州之兆祀是祭星辰三千條之肉刑何關畫象七始七律文猶見於唐山五服五章制豈同於周世三公絀陟在巡守之先重華禪讓居賓客之位西伯受命逮六載而稱王元公居攝閱七年而致政成王抗法爲世子以迎矦皇天動威開金縢而改葬凡此塙詁皆當信從勿因瓦釜之鳴反棄黃鍾之寶

龍門箸史多列尙書之文馬遷傳經實守歐陽之法如大麓是林

麓非錄尚書百揆卽百官何云宰相堯太祖稱文祖異於禰祖之名允子朱爲丹朱知非允國之主舜年凡百歲見徵庸三十之譌帝咨廿二臣有彭祖一人在內九官十二牧合以彭祖塙是二十有二人四嶽卽在十二牧之中夔曰八字本屬衍文予乘四載必當分列戛擊鳴球以下記自虞史伯夷明良喜起之歌卽爲舜傳大禹般庚屬小辛時作比於陳古刺今微子咨樂官乃行何與剖心胥靡多士文兼毋佚意在兩義互明君奭告以勿疑事屬初崩居攝成王開金匱非因管蔡之言重耳賜彤弓乃作文侯之命魯公就國誓衆征戎秦伯封殽懲前悔過參攷舊文不乖師說至若文王囚羑里之後乃出戡耆箕子封朝鮮之前已先訪範史記惟此二事與大傳不合雖有小異無害大同

西京舊說既萃龍門東漢遺文亦叢虎觀（白虎通多載今尚書說）琮璜五玉麤鹿二牲九族親睦竝列異聞三攷黜陟不拘一義放勳非號說見於郊天伯夷不名義彰於敬老鳴球堂上尤貴降神之歌燔柴岱宗斯隆封禪之典攷績事由二伯州牧旁立三人五行襃王之宜八音方位之別受銅卽位大歛卽可稱王改朔應天太平亦宜革正社稷用孝經之說博士理本相通巡守徵王制之篇今文義原一貫他若周公薨當改葬康叔封據平安皆不背於伏書亦無違於遷史

三家派分顓門教授說經者言逾百萬從學者衆至千人大麓旋機或更古義象刑章服亦背師傳（漢人以大麓爲大錄旋機爲渾儀象刑爲象天道作刑服章爲

十二章九章皆與伏生史公之義不合蓋三家博士新說也然矛盾無多淄澠可辨攷其得失足用證明乃知熹平刊經皆據學官之本白虎議奏不主中祕之書意在同文名非慕古至於赤文緑字甚緯可甄翠琬青珉豐碑未泐殘竹捃逸斷碣鉤沈凡屬隻義單詞皆同吉光片羽漢世通行今文漢碑尤可據信

疏通古義當據舊文俗儒不知妄說斯啟是末師而非古執誤本以疑經如索隱據僞孔以誣史公近人據馬鄭以誣伏生皆是豈知懸牛頭而賣馬脯何怪抵牾斷鶴厀以續鳬脛安能强合故事實不可移易古今尤戒混淆如箕囚而微乃奔詎有父師可告衞封以伯爲爵見史記衞世家漢書古今人表胡云康叔稱侯君奭以居攝爲疑非因時已致政伯禽以征戎

就國何得尚未受封略舉數端足資隅反誠能墻守伏羲證明今文究馬班二史之異同摭東西兩京之遺逸則通如馬鄭尚難執簡而爭僞若梅姚何從緣隙而奮

漆書一卷出自西州馬鄭古文本於杜林漆書古文四十六卷漆書止一卷則非全文孔安國本藏於中祕新莽赤眉之亂蓋已亾佚此一卷當即其中佚出者漢時民間相傳本有古文尚書蓋孔安國副本然不立學私相授受不無譌脫變亂如我其試哉脫帝曰夔曰八字重出優賢揚作心腹腎腸般三宗無太宗而有祖甲必非孔壁之舊杜林好小學蓋用漆書一卷校正當時之古文尚書文字其本較他本爲善故馬鄭依用之然漆書非完文近人以爲馬鄭即孔壁古文非也古序百篇疑由東海今所傳書序與史記所引書序多不同詳見書序攷證或以毛詩序爲衞宏作古文書序疑亦出於宏蓋不無變亂文惟崇古義乃戾今豈知中祕舊藏外人莫覩臨淮早卒箸述無傳孔壁眞本惟劉向校中古文見之至東漢蓋亾矣史記云安國爲臨淮太守蚤卒不云有箸述漢藝文志列歐陽夏

條章句說義古文尚書經四十六卷不列章句說義蓋本無之凡屬班志臚列論衡徵引說文表其逸字異義述其遺聞大率遠出國師近宗衛賈掇周官於屋壁捃左氏於山巖孔安國古文尚書惟以今文正其文字並無義說其義說蓋創自劉歆歆於哀帝時請立古文尚書爲諸儒所持平帝時王莽從之卒立學既立學當有章句義說蓋皆歆爲之莽立六宗建三公歆作三統厤以爲文王受命九年崩武王十三年克殷皆與今文尚書異即其說也後漢儒林傳云杜林古文尚書賈逵爲之作訓又云衛宏從杜林受古文尚書爲作訓旨是杜林止有定本而無訓義衛賈馬鄭相繼成之馬鄭注尚書多引周禮說虞夏之制或亦本於劉歆說也漢書地理志論衡說文異義引古文尚書說亦即劉歆衛賈之說諸君厭故喜新是丹非素遂使彗孛旁出揜北斗之光玆妖譌紛乘啟黎邱之誕幻且孔壁文多譌脫不如伏書遠有師承膠東傳經竟漏帝曰嬀汭降女皆屬臣言此則誤始庸生咎非馬鄭孔穎達書正義曰馬鄭王本皆無帝曰當時庸生之徒漏之也庸生傳古文爲孔安國再傳弟

子其書已譌脫如此如其說則當以我其試哉竝爲四嶽語豈可通乎據此足知安國古文不及伏生今文此一有師承一無師承之明驗也史記云堯曰吾其試哉是史公所據今文有帝曰僞孔本亦有帝曰此僞孔從今文勝於馬鄭古文之一證也段茂堂左袒馬鄭乃以我其試哉應爲四嶽語蓋絕知者之聽足見壁中古本已遜泲南今文何必補安國之遺開子雍之僞

浚長侍中皆名碩學扶風高密竝號通儒乃必實守漆書力崇祕簡者蓋以壁藏舊本體少變更世俗通行字多譌省是以兩漢碑碣不盡合於六書中郎石經間亦參夫變體向疑賈馬許鄭皆大儒何以必舍當時通行之今文而崇不合時用之古文及觀石經與漢碑文字多譌乃知今文因當時通行不免譌俗諸君好古故鄙棄今學向使參稽脫誤法中壘之挍文不尙怪奇戒紅休之立學字體或依古本訓辭仍襲今文義兼取其兩長聖可俟夫百世今文有譌俗不妨以古文參攷

然古文無說解劉歆衛賈皆不足據說解應仍用三家今文兼采所長乃爲盡善乃必疾其蔽冒詆爲俗儒輕博士而重孤家別立漢幟祧沛南而禰棘下強撥秦灰卒致三反之人乘抵巇隙兩家同廢竝付煨塵僞孔顚倒經文競傳魯鼎之贗衛包改更隸古復失廬山之眞好古諸君實階之厲已鄭疾歐陽之蔽冒馬詆三家爲俗儒別創古文說而說又無一定馬不同於鄭鄭不同於馬王肅乃乘其隙僞造孔安國傳後人誤信之而東漢古文乃與西漢今文同歸於盡且諸君之崇古文蓋愛其文字之古耳唐衛包乃盡易以譌俗之字豈諸君所及料者哉解經當實事求是不當黨同妒眞康成博通多參異義子雍僞謬間襲今文蓋鄭受恭祖之傳每觴源於衛賈王承父朗之學或毫采於歐陽王肅父朗師楊賜傳歐陽尚書洪穉存傳經表以肅爲伏生十七傳弟子故肅作僞孔傳名爲古文實間襲取今文以駁馬鄭其說有遠勝馬鄭者當分別觀之是以純不免疵憎當知善如僞孔云義

和四子別無天地之官僞孔以四子即是羲和非別有羲和其說是也而云四子即是四岳則沿鄭誤觀刑二女當爲放勳之語見前帝甲淫亂豈足知依僞孔以祖甲爲太甲是也而次敘誤同馬鄭古文王肅云先盛德後有過謬論也子雍務與康成爲難而今古雜糅則實效尤康成故鄭王尚書注皆非古非今必祖鄭廢王非公論也予之去取一以與今文異同爲斷元公避居本無其事史逸作策即烝祭而不在明年僞孔以烝祭歲爲一時事本於劉歆三統術云是歲十二月戊辰晦周公以反政洛誥篇曰戊辰王在新邑烝祭歲命作策惟周公誕保文武受命惟七年其說是也鄭分烝與祭歲爲兩年之事按之經文殊不可通成王踐奄非東征而實因再叛大傳踐奄周公事史記踐奄成王事周公踐奄王不親行經云王來自奄昔朕來自奄知非一事僞孔以爲再叛再征其說甚塙蓋王肅襲用今文舊說鄭誤合爲一事王西莊孫淵如陳樸園必駁孔申鄭乃或以伏生爲誤或以史公爲誤其解多士多方兩篇之義皆不可通由門戶之見太拘也此皆違勝古說原本今文可以搴芳草於蕭稂掇明珠於沙礫乃必批剟孔傳曲阿鄭君以

致踳駁難通齟齬不合於是具文飾說詆史公爲謬悠顚倒是非譏伏生爲老耄陳樸園於文王受命周公避居兩事皆詆伏生老耄記憶不全不知千慮一失無損智者之名以人廢言初非公允之義茲特平其曲直參其合離不爲北海之佞臣寧作泲南之肖子

國朝經學盡闢榛蕪山東大師猶鮮壘守百詩專攻僞孔不及今文西莊獨阿鄭君無關伏義艮庭兼疏伏鄭多以鄭學爲宗茂堂辨析古今每據古文爲是淵如以史記多古說遂反執鄭義爲今樸園謂鄭注皆今文不顧與伏書相背伯申攷證郅塙簡略惜不多傳默深詆訶實工武斷乃兼宋學茲取其精當辨其舛譌不使今文亂眞非與前人立異

先漢經師必由口授文字多寡不免參差派別三家經有異本師法雖無大異傳習不必全符是以龍門蘭臺馬班殺其青簡熹平太學陳留書以丹文於乎烏虖不同於戲之字無逸亾佚別傳毋劮之文邦國恒常非關避忌維惟乃迺或別古今㝵由習本判殊非盡後人改竄許君解字有伏書雜出之辭顏監匡謬乃蔡氏一家之學匡謬正俗云古文尚書作惟今文尚書作維古文尚書作烏乎今文尚書作於戲專據石經言之按之史記漢書亦不盡合凡此遺文可證皆於大義無關茲各依其本書不敢強之使一

是書體例本仿樸園博訪通人改從薇省先用陳樸園今文尚書經說攷之例經字一切改從今文後依王逸梧先生更定仍仿孫淵如尚書今古文注疏體例正文用通行本小字分注今文㝵以史公所

載完篇不過十餘史記載堯典皋陶謨禹貢甘誓湯誓高宗肜日西伯戡者牧誓鴻範金縢肸誓尙屬完篇微子多士毋佚君奭甫刑文矦之命秦誓皆不完博士之傳列宿難尋廿八若必勇更習本臆造經文則天昊紫鳳未免倒顚清廟生民將遭塗改自我作古恐爲西河所訶毛西河古文尙書寃詞詆訶羅氏父子私造今文尙書甚至若改造經字恐似羅氏所爲獨抱遺經詎眞東漢之舊漢石經亾今文尙書遂無完本仍用通行之字庶無杜撰之譏凡有古義可憑但云今文作某

# 今文尚書攷證卷一

善化皮錫瑞

## 堯典弟一　唐書

標目云堯典弟一者書正義曰檢古本並石經直言堯典弟一漢石經乃今文尚書孔穎達及見石經搨本是今文尚書以堯典弟一標目也云唐書者王充論衡正說篇曰唐虞夏殷周者土地之名堯以唐侯嗣位舜從虞地得達禹由夏而起湯因殷而興武王階周而伐皆本所興昌之地重本不忘始故以爲號若人之有姓矣說尚書謂之有天下之代號唐虞夏殷周者功德之名盛隆之意也故唐之爲言蕩蕩也虞者樂也夏者大也殷者中也周者至也堯則蕩蕩民無能名舜則天下虞樂禹承二帝之業使道尚蕩蕩民無能名殷則道得中周則功德無不至其立義美也其襃五家大矣然而違其正實失其初意唐虞夏殷周猶秦之爲秦漢之爲漢秦起於秦漢興於漢中故曰猶秦漢使秦漢在經傳之上說者將復爲秦漢作道德之說矣此引當時博士今文家言仲任非之而自爲之說其說雖不同而以唐虞夏殷周爲五家則同鄭君書贊曰三科之條五家之教三科者古文家說謂虞夏一科商一科周一科也五家者今文家說謂唐一家虞一家夏一家商一家周一家也據尚書大傳

堯典之前題曰唐傳以後題曰虞傳夏傳有書而後有傳則伏生所治尚書當以堯典爲唐書皋陶謨爲虞書禹貢以下爲夏書湯誓以下爲商書牧誓以下爲周書矣白虎通號篇云或曰唐蕩蕩也蕩蕩者道德至大之貌也虞者樂也言天下有道人皆樂也正與論衡所引尚書說同亦今文家言也段玉裁云漢魏人祇有歐陽夏矦尚書無謂歐陽夏矦尚書爲今文尚書者晉以後古文盛行始言今文尚書以別之案段說甚塙今必以今文尚書標目者以別於僞古文竝以別於馬鄭古文且所據伏生史公之說有出於歐陽夏矦三家之先者故不得以歐陽夏矦尚書標目也漢人解尚書之義不同鄭君書贊曰孔子尊而命之曰尚書尚者上也尊而重之若天書然故曰尚書引尚書璇璣鈐曰因而謂之書加尚以尊之書正義云鄭康成依緯以尚字爲孔子所加今遺其文蓺文類聚引璇璣鈐曰尚書篇題號尚者上也上天垂文象布節度書者如也如天行也又曰書務以天言之鄭君蓋用其說春秋說題辭曰尚者上也上世帝王之遺書也又曰尚書者二帝之迹三王之義所以推期運明受命之際緯書皆今文說論衡正說篇曰尚書者以爲上古帝王之書或以爲上所爲下所書又須頌篇曰或說尚書曰尚者上也上所爲下所書也下者誰也曰臣子也仲任所引亦今文說而與鄭君以尚書爲天書又以尚字爲孔子所加之說不同釋名釋書契曰尚書尚上也以堯爲上始而書其

時事也與論衡說略同論衡書解篇言世傳詩家魯申公書家千乘歐陽公孫則仲任習歐陽尚書所引蓋歐陽說鄭君殆用夏侯說故不同歟

**堯典** 大傳曰堯典可以觀美

**曰若稽古** 桓譚新論曰秦延君能說堯典篇目兩字之說至十餘萬言但說曰若稽古至三萬言錫瑞謹案漢書儒林傳曰張山拊事小夏侯建爲博士授信都秦恭延君恭增師法至百萬言夏侯建傳曰左右采獲又從五經諸儒問與尚書相出入者牽引以次章句是小夏侯本文繁理富延君復申其說故其文尤繁惜其說皆不可攷據桓君山所引則小夏侯尚書以曰若稽古四字絕句班固東巡頌曰曰若稽古在漢迪哲孟堅亦習夏侯尚書者漢策文多以若稽古三字發端用今文尚書說也周書寤儆解云奉若稽古惟王又武穆解云粤若稽古昭天之道熙帝之載皆以若稽古發端段玉裁說曰若稽古四字爲句不特皋陶謨也蓋堯典亦然逸周書武穆解可證也劉逢祿說孔子序三統之書首夏書唐虞者夏之三統也則曰若稽古四字當是孔子尊加之辭或周史臣所加○今文一作粤若稽古○今文尚書亦作粤若稽古王文考靈光殿賦曰粤若稽古帝漢祖宗王叔師注楚辭用

今文說其子文考所引亦必今文蓋三家之本不同也稽古之義今文家皆以爲考古漢書郊祀志匡衡奏曰八人不按經藝考古制而以爲不宜無法之議難以定吉凶大誓曰正稽古立功立事可以永年丕天之大律稚圭以稽古爲考古其誼甚明太誓之篇雖非伏生所得然其文載於大傳史記博士已合於今文廿九篇之內則其說必與今文同又匡衡告祭毀廟文云欽若稽古承順天心誼亦當爲考古若訓爲同天與下句不合也郊祀志又引大誓曰正稽古師古曰今文大誓周書也稽考也志又曰今旣稽古建定天地之大禮律厤志曰三代稽古法度章焉師古曰稽考也考於古事而法度益明志又曰稽之於古今則以稽爲考甚明師古之說不誤武帝紀元狩六年詔曰稽諸往古贊曰至於稽古禮文之事猶多闕焉董賢傳曰朕承天序惟稽古建爾于公杜鄴傳曰事稽諸古王莽傳曰則天稽古後漢書章帝詔曰五經剖判去聖彌遠章句遺辭乖疑難正恐先師微言將遂廢絕非所以重稽古求道眞也范升傳曰臣聞主不稽古無以承天臣不述舊無以奉君馬融誣奏李固引同亦必引用成語稽古與述舊相對爲義則稽古爲考古無疑舊不指君古亦不當指天承天蓋言稽古之效耳若云主不同天無以承天則重複無義李賢注引鄭注同天解之非是近人猶或引此以證同天之義蓋亦未之思耳他若班固東都賦曰憲章稽古張衡陳事疏曰願陛下思惟所以稽古率

舊黃瓊請舉藉田禮疏曰竊見陛下遵稽古之鴻業體虔肅以應天桓榮傳曰今日所蒙稽古之力也東觀書曰稽乾則古安帝策夏勤文曰朕承天序維稽古又郭丹傳曰古者卿士讓位今功曹稽古合經蔡邕和熹鄧后謚議曰事不稽古不以爲政趙岐孟子題辭曰訪論稽古荀悅漢紀曰夫成大化者必稽古立中務以正其本也續漢書律厤志曰比諸術爲近然猶未稽於古劉寬碑曰開學稽古訓咨儒林凡此諸說皆不可以同天解之是以稽古爲考古兩漢諸儒皆無異義賈馬王肅說爲順攷古道今文家說蓋亦相同惟鄭君解爲同天正義云用尚書緯說緯書多同今文似亦今文異義然與漢人所引稽古之義皆不相合孫星衍以鄭君同天之解爲解帝堯帝字非解稽古其說近是或正義誤引鄭注歟

## 帝堯

璇璣鈐曰帝者天號王者人稱在政不私公位稱之曰帝樂稽耀嘉曰德象天地爲帝仁義所生爲王風俗通皇霸篇引尚書大傳說云堯者高也饒也言其隆興煥炳最高明也舜者推也循也言其推行道德循堯緒也白虎通號篇云帝王者何號也德合天地者稱帝帝者天號號言爲帝者何帝者諦也象可承也又云書曰帝堯帝舜謂之堯者何堯猶嶤嶤也至高之貌淸妙高遠優游博衍衆聖之主百王之長也謂之舜者何舜猶僢僢也言能推信堯道而行之劉熙謚法曰以爲其尊高堯堯然物莫之先

故謂之堯也義本大傳又白虎通謚篇曰帝者天號也以爲堯猶謚顧上世質直死後以其名爲號耳所以謚之爲堯何爲謚有七十二品禮謚法記曰翼善傳聖曰堯仁聖盛明曰舜錫瑞謹案此今文家以堯爲名死後即以名爲謚也檀弓曰死謚周道也自殷以上未有謚法但以生前之號即爲死後之稱如黃帝顓頊帝嚳堯舜皆是也大傳說五帝之稱皆一例是伏生以堯爲號故史記三代世表云號唐堯正義引譙周說亦以堯爲號白虎通引謚法有堯舜蓋後人加之耳史記云帝堯者放勛則當以帝堯曰放勛五字爲句而攷河命曰若稽古帝舜契握曰若稽古王湯擿雒戒曰若稽古周公旦皆連若稽古三字成文則今文家亦或以曰若稽古帝堯六字爲句蓋帝堯二字上屬下屬義皆可通故大戴禮以曰放勳三字爲句考靈耀曰放勛欽明文塞晏晏亦以放勛下屬爲句也又案大傳曰維十有三祀帝乃稱王而入唐郊是舜當時本稱王今稱帝堯帝舜皆據周制言之春秋繁露三代改制質文篇曰王者之法必正號絀王（當作二王之前）謂之帝封其後以小國使奉祀之下存二王之後以大國使服其服行其禮樂稱客而朝故同時稱帝者五稱王者三所以昭五端通三統也是故周人之王尙推神農爲九皇而改號軒轅謂之黃帝因存帝顓頊帝嚳帝堯之帝號絀虞而號舜曰帝舜錄五帝以小國下存禹之後於杞存湯之後於宋以方百里爵號公皆使服其服行其禮樂稱先王客

而朝又曰黃帝之先謚四帝之後謚何也曰帝號必存五帝代首天之色號至五而反周人之王軒轅直首天黃號故曰黃帝云帝號尊而謚卑故四帝後謚也帝尊號也錄以小何曰遠者號尊而地小近者號卑而地大親疏之義也又曰德侔天地者稱皇帝天祐而子之號稱天子故聖王生則稱天子崩遷則存爲三王絀滅則爲五帝下至附庸絀爲九皇下極其爲民董子之說以爲古天子生時皆稱王推前二代竝爲三王又推前五代爲五帝又推前九代爲九皇後人以夏殷周爲三王黃帝顓頊帝嚳堯舜爲五帝皆沿周制言之漢舊儀曰祭三王五帝九皇六十四民皆古帝王凡八十一姓蓋用董子之說蒼頡黃帝史臣其製字以王居門中爲閏是黃帝當時亦稱王據董子說則黃帝乃周人追謚耳此西漢今文說東漢以後知之者尟矣

**曰放勳** 大戴禮趙岐孟子注皆作勳武梁祠畫象作放勳蓋勳本今文也○今文一作放勛○史記攷靈耀皆作勛白虎通爵篇引中候曰天子臣放勛御覽八十皇王部五引中候運衡曰帝堯刻璧率羣臣東沈于雒書曰天子臣放勛德薄施行不元此今文作勛之證中候引堯祀天文稱臣放勛祀天必自稱名則今文說以放勛爲堯名史記堯本紀曰帝堯者放勛舜本紀曰帝舜者名曰重華故馬融注曰放勳堯名趙岐注孟子曰放勳堯名也武梁祠畫象曰帝堯放勳帝舜名重華重華爲名則放勛亦名可

知蓋堯舜名也放勳重華亦名也皋陶一名庭堅不得以古無二名爲疑說文勳古文作勛今文亦作勛者段玉裁說壁中亦有今文伏生亦有古文非孔氏者皆古文無今字伏生者皆今文無古字也劉逢祿說放勳號也馬融以爲堯名名卽號也帝者三王以前尊加之辭堯當時亦稱王也孔子曰天無二日民無二王

**欽明文思安安**○今文作欽明文塞晏晏○後漢書和熹鄧后紀第五倫陳寵傳李賢注皆引尚書攷靈耀曰文塞晏晏此今文作文塞晏晏之證鄧后紀劉毅上疏曰崇晏晏之政第五倫傳曰體晏晏之姿陳寵傳曰宏崇晏晏何敞諫爲篤景起第疏曰陛下履晏晏之姿又奏記宋由曰明公履晏晏之純德又上疏論鄧壽曰誠不欲聖朝行誹謗之誅㠯傷塞晏之化馮衍傳顯志賦曰思唐虞之晏晏崔瑗司隸校尉箴曰昔唐虞晏晏論衡恢國篇曰唐之晏晏蔡邕司空袁逢碑曰其惠和也晏晏然衞尉卿衡方碑曰少㠯文塞敦厖允元長㠯欽明耽詩悅書唐扶頌曰崇晏晏之惠康受禪碑曰欽明文塞皆漢人引今文義也鄭注攷靈耀曰道德純備謂之塞寬容覆載謂之晏鄭亦用今文義○一作欽明文思晏晏○後漢書馮衍傳李賢注引尚書攷靈耀曰放勛欽明文思晏晏論衡須頌篇曰問說書者欽明文思以下誰所言也曰篇家也篇家誰也孔子也是今文亦作文思或三家本異

不盡由後人改之仲任以欽明文思以下爲孔子所言蓋指書序言之漢人皆以書序爲孔子作今書序作聰明文思而仲任云欽明文思者或今文書序與古文書序之字不同也○一作聰明文塞晏晏○後漢書陳寵傳注引尚書攷靈耀曰堯聰明文塞晏晏則今文尚書欽明或作聰明書序曰昔在帝堯聰明文思攷靈耀與書序合建武泰山刻石文曰昔在帝堯聰明密微亦是引用今文尚書段玉裁不知今古文不同疑攷靈耀聰字爲誤未免疏失

**允恭克讓**○今文一作克攘○說苑敬慎篇曰昔堯履天子之位猶允恭以持之虛靜以待下東觀漢記桓郁傳謙謙允恭漢書藝文志曰道家者流清虛以自守卑弱以自持此君人南面之術也合於堯之克攘師古曰攘古讓字是今文亦用古字作攘也史記云其仁如天其知如神就之如日望之如雲富而不驕貴而不舒黃收純衣彤車乘白馬大戴禮五帝德篇文略同蓋史記所本也此今文家解欽明至克攘之義

**光被四表**○今文亦作光被四表○漢書宣帝紀蕭望之傳載黃霸于定國等議皆曰聖德充塞天地光被四表荀爽易注曰聖王之信光被四表樂緯注曰言德光被四表黃瓊言宦官縱恣疏曰光被八極胡廣邊都尉箴曰光被八埏班固典引曰光

被六幽蔡邕注曰六幽謂上下四方也引尚書曰光被四表格于上下蔡邕釋誨曰舒之足以光四表高誘淮南注曰頗讀光被四表之被中論法象篇曰唐帝允恭克讓光被四表史晨祀孔廟碑曰光于上下魏公卿上尊號奏碑曰光被四表王粲無射鍾銘曰格于上下光於四方曹植求通親親表曰欲使陛下崇光被時雍之美吳封禪國山碑曰格于上下光被六幽是也○一作橫被四表○漢書王襃聖主得賢臣頌曰化溢四表橫被無窮王莽傳曰昔唐堯橫被四表後漢書馮異傳安帝詔曰昔我光武受命橫被四表崔駰傳崔篆慰志賦曰聖德滂以橫被兮班固傳西都賦曰是故橫被六合張衡東京賦曰惠風橫被東巡誥曰帝道橫被旁行海表是也王燭寶典序橫被四表亦沿用今文義○一作廣被四表○禮緯含文嘉堯廣被四表漢書禮樂志平當正雅樂議曰況於聖主廣被之資成陽靈臺碑曰爰生聖堯名蓋世兮廣被之恩流荒外兮樊毅復華下民租田口算碑曰廣被四表沇子琚縣竹江堰碑曰廣被四表唐扶頌曰追惟堯德廣被之恩五經通義曰舞四夷之樂明德澤廣被四表也華陽國志但望請分郡疏曰聖德廣被三國魏志文帝紀注引獻帝傳曰廣被四表又曰至德廣被郭璞山海經圖讚狄山帝堯葬於陽云聖德廣被是也蓋光廣古通用光橫古同聲亦通用漢人引用或作橫或作廣或作光皆歐陽夏侯三家今文異字然字異而義同光被即廣被亦即橫

被皆是充塞之義後漢書陳寵傳曰聖德充塞假于上下是其明證僞孔傳訓光爲充蓋本三家今文舊說鄭君訓爲光耀非其義也段玉裁以爲古文尙書作光今文尙書作橫蓋未知今文亦有作光者陳喬樅據後漢書桓焉傳云焉傳歐陽尙書永初元年入授安帝鄧宏傳云宏少治歐陽尙書授帝禁中以安帝詔引橫被爲歐陽今文又據黃霸傳從夏矦勝學尙書以霸議引光被爲大小夏矦異文其證甚塙然未引今文一作廣被所引漢人橫被光被之文亦有未盡蓋猶有漏義也若成陽靈臺碑云德彼四表乃叚彼爲被非今文家有作彼之本也下云廣彼之恩亦叚彼爲被可證四表之義攷靈耀日二十八宿之外各有萬五千里是謂四游之極謂之四表書說云日照四極九光東日日中南日日永西日宵中北日日短光照四十四萬六千里又云日道出於列宿之外萬有餘里正月假上八萬里假下一十萬四千里又云地與星辰四游升降於三萬里之中春則星辰西游夏則星辰北游秋則星辰東游冬則星辰南游地有四游冬至地上行北而西三萬里夏至地下行南而東亦三萬里春秋二分其中矣鄭注曰天旁行四表之中冬南夏北春西秋東皆薄四表而止地亦升降於天之中冬至而下夏至而上二至上下蓋極地厚也鄭注緯書亦用今文故方行作旁行然因此附會光爲光耀則非也

**格于上下**○今文亦作格于上下蔡邕典引注引作格于上下張超靈帝河間舊廬碑王粲無射鍾銘樂緯注獻帝傳吳國山碑皆引作格于上下○一作假于上下○段玉裁說說文解字引虞書曰假于上下王逸注招魂曰假至也書曰假于上下叔師多用今文尚書此今文與古文同也後漢書順帝紀丕顯之德假于上下史記假人元龜假于皇天假于上帝漢書惟先假王正厥事尚書大傳祖考來假皆今文尚書有假無格之證錫瑞謹案假格通用三家異文有作格者非必後人改之段云古文作格今文作假亦未盡然也後漢書明帝紀詔陳寵傳疏皆引假于上下馮異傳安帝詔云昭假上下白虎通禮樂篇引尚書曰前歌後舞假于上下所引雖大誓之文然作假當無異此皆漢人用今文作假段氏所未及引者

**克明俊德**○今文亦作克明俊德論衡程材篇曰堯以俊德致黎民雍仲任習歐陽尚書蓋歐陽別本有作俊者又講瑞篇曰然而唐虞之瑞必眞是者堯之德明也仲任以明德屬堯與大學自明義合郙閣頌曰降茲惠君克明俊德允武允文亦以明德爲自明其德鄭君以俊德爲賢才兼人者非今文義也○一作克明馴德○史記曰能明馴德徐廣曰馴古訓字言堯自明其德以訓九族段玉裁說訓馴順三字通用堯典在歐陽夏侯當作克明訓德與五品不訓用字正同徐中散在晉末雖今文尚書已佚

而祖飢謐哉之類尚存一二又采集舊聞知馴卽訓字故云古訓字也○一作克明峻德○大學引帝典作峻大小戴與夏侯尚書同師是夏侯本作峻漢書平當傳曰昔者帝堯南面而治先克明峻德以親九族而化及萬國當習歐陽尚書見儒林傳則歐陽家亦作峻也當引此以證聖人之德亡以加於孝則亦以峻德爲堯德

**以親九族九族既睦**正義引夏侯歐陽說云九族者父族四母族三妻族二皆據異姓有服異義引尚書歐陽說九族乃異姓有屬者父族四五屬之內爲一族父女昆弟適人者與其子爲一族已女昆弟適人者與其子爲一族已之女子子適人者與其子爲一族母族三母之父姓爲一族母之母姓爲一族母女昆弟適人者與其子爲一族妻族二妻之父姓爲一族妻之母姓爲一族古尚書說九族者從高祖至元孫凡九皆同姓許愼案禮緦麻三月以上服恩之所及禮爲妻父母有服明在九族中九族不得但施於同姓鄭駁云元之聞也婦人歸宗女子雖適人子猶繫姓明不得與父兄爲異族其子則然昏禮請期辭曰唯是三族之不虞欲及今三族未有不億度之事而迎婦也如此所云三族不當有異姓異姓其服皆緦麻禮雜記下緦麻之服不禁嫁女取婦是爲異姓不在族中明矣據此則許從今文鄭從古文然昏禮云三族不虞不云九族且禮爲外祖父母從母皆小功則

異姓有服不止緦麻鄭君之說未足以難今文也白虎通宗族篇云族者何也族者湊也聚也謂恩愛相流湊也生相親愛死相哀痛有會聚之道故謂之族尚書曰以親九族族所以有九何九之爲言究也親疏恩愛究竟謂之九族也父族四母族三妻族二四者謂父之姓爲一族也父女昆弟適人有子爲二族也身女昆弟適人有子爲三族也身女子適人有子爲四族也母族三者母之父母爲一族也母之昆弟爲二族也母之女昆弟爲三族也母昆弟者男女皆在外親故合言之也妻族二者妻之父爲一族妻之母爲二族妻之親略故父母各一族禮曰唯氏三族之不虞尚書曰以親九族白虎通言九族與異義引歐陽說同惟歐陽以母之父母各爲一族班以母之父母合爲一族略異然母之昆弟即母之父族不得別爲一族班引夏侯義似不如歐陽義塙也白虎通又云一說合言九族者欲明堯時俱三也禮所以獨父族四何欲言周承二弊之後民人皆厚于末故與禮母族妻之黨廢禮母族父之族是以貶妻族以附父族也或言九者據有交接之恩也若邢侯之姨譚公惟私也言四者據有服耳不相害所異也盧文弨云語不甚了大約謂三代之季民有厚母族薄父族厚妻族薄母族者故矯其弊損妻族三爲二增父族三爲四也喪服傳云禽獸知母而不知父野人曰父母何算焉是厚于末之義則此一說意謂堯時父母妻皆三族合爲九周時則父族四母族三妻族二也

此今文家異說妻族三當與母族相同父族亦止於三則四族中當少一族不知所少者爲何其詳不可得聞矣

**平章百姓百姓昭明**○今文亦作平章百姓白虎通姓名篇云人所以有姓者何所以崇恩愛厚親親遠禽獸別婚姻也故禮別類使生相愛死相哀同姓不得相娶皆爲重人倫也姓生也人所稟天氣所以生者也尚書曰平章百姓姓所以有百何以爲古者聖人吹律定姓以紀其族人含五常而生正聲有五宮商角爲便轉而相雜五五二十五轉生四時異氣殊音悉備故姓有百也據白虎通之說平章百姓蓋辨別章明之即吹律定姓之事白虎通用今文而亦作平者平便一聲之轉三家異文或同古文作平崔駰章帝謚議曰唐書數堯之德曰平章百姓曹植求通親親表引平章百姓蔡邕封事云平章賞罰亦引此經字也或據說文釆古文辨謂古文作釆章今作平乃釆字之誤恐未可據○一作便章百姓○史記作便章百姓徐廣曰下云便程東作然則訓平爲便也索隱曰平既訓便因作便章錫瑞謹案鴻範王道平平史記張釋之馮唐列傳引作王道便便平便一聲之轉史公所據今文尚書本必作便字非訓平爲便以訓詁代經也○一作辯章一作辨章○史記索隱曰其今文作辯章便既訓辯遂爲辯章鄒誕生本亦同也後漢書劉愷傳曰職在辯章百姓注引尚書曰九族既睦辯章百姓鄭元注云辯別也章明也鄭亦用今

文義詩小雅采菽正義堯典平章百姓書傳作辨章癸辛雜識前集引尚書大傳曰辨章百姓百姓昭明班固典引曰惇睦辨章之化治答賓戲曰辨章舊聞御覽引東觀漢記曰臣下百僚力誦聖德紀述明詔不能辯章三國魏志景元元年有司議奏曰朝廷所以辨章於
天下者也

**協和萬邦**○今文作協和萬國○今文邦多作國史記曰合和萬國協作合以訓故代經高祖侯功臣年表序引作協和萬國漢書宣帝紀成帝紀地理志引皆作協法言先知篇曰堯親九族協和萬國王莽傳曰萬國和協東觀記和帝賜彭城王恭詔曰蓋聞堯親九族萬國協和漢紀杜業曰昔唐虞協和萬方致雍熙之政易國爲方臨文不拘也後漢書明帝紀論衡儒增篇引作協和萬邦與今文不合疑後人改之漢書地理志曰昔在黃帝作舟車以濟不通旁行天下方制萬里畫壄分州得百里之國萬區是故易稱先王以建萬國親諸侯書曰協和萬國此之謂也據此則今文說以萬國爲實有萬國非虛數也○一作叶和萬國○今文協亦作叶論衡齊世篇引作叶說曰唐之萬國固增而非實者也又藝增篇曰尚書協和萬國是美堯德致太平之化化諸夏並及夷狄也言協和方外可也言萬國增之也欲言堯之德大所化者衆諸夏夷狄莫不雍和故曰萬國仲任以萬國爲增而非實蓋

歐陽說與班孟堅夏侯說不同協作叶者叶古文協大傳不叶于極白虎通叶時月皆引作叶是伏生今文亦有古文之證

**黎民於變時雍**○今文作黎民於蕃時雍○漢書成帝紀陽朔二年詔曰黎民於蕃時雍明以陰陽爲本也應劭曰黎衆也時是也雍和也言衆民於是變化用是大和也韋昭曰蕃多也陳喬樅說易文言天地變化草木蕃天地閉賢人隱故應劭以變化說蕃字之義也古文尚書作於變今文尚書作於蕃韋昭以蕃訓爲多如其字釋之從今文家說也孫星衍說潛夫論考績篇云此堯舜所以養黎民而致時雍也以養釋蕃云致時雍疑又以時爲時代之時案後漢書魯恭傳曰夫王者之作因時爲法深惟古人之道助三正之微定律著令冀承天心順物性命以致時雍則今文說有以時爲時代之時者○一作於亢時雍○漢書地理志引作卞孔宙碑引作亢段玉裁說亢卽今之卞字弁之變體弁蓋蕃之叚借字古音弁讀如盤

**乃命羲和**孫星衍說西漢諸儒用今文說以羲仲等四人卽是羲和不以爲六官與馬鄭異月令云乃命太史司天日月星辰之行是羲和於周爲太史之職也史記天官書云昔之傳天數者於唐虞羲和是不以爲六卿漢書成帝紀陽朔元年詔曰昔在帝堯立羲和之官命以四時之事令不失其序百官公卿表云書載唐虞之際命羲和四子順天文授民時注應劭曰堯命四子

分掌四時之教化也張晏曰四子謂羲仲羲叔和仲和叔也食貨志云堯命四子以敬授民時魏相傳云明王謹於尊天愼於養人故立羲和之官以乘四時節授民事論衡是應篇云堯候四時之中命曦和察四星以占時氣是以仲叔等四子爲羲和今文說也

錫瑞謹案孫說是也兩漢諸儒皆以四子即是羲和羲和專掌天文不治民事孫氏所引之外如史記麻書曰堯立羲和之官明時正度則陰陽調風雨節茂氣至法言重黎篇曰羲近重和近黎漢書律麻志曰麻數之起上矣傳述顓頊命南正重司天火正黎司地其後三苗亂德二官咸廢而閏餘乖次孟陬殄滅攝提失方堯復育重黎之後使纂其業故書曰迺命羲和欽若昊天麻象日月星辰敬授民時藝文志曰陰陽家者流蓋出於羲和之官敬順昊天麻象日月星辰敬授民時此其所長也古今人表有羲中羲叔和中和叔別無羲和後漢質帝紀本初元年詔曰昔堯命四子以欽天道續漢書天文志曰故星官之書自黃帝始唐虞之時羲仲和仲律麻志曰承聖帝之命若昊天典麻象三辰以授民事立閏定時以成歲功羲和其隆也中論麻數篇曰堯復育重黎之後不忘舊者使復典教之故書曰乃命羲和三國魏志注引王沈魏書丙戌令史官奏修重黎羲和之職據此諸說以羲和爲司天皆無異義惟馬鄭之注以羲和與四子爲天地四時之官四子即是四岳與諸儒之說大異鄭云官名蓋春爲秩宗夏爲司馬秋爲士冬

爲共工通稷與司徒是六官之名見今卽其說辨之虞有九官見於尚書竝無六官之名九官中亦無司馬舜以蠻夷猾夏屬之作士是兵刑合爲一官班孟堅作漢書刑法志兼言兵不別立兵法志蓋用今文尚書之義稷爲天官古無明文國語云稷爲大官不云天官鄭蓋以緯書云稷爲司馬又云司馬主天故傅會爲是說然據鄭義夏爲司馬則司馬非主天鄭又云初堯天官爲稷禹登用之年舉棄爲之時天下賴后稷之功故以官名通稱其箋詩又云堯登用之使居稷官民賴其勞後雖作司馬天下猶以后稷稱焉如其說則棄於堯時已爲天官其職最尊若周之冢宰矣何以堯舜禪讓皆不及棄且稷爲天官司馬爲夏官天官尊於夏官后稷有功於民何以又由天官而降爲司馬舜時九官竝命皆屬要職何以舉其五而遺其四又於其內增一司馬是其爲說皆不可通鄭創爲是說者蓋以重黎司天地似近天官地官四子分主四時近春夏秋冬之官不知唐虞官制與周官不同非可强合爲一羲和司天之官不得兼治方岳之事漢書公卿百官表云書載唐虞之際命羲和四子順天文授民時咨四岳以舉賢才揚側陋是今文家於四子四岳分別甚明向疑今文尚書家有師說古文尚書家竝無師說專據周官等書比附爲之卽此可見其粲據伏生大傳古有三公九卿無六卿虞時九官當卽九卿大傳曰舜攝時三公九卿百執事此堯之官也故使百官事舜其時三公不知何

名或如周制三公在六卿中其時三公即在九卿之中或別有三公蓋未可知司徒司空之外或增太尉或增司馬亦未可知要與羲和四子司天之官不相涉也陳喬樅以鄭注爲今文不知鄭義與今文多違是其大蔽鄭與今文違異者甚衆略舉其一以俟識者隅反○今文一作迺命羲和○今文乃亦作迺見漢書律厤志漢書引經皆作迺○一作曦和○今文羲亦作曦見論衡是應篇引案楚辭離騷經曰吾令羲和弭節兮天問曰羲和之未揚王逸注皆云羲和日御也廣雅釋天云日御謂之羲和山海經云東南海外有羲和之國有女子名曰羲和是生十日常浴日於甘淵注云羲和天地始生主日月者也據注文則經云生十日當是主十日之誤十日甲至癸也郭璞注曰羲和能生日也故曰爲羲和之子堯因是立羲和之官以主四時景純以日爲羲和之子似誕而云堯因是立羲和之官證以論衡作曦則其說當有所本淮南子云爰止羲和爰息六螭是謂懸車潛夫論愛日篇云化國之日舒以長舒長者非謂羲和安行乃君明民靜而力有餘也此皆以羲和爲日御者也又攷漢志云黃帝使羲和占日楊雄河東賦曰羲和司日李尤漏刻銘曰乃建日官又曰乃命羲和是羲和即日官此皆以羲和爲日官者也蓋羲和本日御之名黃帝取其名立是官以司日堯命羲和蓋亦因於古耳王仲任引作曦和則三家今文必有別本從日作曦者亦因其本以日御得名也以羲和爲兼

治民事其謬
不待辨矣

**欽若昊天**五經異義今尚書歐陽說春日昊天夏日蒼天秋日旻天冬日上天總爲皇天爾雅亦然謹案尚書堯命羲和欽若昊天總敕四時知昊天不獨春鄭駮異義云元之聞也爾雅者孔子門人所作以釋六藝之言蓋不誤也春氣博施故以廣大言之浩浩昊天求天天之博施此之求天猶人之說事各從其主耳若察於是則堯命羲和欽若昊天無可怪耳錫瑞謹案鄭從今文說故與許君不同而說文作昦云春爲昦天元氣昦昦則亦同今文說蓋由異義早成說文晚定故也今爾雅作春蒼夏昊與歐陽許鄭說爲春昊夏蒼者不同而許君引今尚書說云爾雅亦然鄭從今尚書說而又以爾雅爲不誤者蓋許鄭所據爾雅亦作春昊夏蒼與李巡孫郭之本異也史記作敬順
本爾雅釋詁釋言漢書藝文志亦作敬順

**厤象日月星辰**漢書李尋傳尋說王根云書曰厤象日月星辰此言仰視天文俯察地理觀日月消息候星辰行伍
孫星衍說李尋言俯察地理者蓋謂下宅嵎夷宅南交等亦以羲和卽羲仲等四子也錫瑞謹案李尋師張山拊受小夏侯尚書所引者小夏侯說也厤象史記作數法索隱曰謂命羲和以厤數之法文燿鉤曰堯眉八彩是謂通明厤象日月璇璣玉衡白虎通聖

人篇說同蓋以璇璣玉衡當書之星辰卽今文家以旋機爲北極玉衡爲北斗之說也後漢書襄楷傳曰臣聞皇天不言以文象設教堯舜雖聖必厤象日月星辰察五緯所在故能享百年之壽爲萬世之法則又以星辰爲五緯所在

**敬授人時**。今文當作民時。段玉裁說民時衛包改作人時古人引用如鄭注尚書大傳徐氏中論韋注鄭語皆引敬授民時皆治古文尚書者也史記五帝本紀漢書律厤食貨藝文志李尋王莽傳孫叔敖碑亦皆引敬授民時皆治今文尚書者也錫瑞謹案段所引外如漢書百官公卿表敘漢官儀潛夫論愛日篇班祿篇後漢書劉陶改鑄大錢議亦皆引作敬授民時是古無不作民時者惟尚書大傳曰主春者張昏中可以種穀主夏者火昏中可以種黍主秋者虛昏中可以種麥主冬者昴昏中可以收斂蓋藏田獵斷伐當上告之天子而下賦之民故天子南面而視四星之中知民之緩急急則不賦籍不舉力役故曰敬授人時此之謂也伏生大傳不應獨作人時蓋後人據今本尚書改之御覽引大傳作民時禮月令正義引尚書考靈燿曰主春者鳥星昏中可以種稷主夏者心星昏中可以種黍主秋者虛星昏中可以種麥主冬者昴星昏中則入山可以斬伐具器械王者南面而坐視四星之中者而知民之緩急急則不賦力役故敬授民時文與大傳略同說苑雜言篇文亦與大傳略同引書曰敬授民時蓋亦今

撫大傳之文而作民不作人則大傳亦必作民時也

**分命羲仲** 鄭注云仲叔亦羲和之子堯既分陰陽爲四時命羲仲和仲羲叔和叔等爲之官又主方岳之事是爲四岳孫星衍說知主方岳之事爲四岳者大傳云惟元祀巡狩四嶽八伯其下有羲伯和伯等樂與陽伯夏伯秋伯冬伯爲六周禮敘引鄭注云堯始得羲和命爲六卿其主春夏秋冬者竝掌方嶽之事是爲四嶽出則爲伯後稍死驩兜共工等代之乃分置八伯又注大傳儀伯云儀當爲羲羲仲之後也羲伯羲叔之後也和伯和仲之後也不及和叔者脫文此鄭據大傳爲說錫瑞謹案鄭據大傳爲說實與伏生之義不同伏生據四星之昏中以敬授民時則亦以四子卽是羲和無以四子爲卽四嶽之說也大傳云惟元祀巡狩四嶽八伯是其時四嶽八伯竝列鄭云四嶽死乃分置八伯明與大傳不合大傳有儀伯又有羲伯何以知儀當爲羲一是仲後一是叔後大傳八伯鈌一又何以知爲和叔之後鄭據大傳爲說不過因其中有羲伯和伯與經所云羲和偶合遂傅會爲一以證其四子卽四嶽之說耳伏生之義雖難詳知據兩漢諸儒所引今文皆不以四子爲四嶽則不得如孫氏傅會鄭義爲今文說也風俗通曰羲氏堯卿羲仲之後應仲遠兼治古文或用鄭說亦無六卿明文

**宅嵎夷**○今文作度禺銕○段玉裁說宅今文尚書作度周禮注引度西曰柳穀此鄭所引今文尚書也然則宅嵎夷宅南交宅朔方今文皆作度矣嵎夷今文尚書作禺銕說文暘字下曰嵎銕暘谷也此用今文尚書也嵎當本是禺或增山旁耳史記夏本紀索隱曰嵎夷今文尚書及帝命驗竝作禺鐵尚書堯典釋文曰尚書攷靈曜及史記作禺銕尚書正義卷二曰夏矦等書宅嵎夷爲宅嵎鐵作宅者誤依古文尚書嵎鐵即禺銕銕者古文鐵字鐵者鐵之譌體也案路史陶唐紀注引帝命驗曰禺銕在遼西郎青之嵎夷近出日故敬賓出之○一作度嵎鐵○書正義引夏矦等書作嵎鐵嵎字與說文合非必後人增之鐵譌體當作鐵蓋作嵎鐵者夏矦尚書作禺銕者歐陽尚書也陳喬樅說銕古音通夷故從夷作銕銕鐵字同禺夷即嵎銕之渻文今文尚書或作嵎鐵或作禺銕讀皆同夷皆三家之異文也○一作度郁夷○史記云居郁夷度作居以訓故代經文方言曰度居也東濟海岱之間或曰度禺郁一聲之轉據尚書釋文則史記亦有一本作禺銕也近人或據詩小雅周道倭遲漢書地理志引作郁夷謂郁夷即倭夷郁音近倭即今日本之地據後漢書東夷傳說夷有九種云昔堯命羲仲宅嵎夷曰暘谷蓋日之所出也或說似近之而說文云暘山在遼西索隱云按今文尚書及帝命驗竝作禺鐵在遼西則今文說以爲在遼西非倭夷之地

**曰暘谷**○今文作曰暘谷○段玉裁說今文尚書作暘說文暘字下曰一曰嵎銕暘谷也此稱今文尚書也以嵎銕今文則知相屬之暘谷今文無疑也○一作曰湯谷○史記作暘谷索隱曰史記舊本作湯谷今並依尚書字按淮南子曰日出湯谷浴于咸池則湯谷亦有他證明矣據索隱說則史記本作湯谷亦出今文尚書湯谷之證於索隱所引外如楚辭天問曰出自湯谷王逸注云言日出東方湯谷之中又遠遊曰朝濯髮於湯谷兮山海經曰黑齒之北曰湯谷論衡說日篇曰禹貢山海經言日有十在海外東方有湯谷又談天篇曰且日火也湯谷水也說文云叒日初出東方湯谷所登榑桑叒木皆作湯與史記同

**寅賓出日** 大傳曰古者帝王躬率有司百執事而以正月朝迎日於東郊以爲萬物先而尊事天也祀上帝於南郊所以報天德迎日之辭曰維某年月上日明光於上下勤施於四方旁作穆穆維予一人某敬拜迎日東郊迎日謂春分迎日也堯典曰寅賓出日此之謂也蔡邕獨斷曰天子父事天母事地兄事日姊事月常以春分朝日于東門之外示有所尊訓民人事君之道也正用大傳之義鄭注云寅賓出日謂春分朝日亦與今文說同帝命驗曰春夏欲早作故令民先日出而作是謂寅賓出日其解經與大傳說殊蓋三家義異也史記作敬道日出以訓故代經說文寅辰也夤敬惕也史公訓爲敬而經文作寅者蓋今文尚書用叚

借作寅古文或用本字故李仲璇孔子廟碑引作夤賓集韻引寅餞作夤淺也尚書釋文云賓如字徐音儐說文云儐導也史公訓賓爲道則今文尚書亦叚賓爲儐道之儐矣

**平秩東作**○今文亦作平秩東作○趙岐孟子注引今文尚書作平秩東作或三家今文有作平者如辯章亦作平章之比大傳曰東方者何也動方也物之動也何以謂之春春出也萬物之出也故謂東方春也○一作便程東作○史記曰便程東作索隱曰劉伯莊傳皆依古文作平秩音然尚書大傳曰辯秩東作則是訓秩爲程言便課其作程者也正義曰便程竝如字後同耕作在春故言東作命羲仲恭勤道訓萬民東作之事使有程期孫星衍說平秩爲便程者聲俱相近說文𢧁从大𢦏聲讀若詩𢧁𢧁大猷今作秩是也案史公作便程蓋歐陽尚書異文非訓秩爲程也○一作辯秩一作辨秩○史記索隱引大傳曰辯秩東作周禮馮相氏注引仲春辯秩東作仲夏辯秩南譌仲秋辯秩西成仲冬辯在朔易賈公彥疏云據書傳而言是鄭亦引今文與索隱所引合辯辨實一字也風俗通祀典篇引青史子云歲終更始辨秩東作萬物觸戶而出與大傳合惟北海相景君碑云辨秩東衍易作爲衍不知何義王念孫云衍讀曰埏集韻云埏方也辨秩東衍猶言平秩東方未知是否東作等語兩漢今文家亦以屬農事言漢

書王莽傳曰每縣則耕以勸東作每縣則薅以勸南僞每縣則穫以勸西成每縣則粟以勸蓋藏後漢書質帝紀續漢書禮儀志皆云方春東作蔡邕行考城頌云勸茲穡民東作是營應劭漢書注云東作耕也趙岐孟子注云東野人東作田野之人書曰平秩東作謂治農事也是以東作爲耕皆無異義列子楊朱篇曰宋有田父曁春東作則其義古矣近人或以東作等文爲治厤法非古義

**日中星鳥** 大傳曰主春者張昏中則鳥卽張也天官書云張素卽鳥之嗉也高誘淮南子注云三月昏張其星中于南方

**以殷仲春** ○今文作以殷中春○史記作中下同西嶽華山廟碑云皆以四時之中月是古不作仲

**厥民析** 風俗通祀典篇云春者蠢也蠢蠢搖動也尙書以殷中春厥民析高誘呂覽仲春紀耕者少舍注云皆耕在野少有在都邑者也尙書曰厥民析散布在野史記司馬相如傳索隱引如淳曰析分也言使民分散耕種

**鳥獸孳尾** ○今文作鳥獸字微○史記曰鳥獸字微說文解字敘云字者言孳乳而寖多也解字云尾微也釋名釋形體曰尾微也承春之末稍微殺也是孳字尾微音義俱近江聲說魯語曰鳥獸孕韋昭注謂春時又曰鳥獸成韋注云謂立夏鳥獸以成是則春時鳥獸方字乳而尙微也

申命羲叔宅南交○今文作度南交○大傳曰中祀大交鄭注云中仲也古字通春爲元夏爲仲五月南巡守仲祭大交氣於霍山也南交稱大交書曰宅南交是也王引之說大傳所稱皆今文尚書鄭注大傳所引皆古文尚書是古文作交今文作大交也以曰暘谷曰幽都例之大交之上當有曰字古文尚書脫曰大二字耳幽都山名大交與之相對則亦山名無事別求其地而謂當有曰明都三字矣錫瑞謹案墨子節用篇云古者堯治天下南撫交阯北際幽都韓子十過篇文略同淮南修務訓云堯北撫幽都南道交阯大戴禮云虞舜以天德嗣堯朔方幽都來服南撫交阯說苑反質篇云臣聞堯有天下其地南至交阯北至幽都東西至日所出入大傳云堯南撫交阯與墨子韓子大戴說苑文同則亦當有北服幽都句文不具耳以交阯與幽都對舉則南交卽交阯無疑王氏云當作度南曰大交以大交爲山名與大傳南撫交阯爲地名不合未敢據其說爲今文以增經字也

平秩南訛○今文作便程南爲○史記作便程南譌索隱曰爲依字讀春言東作夏言南爲皆是耕作營爲勸農之事孔安國強讀爲訛字雖則訓化解釋亦甚紆回也據索隱說則史記本作南爲今作譌乃後人改之鄭注周禮引書傳作譌恐非書傳之舊云南爲者古訓爲爲爲成漢書天文志戎叔爲孟康曰爲成也易緯通卦驗荼豆不爲淮南天文訓禾不爲春秋緐露五行順逆

篇魚大爲皆當訓成○一作辯秩南僞○辯秩見上王莽傳云予之南巡必躬載耨每縣則薅以勸南僞古爲僞通用以南僞爲耘薅亦今文說大傳曰南方者何也任方也任方者物之方任何以謂之夏夏者假也吁荼萬物養之外者也故曰南方夏也

**敬致日永星火以正仲夏**○今文作中夏見上○考靈燿曰主夏者心星昏中則火卽心也考靈燿又曰鳥星爲春候火星爲夏期專陽相助同精感符

**厥民因鳥獸希革**漢書鼂錯傳曰揚粵之地少陰多陽其人疏理鳥獸希毛其性能暑

**分命和仲**○今文作申命和仲○史記作申命蓋今文尙書

**宅西曰昧谷**○今文作度西土曰柳谷○史記曰居西土曰昧谷集解曰徐廣曰一無土字西者今天水之西縣也一作柳谷駰案鄭元曰西者隴西之西今人謂之兌山索隱曰徐廣曰一作柳柳亦日入處地名據徐說史記本作柳虞翻奏鄭解尙書違失事言古大篆丣字讀當爲柳古柳丣同字而以爲昧是自鄭君始改桺爲昧史記不得先作昧谷蓋卽後人據鄭本改之如湯谷改暘谷之比耳書正義引夏矦等書昧谷曰柳谷是今文尙書作柳谷之明證莊述祖說說文丣爲古文酉字丣爲春門萬物

以出酉爲秋門萬物以入故秋曰丣谷伏生書借柳作丣丣如字讀之今文之誤漆書本作丣鄭氏誤以爲丣而讀昩翻又從今文以改古文今當從古文正作丣丣錫瑞案莊說非是論衡說日篇云儒者論日旦出扶桑暮入細柳扶桑東方地細柳西方野也桑柳天地之際日月常所出入之處蓋柳谷卽細柳之地故索隱以爲日入處地名東爲暘谷西爲柳谷相對爲義不必作丣字○一作度西曰柳穀○周禮天官縫人翣柳鄭注云柳之言聚諸飾之所聚書曰分命和仲度西曰柳穀賈疏云書曰者是濟南伏生書傳文柳者諸色所聚日將沒其色赤兼有餘色故曰柳穀大傳曰秋祀柳穀華山鄭注云八月西巡守祭柳穀之氣於華山也柳聚也齊人語據此則今文尚書作谷亦作穀其實作穀字者亦卽叚借爲谷大傳用假借史記夏侯等書用本字乃三家異文谷與穀古通莊子云臧與穀二人相與牧羊崔譔本穀作谷是其證也柳谷乃日入處地名鄭賈訓柳爲聚非今文義孫星衍據賈疏云日將沒其色赤謂說文有穀字云日出之赤則穀當假借爲穀說太鑿不可從

**寅餞納日**○今文作寅餞入日○大傳曰寅餞入日辯秩西成傳曰天子以秋命三公將率選士厲兵以征不義決獄訟斷刑罰趣收斂以順天道以佐秋殺帝命驗曰秋冬欲早息故令民候日入而息是謂寅餞納日春迎其來秋送其去無不順此令

文作餞之明證王應麟漢藝文志攷載漢人引書異字有寅餞入日今文尚書又有賓淺納日古文尚書也史記易其文曰敬道日入與春言敬道日出合道猶導也導引也兼迎送二義寅賓者迎日之出故云敬道日出寅餞者送日之入故云敬道日入帝命驗所謂春迎其來秋送其去也大戴禮五帝德篇曰帝嚳厤日月而迎送之大戴與今文尚書義合僞孔傳訓餞爲送正用今文之義大傳以寅賓出日爲春分朝日此文鈌焉弗詳然據鄭注以寅賓出日謂春分朝日與大傳同則此注以寅餞納日謂秋分夕月亦必與大傳同鄭亦用今文義也儀禮士虞禮鄭注云古文餞爲踐是餞踐同字今文尚書作餞古文或作踐亦作淺踐與淺義相近鄭注成王政序訓踐爲滅馬云淺滅也是以踐訓淺然滅猶沒沒猶納納日上不必更言沒其說迂迴難通段玉裁云今文尚書作踐故馬從之說尤非是以大傳餞字爲後人所改亦不然也

**平秩西成**崔駰西巡頌曰惟秋穀既登上將省斂平秩西成○今文一作便程西成亦作辯秩西成○史記作便程大傳作辯秩大傳曰西方者何也鮮方也鮮訊也訊者始入之皃始入者何以謂之秋秋者愁也愁者萬物愁而入也故曰西方者秋也

**宵中星虛以殷仲秋**○今文作夜中星虛以正中秋○宵史記作夜殷史記作正蓋今文尚書

**厥民夷**○今文作厥民易。○史記作其民夷易臧琳說爾雅平均夷弟易也是夷易義同故古文尚書作厥民夷今文尚書作厥民易古文夷字當從今文義爲易言其民至秋樂易史記舊作其民夷易當是以書校史注其旁而寫者誤入今爲刪正

**鳥獸毛毨**史記作毨臧琳說許叔重說文鄭康成周禮注皆作鳥獸𣯛毛是古文尚書作毛𣯛也史記作毛毨當是今文

**申命和叔宅朔方**○今文作度北方○史記作北方大傳曰北方者何也伏方也蓋今文作北大傳於朔易云朔始也而朔方朔字無訓則伏生今文不作朔方

**曰幽都**大傳曰幽都宏山祀鄭注宏山恆山也十有一月朔巡守祭幽都之氣於恆山也互言之者明祭山北稱幽都也淮南墬形訓西北方曰不周之山曰幽都之門高誘注云幽闇也都聚也元冥將始用事順陰而聚故曰幽都之門幽都卽幽州也下文流共工於幽州莊子淮南子作幽都、

**平在朔易**○今文作便在伏物○史記作便在伏物索隱曰使和叔察北方藏伏之物謂人畜積聚等冬皆藏伏尸子亦曰北方者伏方也尙書作平在朔易今案大傳云便在伏物太史公據之而書大傳曰北方者何也伏方也伏方也者萬物伏藏之

方伏藏之方則何以謂之冬冬者中也中也者萬物方藏於中也故曰北方冬也。一作辯在朔易。大傳曰辯在朔易曰短朔始也傳曰天子以冬命三公謹蓋藏閉門閭固封境入山澤田獵以順天道以佐冬固藏也段玉裁說此朔易二字乃淺人所改朔始也三字亦淺人妄增命三公云云所謂辯在伏物絕無始易之意也漢人多用今文尚書王莽傳曰予之北巡以勸蓋藏蓋藏即伏物也此今文尚書說也疾康說段說非也段所疑者以大傳下數語絕無始易之意然大傳於辯秩西成傳亦與西成意不相涉蓋渾舉大意而已況正義引王肅此句注云改易者謹約蓋藏循行積聚詩嗟我婦子曰爲改歲入此室處言人物皆易正與大傳意同使大傳果爲伏物言之王肅必不取以解朔易此今文之不作伏物又一證也錫瑞謹案段疾二說皆失之御覽引大傳作辯在朔易與賈公彥疏合不得以朔易非大傳說史記作便在伏物小司馬以爲據大傳亦不得以伏物非大傳說也其所以異者大傳乃伏生沒後歐陽張生各記所聞蓋亦如三家今文互有同異故伏物朔易二本不同若以今文必不作伏物大傳明曰北方者何也伏方也伏方即北方與伏物義合不必定作朔方始與上東南西三方相配也王肅亂經之人其說何足依據肅蓋影附朔易伏物二義而兼用之耳

**日短星昴**攷靈燿日虛星爲秋候昴星爲冬期陰氣相佐德乃不邪子助母收母合子符

**以正仲冬厥民隩鳥獸氄毛**○今文作以正中冬厥民燠鳥獸氄毛○史記作以正中冬其民燠鳥獸氄毛段玉裁說亦淺人用馬訓加火旁耳馬云燠也此讀奧爲燠奧自可引伸兼煖義不俟加火旁洪範說庶徵字本作奧史記漢書公羊傳注皆爾○一作鳥獸褎毛○段玉裁說今文尚書作褎說文褎字下云虞書曰鳥獸褎毛與毛部引鳥獸毴髦絕異蓋今文尚書也○一作鳥獸毳毛○漢書鼂錯傳曰夫胡貉之地積陰之處也木皮三寸冰厚六尺食肉而飲酪其人密理鳥獸毳毛錯親受尚書於伏生疑今文尚書有作毳毛者

**帝曰咨汝羲暨和朞三百有六旬有六日**白虎通引尚書作朞則今文亦作朞○今文一作歲三百六十六日亦作歲三百有六旬有六日○史記本紀作歲三百六十六日漢書律厤志作歲三百有六旬有六日蓋三家之本不同而皆無上文帝曰咨女羲暨和七字蓋今文尚書本無之非消文也朞作歲亦今文尚書白虎通四時篇曰所以名爲歲何歲者遂也三百六十六日一周天萬物畢成故爲一歲也元命包日歲之言遂也宋均注遂出也出行事於所直辰也

**以閏月定四時成歲**漢志白虎通公羊傳解詁皆作定與史記異者蓋三家今文不同白虎通日月篇日月有閏餘何周天三百六十五度四分度之一歲十二月日過十二度故三年一閏五年再閏明陰不足陽有餘也故讖曰閏者陽之餘獨斷曰閏月者所以補小月之減日以正歲數故三年一閏五年再閏。今文定一作正。史記作以閏月正四時成歲

**允釐百工庶績咸熙**云。今文亦作庶績咸熙。蔡邕薦皇甫規表云臣聞唐虞以師師咸熙太尉橋公廟碑云庶績既熙是今文亦作咸熙。一作庶績咸喜。漢書律厤志曰歲三百有六旬有六日以閏月定四時成歲允釐百官衆功皆美師古曰此皆虞書堯典之辭也錫瑞謹案師古及見今文石經似所引堯典爲今文茲不據以爲今文者班氏以百工作百官庶績咸喜作衆功皆美皆以故訓改經與史記云信飭百官衆功皆興相同非今文尚書本然也知者揚雄美新云百工伊凝庶績咸喜子雲所用皆今文尚書是今文作咸喜若作衆功皆美子雲不得引爲庶績咸喜也段玉裁説疑今文尚書作庶績咸熹熹與熙古通見文選注引李登聲類賈魴作滂熹篇言滂沱大盛或誤作滂喜匡謬正俗亦言熹誤爲熹字讀喜音然則美新喜字熹之誤也案段説亦非是漢膠東令王君碑云庶績咸喜續漢書律厤志曰今改行四分以遵於堯以順孔聖奉天之文冀百君子越有民同

心敬授獲咸喜以明予祖之遺功皆作咸喜與美新所引合是美新作喜非熹字之誤蓋今文尚書本然也

**帝曰疇咨**

咨。○今文亦作疇咨。○漢西嶽華山廟碑云是以唐虞疇咨四嶽是其證。○一作訓咨。○漢劉寬碑云訓咨儒林魏元丕碑云訓咨羣寮吳谷朗碑云訓咨羣司後漢書崔篆慰志賦云亦號咷以訓咨是其證

**若時登庸**

史記曰誰可順此事案史公檃括經文之義孫星衍云史公以咨爲此時爲事傳會失之張守節正義曰言將登用之嗣位也以登庸爲登用嗣位蓋本漢人舊說三家今文之遺揚雄美新云陛下以至聖之德龍興登庸此今文說以登庸爲登帝位之證如今文說可以解孔疏求官而薦太子之疑僞孔以胤子朱爲胤國君其謬不待辨矣馬注云求賢順四時之職欲用以代羲和與今文義不合蔡邕琅琊王傅蔡公碑云若時徵庸登祚王臣蓋易登爲徵以避下句登字非必今文作徵庸也

**放齊曰胤子朱啟明**

開。○今文作胤子朱開明。○史記曰嗣子丹朱開明錫瑞案啓爲開者今文尚書禮古文作啓今文啓皆爲開可證允作嗣故訓字朱作丹朱亦史公以意增經非今文今文尚書本然也知者漢書律厤志曰堯使子朱處於丹淵爲諸矦朱之封丹必在舜徵庸之後其先則朱爲太子故稱胤子大傳曰堯爲天子丹朱爲太子舜爲左右堯知丹朱之不肖必將

壞其宗廟滅其社稷而天下同賊之故堯推尊舜而尚之屬諸侯焉略說曰古之帝王者必立大學小學使王太子王子羣后之子以至公卿大夫元士之適子十有三年始入小學見小節焉踐小義焉年二十入大學見大節焉踐大義焉故入小學知父子之道長幼之序入大學知君臣之義上下之位故爲君則君爲臣則臣爲父則父爲子則子小師取小學之賢者登之大學大師取大學之賢者登之天子天子以爲左右鄭注云天子當爲太子禮志曰周公居攝踐阼而治亢世子法於伯禽使之與成王居欲使成王之知父子君臣長幼之義所以善成王也據鄭說則太子左右即抗世子法之事大傳云丹朱爲太子舜爲左右蓋堯使舜爲丹朱左右如周公使伯禽與成王居抗世子法之意其後灼知舜聖而朱不肖乃使朱處丹淵爲諸侯而以舜爲太子下文賓于四門馬注云諸侯羣臣朝者舜賓迎之皆有美德也馬云舜迎諸侯正與大傳云孟侯者於四方諸侯來朝迎於郊相合蓋堯既廢朱乃使舜居太子之職此時舜未登用放齊稱朱爲胤子則不得稱丹朱史公就其後日所封言之欲人易曉耳不意猶有如僞孔云胤國子爵之顯違史記者

帝曰吁嚚訟可乎○今文作帝曰吁頑凶○史記曰堯曰吁頑凶不用臧琳說今文尚書作頑訟史公訓訟爲凶

段玉裁說爾雅說文皆曰訩訟疑本作訩誤爲凶錫瑞謹案二說皆無塙證當仍從史記作頑凶知頑字非史公以故訓改經者頑嚚各有本義對文則別散文則通下文父頑母嚚史公文亦相同非頑易曉而嚚難知何必以頑代嚚故知史公所引爲今文尚書潛夫論論榮篇曰堯聖父也而丹凶傲傲見皋陶謨丹朱傲凶即史記所云之凶又今文尚書作凶之證也漢樊毅修西嶽廟碑云建武之初彗埽頑凶蓋用今文尚書頑凶字可乎二字疑後人增入古人語質但言其人不善則不可之意自見下云象共滔天放命圮族皆然初無別加可否之語此但云頑凶則於義已足何用別加斷語可乎二字非上世渾灝之文所有尚書一經無用乎字爲句末助詞者况堯典乃最初之書安得有此輕脫之句史公云頑凶不用乃增不用二字以足經意非以不用釋可乎也下云似恭漫天不可負命毀族不可文義正同一律此云不用猶彼云不可也若以不用之用爲釋庸字謂史公所據今文作庸則史記下文不可之可爲釋何字耶馬本作庸當屬同音叚借江聲以庸字屬下讀爲庸可乎非是

帝曰疇咨若予采　史記曰誰可者

驩兜曰都　○今文作驩兜○史記本紀漢書古今人表皆作讙兜山海經博物志同

**共工方鳩僝功**○今文作旁逑孱功○史記曰共工旁聚布功可用以故訓代經段玉裁說說文人部引虞書方救僝功此稱古文也辵部引虞書旁逑孱功此稱今文也凡古文尚書作方凡今文尚書作旁如方鳩僝功五帝本紀作旁方施象刑白虎通作旁方告無辜論衡作旁皆可證錫瑞謹案段說是也陳喬樅據鄭注士喪禮云今文旁爲方謂旁逑孱功爲古文與史記作旁不合非是旁逑孱功古說指治水言張衡引春秋讖云共工理水淮南本經訓曰舜之時共工振滔洪水以薄空桑國語曰共工壅防百川韋昭注引或曰共工堯時諸侯皆今文遺說也鄭注亦云共工水官名

**帝曰吁靜言庸違**○今文亦作靜言○吳志陸抗傳曰靜言庸違唐書攸戒以堯典爲唐書今文五家說也漢書翟義傳楚辭王逸注皆作靜言○一作靖言○漢書王尊傳湖三老公乘興等上書曰靖言庸違今文尚書也史記作善言共用僻以故訓代經段玉裁說五帝本紀作善言以善詁靖也漢書王尊傳靖言庸違翟義傳莽詔義兄宣靜言令色外巧內嫉靜同靖靖言謂善言蓋今文家說如是今文秦誓諓諓靖言與堯典同左氏春秋云靖譖庸回即靖言庸違也回邪也古回違通用王尊傳云庸違五帝本紀云其用僻則今文尚書字亦作違義訓邪僻九經古義曰楚辭天問曰康回馮怒地何故以東南傾王逸曰康回共

工名也案鄭注尚書以爲共工名氏未聞先祖居此官故以官爲氏然則楚辭所謂康回卽書云靜言庸違也違與回通古庸字或作康故楚辭言康回秦詛楚文云今楚王熊相康回無道董逌釋康爲庸是也錫瑞謹案史公云善言非謂善惡之善云善言其用僻亦謂其言巧行邪非謂其言善而行惡也說文云戔戔巧言賈逵外傳注云諓諓巧言也廣雅釋訓云諓諓善也是善言卽巧言之證王逸九辨注云靜言諓諓而無信又九歎注云諓諓讒言貌引尚書諓諓靖言潛夫論救邊篇云淺淺善靖則左傳云靖譖正謂其善讒耳莽詔云靜言令色尤靜言卽巧言之證段云史記以善詁靖似猶未晰互見秦誓篇攷證又案王叔師傳今文家說何至妄舉共工之名其注天問云康回共工名也非以爲堯時之共工故引淮南子言共工與顓頊爭爲帝不得怒而觸不周之山天維絕地柱折故東南傾也是以此共工與顓頊同時若堯時共工何得有觸不周山之事屈子何云地東南傾哉淮南子注明云非堯時共工也惠氏不之攷乃傳會康回卽庸違反疑叔師注誤其說殊謬段氏引其說不加辨正亦失之○一作靖言庸回○論衡恢國篇云驩兜之行靖言庸回共工私之稱薦於堯驩兜共工互易乃可通蓋傳寫之誤

**象恭滔天**○今文亦作象恭○史記曰似恭漫天不可似與漫以故訓代經而恭字仍作恭中論引亦作恭○一作象龔

○漢書王尊傳引靖言庸違象龔滔天師古曰靖治也庸用也違僻也滔漫也謂其言假託於治實用違僻貌象恭敬過惡漫天也漫音莫干反一曰滔漫也孫星衍說漫與慢同詩蕩云天降滔德傳云天君滔慢也蓋謂其貌似恭敬而慢其天性白虎通壽命篇云又欲使民務仁立義無滔天滔天則司命舉過錫瑞謹案孫說近之據史記作漫天與下文洪水滔天作滔字不同疑經所云象龔滔天鴻水滔天兩滔字本非一字水旁與心旁易亂此滔字當作慆史記漫天字當作慢蓋史公訓慆爲慢以故訓字代經也師古注漢書云滔漫也漫音莫干反一曰滔漫也此文殊不可通凡古書一曰之例皆別爲一解而此所云一曰滔漫也仍卽前云滔漫也三字重複無義必有譌誤一曰滔漫也當作一曰慆慢也蓋謂漫一作慢以別於上云莫干反之漫也此必漢人服應舊注三家今文之遺師古引之以存異文後人不知今文家別有慆慢之訓乃妄改之或謂共工不善治水以致滔天其說非是班彪北征賦云巨滔天以猾夏兮漢書自敘述王莽傳云篡漢滔天此以滔天卽慢天之證也若以爲治水豈新莽亦嘗治水耶

**帝曰咨四岳** 漢書百官公卿表云或說四岳謂四方諸侯蓋夏侯尚書作岳與古文同也以爲四方諸侯乃今文說韋昭國語注云四岳官名主四岳之祭爲諸侯伯皆不同於鄭說以四岳爲四子此今文與古文之說不同也孫星衍以漢書所云爲

古文說大誤○今文岳一作嶽○孜史記作嵳故訓字四嶽大傳史記皆作嶽說文嶽從山獄聲凷古文象高形是岳爲古文嶽爲今文之證○孜一作諮○白虎通號篇曰或稱天子或稱帝王何以爲接上稱天子者明以爵事天也接下稱帝王者得號天下至尊言稱以號令臣下也故尚書曰帝曰諮四嶽

**湯湯洪水方割蕩蕩懷山襄陵浩浩滔天**○今文作湯湯鴻水滔天浩浩懷山襄陵○史記作湯湯洪水滔天浩浩懷山襄陵臧琳說案論語君子坦蕩蕩鄭注云魯讀坦蕩爲坦湯今從古魯論今文也是古文蕩字今文作湯湯古文尚書蕩蕩洪水今文尚書湯湯洪水孔本不當別出湯湯字蓋於懷山襄陵上誤衍蕩蕩兩字俗人欲區別之因據今文改上蕩蕩爲湯湯今文無方割或史公所略也懷山襄陵浩浩滔天古今文同言滔天之勢浩浩然懷山而襄陵也經是倒句史以義讀順之故云滔天浩浩懷山襄陵錫瑞謹案臧云蕩蕩誤衍是也云經是倒句史以義讀順之則非據史記文則今文尚書直當作湯湯鴻水滔天浩浩懷山襄陵耳皋陶謨曰鴻水滔天浩浩懷山襄陵此經當與皋陶謨同特其上多湯湯二字若方割字蓋今文尚書本無之非史公消文無方割二字文義爲順臧云史以義讀順之斷滔天浩浩爲句安見此經文非卽與皋陶謨同耶

論衡感虛篇曰堯之時洪水滔天懷山襄陵帝堯吁嗟博求賢者此今文尚書以鴻水滔天懷山襄陵爲句之證仲任引經惟消去湯湯浩浩四字耳鴻水石經作鴻史記夏本紀亦作鴻此五帝紀作洪後人改之當本是鴻字也○一作襄山襄陵○今文懷亦作褱見漢書地理志蓋夏侯尚書多古字

**下民其咨有能俾乂**史記作下民其憂有能使治者以故訓代經文乂今文當作艾大傳從作艾石經艾用三德可證

**僉曰於鯀哉**史記作皆曰鯀可○今文鯀一作鮌○漢書古今人表開母廟碑皆作鮌

**帝曰吁咈哉方命圮族**○今文作放命圮族○史記作負命毀族不可以故訓代經段玉裁說今文尚書作放漢書傳喜傳傳太后詔曰同心背畔放命圮族薛宣朱博傳制曰今晏放命圮族應劭曰放棄教令毀其族類此今文尚書也馬鄭王皆依今文讀方爲放案漢書敘傳曰諸侯方命此當是本作放命

**岳曰异哉試可乃已**史記曰試不可用而已又夏本紀曰等之未有賢於鯀者願帝試之錢大昕說古人語急

以不可爲可也古經簡質得史公而義益明臧琳云今文尚書作試不可用而已恐未可據

**帝曰往欽哉**史記曰堯於是聽嶽用鯀後漢書鄭興傳曰堯知鯀不可用而用之者屈己之明因人之心也後漢紀作帝知鯀不可然猶屈己之是從嶽之非重違衆也

**九載績用弗成**○今文作九載績用不成○東觀書杜林郊祭上疏羣臣僉薦鯀攷績不成九載乃殛後漢書張衡疏曰尚書堯使鯀理洪水九載績用不成論衡恢國篇云鯀不能治水知力極盡崔駰尚書箴云四岳阿鯀績用不成吳越春秋云受命九載功不成中論審大臣篇云唐虞無九載之費矣○一作九歲績用不成○史記作九歲功用不成又夏本紀云治水九年而水不息功用不成臧琳說今文尚書九歲績用不成史記下云七十載故知此非訓載爲歲乃本異也下文三載攷績史記亦作三歲一攷功

**帝曰咨四岳朕在位七十載**○今文岳作嶽○史記作嶽○白虎通號篇曰或稱朕何亦王者之稱也朕我也獨斷曰三代年歲之別名唐虞曰載載歲也言一歲莫不覆載故曰載也又曰朕我也堯曰朕在位七十載書緯曰初堯在

位七十載矣見丹朱之不肖不足以嗣天下乃求賢以巽于位中候運衡曰年者旣艾鄭注七十曰艾言七十者以時堯年七十故以七十言之論衡氣壽篇云堯典曰朕在位七十載求禪得舜舜徵三十歲在位堯退而老八歲而終至殂落九十八歲未在位之時必已成人今計數百有餘矣諸書皆不言堯卽位之年惟論語泰伯疏引書傳云堯年十六以唐侯升爲天子遂以爲號陳壽祺說堯典正義云偏檢書傳無帝堯卽位之年則此似非伏生大傳文疑出書緯錫瑞謹案王仲任習今文尚書而論衡云未在位之時必已成人則仲任不知堯卽位之年也大傳如有明文仲任無緣不知而論衡之言如此則大傳必無堯卽位之年矣陳云疑出書緯仲任亦非不見緯書者惟僞孔傳云堯年十六卽位孔穎達正義云偏檢書傳無堯卽位之年孔氏必當有所案據未知出何書則僞孔傳之外無言堯卽位之年者論語疏所引書傳正與僞孔傳同則其所謂書傳卽僞孔傳非伏生大傳也陳壽祺輯尚書大傳首引其文蓋誤不足依據尚書中候曰帝堯卽政七十載景雲出翼鳳皇止庭朱草生郊嘉禾孳連甘露潤液醴泉出山

**汝能庸命巽朕位**○今文作踐朕位○史記作踐臧琳說巽踐聲相近今文尚書踐朕位由堯言之曰巽由四嶽言之曰踐錫瑞謹案漢書王莽傳曰往踐乃位蔡質立宋皇后儀云立貴人爲皇后其往踐爾位皆用今文尚書成陽靈臺碑曰堯

以矦伯恢踐帝大戴禮虞戴德言大射之禮曰天子踐位

**岳曰否德忝帝位** ○今文作嶽曰鄙德忝帝位○史記作鄙藏琳說今文尙書作鄙論語予所否者論衡問孔作予所鄙者兩漢人所引魯論爲今文論語作予所鄙者與書古今文正同錫瑞謹案文選揚雄羽獵賦注引鄭尙書大傳注云否不也疑爲否德之注似今文亦作否然鄭注大傳與伏生義多不同未敢據

**曰明明揚側陋** 史記曰悉舉貴戚及疏遠隱匿者段玉裁說悉舉訓明明揚貴戚訓明疏遠隱匿訓側陋蓋今文尙書作明明揚明側陋錫瑞謹案蔡邕瑯琊王傅蔡公碑曰揚明德於側陋與段說似相合然無確證○今文一作仄陋○漢書循吏傳曰及至孝宣繇仄陋而登至尊班固北征頌曰拔所用於仄陋左雄疏曰興於仄陋張衡思元賦曰幽獨守此仄陋兮李善注尙書帝曰明明揚仄陋劉毅論鄧太后注紀疏曰顯揚仄陋邊讓章華賦曰舉英奇於仄陋三國魏志曰堯復使嶽揚舉仄陋

**師錫帝曰** 史記曰衆皆言於堯曰是訓師爲衆潛夫論潛歎篇曰故堯參鄉黨以得舜則師卽鄉黨也蔡邕九疑山碑曰師錫帝世堯乃授徵汝南周巨勝碑曰聖上詢諮師錫漢獻帝禪位册曰師錫帝命崔駰太尉箴曰師錫有帝命虞作尉蓋用緯書

舜爲太尉之說尚書中候曰伯禹在庶四嶽師舉薦之注曰四嶽四方諸侯也師衆也薦進也此師錫與師舉義同

**有鰥在下**大傳男三十而娶女二十而嫁書有鰥在下曰虞舜又引孔子曰舜父頑母嚚不見室家之端故謂之鰥論衡吉驗篇云舜未逢堯鰥在側陋用今文皆作鰥風俗通引亦作鰥○今文一作有矜在下○史記曰有矜在民間大傳於矜寡字多作矜蓋矜鰥古通用臧琳說古文尚書作鰥今文尚書作矜不然也

**曰虞舜**王符志氏姓云舜姓虞鄭語史伯稱舜之先曰虞幕虞是國名後以封國爲姓氏也今文尚書以舜爲名風俗通皇霸篇曰舜禹本以白衣砥行顯名升爲天子雖復更制不如名著故因名焉經曰有鰥在下曰虞舜僉曰伯禹禹平水土是也則今文家以舜禹爲名不爲謚蔡邕瑯琊王傳蔡公碑曰四嶽稱名帝曰予聞允以舜爲名之切證戰國策曰吾所賢者無過堯舜堯舜名則其義甚古鄭君亦曰舜名白虎通以舜爲謚者亦生號死謚之說耳鄭注中候曰禹號也因爲德謚是其證

**帝曰俞予聞如何岳曰瞽子**史記曰堯曰然朕聞之其何如嶽曰盲者子錫瑞謹案汪中說以瞽爲官名史公義不如是

**父頑母嚚象傲**○今文作弟傲○史記作弟傲臧琳說今文經作弟傲錫瑞謹案臧說是也舜之弟名象堯未必知之且象獨稱名則與上云父母不一例當從史記作弟論衡曰舜兄狂弟傲言舜有兄乃今文家異說而云弟傲則同

**克諧以孝烝烝乂不格姦**史記曰能和以孝烝烝治不至姦以故訓代經王引之說當讀克諧爲句以孝烝烝爲句乂不格姦爲句列女傳曰舜父頑母嚚父號瞽叟弟曰象傲遊於嫚舜能諧柔之承事瞽叟以孝蔡邕九疑山碑曰逮于虞舜聖德克明克諧頑傲以孝蒸蒸是讀克諧爲句以孝蒸蒸爲句也列女傳又曰母憎舜而愛象舜猶內治靡有姦意是讀乂不格姦爲句也經言以孝烝烝烝烝即是孝德之形容故漢魏人多以烝烝爲孝者新語道基篇曰虞舜蒸蒸於父母論衡恢國篇曰舜之烝烝後漢紀靈帝紀曰崇有虞之孝昭蒸蒸之仁後漢書章帝紀曰陛下至孝烝烝又曰仰惟先帝烝烝之情和熹鄧后紀曰以崇陛下烝烝之孝宗意傳曰陛下至孝烝烝張禹傳曰陛下體烝烝之至孝馬融傳曰陛下履有虞烝烝之孝袁紹傳曰伏惟將軍至孝蒸蒸張衡東京賦曰蒸蒸之心感物會思巴郡太守張納碑曰脩烝烝之孝友高陽令楊著碑曰孝烝內發又曰烝烝其孝蔡邕胡公碑曰夫蒸蒸至孝德本也朱公叔墳前石碑曰孝于二親蒸蒸雝雝續漢書祭祀志注引蔡邕議曰孝章皇帝至孝烝烝

魏志文昭甄后傳注引三公奏曰陛下至孝烝烝魏卞蘭贊述太子表曰昔舜以烝烝顯其德曹植鼙舞歌曰盡孝於田隴烝烝不違仁家語六本篇曰而舜不失烝烝之孝廣雅曰蒸蒸孝也則知兩漢經師皆訓烝烝爲孝錫瑞謹案王氏引證之外更有史記漢書酷吏列傳皆曰吏治烝烝史作烝漢作蒸不至於姦黎民艾安雖所指之事不同實皆用經烝烝艾不格姦之義東觀漢記丁鴻上奏曰陛下尊履蒸蒸黃香和帝冠頌曰躬烝烝之至孝後漢書謝弼論青蛇封事曰願陛下仰慕有虞蒸蒸之化蔡邕陳留太守胡公碑曰孝于二親養色寍意蒸蒸雍雍魏志陳留王紀曰俯順聖敬烝烝之心陶潛孝傳曰以孝蒸蒸皆今文家說也後漢紀東平王蒼上疏曰昔虞氏克諧君象有鼻不及以政亦專以克諧屬象說與列女傳相合惟楊孟文石門頌曰烝烝艾寍則漢人亦有以烝烝艾斷句者今文尚書乂皆作艾石經可證

惠棟云古文尚書作艾乂乃今文非也

**帝曰我其試哉女于時觀厥刑于二女**史記曰堯曰吾其試哉於是堯妻之二女觀其德於二女以訓故代經論衡正說篇曰堯老求禪四嶽舉舜堯曰我其試哉說尚書曰試者用也我其用之爲天子也又曰女于時觀厥刑於二女觀者觀示㑳爾誤虞舜於天下不謂堯自觀之也若此者高大堯舜以爲聖人相見已審不須觀試精耀相炤曠然相信夫

聖人才高未必相知也舜難知佞使皋陶陳知人之法佞難知聖亦難別堯之才猶舜之知也堯聞舜賢四嶽舉之心知其奇而未必知其能故言我其試哉試之於職妻以二女觀其夫婦之法錫瑞謹案論衡所引經與今本同臧琳說今文尚書作吾其試哉觀其德于二女其說非是史記論衡皆有堯曰則今文尚書有帝曰二字馬鄭王本皆無帝曰由當時庸生之徒漏之直以我其試哉爲四岳語其義殊不可通古文尚書不如今文尚書郎此可證段玉裁偏執古文爲是尤非也王仲任引其時博士書說以爲試者用之爲天子觀者觀之於天下聖人相信不待試之觀之而仲任非之以爲試者試之於職觀者觀其夫婦之法也二說皆今文義而仲任之說爲長後漢書章帝紀引建武詔書曰堯試臣以職不直以言語筆札後漢紀楊賜上疏曰昔堯用舜猶尚先試考績以成厥功皆以爲堯試舜以職楊賜習歐陽尚書者故與仲任說同無四岳試舜之說

**釐降二女于嬀汭嬪于虞帝曰欽哉** 史記曰舜飭下二女于嬀汭如婦禮堯善之又舜本紀曰舜居嬀汭內行彌謹堯二女不敢以貴驕事舜親戚甚有婦道正義曰舜能整齊二女以義理下二女之心於嬀汭使行婦道於虞氏也劉逢祿說嬪婦也有舅姑之辭嬪于虞則已見舅姑矣本紀訓降字嬪字義甚當帝曰欽哉者飭戒二女之辭史錯舉記之段

王裁說按女于時觀厥刑于二女當連上我其試哉俱爲四岳語
釐降二女于嬀汭嬪于虞此二句自堯言之上三句記言此二句
記事五帝本紀用今文尚書說云於是堯妻之二女觀其德於二
女二句不爲堯言舜飭下二女于嬀汭如婦禮二句爲舜事似非
經意又云降者禮不備也若如本紀釐降自舜言之聞逆王姬矣
聞尚公主矣未聞人臣婚帝女而曰降之者也錫瑞謹案段說大
謬堯之於舜使其子九男事之二女女焉當屬堯之獨斷史公今
文家說最塙若如古文說四岳試舜而遽請以帝女事舜殊非人
情且堯試舜而先女以二女正欲觀其夫婦之法如史公說以飭
下二女屬舜乃於下文愼徽五典文義相承蓋堯見舜能以理下
二女使行婦道於虞乃知舜果能齊家而試以爲臣之事故史公
云堯善之乃使舜愼徽五典也如以釐降屬堯則堯方女舜以二
女尚未知舜待二女何如何以知舜能齊家而試以國事乎經云
女于時觀厥刑于二女言堯試舜之事也又云釐降二女于嬀汭
嬪于虞言舜刑于二女之事也蓋舜時在嬀汭其父母在虞不在
一處故舜妻二女而其父母不知舜以理飭下二女于嬀汭乃使
行婦道于虞故堯見而善之史公以前二句屬堯此二句屬舜塙
不可易列女傳曰四嶽薦之於堯堯乃妻以二女以觀厥內二女
承事舜於畎畝之中不以天子之女故而驕盈怠慢謙謙恭儉思
盡婦道又頌曰嬪列有虞承舜於下正與史記飭下之義相同漢

書五行志谷永日食地震對曰昔舜飭正二女以崇至德師古曰舜謹敕正躬以待二女其德益崇子雲用今文說亦與史公義同外戚傳曰書美釐降夫婦之際人道之大倫也是班氏以釐降屬舜師古注曰釐理也尚書堯典稱舜之美云釐降二女于嬀汭言堯欲觀舜治迹以己二女妻之舜能以治降下二女以成其德後漢書荀爽傳爽引經而釋之曰降者下也嬪者婦也言雖帝堯之女下嫁於虞猶屈體降下勤修婦道荀悅漢紀論王吉請改正尚主之禮云昔堯釐降二女於嬀汭嬪於虞又申鑒時事篇云尚主之制非古也釐降二女陶唐之典二荀論漢尚公主之非而引釐降之義故舉堯而不及舜非謂釐降非舜事也段氏所聞者秦漢尚主之事惡足以說唐虞之書哉

**愼徽五典五典克從納于百揆百揆時敘**○今文作入于百揆百揆時序○史記堯本紀曰乃使舜愼和五典五典能從乃徧入百官百官時序舜本紀曰乃試舜五典百官皆治段玉裁說堯本紀作入今文尚書也錫瑞謹案敘作序亦今文尚書史記敘皆作序蔡邕太尉楊公碑曰遷少府光祿勳敬揆百事莫不時序太傅祠前銘曰越尹三卿百揆時序爾衡顏子碑曰百揆時序皆今文作序之證少府光祿勳三卿皆非相位伯喈引此經以美之者蓋不以百揆爲相名又以百

揆爲敬揆百事蓋竝不以百揆爲官名史公以百揆爲百官此今文家不以百揆爲官名之證左氏傳曰以揆百事莫不時序是百揆爲百官揆事之處本非官號史公以爲徧入百官謂使舜入百官揆事之處則舜命禹使度百揆亦謂使居百官揆事之處耳入百揆在徽五典賓四門之閒五典四門非官名則百揆亦非官名可知淮南泰族訓曰堯乃妻以二女以觀其內任以百官以觀其外既入大麓烈風雷雨而不迷乃屬以九子贈以昭華之玉淮南言大麓本之大傳任以百官與史公義合卽入于百揆之事也撰僞古文者誤以百揆爲官名乃造周官篇云內有百揆四岳沿其誤者遂以百揆爲相又以四岳共爲一人皆由僞孔亂經致違古義論衡恢國篇曰舜以司徒因堯授禪禹以司空緣功代舜仲任舉司徒司空而不及百揆是今文家說以司徒司空爲官名不以百揆爲官名愼徽五典鄭注曰五典五教也蓋試以司徒之職是也若百揆爲官名仲任何爲舉司徒司空不舉百揆乎譙周古史攷曰說者以百揆堯初別置於周更名冢宰與僞孔誤同皆不足據○今文典一作萛尉氏令鄭季宣碑引作萛衡方碑典謨作萛謨蓋今文異字劉熊碑引愼徽五典仍作典

**賓于四門四門穆穆**　史記曰諸侯遠方賓客皆敬集解馬融曰四門四方之門諸侯羣臣朝者舜賓迎之皆有

美德也錫瑞謹案據史公馬氏之說則今文說以賓四門爲攝太子之職大傳曰天子太子年十八曰孟侯孟侯者於四方諸侯來朝迎於郊者問其所不知也白虎通朝聘篇曰遣世子迎者五十里之郊孝經鄭注曰天子使世子郊迎儀禮疏以爲異代之制蓋本唐虞舊法堯始以丹朱爲太子至是乃廢朱而使舜攝太子之職賓四門迎遠方諸侯正太子迎四方諸侯於郊之事四門蓋四郊之門也續漢書百官志引明帝詔曰謁者乃堯之尊官所以試舜賓于四門四門穆穆者也案堯時不聞謁者官名謁者亦非尊官似不足據

**納于大麓烈風雷雨弗迷** 漢書王莽傳燕然山銘引作納蓋班孟堅用夏侯尚書作納與歐陽尚書作入

不同史記論衡作入皆用歐陽本○今文一作入于大麓烈風雷雨不迷○史記堯本紀曰堯使舜入山林川澤暴風雷雨舜行不迷舜本紀曰舜入于大麓烈風雷雨不迷大傳曰故堯推尊舜而尚之屬諸侯焉納之大麓之野烈風雷雨不迷乃致以昭華之玉鄭注云山足曰麓麓者錄也古者天子命大事命諸侯則爲壇國之外堯聚諸侯命舜陟位居攝致天下之事使大錄之錫瑞謹案據伏生史公之義則今文說以大麓爲山麓伏生不以麓爲錄也知伏生不以麓爲錄者大傳曰致天下於大麓之野又曰禹乃興

九招之樂於大麓之野是伏生以麓爲山麓與史記同若以麓爲錄何必加之野二字耶古義多假借麓或取義於錄然不得竟以麓爲錄若云致天下於大錄之野與九招之樂於大錄之野文義豈可通乎訓麓爲錄由漢博士傅會改其師說水經注引應劭說云鉅鹿鹿者林之大者也尚書曰堯將禪舜納之大麓之野烈風雷雨不迷而縣取目焉水經注又引古書云堯將禪舜納之大麓之野烈風雷雨不迷乃致以昭華之玉故鉅鹿縣取名焉據酈氏說大麓卽鉅鹿之地十三州志云鉅鹿唐虞時大麓也虞舜百揆納于大麓麓者林之大也堯亦使天下皆見之故置諸矦合羣臣與百姓納之大麓之野然後以天下授之明已禪之公也大陸縣今有堯臺高與城等乃堯禪舜之處據此則大麓之地實有可攷不得以麓爲錄酈注引古書與大傳同當卽大傳漢書于定國傳上報定國曰萬方之事大錄於君王莽傳張竦引書曰納于大麓烈風雷雨不迷公之謂矣莽改鑄錢書曰予前在大麓桓譚新論曰昔堯試舜於大麓者領錄天下事如今尚書官矣班固燕然山銘曰納于大麓維清緝熙劉毅上鄧太后注紀疏曰覽總大麓蔡邕太尉汝南李公碑曰外則折衝內則大麓論衡正說篇曰尚書曰四門穆穆入于大麓烈風雷雨不迷言大麓三公之位也居一公之位大總錄二公之事衆多並吉若疾風大雨此皆夏矦博士以麓爲錄之說而以烈風雷雨爲衆多並吉之喻又博士異說也

論衡正說篇仲任又自爲說曰試之於職妻以二女觀其夫婦之法復令人庶之野而觀其聖[入麓二字疑即大麓之誤]烈風疾雨終不迷惑堯乃知其聖又吉驗篇曰堯聞徵用試之於職官治職修事無廢亂使入大麓之野虎狼不搏蝮蛇不噬逢烈風疾雨行不迷惑感類篇曰舜入大麓烈風雷雨亂龍篇曰舜以聖德入大麓之野虎狼不犯蟲蛇不害皆以麓爲山麓與正說篇所引尚書說三公位不同淮南子泰族訓曰既入大麓烈風雷雨而不迷高誘注云林屬於山曰麓堯使舜入林麓之中遭大風雨不迷也鹽鐵論除狹篇大夫曰賢者處大林遭風雷而不迷蓋引用此經以大林爲大麓也王逸注楚辭遠遊云屈原美舜遭值於堯妻以二女以治天下內之大麓任之以職叔師亦以麓爲林麓故別出之於任職之外也風俗通義山澤篇曰謹案尚書堯禪舜納于大麓麓林屬於山者也王仲任應仲遠兼治古今文說高誘王逸則專治今文說者皆以麓爲山麓陳忠乃陳寵之子寵引經晏晏甫刑與今文合則忠亦治今文說者後漢書劉愷傳載陳忠曰遭烈風不迷遇迅雨不惑則亦必以麓爲山麓是歐陽今文說與馬鄭古文說以麓爲山足初不殊異史公之說不誤堯必使舜入山林川澤者夏本紀曰舜登用攝行天子之政巡狩行視鯀之治水無狀又言禹之治水曰陸行乘車水行乘船泥行乘橇山行乘檋是禹之治水必入山林川澤則舜行視鯀之治水亦必入山林川澤行視非一時之

事有時或遇暴風雷雨而舜不迷則天與之可知鄭注書序云入麓伐木即經所云隨山栞木正歷試諸艱之一事入麓即入于大麓麓此古說之僅存者列女傳曰選於林木入於大麓與鄭所云入麓伐木義同御覽職官部五引春秋緯運斗樞曰赤龍負圖以出河見堯與太尉舜等百二十人集發藏大麓占經引春秋緯元命苞曰唐帝遊河渚赤龍負圖以出右尉舜等百二十臣發視之藏之大麓蓋亦以麓爲山麓如藏之名山之義與運斗樞說同鄭注書序不誤而注大傳用博士傳會之說殊非伏生之旨魏公卿上尊號奏曰遵大麓之遺訓魏受禪表曰義莫顯於禪德美莫盛於受終故書陳納于大麓桓階等奏曰舜受大麓桑蔭未移而已陟帝位直以大麓爲受禪之地則沿鄭君之說而更失之者也段玉裁以山麓之說爲古文大錄之說爲今文蓋徒見今文說之誤者解爲大錄不知今文說之不誤者正解爲山麓伏生史公皆非古文說也陳喬樅說以山麓爲歐陽說大錄爲大小夏侯說證以史公與王仲任皆用歐陽尚書周堪孔霸俱事夏侯勝授元帝經則元帝報于定國乃用夏侯尚書分別甚塙○一作列風雷雨不迷○今文亦作列見王莽傳

帝曰格汝舜詢事考言乃言厎可績三載○今文作三年○史記曰女謀事至而言可績

三年矣孫星衍說乃言字疑衍文古文丂似乃故重出乃言二字史記文無之

**汝陟帝位舜讓于德弗嗣**○今文作不台○史記曰女登帝位舜讓于德不懌徐廣曰今文尚書作不怡怡懌也索隱曰古文作不嗣今文作不怡怡卽懌也史記自序曰虞舜不台索隱曰台音怡怡說也又曰諸呂不台徐廣曰怡懌也錫瑞謹案據此則今文尚書作不台台卽怡字史公作不懌蓋以故訓代經漢書王莽傳引書曰舜讓于德不台今本作不嗣文選李善注曰漢書音義曰昭曰古文台爲嗣後漢書李賢注曰前書曰舜讓于德不台音義曰台讀曰嗣據二李所見本是台字則今本作不嗣乃後人據古文尚書改之典引曰有于德不台淵穆之讓孟堅用夏侯尚書本亦作不台與史記所據歐陽尚書不異不當於王莽傳獨作不嗣也

**正月上日**大傳曰上日元日馬曰上日朔日也鄭曰帝王易代莫不改正堯正建丑舜正建子此時未改堯正故云正月上日卽位乃改堯正故云月正元日故以異文錫瑞謹案鄭君蓋用今文家說白虎通三正篇曰王者受命必改朔何明易姓示不相襲也明受之於天不受之於人所以變易民心革其耳目以助化也故大傳曰王者始起改正朔易服色殊徽號異器械別衣服

也是以舜禹雖繼太平猶宜改以應天漢書董仲舒傳曰孔子曰亾爲而治者其舜乎改正朔易服色以順天命而已其餘盡循堯道何更爲哉皆今文家言舜禹改正之事尚書中候曰若稽古帝舜曰重華欽翼皇象建黄授政改朔詩緯推度災曰軒轅高辛夏后氏漢皆以十三月爲正少昊有唐有殷皆以十二月爲正高陽有虞有周皆以十一月爲正緯書多同今文鄭君據以爲說也大傳曰上日元日則上與元文異義同王引之說謂上旬之善日非謂朔日也元日善日也吉日也王制元日習射上功習鄉上齒正義以元日爲善日月令孟春天子乃以元日祈穀于上帝盧植蔡邕並曰元善也

**受終于文祖**大傳曰受謂舜也史記五帝本紀曰文祖者堯太祖也律書曰年者禪舜申戒文祖馬曰文祖天也天爲文萬物之祖故曰文祖鄭曰文祖者五府之大名猶周之明堂索隱曰尚書帝命驗曰五府五帝之廟蒼曰靈府赤曰文祖黄曰神斗白曰顯紀黑曰元矩唐虞謂之五府夏謂之世室殷謂重屋周謂明堂皆祀五帝之所也正義引帝命驗五府作天府又曰文祖者赤帝熛怒之府名曰文祖火精光明文章之祖故謂之文祖周曰明堂江聲說帝堯火德赤帝之所感生故以文祖爲五府之大名受終于文祖告感生之帝即告天也孫星衍說荀子禮論王者天太祖堯之祖黄帝必以配天馬說與史公合孝經云宗祀文王

於明堂以配上帝上帝卽五府之帝唐時蓋以黄帝配之鄭說與馬氏史公俱同義錫瑞謹案緯書多同今文鄭君亦用今文家說明堂乃尊祖配天之處故史公以爲太祖馬以爲天各舉一偏言之其實一也漢書王莽傳曰以漢高廟爲文祖廟莽自以已之代漢如舜之代堯故以漢高廟比堯太祖廟是以文祖爲太祖廟與史公說同論衡譴告篇曰受終于文祖不言受終于天堯之心知天之意也堯授之天亦授之是以文祖爲天與馬氏同史公與王仲任皆用歐陽尚書而一以爲太祖廟一以爲天足徵二說之異而不異矣桓子新論曰明堂堯謂之五府府聚也言五帝之神聚於此此亦古說文祖卽明堂之證孔叢子以受終于文祖爲受命於人僞書不足據也中論爵祿篇曰故舜爲匹夫猶民也及其受終于文祖稱曰予一人則西王母來獻白環

**在璿璣玉衡以齊七政**。今文作在旋機玉衡以齊七政。大傳曰齊中也七政者謂春秋冬夏天文地理人道所以爲政也道正而萬事順成故天道政之大也旋機者何也傳曰旋者還也機者幾也微也其變幾微而所動者大謂之旋機是故旋機謂之北極又玉海引大傳曰七政布位日月星之主五星時之紀日月有薄食五星有錯聚七者得失在人君之政故謂之爲政與御覽所引大傳不同孫星衍說大傳云旋機謂之北極此蓋夏侯歐陽之說與史公殊玉海所引或歐陽之說又與夏矦不同錫瑞謹案孫氏以大傳云旋機爲北極爲今文說史記云北斗爲玉衡爲古文說非是以玉海所引大傳爲歐陽說尤非也旋機玉衡今文當兼北極北斗言之七政大傳明以春秋冬夏天地人爲說不當又有日月五星也史記律書曰旋璣玉衡以齊七政卽天地二十八宿十母十二子天官書曰北斗七星所謂旋璣玉衡以齊七政索隱曰春秋運斗樞云斗第一天樞第二璇第三璣第四權第五衡第六開陽第七搖光第一至第四爲魁第五至第七爲標合而爲斗文耀鉤云斗者天之喉舌玉衡屬杓魁爲璇璣索隱於塡星下引文耀鉤曰鎭黃帝含樞紐之精其體旋璣中宿之分也說郛引運斗樞曰天文地理各有所主北斗有七星天子有七政也又北斗七星所謂璇璣玉衡以齊七政云云與史記同斗第一天樞云云與索隱所引合又有旋星明旋星散璣星散玉衡星散云云此以旋機玉衡皆爲北斗文耀鉤以旋機爲中宿則近旋機北極之義蓋渾言則合析言則分續漢志注引星經曰璇璣謂北極星也玉衡謂斗九星也說苑辨物篇曰書曰在璿璣玉衡以齊七政璿璣謂北辰句陳樞星也以其魁杓之所指二十八宿爲吉凶禍福天文列舍盈縮之占各以類爲驗璿璣句下孫星衍云疑脫玉衡謂斗九星也一句其說是也據星經說苑兼用大傳旋機北極史記玉衡北斗之說漢書律厤志曰衡平也其在天也佐助旋機斟酌建指以齊七政故曰玉衡是北斗名玉衡而

佐旋機北斗非即旋機疑伏生專就北極言之史公專就北斗言之旋機玉衡各舉其一古書簡略多不分析非大傳爲今文史記爲古文也若玉海所引大傳非大傳其說與索隱所引馬融注合是古文說王伯厚誤引耳古書旋或作琁或作璇或作璿機或作璣參錯不一據大傳曰旋者還也機者幾也當以旋機爲正易乾鑿度曰合七八以視旋機審矣尚書中候曰昔帝軒提象配永循機鄭注曰永長也循順也以長爲順斗機爲政也春秋運斗樞曰五帝所行同道異位皆循斗極機衡之分遵七政之紀九星之法漢堯廟碑曰據旋機之政周公禮殿記曰旋機離常詩思文正義引尚書旋機鈐不作璇璣史記據索隱則所見本作機今單行索隱亦作璣乃後人所改古書作旋機者與大傳合其或改從玉者因馬鄭古文說以璇璣玉衡爲渾天儀云以美玉爲之其字從玉淺人用其說遂改史記等書旋機字亦從玉不知古無測天儀器故大傳史記不以機衡爲渾儀古無測五星法故大傳史記不以七政爲七緯攷兩漢人所引經義皆以機衡爲星春秋感精符曰人主含天光據璣衡齊七政操八極揚子太元攡曰運諸桼政繫之泰始極焉以通璇璣之統正玉衡之平甘泉賦曰攀璇璣而下視兮行遊目乎三危李善注曰漢書曰北斗七星所謂璇璣玉衡長楊賦曰是以玉衡正而泰階平也玉衡與泰階對舉亦必以爲星名劉歆遂初賦曰惟太階之侈闊兮機衡爲之難運懼魁杓之

前後兮遂隆集於河濱子駿習古文尚書者而以機衡與太階魁杓並言則以爲星名與今文不異其時馬鄭異說尚未出也後漢書郎顗傳曰璇璣動作與天相應續漢書律厤志曰昔者聖人之作厤也觀琁璣之運三光之行傅毅明帝誄曰璇璣所建靡不奄有崔駰車左銘曰虞夏作車取象機衡又襪銘曰機衡建子萬物含滋則以機衡皆爲斗建漢山陽太守祝睦碑曰升紫微平機衡又後碑曰陟泰微准樞衡樞衡卽機衡也蔡邕巴郡太守謝表曰周旋三臺充列機衡胡公碑曰內正機衡又曰入參機衡司空文烈侯楊公碑曰璇璣運周七精循軌七精當卽七政九疑山碑曰旋璣是承泰階以平亦以旋機與泰階並舉王逸九辨序曰天有九星以正機衡九思曰上察兮璇璣注云璇一作旋一作琁機蓋叔師本作旋機後人改之也察卽在之義九思下文云大火攝提皆星名則亦以旋機爲星名矣注云璇璣天中故先察之是其明證九思又曰策謀從兮翼機衡正文作機而注作璣正後人改之參差不一之證以此推之則凡古書以旋機爲星名而其字從玉者皆後人據馬鄭古文說妄改之耳馬鄭古文渾儀之說雖本緯書然兩漢古義皆不如是江聲劉逢祿魏源已辨之大傳以旋機爲北極本於周髀算經魏源書古微說解已詳茲不復贅

肆類于上帝○今文尚書亦作肆類于上帝○論衡祭意篇引尚書曰肆類于上帝李氏家書引亦作肆○今文一作

遂類于上帝○史記五帝本紀封禪書漢書王莽傳引經皆作遂類于上帝蓋今文尚書本然非故訓也五經異義今尚書夏侯歐陽說類祭天名也以事類祭之奈何天位在南方就南郊祭之是也古尚書說非時祭天謂之類言以事類告也肆類于上帝時舜告攝非常祭許慎謹案周禮郊天無言類者知類非常祭從古尚書說而說文示部作禷云以事類祭天也仍從今尚書說蓋今古文說本不相遠三代異物唐虞之禮不得以周禮繩之詩文王是類是禡毛傳曰於內曰類於外曰禡爾雅釋天云是類是禡師祭也王制曰天子將出類乎上帝非必告攝乃有類祭

禋于六宗○今文尚書亦作禋于六宗○史記堯本紀封禪書漢書郊祀志王莽傳敘傳後漢書光武帝紀說苑辨物篇論衡祭意篇引皆作禋東觀漢記曰孝成時匡衡奏立北郊復祠六宗至建武都雒陽制郊祀六宗廢不血食大臣上疏謂宜復舊上從公卿議由是遂祭六宗續漢志安帝元初六年以尚書歐陽家說謂六宗者在天地四方之中為上下四方之宗三月庚辰初更立六宗祀於雒陽西北戌亥之地禮比太社劉昭注引李氏家書曰司空李郃侍祠南郊不見六宗祠奏曰案尚書肆類于上帝禋于六宗六宗者上不及天下不及地傍不及四方在六合之中助陰陽化成萬物漢初甘泉汾陰天地亦禋六宗孝成時匡衡奏

立南北郊祀復祀六宗及王莽謂六宗卽易六子建武制祀六宗廢不血食宜復舊制上從鄗議據此則漢初已祭六宗皆用今文之義至王莽始用劉歆異說耳揚子太元元告曰神遊乎六宗范望注曰不居四時天地者爲六宗論衡祭意篇引尚書曰禋于六宗六宗居六合之間助天地變化王者尊而祭之故曰六宗楚辭惜誦云戒六神以鄉服王逸注云六神謂六宗之神也引尚書禋于六宗月令孟冬天子乃祈來年于天宗盧植注曰天宗六宗之神呂氏春秋文同月令高誘注云宗尊也凡天地四時皆爲天宗萬物非天不生非地不載非春不動非夏不長非秋不成非冬不藏書曰禋于六宗此之謂也諸書皆用今文義而字作禋與鄭本同蓋三家異文非由後人改之也張昶西嶽華山堂闕碑云故經有望秩之禮白石神君碑云類帝禋宗皆作禋公羊僖三十一年傳何氏解詁引禮曰六宗五嶽四瀆角尺禮稽命徵曰天子祭天地宗廟六宗五嶽六宗在五嶽四瀆之外則劉歆說爲日月雷風山澤古尚書說爲日月星辰泰山河海說皆非是且下文明言山川劉歆與古尚書說其謬明矣○一作湮于六宗○案今文尚書一作湮蓋假借字大傳曰萬物非天不生非地不載非春不動非夏不長非秋不收非冬不藏故書曰湮于六宗此之謂也五經異義引今尚書歐陽夏矦說六宗者上不及天下不及地旁不及四時居中央恍惚無有神助陰陽變化有益於人故郊天竝祭之漢

書郊祀志引三家說曰上不及天下不及隆旁不及四方在六者之間助陰陽變化實一而名六據此則伏生謂天地四時三家謂在天地四時之間似異而實不異漢志變四時爲四方者蓋東方者春南方者夏西方者秋北方者冬其義亦不殊也何氏公羊解詁以祭天社稷宗廟六宗五嶽四瀆其餘山川竝稱則於六宗亦用今文尚書上不及天下不及地中不及四方在六合之中爲說江聲說六宗卽明堂六帝帝卽天也亦稱六天天實一也故今文家言實一而名六孫星衍說六宗爲上下四方之宗不得如許氏所駁宗一而有六名實不相應俞正燮說魏景初中劉劭言萬物負陰抱陽沖氣以爲和六宗者太極沖和之氣則同實一名六之說晉書禮志載摯虞奏亦依之漢書孟康注又云六宗者或曰六合遊神則亦漢人說太玄經元告云神遊乎六宗則同大小夏矦之說魏書禮志高閭引或曰六宗者社稷五祀又楚辭惜誦云令五帝以折中戒六神以鄉服六神方明說者謂卽虞夏書六宗按覲禮壇加方明方明者木也方四尺設六色設六玉天子出拜日於東門之外反祀方明亦覲岳之禮而古經師無其義錫瑞案惠棟江聲皆以爲方明未知今文之義然否劉向遠逝云訊九魁與六神下云指列宿以白情訴五帝以置辭北斗爲我折中太一爲予聽之列宿北斗九魁也五帝太一六神也則惜誦六神義槩六天劉向治今文學或有所出魏書禮志孝文帝曰朕躬覽尚書之文肆類于上帝禋于六宗

文相連屬肆類非獨祭之目焚煙非他祭之用六宗者必是天皇大帝及五帝之神卽劉說也。一作煙于六宗。路史餘論五云禋于六宗大傳作煙則事止燔燎是羅氏所據大傳本作煙魏公卿上尊號奏曰烟于六宗與路史所引合周禮以禋祀祀昊天上帝鄭注云禋之言煙周人尙臭煙氣之臭聞者是鄭據書煙于六宗之文以注禮也東觀漢記曰光武卽帝位燔燎告天禋于六宗續漢書禮儀志云六宗燔燎大火燃有司告事畢與路史合

**望于山川**。今文尙書亦作望于山川。史記與論衡祭意篇引同白石神君碑云類帝禋宗望于山川徧于羣神所引亦今文尙書也陳喬樅說蓋歐陽經作望于山川無秩字。一作望秩于山川。漢書郊祀志王莽傳續漢書祭祀志光武封泰山刻石文皆作望秩于山川說苑辨物篇曰山川何以視子男也能出物焉能潤澤物焉能生雲雨爲恩多然品類以百數故視子男也書曰禋于六宗望秩山川漢書敘傳云類帝禋宗望秩山川黃圖載元始儀兩引望秩山川東觀書趙熹請封禪言望秩羣神以承天心張昶西嶽華山堂闕碑云故經有望秩之禋蓋今文尙書多秩字與下至于岱宗柴望秩于山川文同趙熹張昶皆引此經禋于六宗望秩于山川徧于羣神之文也鄭注大傳引經望秩于山川魏公卿上尊號奏云告類上帝望秩五岳皆用今文尙書

**徧于羣神**神○今文尚書亦作徧于羣神黃圖載元始儀作徧于羣魏公卿上尊號奏皆引徧于羣神儀禮士虞禮明日以其班祔鄭注古文班或爲辨辨辯一字儀禮鄉飲酒禮大射儀鄭注云今文辯皆爲徧是辯爲古文班與徧皆今文然班辯一聲之轉辯徧音近故古亦通用不盡由後人改之○一作班于羣神辯于羣神○光武封泰山刻石文黃圖載元始儀揚雄太常箴皆引班于羣神蓋今文作班史記作辯徐廣曰辯音班從今文讀也樊毅修西岳廟記云辯于羣神

惠棟說辯亦音班

**輯五瑞**○今文作揖五瑞○史記本紀漢書郊祀志魏封孔羡碑引皆作揖白虎通瑞贄篇曰王者始立諸侯皆見何當受法稟正教也尚書輯五瑞覲四岳謂舜始即位見四方諸侯合符信何謂五瑞謂珪璧琮璜璋也禮曰天子珪尺有二寸又曰博三寸剡上左右各寸半厚半寸半珪爲璋方中圓外曰璧半璧曰璜圓中牙外曰琮五玉者各何施蓋璜以徵召璧以聘問璋以發兵珪以質信琮以起土功之事也珪以爲信何珪者兌上象物始生見於上也信莫著於作見故以珪爲信而見萬物之始莫不自潔珪之爲言潔也上兌陽也下方陰也陽尊故其理順備也位在東陽見義於上也璧以聘問何璧者方中圓外象地地道安寧而出

財物故以璧聘問也方中陰德方也圓外陰繫於陽也陰德盛於內故見象於內位在中央璧之爲言積也中央故有天地之象所以據用也內方象地外圓象天也璜所以徵召何璜者半璧位在北方北陰極而陽始起故象半陰陽氣始施徵召萬物故以徵召也不象陽何陽始物微未可見也璜者橫也質尊之命也陽氣橫于黃泉故曰璜璜之爲言光也陽光所及莫不動也象君之威命所加莫敢不從陽之所施無不節也璋以發兵何璋半珪位在南方南方陽極而陰始起兵亦陰也故以發兵也不象其陰何陰始起物尙凝未可象也璋之爲言明也賞罰之道使臣之禮當章明也南方之時萬物莫不章故謂之璋琮以起土功發衆何琮之爲言宗也象萬物之宗聚也功之所成故以起土功發衆也位在西方西方陽收功於內陰出成於外內圓象陽外直爲陰外牙而內湊象聚會也故謂之琮后夫人之財也五玉所施非一不可勝條略舉大者也錫瑞謹案據白虎通義則今文家說以珪璧琮璜璋爲五瑞亦即下文五玉焦氏易林需之井否之訟皆云珪璧琮璋執贄見王漸之履云圭璧琮璜執贄見王是古以珪璧琮璜璋皆爲見王之贄易林四字爲句故或言璋不及璜或言璜不及璋互見爲義公羊定八年傳何氏解詁曰不言璋言玉者起珪璧琮璜璋五玉盡亾之也珪以朝璧以聘琮以發兵璜以發衆璋以徵召與白虎通言五玉所施正同焦延壽何劭公皆習今文故皆與白

虎通義合馬注云揖斂也五瑞公矦伯子男所執以爲瑞信也堯將禪舜使羣牧斂之使舜親往班之據白虎通爵篇引含文嘉禮記王制鄭注皆云殷爵三等則周以前不得有公矦伯子男五等之爵當從今文家說爲正白虎通朝聘篇曰諸矦來朝天子親與之合瑞信者何正君臣重法度也覲禮經曰矦氏坐取圭升致命王受之玉尚書曰輯五瑞

**既月乃日覲四岳羣牧班瑞于羣后**○今文作擇吉月日見四嶽諸牧班瑞○史記本紀封禪書漢書郊祀志皆引經云擇吉月日見四嶽諸牧班瑞史公或以故訓改經班孟堅則不然而史漢所引皆同蓋皆引用今文尚書與古文尚書本異也大傳曰古者圭必有冒言不敢專達之義也天子執冒以朝諸矦見則覆之故冒圭者天子所與諸矦爲瑞也瑞也者屬也無過行者得復其圭以歸其國有過行者留其圭能改過者復其圭三年圭不復少紬以爵六年圭不復少紬以地九年圭不復而地畢此所謂諸矦之朝於天子也義則見屬不義則不見屬白虎通瑞贄篇引大傳文曰珪所以還何以爲珪信瑞也

**歲二月東巡守**漢書郊祀志禮王制皆作守班習夏矦尚書戴記與夏矦尚書同一師承蓋夏矦本作守也白虎通亦出於班氏據其故訓亦當作守後人加犬旁耳史記作狩或歐陽本不同集解馬融曰歲二月舜受終後五年之二月鄭元曰建

卯之月也公羊疏引鄭多歲二月者正歲六字陳喬樅說攷上文正月上日爲堯正建丑之月則建卯當爲三月經於二月上特加歲字明其爲正歲之二月鄭注周禮小宰職云正歲謂夏之正月是知巡狩必以寅正之仲月矣白虎通巡狩篇曰王者所以巡狩何巡者循也狩者收也爲天下巡行守牧民也道德太平恐遠近不同化幽隱不得所者故必親自行之謹敬重民之至也又曰巡狩所以四時出何當承宗廟故不踰時也以夏之仲月者同律度當得其中也二月八月晝夜分五月十一月陰陽終錫瑞謹案春秋運斗樞曰舜以太尉受號即位爲天子五年二月東巡狩馬注正本緯書知爲受終後五年者以下云五載一巡狩知之耳羅泌路史非之曰歲二月者乃次一年二月也世不之究虞夏傳云惟元祀巡守四岳八伯馬融以爲受終後五年非也羅據大傳說似更塙

**至于岱宗柴**史記曰岱宗泰山也錫瑞謹案至于岱宗柴今文家說以爲封禪後漢書張純傳請封禪奏曰書曰歲二月東巡狩至于岱宗柴則封禪之義也風俗通正失篇曰謹案尚書天子巡狩歲二月至於岱宗孔子稱封泰山禪梁父可得而數七十有二蓋王者受命易姓改制應天下太平功成封禪以告太平也所以必於岱宗者長萬物之宗陰陽交代觸石而出膚寸而

合不崇朝而徧雨天下唯泰山乎又山澤篇曰岱者長也萬物之始陰陽交代王者受命易姓改制應天功成封禪以告天地五經通義曰泰山一名岱宗言王者受命易姓報功告成必於岱宗東方萬物始交代之處宗長也言爲羣嶽之長是以至于岱宗柴卽是封禪今文義也續漢書注引風俗通曰岱者胎也宗者長也下與今本畧同白虎通巡狩篇曰嶽之爲言捔也捔功德也東方爲岱宗何言萬物更相代於東方也東觀漢記丁鴻上奏曰臣聞古之帝王統治天下五載巡狩至于岱宗柴祭於天又曰柴祭之日白氣上升與燎煙合是古皆以柴字斷句不連望字爲義○今文一作至于岱宗祡○段玉裁說今本作柴漢以後人所改郊特牲曰天子適四方先柴鄭注云所到必先燔柴有事于上帝也書曰歲二月東巡守至于岱宗柴此及王制柴字蓋本皆作祡白虎通巡狩篇巡狩必祭天何本巡狩爲天祭天所以告至也尚書曰東巡狩至于岱宗柴柴當作祡引此書以證巡狩必祭天也錫瑞謹案今文尚書亦當作祡說文示部作祡云燒柴焚燎以祭天神引虞書曰至于岱宗祡又禷字下云古文祡禷爲古文則祡爲今文揚雄甘泉賦曰於是欽祡宗祈燎熏皇天樊毅修華嶽碑云故帝舜受堯厤數親自巡省設五鼎之奠祡燎堙埋此今文作祡之證而漢人引經亦作柴者漢時今文通行取其便俗故中有俗字西嶽華山碑云五歲壹巡狩皆以四時之中月各省其方親至其山

柴祭燔燎此石刻之可據者而作狩作柴與史記文合是知史記之狩字柴字非後人改之也又案鄭君王制注柴祭天告至也正義曰謂燔柴以祭上天而告至其祭天之後乃望祀山川所祭之天則蒼帝靈威仰以此爲祭靈威仰蓋今文義

**望秩于山川**○今文作望秩于山川班于羣神亦作望秩于山川偏于羣神○錫瑞謹案續漢書祭祀志載光武封禪刻石文曰望秩于山川班于羣神蓋引此經以明巡守封禪之義也周頌時邁篇鄭箋引書曰歲二月東巡守至于岱宗柴望秩于山川偏于羣神則鄭所據尚書亦多一句蓋今文尚書多此四字與前肆類于上帝禋于六宗下文正同孔穎達正義云書二月不言偏于羣神此一句衍文蓋不知今文與古文不同也其或作班或作偏者亦猶前文所據本異耳白虎通封禪篇曰於岱宗何明知易姓也刻石紀號知自紀于百王也燎祭天報之義也望祭山川祀羣神也班氏所據今文尚書亦有班于羣神一句史記封禪書引尚書無此四字或歐陽本無之

**肆覲東后**○今文作遂覲東后○史記封禪書引作遂覲東后東后者諸侯也漢書郊祀志續漢書律厤志祭祀志載光武封禪刻石文白虎通巡狩篇公羊隱八年傳解詁引經皆作遂○一作遂見東后○史記本紀作遂見東方君長以東方君長釋

東后乃以故訓代經肆覲作遂見蓋今文尚書漢書郊祀志周禮大行人注風俗通山澤篇引皆作遂見郊祀志曰東后者諸侯也

**協時月正日**公羊隱八年傳解詁引作協○今文一作叶時月正日○白虎通巡狩篇續漢書律厤志元和二年詔月令章句引皆作叶史記作合故訓字

**同律度量衡**錫瑞謹案同律度量衡之同古書皆不以爲陰呂漢書律厤志云虞書曰乃同律度量衡所以齊遠近立民信也上加乃字則同謂齊等又曰律十有二陽六爲律陰六爲呂律以統氣類物一曰黃鍾二曰太族三曰姑洗四曰蕤賓五曰夷則六曰亡射呂以旅陽宣氣一曰林鍾二曰南呂三曰應鍾四曰大呂五曰夾鍾六曰中呂度者分寸尺丈引也所以度長短也本起黃鍾之長以子穀秬黍中者一黍之廣度之九十分黃鍾之長一爲一分十分爲寸十寸爲尺十尺爲丈十丈爲引而五度審矣量者龠合升斗斛也所以量多少也本起於黃鍾之龠用度數審其容以子穀秬黍中者千有二百實其龠以井水準其槩合龠爲合十合爲升十升爲斗十斗爲斛而五量嘉矣衡權者衡平也權重也衡所以任權而均物平輕重也其道如底以見準之正繩之直左旋見規右折見矩其在天也佐助旋機斟酌建指以齊七政故曰玉衡無一語及同又曰同律審度嘉量平衡鈞權正準直

繩亦不以同爲賓義叉日凡律度量衡用銅者名自名也師古曰取銅之名以合於同也是不以同別爲一物尤明新莽量銘云改正建丑長壽隆崇同律度量衡東觀漢記丁鴻上奏曰協時月正日同斗斛權衡使人不爭白虎通巡狩篇考禮義當作樂正法度同律厤叶時月皆爲民也張衡東京賦曰同衡律而一軌量亦以同爲齊等之義蔡邕明堂月令論云書曰歲二月同律度量衡仲春令曰日夜分則同度量鈞衡石魏封孔羨碑鈞衡石同度量皆不以同爲陰呂與鄭周禮注義異鄭君蓋以周禮典同同是陰律故取以釋此經是亦鄭據古周禮說以易今尙書說之明證也○今文一作乃同律度量衡○漢志引虞書多乃字蓋本夏矦尙書

**修五禮五玉** ○今文作修五禮五樂五玉○史記本紀封禪書作修五禮五玉漢書郊祀志作修五禮五樂師古曰五樂謂春則琴瑟夏則笙竽季夏則鼓秋則鐘冬則磬也五樂尙書作五玉今志亦有作五玉者五玉卽五瑞孫星衍說大傳五玉作五樂見虞夏傳云樂正定樂名元祀代泰山貢兩伯之樂焉陽伯之樂舞株離其歌聲比余謠名曰晳陽儀伯之樂舞鼚哉其歌聲比大謠名曰南陽中祀大交霍山貢兩伯之樂焉夏伯之樂舞謾或其歌聲比中謠名曰初慮羲伯之樂舞將陽其歌聲比大謠名曰朱于秋祀柳穀華山貢兩伯之樂焉秋伯之樂舞蔡俶其歌聲比小謠名曰苓落和伯之樂舞元鶴其歌聲比中謠名曰歸來幽

都弭山祀貢兩伯之樂焉冬伯之樂舞齊陽曰縵縵幷論八音四會又云樂者人性之所自有也故聖王巡十有二州觀其風俗習其性情因論十有二俗定以六律五聲八音七始著其素簇以爲八此八伯之事也分定於五此五嶽之事也五聲天音也八音天化也七始天統也漢書郊祀志五玉亦作五樂是今文有五樂在五禮之下或郎五玉之異文陳喬樅說王制云禮樂制度衣服正之則其所據尚書堯典亦有修五禮五樂之文足與郊祀志互相證明漢書多用夏侯尚書禮記與夏侯尚書同一師承故脗合也後人傳寫史漢或存五樂而去五玉或存五玉而去五樂此志所以有作樂作玉之不同耳錫瑞謹案據大傳與漢志今文有五樂字無疑然帛所以薦玉下有三帛字無五玉則文義不完經文五樂五玉皆當有之廣韻帛字注引大傳舜修五禮五玉三帛則又存五玉而去五樂非大傳之舊也今本大傳作舞齊落歌曰縵縵與孫所引小異師古釋五樂之名必有所受蓋出服虔如淳諸人舊注今文遺說也

**三帛** 史記**集解引馬注**曰三孤所執也鄭注曰帛所以薦玉也必三者高陽氏後用赤繒高辛氏後用黑繒其餘諸矦皆用白繒通典引中候曰高陽氏尚赤薦玉以赤繒高辛氏尚黑薦玉以黑繒陶唐氏尚白薦玉以白繒錫瑞謹案馬用古周禮孤執皮帛

之說虞時不聞有三孤則其說非也鄭說本中候與大傳三統三正之義合當是今文家說檀弓正義推鄭之意謂堯以十二月爲正尙白故曰其餘諸侯用白繒高辛氏以十三月爲正尙黑故其後用黑繒高陽氏以十一月爲正尙赤故其後用赤繒少皞以十二月爲正尙白黃帝以十三月爲正尙黑神農以十一月爲正尙赤女媧以十二月爲正尙白伏羲以上未聞禮緯含文嘉曰天子三公諸侯皆以三帛以薦玉宋均注曰其殷禮三帛謂朱白蒼象三正其五帝之禮薦玉用一色之帛宋是鄭君弟子與鄭說不同

**二生** ○今文作二牲○史記封禪書漢書郊祀志風俗通山澤篇續漢書祭祀志載光武封禪刻石文皆作牲史記本紀白虎通作生疑後人改之孫星衍說二生者古以麛鹿白虎通文質篇云臣見君所以有贄何贄者質也質已之誠致已之悃愊也公侯以玉爲贄者玉取其燥不輕濕不重公侯之德全卿大夫贄古以麛鹿今以羔雁何以爲古者質取其內謂得美草鳴相呼今文取其外謂羔跪乳雁有行列也禮士相見經曰上大夫相見以羔左頭如麛執之明古以麛鹿今以羔也據此知唐虞時二生是麛鹿非羔雁也

**一死** 馬注曰一死雉士所執白虎通瑞贄篇曰士以雉爲贄者取其不可誘之以食懾之以威必死不可生畜

贄。今文作爲摯。史記本紀作爲摯漢書郊祀志作爲贄蓋今文尚書多爲字贄俗字當從史記作摯封禪書作贄無爲字乃後人改之

如五器卒乃復馬注曰五器上五玉五玉禮終則還之三帛已下不還也鄭注曰卒已也復歸也巡守禮畢乃反歸矣每歸用特牛告于文祖矣馬鄭二注不同未知孰與今文義合鄭以蓺祖爲文祖與今文尚書爾祖異則鄭用古文説馬以卒爲禮終復爲還玉疑用今文説也

五月南巡守至于南岳如岱禮。今文岳一作嶽。孫星衍説大傳説五嶽謂岱山霍山華山恆山嵩山也白虎通巡狩篇云南方爲霍山何霍之爲言護也言太陽用事護養萬物也水經禹貢山水澤地所在云霍山爲南嶽在廬江灊縣西南論衡書虚篇云舜巡狩東至岱宗南至霍山西至太華北至恆山以爲四嶽者四方之中諸侯之來竝會嶽下幽深遠近無不見者聖人舉事求其宜適也此以霍山爲南嶽皆今文説爾雅釋山説五嶽云江南衡用孔安國古文説也又云霍山爲南嶽用今文説也郭璞注云漢武帝以衡山遼曠因讖緯皆以霍山爲南嶽故移其神於此案緯書皆本今文漢武案古圖書復南嶽

之舊非以霍山爲南嶽始自漢武也通典引三禮義宗云唐虞以衡山爲南岳周氏以霍山爲南嶽蓋傳寫互誤非崔靈恩之失也周禮以衡山爲南嶽唐虞南嶽即是霍山也竊疑經文言五月南巡守至于南岳則舜都平陽吉行五十里計一月可至霍山若至衡山遼遠且又踰江不便以覲南方諸侯故歐陽夏侯等說爲霍山蓋本之伏生是以大傳又有中祀霍山及貢南方霍山之文也錫瑞謹案孫說是也大傳云中祀大交霍山鄭注謂五月南巡守所祭是鄭從今文說說苑辨物篇曰五嶽者何謂也泰山東嶽也霍山南嶽也華山西嶽也常山北嶽也嵩高山中嶽也說文曰嶽東岱南霍西華北恆中太室許叔重治古文其言五嶽亦從今文說御覽引義宗云南岳謂之霍霍者護也言陽氣用事盛陽之日護養萬物故以爲稱也廣雅釋山云岱宗謂之泰山天柱謂之霍山華山謂之太華常山謂之恆山外方謂之嵩高岣嶁謂之衡山以霍山列泰華之間而衡山別見於後則亦以霍山爲南嶽矣淺人囿於所見率以霍山南嶽爲漢制說苑諸書皆本漢制言之大傳明在漢武前又謂大傳作於歐陽張生竝疑爾雅後一說爲漢人羼入不知以霍山爲南嶽其說甚古楚辭天問云吳獲迄古南嶽是止王逸注曰獲得也迄至也古謂古公亶父也言吳國得賢君至古公亶父之時而遇太伯陰讓避王季辭之南嶽之下采藥於是遂止而不還也案太伯采藥荊蠻是吳地非楚地屈子所云

南嶽亦謂霍山非謂衡山也淺人所以致疑者衡霍兩山皆有二名古多謂霍爲衡後多謂衡爲霍封禪書云南嶽衡山也初疑史公用堯典古文說攷黥布列傳九江盧江衡山豫章郡皆屬布淮南衡山列傳徙爲衡山王王江北皆卽霍山又始皇本紀乃西南渡淮水之衡山南郡浮江至湘山祠案由淮水至南郡不過今之衡山衡山又在湘山南此云之衡山亦卽霍山與淮水近然則封禪書之衡山亦是霍山非別用古文說矣孫引郭注因讖緯皆以霍山爲南嶽攷詩書左傳疏皆無此十字

**八月西巡守至于西岳如初**○今文岳一作嶽○史記曰西嶽華山白虎通巡狩篇曰西方爲華山者何華之爲言穫也言萬物成熟可得穫也風俗通山澤篇曰西岳崋山崋者華也萬物滋然變華於西方也

**十有一月朔巡守至于北岳**○今文岳一作嶽○史記曰北嶽恆山也白虎通巡狩篇曰北方爲恆山者何恆者常也萬物伏藏於北方有常也風俗通山澤篇同白虎通又曰北方爲常山者何陰終陽始其道常久故曰常

**如西禮**何氏公羊解詁引如西禮蓋今文尚書馬本作如初禮則古文尚書姚方興襍采馬王之義而其本作如西禮與馬本不同則必用王肅本王肅嘗習今文尚書故從今文以示異於馬鄭古文也○今文如西禮下一本有還至嵩如初禮句○何氏

公羊解詁引尚書如西禮下曰還至嵩如初禮陳喬樅說如西禮馬融本作如初禮攷史記封禪書於皆如如岱宗之禮下文又云中嶽嵩高也漢書郊祀志亦同則如初禮之上明有脫文邠公解詁所引尚書曰云云眞今文家之本也段玉裁云史記漢書言至岱宗至南嶽至西嶽至北嶽而不言至中嶽但言中嶽嵩高也然則亦備五嶽之訓故而已風俗通義山澤篇曰中嶽嵩高也王者所居故不巡焉按應氏說可證今文古文本皆無至于中嶽之文何劭公則補經文曰還至嵩如初禮蓋亦今文家說而駮封禪書郊祀志爲蛇足矣喬樅謂此不然也應劭所云中嶽王者所居故不巡焉者蓋指覲諸侯及協時月正日同律度量衡修五禮五樂諸事以諸侯各朝于方嶽之下於此中嶽無事又王者所居爲首善之區政教所須先自近始無煩重申巽命其柴祭及望山川班羣神之禮中嶽亦當與四嶽同豈有祀典大事獨闕中嶽之理錫瑞謹案嵩高爲王者所居惟於東周爲合若唐虞都蒲坂平陽嵩高豈王者所居乎應仲遠兼通今古文風俗通義所云蓋用古文說而以周制說虞制殊爲疏失陳氏申今文說而不知虞時嵩山非王都以其說亦未爲得也大傳曰五嶽謂岱山霍山華山恆山嵩山也又曰分定於五此五嶽之事也五嶽皆觸石而出雲扶寸而合不崇朝而雨天下是伏生實以嵩山列五嶽之中爾雅釋山嵩高爲中岳白虎通巡狩篇曰中央爲嵩高者何嵩言其高大也中央

之嶽獨加高字者何中央居四方之中而高故曰嵩高山皆與今文說合不必王者所居乃爲中嶽也近人有以霍太山爲唐虞中嶽者亦非古義

**歸格于藝祖用特**。今文作歸假于禰祖用特亦作歸假于祖禰用特。大傳曰歸假于禰祖用特又曰天子遊不出封圻不告祖廟又曰古者巡守以遷廟之主行出以幣帛皮圭告於祖遂奉以載於齊車每舍奠焉然後就舍反必告奠卒斂幣玉藏之兩階之間蓋貴命也白虎通巡狩篇曰王者出必告廟何孝子出辭反面事死如事生尚書曰歸假于祖禰三軍篇曰王者將出辭於禰還格於祖禰者言子辭面之禮尊親之義也尚書曰歸假于禰祖何氏公羊解詁作禰祖禮王制史記本紀說苑修文篇後漢書肅宗紀安帝紀皆作祖禰錫瑞謹案或作禰祖或作祖禰蓋傳本偶異而今文義不異故白虎通引書一作祖禰一作禰祖也禮曾子問曰諸侯適天子必告于祖奠于禰諸侯相見必告于禰又曰天子諸侯將出必以幣帛皮圭告于祖禰王制亦曰天子將出造乎禰義雖不備而與大傳白虎通說同禮記與夏侯尚書同一師承班氏亦習夏侯尚書故白虎通兩引禮文大傳云以遷廟主行又云以幣帛告于祖載於齊車者蓋無遷廟主則以幣帛故曾子問曰古者師行無遷主則何主孔子曰主命下卽大傳所引白虎通巡狩篇曰王者諸侯出必將主何示有所尊故孔子曰王者將出必以遷廟主行載於齊車示有尊也無遷主以幣帛皮圭告于祖禰廟遂奉以出每舍奠焉蓋貴命也必以遷主者明廟不可空也較大傳尤詳明大傳云告祖不云告禰蓋舉祖以賅禰段玉裁云淺人刪去大傳禰字恐未必然今本白虎通三軍篇禰祖作蓺祖段以爲淺人用古文尚書改之是也

**五載一巡守** 大傳作五載一巡守史記封禪書漢書郊祀志皆作五載一巡狩案白虎通四時篇有二帝言載之文則今文有作載者非盡後人改之○今文一作五歲一巡狩亦作五歲壹巡狩○史記本紀作五歲一巡狩西嶽華山碑作五歲壹巡狩是今文尚書作歲也白虎通巡守篇曰所以不歲巡守何爲太煩也過五年爲太疏也因天道時有所生歲有所成三歲一閏天道小備五歲再閏天道大備故五年一巡守三年二伯出述職黜陟風俗通山澤篇曰所以五載一出者蓋五歲再閏天道大備御覽引逸禮曰所以五年一巡守何五歲再閏天道大備公羊隱八年傳何氏解詁曰三年一使三公絀陟疏云書傳文又曰五年親自巡守巡猶循也守狩也循行守視之辭亦不可國至人見爲煩擾故至四嶽知四方之政而已疏云堯典文陳壽祺說堯典無此文蓋皆出伏生堯典傳疏脫傳字耳

**羣后四朝**

大傳曰古者諸侯之於天子五年一朝朝見其身述其職述其職者述其所職也公羊桓元年傳諸侯時朝乎天子何氏解詁曰五年一朝王者亦貴得天下之歡心以事其先王因助祭以述其職故分四方諸侯爲五部部有四輩輩主一時孝經曰四海之內各以其職來助祭尙書曰羣后四朝敷奏以言明試以功車服以庸是也陳喬樅說攷禮記王制正義引鄭孝經注云諸侯五年一朝天子天子亦五年一巡守案鄭注孝經與注尙書異孝經注當是用今文尙書說故與何休說略同漢書蓺文志載孝經有后氏說后氏爲夏侯始昌弟子與夏侯勝同師故孝經說有與尙書說合者以其同一師授也五經異義云公羊說諸侯比年一小聘三年一大聘五年一朝天子左氏說十二年之間八聘四朝再會一盟許愼謹案公羊說虞夏制左氏說周禮傳曰三代不同物明古今異說是許君亦以五年一朝爲虞夏之制也但鄭孝經注與何公羊傳注又同中有異者而何說較鄭爲允鄭言四方諸侯分爲四部部四年乃徧則是巡守之年諸侯不朝于京師也據何云五年一朝者王者貴得天下之歡心以事其先王是所重者不僅述職而已兼重在助祭京師故分四方諸侯爲五部部分四輩輩主一時則五年之中四時祭祀皆有諸侯助祭矣至巡守之年諸侯各就其方以四時朝于方嶽之下而所分之第五部於是年亦分四輩以四時朝于京師因助祭而述職故五年乃

徧也若如鄭說止分四部四年而徧則巡守之年四方諸侯無一來京師助祭者於大典有缺是不如從劭公之說爲長也

**敷奏以言明試以功車服以庸**大傳曰見諸侯問百年命大師陳詩以觀民風俗命市納賈以觀民好惡山川神祇有不舉者爲不敬不敬者削以地宗廟有不順者爲不孝不孝者黜以爵變禮易樂者爲不從不從者君流改衣服制度爲畔畔者君討有功者賞之尚書曰明試以功車服以庸白虎通攷黜篇曰禮說九錫車馬衣服樂則朱戶納陛虎賁鈇鉞弓矢秬鬯皆隨其德可行而次能安民者賜車馬能富民者賜衣服書曰明試以功車服以庸能安民故賜車馬以考其功德安其身能使人富足衣食倉廩實故賜衣服以彰其體後漢書章帝詔敕奏以言則文章可采明試以功則政有異迹續漢書輿服志書曰明試以功車服以庸夫禮服之興也所以報功章德尊仁尚賢故禮尊尊貴貴不得相踰所以爲禮也非其人不得服其服所以順禮也○今文敷一作傅○漢書宣帝紀傅奏其言考試功能應劭曰敷陳也各自奏陳其言然後試之以官考其功德也師古曰傅讀曰敷今文尚書敷多作傅敷土作傅土敷聞作傅聞可證後漢書梁統傳統上疏曰謹表其尤害於體者傅奏於左史記作偏告以故訓代之

肇十有二州封十有二山濬川史記作肇十有二州決川無封十有二山句蓋史公渻文濬作決故

訓字錫瑞謹案兆肇古通用詩生民后稷肇祀禮表記引作后稷兆祀又元鳥肇域彼四海箋云肇當作兆周禮小宗伯兆五帝于四郊鄭注云兆爲壇之營域與大傳注義同說文作垗引周禮曰垗五帝于四郊然則垗爲古文兆乃今文渻借字肇乃今文通叚字史公作肇義當與大傳作兆不殊古文尚書蓋同史記作肇馬鄭以爲肇當訓始故云分齊爲營州分衞爲幷州燕以北爲幽州新置三州幷舊爲十二州蓋本之漢志冀北創幽部之名燕齊起幽營之號此或古文尚書本以肇十有二州居上或後人據馬鄭注移易其文皆未可知要與大傳今文義不合漢書地理志曰堯遭洪水褱山襄陵天下分絕爲十二州使禹治之水土既平更制九州又谷永傳永對曰堯遭洪水之災天下分絕爲十二州孟康注曰本九州洪水隔分更爲十二州王莽傳曰堯典十二州後定爲九州據今文家說則十二州之分實因洪水之故蓋州本水中可居之名洪水橫流天下分絕水中可居者十有二處因分爲十二州水土既平更制九州西漢今文無分九州爲十二州之說若如馬鄭之義以分十二州在平水土置九州之後則分九州爲十二又合十二爲九紛紛更置不太煩乎江聲說先儒以肇之言始解爲始分十二州殊未安也聲竊謂十二州蓋自古有之此當如

大傳作兆十有二州謂爲兆域以祭分星於義允愜十二州上繫十二次者天有十二次實爲十二州之分野天象見於某次則災祥應於某州是相繫屬者也○今文一作封十有二山兆十有二州濬川○大傳曰壇四奧沈四海封十有二山兆十有二州濬川鄭注祭者必封封亦壇也十有二山十有二州之鎮也兆域也爲營域以祭十二州之分星也壇沈封兆皆因所宜爲之名鄭以兆爲垗之假借蓋今文家說如是故兆十有二州在封十有二山之下春秋說題辭曰山之爲言宣也含澤布氣調五神也州之爲言殊也合同類異其界也

**象以典刑** 今文說以爲畫象大傳曰唐虞象刑而民不敢犯苗民用刑而民興相漸又曰唐虞之象刑上刑赭衣不純中刑襍屨下刑墨幪以居州里而反於禮又曰唐虞象刑犯墨者蒙皁巾犯劓者赭其衣犯臏者以墨幪其臏處而畫之犯大辟者布衣無領周禮疏引孝經緯曰三皇無文五帝畫象三王肉刑畫象者上罪墨蒙赭衣襍屨中罪赭衣襍屨下罪襍屨而已公羊襄二十九年傳注引孔子曰五帝畫象世順機徐疏以爲孝經說疏曰其五帝之時黎庶已薄故設象刑以示其恥當世之人順而從之疾之而機矣故曰五帝畫象世順機也畫猶設也其象刑者卽唐傳云唐虞之象刑上刑赭衣不純注云純緣也時人尚德義犯刑

者但易之衣服自爲大恥中刑雜屨屨履也下刑墨幪幪巾也使不得冠飾周禮罷民亦然上刑易三中刑易二下刑易一輕重之差以居州里而民恥之是也白虎通五刑篇曰五帝畫象者其衣服象五刑也犯墨者蒙巾犯劓者以赭著其衣犯臏者以墨蒙其臏處而畫之犯宮者履襍扉犯大辟者布衣無領史記孝文帝本紀曰蓋聞有虞氏之時畫衣冠異章服以爲僇而民不犯漢書武帝紀曰朕聞昔在唐虞畫象而民不犯元帝紀曰蓋聞唐虞象刑而民不犯揚雄廷尉箴曰天降五刑惟夏之績亂茲平民不回不辟又曰唐虞象刑天民是全論衡儒增篇曰儒書稱堯舜之德至優至大天下太平一人不刑風俗通曰五帝畫象三王肉刑又曰謹案尚書夏禹始作肉刑周禮司圜注曰弗使冠飾者著墨幪若古之象刑與三國志魏明帝詔曰有虞氏畫象而民勿犯皆今文說也今文說以象刑爲畫象其義甚古荀子曰古無肉刑而有象刑墨黥慅嬰共艾畢菲樹屨殺赭衣而不純墨子曰畫衣冠而民不犯愼子曰有虞氏之誅以幪巾當墨以草纓當劓以菲履當刖以艾韠當宮布衣無領當大辟皆與今文義合大傳言刑無宮蓋有鈌佚又上刑當云赭衣不純墨蒙襍屨中刑墨蒙襍屨下刑墨蒙乃與鄭注所云上刑易三中刑易二下刑易一之義合據鄭注則今本大傳有鈌文觀孝經緯可見孝經緯言下罪襍屨大傳言下刑墨蒙則所傳之異也

**流宥五刑**大傳曰決關梁踰城郭而略盜者其刑臏男女不以義交者其刑宮觸易君命革輿服制度姦軌盜攘傷人者其刑劓非事而事之出入不以道義而誦不祥之辭者其刑墨降叛寇賊劫略奪攘撟虔者其刑死孫星衍說此則五刑之條目亦飾其象以待犯者而已又以流放及三宥之法宥之故大傳又稱唐虞象刑而民不敢犯知此五刑爲畫象者經文列于鞭朴之前見其輕於傷體膚也錫瑞謹案古說象刑皆與今文義合而後世疑之者蓋疑五刑但飾畫象則五刑反輕於流宥或云象刑成罪不復齒故重似亦不然疑所謂流宥五刑者流放之人又畫五刑之象以别異之如王制云屏之遠方終身不齒而玉藻有元冠縞武不齒之服也

**鞭作官刑**後漢章帝元和元年詔曰鉆鑽之屬慘苦無極書曰鞭作官刑豈云若此三國志魏明帝紀詔曰鞭作官刑所以糾慢怠也

**扑作教刑金作贖刑**潛夫論述赦篇曰金作贖刑赦過宥罪皆謂良人吉士時有過誤不幸陷離者爾韋昭國語注曰小罪不入于五刑者以金贖之有分兩之差今之罰金是也

**眚災肆赦** 後漢書陳寵傳寵上疏曰故唐堯著典眚災肆赦孫星衍說左氏傳云非日月之眚不鼓注眚猶災也是日月之食謂之眚尚書緯曰當赦不赦月爲之食是今文有說此眚災爲月食者開元占經引石氏曰若月行疾則君刑緩行遲則君刑急故人君月有變則省刑書曰眚災肆赦○今文一作眚烖過赦○史記作眚烖過赦

**怙終賊刑** 孝經援神契曰刑者侀也過出罪施侀爲著也行刑者所以著人身體過誤者出之實罪者施刑是以尚書云眚災肆赦怙終賊刑大傳曰不赦有過謂之賊孫星衍說怙終賊刑者言怙過不改則不赦也此有虞氏之施刑雖不赦亦衣之畫象而已

**欽哉欽哉惟刑之恤哉** 漢書刑法志成帝詔曰書不云乎惟刑之恤哉陳喬樅說案漢書儒林傳言鄭寬中習小夏侯尚書以博士授成帝經是作恤者小夏侯之本也案蔡邕文烈侯楊公碑曰惟刑之恤○今文一作惟刑之謐哉○史記作惟刑之靜哉徐廣曰今文云惟刑之謐哉爾雅曰謐靜也恤得與謐通者詩周頌假以溢我說文引云誐以溢我廣韻引云誐以謐我襄二十七年左傳引云何以恤我是謐與恤相通之驗

流共工于幽州放驩兜于崇山竄三苗于三危殛鯀于羽山四罪而天下咸服大戴禮淮南子引皆作幽州漢書王莽傳曰流棻于幽州則今文尚書亦作幽州○今文幽州一作幽陵○史記五帝紀讙兜進言共工堯曰不可而試之工師共工果淫辟四嶽舉鯀治鴻水堯以爲不可嶽彊請試之試之而無功故百姓不便三苗在江淮荆州數爲亂於是舜歸而言於帝請流共工于幽陵以變北狄放讙兜于崇山以變南蠻遷三苗于三危以變西戎殛鯀于羽山以變東夷徐廣曰變一作燮索隱曰變謂變其形及衣服同於夷狄也徐廣云作燮燮和也正義曰言四凶流四裔各於四夷放共工等爲中國之風俗也漢書刑法志曰唐虞之際至治之極猶流共工放驩兜竄三苗殛鯀然後天下服論衡恢國篇曰共工之行靖言庸回讙兜私之稱薦於堯三苗巧佞之人或言有罪之國鯀不能治水知力極盡罪皆在身不加於上唐虞放流死于不毛錫瑞謹案大戴禮亦云以變北狄以變南蠻以變西戎以變東夷與史記同變者謂流四凶於四夷使變夷狄之俗同於中國蓋用夏變夷非如索隱之說用夷變夏使同於夷狄也徐廣云作燮則古本史記一作燮字謂使四凶燮和夷狄班固西都賦曰北燮丁令其所據史記蓋作燮也蓋四凶皆有過人之才故使燮和夷狄之俗夏本紀曰舜登用攝行天子之政巡狩行視

鯀之治水無狀乃殛鯀於羽山以死是因殛而死殛非死刑也楚辭天問永遏在羽山夫何三年不施王逸注曰言堯長放鯀於羽山絕在不毛之地三年不舍其罪也漢書鮑宣傳曰昔堯放四罪而天下服劉向傳曰故舜有四放之罰息夫躬傳贊曰書放四罪後漢書楊震傳曰四凶流放天下咸服是殛亦放也後漢書梁統傳統上疏曰是以五帝有流殛放殺之誅三王有大辟刻肌之法統說分別甚明蓋唐虞本無肉刑故四凶之罪止于流放也後漢書朱浮傳樊儵言於帝曰唐堯大聖兆人獲所尚優游四凶之獄厭服海內之心使天下咸知然後殛罰○一作幽都○後漢書侯霸傳光武賜霸璽書曰崇山幽都何可偶則今文亦作幽都與莊子在宥篇合

**二十有八載帝乃殂落**○今文作放勛乃徂落亦作放勳乃徂落○趙岐孟子注曰放勳堯名徂落死也釋名釋喪制曰徂落徂祚也禍祚殞落也徂亦往也言往去落也段玉裁說孟子春秋繁露帝王世紀皆作放勳字董子用今文尚書者許叔重皇甫士安用古文尚書者疑古文作放勛今文作放勳皆不作帝也說文無落字當是古文尚書孟子繁露爾雅白虎通有落字則同今文尚書錫瑞謹案中候攷靈燿皆作放勛緯書多同今文是今文亦或作勛或作勳也徂落徂字孟子爾雅論衡氣

壽篇皆作徂漢涼州刺史魏元丕碑云徂落不留祝長嚴訢碑云顛賈徂落劉歆遂初賦幾不免乎徂落是今文作徂落與說文引古文作殂無落字異

**百姓如喪考妣三載四海遏密八音** 白虎通四時篇云或言歲或言載或言年何言歲者以紀氣物帝王共之載之言成也載成萬物終始言之也二帝言載三王言年尚書曰三載四海遏密八音謂二帝也又曰諒闇三年謂三王也白虎通用今文尚書引書作載其說分明可按段玉裁謂後人改之非也崔瑗和帝誄曰三載四海遏密八音亦用今文尚書作三載。今文三載一作三年。孟子引經作三年史記五帝紀堯立七十年得舜二十年而老令舜攝行天子之政薦之於天堯辟位凡二十八年而崩百姓悲哀如喪父母三年四方莫舉樂以思堯集解徐廣曰堯在位九十八年春秋繁露煖燠孰多篇堯視民如子民視堯如父尚書曰二十有八載放勳乃殂落百姓如喪考妣三年三年陽氣厭於陰陰氣大興此禹所以有水名也白虎通崩薨篇禮始於黃帝至堯舜而備易言沒者據遠也書殂落死者各自見義堯見憯痛之舜見終各一也喪者亾人死謂之喪言其喪亾不可復得見也不直言死稱喪何爲孝子不忍言尚書曰武王既喪知據死者稱喪也生者哀痛之亦稱喪孝經曰孝子之喪親也是施生者也天子至庶人俱言喪何欲言身體髮膚俱受之父母其痛一也王者崩諸侯悉奔喪何臣子悲哀慟怛無不欲觀君父之棺柩盡悲哀者也七月之間諸侯有在京師供臣子之事者有號泣悲哀奔走道路者有居其國哭痛思慕竭盡所供以助喪事者是四海之內咸悲臣下若喪考妣之義也後漢書李固傳曰昔堯殂之後舜仰慕三年坐則見堯於牆食則覩堯於羹趙岐孟子注曰如喪考妣思之如父母也遏止也密無聲也八音不作哀思甚也魏明帝詔曰昔放勛殂落四海如喪考妣遏密八音明喪葬之禮同於王者也。遏密一作閼密。春秋繁露引作閼

**月正元日** 帝王世紀曰堯崩三年喪畢以仲冬甲子月次于畢始即眞以土承火色尚黃皇甫謐知爲仲冬月者詩緯推度災言有虞以十一月爲正此時舜已改正故以夏之仲冬月爲月正也漢書王莽傳曰首冠以戊子爲元日師古曰元善也辯綜東京賦注引作正月元日疑誤倒非今文異文

**舜格于文祖** 孫星衍說孝經援神契云明堂有五室天子每於其室聽朔布教祭五帝之神配以有功德之君案此知舜畢堯喪至于文祖是宗祀堯于明堂以赤帝配也江聲說下文命官授職是明堂之事

詢于四岳闢四門明四目達四聰。今文作詢于四嶽辟四門明四目通四聰。史記本紀禹皋陶契后稷伯夷夔龍倕益彭祖自堯時而皆舉用未有分職於是舜乃至于文祖謀于四嶽辟四門明通四方耳目韓詩外傳曰故牧者所以開四目通四聰漢書王莽傳崔發等曰虞帝闢四門通四聰又梅福傳福上書曰博覽兼聽謀及疏賤令深者不隱遠者不塞所謂辟四門明四目也潛夫論明闇篇曰夫堯舜之治闢四門明四目通四聰羣書治要引作通是以天下輻輳而聖無不照故共鯀之徒弗能塞也靖言庸回弗能惑也錫瑞謹案古文尚書達字今文尚書皆作通禹貢達于河作通于河顧命達殷作通殷秦誓不達作不通可證故漢人引此經皆作通四聰漢書晁錯傳云近者獻其明遠者通厥聰亦用此經義也惟說苑君道篇引作達蓋後人用古文尚書改之如今本潛夫論亦誤改爲達矣陳喬樅本仍作達不作通與今文尚書不合。一作闢四門。大傳曰帝猶反側晨興闢四門來仁賢漢書王莽傳後漢書申屠剛傳鄧壽傳班昭傳潛夫論風俗通引皆作闢。一作開四聰亦作開四窗。後漢書鄧壽傳何敞上疏理壽曰臣聞聖王闢四門開四聰魯丕傳丕上疏曰陛下既廣納謇謇以開四聰班昭傳昭上疏曰隆唐虞之政闢四門而開四聰風俗通十反篇曰蓋人君者闢門開窗號咷博求左氏文十八年傳杜預注曰闢四門達四窗以賓禮衆賢段玉裁說蓋尚書本作囪窗之或字窻又窗之俗體聰又囪之同音字作囪而或如字或讀爲聰猶之台可讀爲怡尼可讀爲昵庸可讀爲鏞也作窗正合惠定宇明堂之說陳喬樅說尚書釋文無聰字音義亦不言馬鄭本同異則古文尚書作聰可知也史記五帝紀言明通四方耳目則歐陽尚書作聰又可知也然則作窗者當是大小夏矦尚書之文矣據郅壽傳何敞以闢四門開四聰彙舉班昭傳昭上疏云闢四門而開四聰蓋亦讀聰字爲窗者歟錫瑞謹案風俗通云開窗何敞班昭引皆作開則三家尚書必有或作開四聰開四窗者漢楊叔恭殘碑云開聰四聽亦是其證陳本不載今文開字之異失之杜注引作達四窻達字疑後人改俞樾說釋名釋宮室曰窻聰也於內窺外爲聰明也是窻聰聲近而義通闢四門所以明四目也達四窻所以達四聰也門與目聲義俱隔故兩言之窻與聰聲義俱通故一言之古明堂之制四旁爲兩夾兩夾皆有窻故曰四旁兩夾窻白盛四窻卽四旁之窻也四門在前故以喻目四窻在旁故以喻耳

**咨十有二牧** 韓詩外傳曰王者必立牧方三人者何所以使窺遠牧衆也說苑君道篇曰十二牧方三人出舉遠方之民白虎通封公矦篇曰唐虞謂之牧何尚質使大夫往來牧諸矦故謂之牧旁立三人旁與方同謂每方立三人凡十有二人尚書曰咨十有二

牧何知堯時十有二州也以禹貢言九州也漢書朱博傳何武翟方進言古選諸侯賢者以爲州伯書曰咨十有二牧所以廣聰明燭幽隱也百官公卿表敘引十有二牧應劭曰牧州牧也陳喬樅說禮記王制州有伯鄭彼注云殷之州長曰伯虞夏及周皆曰牧是知此牧卽州伯十有二牧十有二州之伯也鄭君之說與何武及應劭同皆用今文尙書之訓錫瑞謹案白虎通亦用今文家說而其義不同使大夫牧諸侯蓋本王制天子使其大夫爲三監監于方伯之國國三人之義不如何武應劭之說爲長大傳曰維元祀巡狩四嶽八伯疑四嶽外更置八伯蓋四方每方立一嶽每方又立二伯以佐嶽如周制一州立一侯一州又立二伯以佐侯之比四嶽八伯合之卽十二牧胡益之以爲四岳寓於十二牧其說近是鄭君云四嶽死乃分置八伯與大傳不合史記數二十二人云禹皋陶契后稷伯夷夔龍垂益彭祖共十人後又歷舉其功與十二牧之功則以十人合十二牧爲二十二人可知二十二人中無四嶽則四嶽卽在十二牧中亦可知伏生史公今文家說當如是也

**曰食哉惟時** 案食哉疑是欽哉因偏旁形似鈌餌譌脫然無左證未敢據定陳喬樅徑改經字作欽殊嫌專輒

**柔遠能邇** 漢書百官公卿表敘引柔遠能邇師古曰能善也說苑君道篇曰十二牧方三人故牧者所以辟四門明四目

達四聰也是以近者親之遠者安之親近安遠卽柔遠能邇也今文說以柔遠與能邇相對僞孔說非是○今文一作渘遠而邇○漢督郵班碑作渘遠而邇漢碑柔多作渘能而古通用見禮運正義

**惇德允元而難任人蠻夷率服** 史記曰命十二牧論帝德行厚德遠佞人則蠻夷率服孫星衍說史公說爲論帝德者已下皆述堯之德信賢遠佞不以爲已之美事也錫瑞謹案漢衡方碑云敦厖允元孔彪碑云惇懿允元疑今文尚書惇德字有作敦厖與惇懿者而漢官儀靈帝策書曰司徒胡廣惇德允元則今文尚書亦作惇德衡方孔彪二碑或以意改經字耳史記亦作厚德未敢據碑改經○今文一作蠻夷帥服○漢書景武昭宣元成功臣表敘曰昔書稱蠻夷帥服許其慕諸夏也錫瑞謹案儀禮聘禮使者朝服帥衆介夕鄭注古文帥皆作率帥大夫以入鄭注古文帥爲率古文作率則今文多作帥可知毛詩率時農夫韓詩作帥時農夫毛用古文韓用今文亦其證

**舜曰咨四岳有能奮庸熙帝之載使宅百揆亮采惠疇** 史記五帝本紀舜謂四嶽曰有能奮庸美堯之事者使居官相事又夏本紀堯崩帝舜問四嶽曰有能成美堯之事者使居官錫瑞謹案今文宅爲度史

公蓋以居訓度也史公釋度百揆爲居官蓋不以百揆爲官名說見上入于百揆

**僉曰伯禹作司空** 史記曰皆曰伯禹爲司空可美帝功錫瑞謹案史公不以百揆爲官名故云伯禹爲司空可美帝功蓋謂爲司空即可美帝功非謂由司空遷百揆始可美帝功也尚書刑德放曰禹長於地理水泉九州得括地象圖故堯以爲司空說苑鹽鐵論潛夫論論衡吳越春秋皆曰禹爲司空不曰禹爲百揆是今文家說無以百揆爲官名者大傳曰溝瀆壅遏水爲民害田廣不墾則責之司空又曰城郭不繕溝池不修水泉不降水爲民害則責於地公白虎通封公侯篇曰司空主地又曰司空主土不言土言空者空尚主之何况於實以微見著漢官解詁曰下理坤道上和乾光謂之司空皆今文家說司空之義大傳與五經異義所引今尚書夏侯歐陽說皆曰天子三公一曰司徒公二曰司馬公三曰司空公是古天子止有三公不得於三公之上更立一百揆之官也鄭君云至禹登百揆之任捨司空之職爲共工與虞此鄭別創異說即僞孔之所本或云禹由冬官進居天官皆非古義今文家無此說也

**帝曰俞咨禹** 史記夏本紀作嗟然段玉裁說疑今文尚書咨在俞上也錫瑞謹案五帝紀作然嗟則史公所據本亦作

俞咨殹說非是

**汝平水土惟時懋哉**○今文惟作維○史記五帝本紀作維是勉哉夏本紀作維是勉之則今文尚書作維時懋哉與說文引虞書時維懋哉異史公作是作勉以故訓代之耳僞孔名爲古文乃從今文與說文違異

**禹拜稽首讓于稷契暨皋陶**史記作與皋陶用故訓字據禹貢朔南暨聲教史記亦作暨則此經史公所據本或作暨錫瑞謹案尚書中候曰伯禹在庶四嶽師舉薦之帝堯握括命不試僉授司空伯禹稽首讓于益歸帝曰何斯若眞中候言禹讓益歸與此讓稷契皋陶不同者彼在堯時始爲司空之時故與此異也○今文一作臮咎繇○說文臮眔與詞也虞書曰臮咎繇眔古文臮眔爲古文則今文尚書或亦作臮漢三家尚書夏侯多參用古字見漢書皋陶漢書百官志作咎繇與說文引書文相近則作臮或亦夏侯本歟

**帝曰俞汝往哉帝曰棄黎民阻飢**○今文作黎民祖飢○史記作始飢徐廣曰今文尚書作祖飢祖始也漢書食貨志曰舜命后稷以黎民祖飢是爲政首孟康曰祖始也黎民始飢命棄爲稷官也古文言阻馬注祖始也從今文

鄭用古文讀爲阻

汝后稷播時百穀、○今文作女居稷○列女棄母姜嫄傳曰堯使棄居稷官更國邰地遂封棄於邰號曰后稷及堯崩舜即位乃命之曰棄黎民阻飢汝居稷播時百穀其後世世居稷論衡初稟篇曰棄事堯爲司馬居稷官故爲后稷鄭注亦云汝居稷官又箋詩魯頌閟宮云后稷長大堯登用之使居稷官錫瑞謹案據此則今文尚書本作居稷於義爲長正義曰單名爲稷尊而君之稱爲后稷非官稱后也此亦强說舜命其臣不當從尊稱疑作后直是誤字后與居形似又經傳多言后稷故因而致誤史記周本紀云帝舜曰棄黎民始飢爾后稷播時百穀封棄于邰號曰后稷據史公號曰后稷之文則上文爾后稷之后亦當本是居字蓋因帝使居稷故號曰后稷也若上已云爾后稷下又云號曰后稷不亦贅乎以此推之則五帝紀之汝后稷亦當爲汝居稷國語昔我先王世后稷世后稷不辭亦當是世居稷列女傳云世世居稷此世居稷之明證也作后者皆淺人所改

帝曰契百姓不親五品不遜○○今文作五品不馴亦作五品不訓○史記五帝本紀作馴殷本紀作訓索隱曰史記馴字徐廣皆讀曰訓訓順也大傳曰百姓不親五品不訓則責之司徒又曰臣多弑主孽多殺宗五品不訓責於人公

孝經援神契曰五更者訓於五品漢書霍光傳云五品以訓韋賢傳韋元成自劾責詩曰五品以訓王莽傳曰五品乃訓漢紀曰契作司徒訓五品後漢書鄧禹傳拜大司徒策曰五品不訓劉愷傳陳忠疏曰調訓五品周舉傳曰五品不訓陳蕃傳曰齊七政訓五典謝夷吾傳班固薦夷吾曰下使五品咸訓於嘉時蔡邕獨斷曰兄事五更者訓于五品也胡公碑曰訓五品於司徒又曰訓五品於羣黎太尉楊公碑曰將訓品物潛夫論五德志篇曰契爲堯司徒職親百姓順五品鄭注周禮地官曰教所以親百姓訓五品皆用今文尚書說苑貴德篇引作五品不遜子政用今文亦當作訓後人據古文尚書改之

**汝作司徒** 白虎通引別名記曰司徒典名又曰司徒主人不言人言徒者徒衆也重民衆

**敬敷五教** ○今文作而敬敷五教○史記五帝本紀殷本紀皆作而敬敷五教列女傳引經亦作而敬敷五教蔡邕司空文烈侯楊公碑曰命公作司徒而敬敷五教以親百姓父義母慈兄友弟恭子孝應劭漢書注曰五教父義母慈兄友弟恭子孝也則今文家說五教與左氏傳同義今文尚書敬敷五教上多一而字也足利古本亦有而字陳喬樅本未引○一作祗傳五教○漢孔宙碑云祗傳五教三家今文異字也今文敷多作傅陳喬樅本亦未引

**在寬**○今文作五教在寬○史記殷本紀作而敬敷五教五教在策文袁宏後漢書質帝紀注鄧禹傳大司徒策文續漢志注引夏勤紀和帝紀王暢傳寇榮傳亦皆云五教在寬唐石經五教下猶疊五教二字是今文與古文並有之也史記五帝紀不重五教二字後人刪之

**帝曰皋陶蠻夷猾夏**史記五帝紀漢書刑法食貨志王莽匈奴傳後漢書馮緄傳皆作猾是今文尚書作猾夏也孔宙碑云是時東嶽黔首猾夏不寧俞樾說東嶽黔首亦華夏之人也而云猾夏殊不可通竊疑虞書猾夏尚有別解說文夏中國之人也从夊从頁从臼臼兩手夊兩足也此說蓋不可通豈中國之人有首有手有足而外國之人無之歟又豈中國所以為中國者止以有首有手有足歟說文又有夒字曰貪獸也一曰母猴似人从頁已止夊其手足然則夏夒二字其意正同而一以為中國之人一以為貪獸何歟愚謂夏夒二字音相遠而意正同夒从手則為擾亂字疑夏字亦有擾亂之義故漢碑擾字往往作擾李翊碑時益部擾攘樊敏碑京師擾攘周公禮殿記會值擾亂皆省夒為夏蓋由義本相通不得竟謂漢隸之苟且也古語以猾夏二字連文同義猾亂也夏亦亂也案俞說甚有理可即孔宙碑以攷今文異說之遺○今文一作蠻夷滑夏○大傳作滑潛夫論志氏

族篇亦引作滑法言孝至篇云宗夷滑夏則今文尚書作滑夏史記酷吏傳滑賊任威漢書作猾蓋篆體從水從犬之字偏旁相似而誤白虎通禮樂篇曰何以名爲蠻夷曰聖人本不治外國非爲制名也因其國名而言之耳一說曰因其短而爲之制名也夷者傳夷無禮義蠻者執心違邪風俗通曰東方曰夷東方仁好生萬物觝觸地而生夷者觝也南方曰蠻君臣同川而浴極爲簡慢蠻者慢也此今文家解蠻夷之說

**寇賊姦宄**○今文作寇賊奸宄○大傳作奸宄○一作寇賊姦軌○史記作姦軌漢書刑法食貨志後漢書李固傳皆作姦軌王莽傳潛夫論高誘呂覽注則皆作姦宄

**汝作士**大傳曰蠻夷猾夏寇賊奸宄則責之司馬孫星衍說據大傳白虎通皐陶爲司馬三公之職錫瑞謹案經列九官惟有司徒司空並無司馬則虞時無司馬之官大傳云天子三公一曰司徒公二曰司馬公三曰司空公每一公三卿佐之鄭注此夏時之官也又王制注曰此夏制也周禮序官疏引夏傳曰司馬在前攷工記序工疏引夏傳鄭注曰坐而論道謂之三公通職名無正官名鄭君兼通今文古文說孔穎達賈公彥皆得見伏生大傳原本合觀諸說是大傳以司馬司徒司空爲三公乃夏傳之文伏

生以爲夏制未以爲虞制其謂蠻夷猾夏寇賊姦宄則責之司馬亦即後世司馬之職推言之未嘗明指皋陶爲司馬如孫氏之說也陳喬樅又以后稷司徒秩宗司馬士共工爲六卿益以虞及典樂納言爲九卿其制非虞非周不今不古自造官制尤不可據尚書刑德放曰益爲司馬說苑君道篇曰契爲司馬論衡初稟篇曰棄事堯爲司馬蓋以司馬無明文故各以意言之其實虞時無司馬也史記與說苑修文篇皆曰皋陶爲大理獨斷曰唐虞曰士官史記曰皋陶爲理尚書曰皋陶作士是士即理官漢書刑法志引孫卿曰若夫舜修百僚咎繇作士命以蠻夷猾夏寇賊姦軌而刑無所用所謂善師不陳者也○今文一作士師○呂覽高誘注文選應劭注皆引書汝作士師則今文尚書別本有多一師字者段玉裁云唐石經五刑有服之上疑其同僞大禹謨文云汝作士明于五刑案高誘引虞書曰汝作士師五刑有服則今文尚書汝作士下無明于五刑四字也

**五刑有服五服三就** 孫星衍說服謂畫衣冠三就者就當讀如繅藉五就之就鄭注云成也大傳云唐虞之象刑上刑赭衣不純中刑雜屨下刑墨幪所謂五刑之服有上中下三等故云三就法言云唐虞象刑維明夏后肉辟三千古說無以五刑爲肉辟者

五流有宅五宅三居惟明克允 ○今文作五流有度五度三居維明克允 ○史記五帝紀五流有度五度三居維明能信正義曰按謂度其遠近爲三等之居也潛夫論德化篇曰聖人其尊德禮而卑刑罰故舜先勑契以敬敷五教而後命臯陶以五刑三居孫星衍說史公宅俱爲度者王制云度地以居民五流者謂流有五刑王制司徒命鄉簡不帥教者以告不變命國之右鄉移之左國之左鄉移之右不變移之郊不變移之遂不變屏之遠方又云屏之遠方西方曰棘東方曰寄注云帥循也不循教謂傲狠不孝弟者遠方九州之外棘當爲僰僰之言偪使之偪寄於夷戎不屏於南北爲其大遠案王制殷禮所本古矣疑可以說此五宅三居又王制云公家不畜刑人屏之四方唯其所之不及以政示弗故生也鄭君引此經五流有宅似謂左右鄉一郊二遂三遠方東西二爲五也三居者郊遂遠方也錫瑞案王制與大傳相出入孫說可以補今文家說之遺若史記集解引馬融說書正義謂馬鄭王三家解同國語賈逵韋昭注皆古文說與今文說象刑不合陳喬樅據爲今文非是 ○一作維明維允 ○漢衡方碑云維明維允衡方碑用今文尚書云少吕文塞與今文合可證則今文尚書有作維明維允者

帝曰疇若予工僉曰垂哉帝曰俞咨垂汝共工 史記曰誰能馴予工皆曰垂可於是

以垂爲共工漢書百官公卿表敘垂作共工利器用應劭注曰爲共工理百工之事也

垂拜稽首讓于殳斨暨伯與。今文作朱斨柏譽。漢書古今人表朱斨柏譽爲二人列上中朱殳聲近柏伯與譽古通用

帝曰俞往哉汝諧孫星衍說諧者偕也俞則然其讓矣仍使偕往治事案東觀漢記桓榮傳歐陽尚書博士缺上欲用榮榮叩頭讓曰臣經術淺薄不如同門生郎中彭閎揚州從事皋宏帝曰俞往汝諧因拜榮爲博士引閎爲議郎用此經文。今文一作往才女諧。崔瑗河間相張平子碑銘曰往才女諧才哉古通用

帝曰疇若予上下草木鳥獸僉曰益哉。今文作禹曰益哉。史記曰誰能馴予上下草木鳥獸皆曰益可尚書正義曰馬鄭王本皆爲禹曰益哉段玉裁說此當依馬鄭王毛詩秦譜正義虞書稱舜曰疇若予上下草木鳥獸禹曰益哉帝曰俞益女作朕虞此用馬鄭王本不用方興本文選羽獵賦昔者禹任益虞而上下和屮木茂善曰尚書帝曰疇若予上下草木禹曰益哉帝曰益女作朕虞李氏亦用馬鄭王本與賦文禹任益虞之云相合五帝本紀作皆曰益可皆者僉之訓詁

字也此今文尚書也錫瑞謹案揚子雲箸述存於今者皆與今文尚書相合則子雲亦習今文尚書不得因子雲好古文字遂傅會以爲古文尚書也羽獵賦云禹任益虞則今文尚書亦作禹曰與馬鄭王本同蓋今古文皆作禹曰惟方興本作僉曰耳史記亦當作禹曰今作皆曰乃後人據方興本改之陳喬樅謂今文尚書作僉曰非是

**帝曰俞咨益汝作朕虞**史記曰於是以益爲朕虞漢書地理志曰爲舜朕虞養育草木鳥獸百官公卿表敘曰垂作共工蔡作朕虞王莽傳曰更名水衡都尉曰予虞大理曰作士少府曰共工漢紀曰垂作共工益作朕虞後漢書劉陶傳曰益典朕虞文選注引應劭曰垂共工益朕虞錫瑞謹案兩漢人用今文尚書皆以朕虞二字爲官名王莽更水衡都尉曰予虞用今文義也段玉裁云五帝本紀益主虞司馬未嘗并朕爲官名不知史公明曰以益爲朕虞不云以益爲虞是史公以朕虞爲官名之明證也書正義引鄭注云不直稱虞而稱朕虞是爲重鳥獸草木故也

**益拜稽首讓于朱虎熊羆**漢書古今人表有柏虎有仲熊有季熊段玉裁說左氏伯虎仲熊叔豹季貍古今人表作季熊熊疑羆之誤即益所讓之虎熊羆羆蓋朱虎熊羆四人名也錫瑞謹案古今人表無朱止有三人則班氏似以朱虎爲

一人即柏虎朱虎熊羆共三人與鄭注以爲二人異亦不如段氏說以爲四人也

**帝曰俞往哉汝諧**史記曰遂以朱虎熊羆爲佐孫星衍云知諧字當訓作偕審矣

**帝曰咨四岳有能典朕三禮**。今文岳作嶽。史記作嗟四嶽集解引馬融說漢書注應劭皆曰天神地祇人鬼之禮也蓋今古文說同

**僉曰伯夷帝曰俞咨伯**。今文作咨爾伯。白虎通王者不臣篇曰先王老臣不名親與先王戮力共治國功於天下故尊而不名也尚書曰咨爾伯不言名也孫星衍說此蓋今文說史公則作嗟伯夷是古文有夷字錫瑞謹案孫說非也史記一書多同今文其云伯夷乃史公以意增夷字猶以允子朱爲嗣子丹朱使人易曉耳若以多夷字即屬古文則嗣子丹朱亦古文乎史記齊太公世家曰其先祖嘗爲四嶽佐禹平水土甚有功虞夏之際封於呂或封於申陳杞世家曰伯夷之後至周武王復封于齊曰太公望潛夫論志氏姓曰炎帝苗胄四嶽伯夷爲堯典禮折民惟刑以封申呂是今文說以伯夷爲堯時四嶽故舜尊爲老臣而不名而伯夷即在四嶽之中。一作柏夷。古今人表作柏夷。一作百夷。蔡邕彭城姜伯淮碑曰在皇唐蓋與四嶽

共葉百夷能禮于神舜命秩宗爰封于呂

**汝作秩宗夙夜惟寅直哉惟清**○今文惟作維○史記曰夙夜維敬直哉維靜潔蔡邕胡公碑曰夙夜惟寅以允帝命孔彪碑云直哉維清是漢人以四字爲句近人謂當於哉字絕句非是

**伯拜稽首讓于夔龍帝曰俞往欽哉**論衡書虛篇曰案秩宗官缺帝舜博求衆稱伯夷伯夷稽首讓于夔龍秩宗卿官漢之宗正也錫瑞謹案漢書百官公卿表云王莽太常曰秩宗依古也莽蓋用今文尚書以漢之太常典禮故也伯夷不與舜同宗仲任以漢之宗正當之似誤

**帝曰夔命汝典樂**史記漢書皆作夔○今文夔一作歸○水經注江水篇樂緯曰昔歸典協聲律宋忠曰歸郎夔尚書中候讓于益歸注云歸讀曰夔緯書多同今文蓋三家今文有作歸者

**教冑子**○今文作教育子亦作冑子○史記曰以夔爲典樂教稺子漢書禮樂志曰典者自卿大夫師瞽以下皆選有道德之人朝夕習業以教國子國子者卿大夫之子弟也皆學歌九德誦六詩習六舞五聲八音之和故帝舜命夔曰女典樂教冑子段

玉裁說古文尚書作冑子今文尚書作育子五帝本紀曰教穉子爾雅釋言育稚也邶風鄭箋云昔育之育稚也豳風鬻子之閔斯毛傳云鬻子稚子也史記多以訓詁字代經字此穉子即經之育子楊雄宗正箴曰各有育子世以不錯然則今文尚書作育子可證也知古文尚書作冑子者釋文云冑直又反王云冑子國子也馬云冑長也教長天下之子弟陸用王本爲音義馬本王本作冑則鄭本亦作冑可知史記集解引鄭元曰國子也然則王注即襲鄭注王制注云虞書曰夔命汝典樂教冑子是鄭本同王本也說文十四篇𠫓部曰育養子使從善也從𠫓肉聲虞書曰教育子此引今文尚書也大司樂注云若舜命夔典樂教育子是也此亦引今文尚書也陳喬樅說作育子者歐陽尚書也作冑子者大小夏矦尚書也皆三家今文也何以明之漢書禮樂志言國子者卿大夫之子弟也故帝舜命夔曰女典樂教冑子是以冑子訓爲國子與史記不同馬鄭王本尚書皆作冑子此古文經之同於夏矦尚書者也鄭君國子之訓當卽本夏矦說歐陽尚書作育子而史記以訓詁字代之故言教穉子物穉不可以不養也許所云養之使作善卽馬所云教長天下之子弟長養義通則叔重所稱尚書當爲歐陽說季長之訓亦用尚書歐陽說也案陳說是

**直而溫寬而栗**○史記漢書皆作栗○今文一作寬而慄衡方碑引作寬慄蓋三家今文異字

**剛而無虐簡而無傲** 蔡邕太尉橋公廟碑曰剛而不虐蓋以意易之陳仲弓碑亦作剛而無虐傲漢志作敖師古曰簡約而無敖慢也敖讀曰傲

**詩言志歌永言聲依永** 史記曰詩言意歌長言聲依永○今文一作歌咏言聲依咏亦作哥詠言○漢書禮樂志云詩言志歌咏言聲依咏師古曰咏古詠字也在心爲志發言爲詩咏永也永長也歌所以長言之又蓺文志云書曰詩言志哥詠言故哀樂之心感而哥詠之聲發誦其言謂之詩詠其聲謂之哥錫瑞謹案班氏引經與史公不同此亦歐陽大小夏侯三家之異義也班氏用夏侯說蓋以咏爲歌詠之詠不作永字解禮樂志篇首云和親之說難形則發之於詩歌詠言鐘石筦弦是以詠爲實字其義甚明說文云歌詠也又哥聲也古文以爲謌字詠或作咏是哥歌詠咏皆即一字論衡謝短篇云尚書曰詩言志歌詠言此時已有詩也仲任所據本與班氏同釋名釋樂器云人聲曰歌歌柯也所歌之言是其質也以聲吟詠有上下如草木之有柯葉也故兖冀言歌聲如柯也劉熙訓歌字蓋用今文尚書歌詠言之義史記於上句歌長言作長乃以故訓代經下句聲依永不作長仍爲永字上下異文疑史公所據經文上下兩永字其音義必有異若皆作永皆訓長上句歌長言可通下句聲依長不辭甚矣

釋文云永徐音詠徐仙民讀永爲詠蓋本今文尚書疑史記永字亦當讀詠若漢志明作咏字師古乃以永長之義解之非也陳喬樅謂當從史記作永蓋未解漢書作咏之義

**律和聲**續漢書律厤志曰以六十律分朞之日黃鐘自冬至始及冬至而復陰陽寒燠風雨之占生焉於以檢攝羣音攷其高下苟非革木之聲則無不有所合虞書律和聲此之謂也

**八音克諧無相奪倫神人以和**春秋繁露正貫篇曰德在天地神明休集並行而不竭盈于四海而頌聲詠書曰八音克諧無相奪倫神人以和乃是謂也蔡邕文烈矦楊公碑曰八音克諧神人以和風俗通聲音篇曰聲者宮商角徵羽也音者土曰塤匏曰笙革曰鼓竹曰管絲曰絃石曰磬金曰鐘木曰柷書八音克諧無相奪倫由是言之聲本音末也樂緯叶圖徵曰五音克諧各得其倫則鳳皇至

○今文一作毋相奪倫○史記作毋

**夔曰於予擊石拊石百獸率舞**史記曰夔曰於予擊石拊石百獸率舞是今文尚書神人以和下有此十二字也呂氏春秋曰帝堯立乃命質爲樂質乃效山谿澗谷之音以歌儨虁乃以麋輅置缶而鼓之乃拊石擊石以象上帝玉

磬之音以舞百獸樂緯叶圖徵曰擊石以知民磬音調則民道得鐘磬之音能動千里也漢書劉向傳曰舜命九官濟濟相讓和之至也衆賢和於朝則萬物和於野故簫韶九成而鳳皇來儀擊石拊石百獸率舞禮樂志曰書云擊石拊石百獸率舞鳥獸且猶感應而況於人乎況於鬼神乎故樂者聖人之所以感天地通神明安萬民成性類者也風俗通聲音篇文同論衡感虛篇曰尚書曰擊石拊石百獸率舞此雖奇怪然尚可信何則鳥獸好悲聲耳與人耳同也陳喬樅說尚書虞夏傳言蕤賓聲狗吠彘鳴及倮介之蟲皆莫不延頸以聽蕤賓此言至樂相和物動相生同聲相應之義也是擊石拊石百獸率舞茲其驗也○今文一作擊磬拊石○漢紀引劉向說作擊磬疑今文異字

**帝曰龍朕堲讒說殄行震驚朕師** 漢書賈捐之傳引書曰讒說殄行震驚朕師潛夫論斷訟篇曰舜敕龍以讒說殄行震驚朕師乃自上古患之矣故先愼已惟舌以示小民所據今文尚書皆與古文相同揚雄尚書箴曰龍爲納言是機是密出入朕命王之喉舌獻善宣美而讒說是折子雲所據今文亦作讒說漢以尚書當古之納言也○今文一作朕堲讒說殄僞振驚朕衆亦作齊說殄行振驚衆○史記曰朕畏忌讒說殄僞振驚朕衆徐廣曰一云齊說殄行振驚衆段玉裁說畏忌者

聖之訓故齊者讒之駁文齊疾也謂利口捷給也孫星衍說漢景君碑殘僞易心殘珍聲相近疑即用此文言其說齊給而行貪殘也案史記行作僞者古以作僞爲行周禮胥師察其詐僞飾行價慝者而誅罰之疏謂後鄭以爲行濫又司市害者使亡鄭注害害於民謂物行苦者羣書治要崔實政論曰器械行沽濳夫論浮侈篇以牢爲行後漢書王符傳作破牢爲僞是行僞義同之證

## 命汝作納言夙夜出納朕命惟允

蔡邕西鼎銘曰出納帝命乃無不允雖龍作納言山甫喉舌靡以尚之太傅胡公碑曰夙夜出納紹跡虞龍○今文納一作入○史記曰命汝爲納言夙夜出入朕命惟信揚雄尚書箴曰出入朕命漢書百官公卿表漢紀皆曰出入帝命是今文尚書作出入也谷永傳永對曰治遠自近始習善在左右昔龍筦納言而帝命維允後漢書李固傳固言陛下之有尚書猶天之有北斗也斗爲天喉舌尚書亦爲陛下喉舌斗斟酌元氣尚書出納王命應劭漢書注曰納言如今尚書管王之喉舌也

## 帝曰咨汝二十有二人

錫瑞謹案史記五帝本紀曰禹皋陶契后稷伯夷夔龍垂益彭祖自堯時而皆舉用未有分職於是舜乃至于文祖云云又曰此二十二人咸成厥功皋陶爲大理平民各伏得其實伯夷主禮上下咸讓垂主工師百

工致功益主虞山澤辟棄主稷百穀時茂契主司徒百姓親和龍主賓客遠人至十二牧行而九州莫敢辟違唯禹之功爲大披九山通九澤決九河定九州各以其職來貢不失厥宜據史記之文則史公用今文家說二十二人爲禹皐陶契稷伯夷夔龍垂益彭祖凡十人合十二牧適符其數不及四嶽者蓋四嶽即在十二牧之中故史公數二十二人之功不及四嶽九官之外增彭祖者蓋史公所據古說有之大戴禮五帝德篇孔子曰舉舜彭祖而任之則彭祖自堯時已舉正與史公說合漢書儒林傳曰夏侯勝其先夏侯都尉從濟南張生受尚書以傳族子始昌始昌傳勝勝傳從兄子建是始昌爲伏生三傳弟子后蒼事始昌亦通詩禮爲博士戴德戴聖皆其弟子大小戴與大小夏侯同出始昌皆今文說故與史公說合說苑修文篇曰是故皐陶爲大理平民各服得其實伯夷主禮上下皆讓倕爲工師百工致功益主虞山澤辟成棄主稷百穀時茂契主司徒百姓親和龍主賓客遠人至十二牧行而九州莫敢僻違禹陂九澤通九道定九州各以其職來貢不失厥宜子政之說正與史公說同或即引用史記之文惟不及彭祖耳攷今文家說炳如日星史公云此二十二人咸成厥功則二十二人即上所數之二十二人無可疑者乃後人不用古說多生異義馬不數皐陶稷契而數四嶽鄭並不數四嶽而數殳斨伯與朱虎熊羆皇甫謐數九官十二牧及殳斨朱虎熊羆爲二十五人蔡沈

以四嶽爲一人王引之以二十二人爲三十二人之誤紛紛臆說無一可通皆由不知折衷於今文江段孫陳知攷今文而不知引史記爲據殊不可解

**欽哉惟時亮天功**衡方碑云剋亮天功○今文一作維時亮天工○史記曰敬哉維時相天事以故訓代經丁孚漢儀夏勤策文云時亮天工蔡邕橋公廟碑云時亮天工陳太邱碑云惟亮天工皆作工

**三載考績三考黜陟幽明**漢書食貨志谷永李尋傳白虎通潛夫論漢紀卷八後漢書楊賜傳引經皆作三載考績則今文尚書有作三載者不盡後人改之○今文一作三歲考績○錫瑞謹案今文尚書以三考黜陟幽明爲句大傳云書曰三歲考績三考黜陟幽明其訓曰三歲而小考者正職而行事也九歲而大考者黜無職而賞有功也其賞有功也諸侯賜弓矢者得專征賜鈇鉞者得專殺賜圭瓚者得爲鬯以祭不得專征者以兵屬於得專征之國不得專殺者以獄屬於得專殺之國不得賜圭瓚者資鬯於天子之國然後祭漢書谷永傳引經曰三載考績三考黜陟幽明論衡治期篇曰上古之黜陟幽明考功據有功而加賞按無功而施罰潛夫論考績篇云書曰三載考績黜陟幽明蓋所以昭賢愚而勸能否也風俗通山澤篇云嶽者埆功考

德黜陟幽明也皆同大傳之義段玉裁云今文家皆於黜陟句絕
其說非是○一作三考絀陟○錫瑞謹案今文尚書亦以三考絀
陟爲句史記曰三歲一考功三考絀陟遠近衆功咸興史公訓幽
明爲遠近以絀陟絕句白虎通考黜篇曰諸侯所以考黜者何王
者所以勉賢抑惡重民之至也尚書曰三載考績三考黜陟後又
兩引三考黜陟皆以陟字句絕漢書食貨志李尋傳三國志杜恕
傳皆引三考黜陟與史記合蓋三家今文之異也考績有二說一
以爲三攷始黜陟路史注引大傳曰九歲大考絀無職賞有功也
一之三以至九年天數窮矣陽德終矣積不善至於幽六極以類
降故絀之積善至於明五福以類升故陟之皆所自取聖無容心
也春秋繁露考功名云考績之法考其所積也考試之法大者緩
小者急貴者舒而賤者促諸矦月試其國州伯時試其部四試而
一考天子歲試天下三試而一考前後三考而絀陟命之曰計則
以黜陟須至九年白虎通曰所以三歲一考績何三年有成故於
是賞有功黜不肖尚書曰三載考績三考黜陟何以知始考輒黜
之尚書曰三年一考少黜以地書所言三考黜陟者謂爵土異也
小國考之有功增土進爵後考無功削黜後考有功上而賜之矣
五十里不過五賜而進爵土七十里不過七賜而進爵土能有小
大行有進退也公一削爲百里之矦再削爲七十里伯三削爲寄
公七十里伯一削爲五十里伯再削爲五十里子三削地盡五十

里子一削爲三十里子再削爲三十里男三削地盡五十里男一
削爲三十里男再削爲三十里附庸三削地盡所以至三削何禮
成於三三而不改雖反無益也潛夫論三式篇曰是故三公在三
載之後宜明考績黜刺皆以爲一考即黜陟與大傳繁露所云三
考始黜陟不同黜陟爵土先後又有二說白虎通瑞贄篇引書傳
云三年珪不復少絀以爵六年珪不復少絀以地九年珪不復而
地畢削與儀禮集注引書傳云諸侯有不率正者天子絀之一絀
少絀以爵再絀則絀以地三絀而地畢其說略同白虎通又曰尙
書曰三考黜陟先削地而後絀爵者何爵者尊號也地者人所任
也今不能治廣土衆民故先削其土地也故王制曰宗廟有不順
者君絀以爵山川神祇有不舉者君削以地明爵土不相隨也則
以爲先地後爵與大傳所云先爵後地異亦三家今文說之不同
也公羊隱八年傳解詁引書傳曰三年一使三公絀陟白虎通巡
守篇曰三歲一閏天道小備五歲再閏天道大備故五年一巡守
三年二伯出述職黜陟一年物有終始歲有所成方伯行國時有
所生諸侯行邑傳曰周公入爲三公出作二伯中分天下出黜陟
詩曰周公東征四國是皇言東征述職周公黜陟而天下皆正也
又曰蔽芾甘棠勿翦勿伐召伯所茇言召公述職親說舍於野樹
之下也是今文說以三歲
考績爲三公述職之事

**庶績咸熙**。今文一作庶績咸喜說見前

**分北三苗** 論衡率性篇曰三苗之民或賢或不肖堯舜齊之恩教加也此蓋申釋舜所以分北三苗之意也賢者撫之以恩不肖者施之以教孫星衍說此三苗似非竄三危者韓詩外傳云當舜之時有苗不服其服者衡山在南岐山之北左洞庭之陂右彭澤之水由此險也以其不服禹請伐之而舜不許曰吾喻教猶未竭也久喻教而有苗民不服案其事見淮南子鹽鐵論說苑諸書堯時三苗已竄三危此有苗不服在楚荆州之地是舜時三苗非堯時所竄也故呂氏春秋召類篇云舜卻有苗更易其俗淮南兵略訓云舜伐有苗修務訓云舜南征三苗道死蒼梧注云三苗之國在彭蠡舜時不服故往征之檀弓云舜葬於蒼梧之野鄭注云舜征有苗而死因葬焉書說舜曰陟方乃死蒼梧於周南越之地今爲郡分北者卽呂氏春秋所爲卻也

**舜生三十徵庸三十在位五十載陟方乃死**。今文作舜生三十徵庸二十在位五十載陟方乃死。史記五帝紀曰舜得舉用事二十年而堯使攝政攝政八年而堯崩三年喪畢讓丹朱天下歸舜乃至于文祖又曰舜年二十以孝聞年三十堯舉之年五十攝行天子事年五十八堯崩年六十一代堯踐帝位踐帝位三十九年南巡守崩于蒼梧

之野葬于江南九疑是爲零陵段玉裁說三十在位今文尚書作二十鄭君用今文注古文讀三十爲二十可攷而知也司馬子長據今文尚書作史記五帝本紀曰舜年三十堯舉之年五十攝行天子事此徵庸二十而在位此今文尚書之一證也論衡氣壽篇曰堯典曰朕在位七十載求禪得舜舜徵二十歲今本誤作三十在位堯退而老八歲而終至殂落九十八歲未在位之時必已成人今計數百有餘矣又曰舜生三十徵庸二十今本誤作三十在位五十載陟方乃死適百歲矣此又今文尚書之一證也孟子萬章篇曰五十而慕者予於大舜見之矣趙注書曰舜生三十徵庸二十今本注疏誤作五十孔刻孟子注誤三十在位在位時尚慕故言五十也偁同古文尚書作三十在位則不爲五十而慕之證矣此又今文尚書之一證也尚書正義曰鄭元讀此經云舜生三十謂生三十年也登庸二十謂歷試二十年在位五十載陟方乃死謂攝位至死爲五十年舜年一百歲也然則古文作登庸三十鄭注云三十當爲二十以今文正古文故孔沖遠謂之讀此經也大戴禮五帝德云二十以孝聞乎天下三十在位嗣帝所五十乃死與今文尚書合此鄭之所以讀從今文也二十以孝聞之後又十年堯舉之又二十年乃攝行天子事是爲大戴禮之三十在位大戴禮之三十在位合上文二十言之今文尚書之二十在位合上文舜生三十言之皆是五十歲合下文五十乃死則皆百歲也故曰大戴與今文尚書合鄭君云登

庸二十蓋古文尚書作登庸今文尚書作徵庸中庸鄭注曰徵或為登孫星衍說陟方者史公說為巡守按巡守至五岳而止此至蒼梧者蓋此行分北三苗且行九歲之大考也錫瑞謹案白虎通巡守篇曰王者巡狩崩于道歸葬何夫太子當為喪主天下皆來奔喪京師四方之中也即如是舜葬蒼梧禹葬會稽於時尚質故死則止葬不重煩擾也論衡書虛篇曰儒書言舜葬於蒼梧禹葬於會稽者巡狩年老道死邊土聖人以天下為家不別遠近不殊內外故遂止葬夫言舜禹實也言其巡狩虛也舜之與堯俱帝者也共五千里之境同四海之內二帝之道相因不殊堯典之篇舜巡狩東至岱宗南至霍山西至太華北至恒山以為四嶽者四方之中諸侯之來竝會嶽下幽深遠近無不見者聖人舉事求其宜適也禹王如舜事無所改巡狩所至以復如舜舜至蒼梧禹到會稽非其實也實舜禹之時鴻水未治堯傳於舜舜受為帝與禹分部行治鴻水堯崩之後舜老亦以傳於禹舜南治水死於蒼梧禹東治水死於會稽賢聖家天下故因葬焉據班孟堅王仲任說則今文家以為巡狩與史公義同而仲任自為說以為治水然舜禹崩時已無水患舜禹分部治水其事絕不見他書近人又以虞時南嶽為九疑故舜南巡及之而據今文家說虞時南嶽是霍山竝非衡山若九疑為南嶽其說尤不見他書皆臆說不足據也淮南修務訓云南征三苗道死蒼梧韋昭國語注云野死謂征有苗死

於蒼梧之野帝王世紀云有苗氏叛南征崩于鳴條則皆以爲征苗不但巡狩以經攷之三考黜陟分北三苗之後卽繼以陟方乃死之文則舜之陟方必爲考績并分北三苗而往故國語云勤民事而野死今文說以爲巡狩征苗是也

受業朱名璋
袁宗濂校

# 今文尚書攷證卷二

善化皮錫瑞

## 皋陶謨弟二　虞書

**皋陶謨** 大傳曰皋陶謨可以觀治僞孔尚書序曰伏生又以舜典合於堯典益稷合於皋陶謨案續漢書輿服志永平二年初詔有司采周官禮記尚書皋陶篇乘輿服從歐陽氏說公卿以下從大小夏侯氏說是今文家合帝曰來禹以下爲皋陶謨之證史記夏本紀曰帝舜朝禹伯夷皋陶相與語帝前皋陶述其謀孫星衍說大戴禮誥志篇子引虞史伯夷曰明孟也幽幼也似解幽明庶績咸熙是伯夷爲虞史官史遷以皋陶方祗厥敘及夔曰戛擊鳴球至庶尹允諧爲史臣敘事之文則即伯夷所述語也

**曰若稽古** 白虎通聖人篇曰何以言皋陶聖人也以目篇曰若稽古⿰齒殳⿰重玉⿰日戠⿰弓云皋陶聖人而能爲舜陳道朕言惠可底行又旁施象刑維明錫瑞謹案據此則今文以曰若稽古爲句皋陶字屬下讀謂皋陶聖人能爲舜陳道以皋陶屬上爲句者誤也書正義引鄭云以皋陶下屬爲句蓋今古文說同若緯書考河命曰若稽古帝舜契握曰若稽古王湯擿雒戒曰若稽古周公旦雖仿

尚書爲文而失其義陳喬樅據摘雒戒陳作貳誤爲今文說又引白虎通曰若稽古皋陶爲句失之王逸注楚辭惜誦云咎繇聖人也與白虎通義合

**皋陶曰允迪厥德謨明弼諧**史記曰信其道德謀明輔和以故訓代經文據史記其在道上或疑今文尚書作允厥迪德案蔡邕中鼎銘曰公允迪厥德朱公叔墳前石碑曰允迪聖矩陳留范史雲碑曰允迪德譽張玄祠堂碑銘曰允迪懿德皆以允迪連文是今古文同段玉裁說本紀信道其德各本作信其道德蓋誤

**禹曰俞如何**論衡問孔篇曰皋陶陳道帝舜之前淺略未極禹問難之淺言復深略指復分蓋起問難此言說激而深切觸而著明也

**皋陶曰都愼厥身修思永惇敘九族**漢書平帝紀元始五年詔曰昔堯睦九族舜惇敘之王莽傳曰書不云乎惇序九族韋昭國語注曰謂若惇敘九族蓋夏矦尚書作惇敘○今文一作敦序九族○史記曰愼其身修思長敦序九族史記惇皆作敦敘皆作序蓋歐陽尚書字也三國志先主上言漢帝曰在昔虞書敦敘九族表於漢帝曰敦敘九族皆作敦

庶明勵翼邇可遠在茲。今文作庶明高翼。史記曰衆明高翼近可遠在已孫星衍說以厲爲高者高誘注淮南修務訓云厲高也茲爲已者釋詁云茲已此也疑今文本作已或史公以故訓代之

禹拜昌言曰俞史記曰禹拜美言曰然中論貴驗篇曰禹拜昌言三國吳志評曰或拜昌言。今文一作禹拜讜言亦作禹拜黨言。段玉裁說古文尚書作昌今文尚書作黨僞孔傳訓昌爲當益稷釋文當丁浪反本亦作讜當蕩反引李登聲類曰讜言善言也孟子趙注尚書曰禹拜讜言此今文尚書作黨之證也班固西都賦云讜言宏說李善注引字林讜言美言也音黨孟堅亦用今文尚書耳讜逸周書作黨祭公解拜手稽首黨言荀子非相篇博而黨正注謂直言也又見張平子劉寬二碑玉裁謂平子碑黨言允諧劉寬碑前云朝克忠讜後云對策嘉黨可見漢人黨讜通用古昌黨音同如閶闔子雲賦作闛闔鼓聲不過閶閶郎鼞字可證此古文作昌今文作黨音同義同也說文曰昌美言也从日从日與字林讜字訓同然則昌本字黨假借字也陳喬樅說作讜作黨者蓋大小夏矦之本也其歐陽尚書但作昌字觀史記夏本紀云帝舜謂禹曰汝亦昌言作昌字可證此歐陽尚書之同於古文者也錫瑞謹案漢書敘傳曰吾久不見班生今日復聞讜言又述董仲舒曰讜言訪對爲世純儒班孟堅用夏矦尚書則

夏侯本作讜陳說是也

**臯陶曰都在知人在安民禹曰吁咸若時惟帝其難之**史記曰皆若是惟帝其難之鹽鐵論論誹篇臯陶對舜在知人惟帝其難之白虎通封公侯篇引尚書曰惟帝其難之○今文一作惟帝難之○漢書武帝紀元狩元年詔曰朕聞咎繇對禹曰在知人知人則哲惟帝難之後漢書虞延傳顯宗曰知人則哲惟帝難之東觀書同論衡定賢篇書曰知人則哲惟帝難之據才高卓異者則謂之賢耳何難之有然而難之獨有難者之故也夫虞舜不易知人而世人自謂能知賢者誤也又是應篇經曰知人則哲惟帝難之又答佞篇書曰知人則哲惟帝難之虞舜大聖驩兜大佞大聖難知大佞何易之有引經皆無其字蓋三家文異惟帝其難之乃禹所言而武帝詔以爲臯陶對禹鹽鐵論亦以爲臯陶對禹者蓋以其在臯陶謨中即以爲臯陶言不加分別如漢人引用論語皆以爲孔子之言也

**知人則哲能官人**漢書薛宣傳谷永上疏曰帝王之德莫大於知人知人則百僚任職天工不曠故臯陶曰知人則哲能官人後漢書楊秉傳秉上疏曰臯陶誡虞在於官人○今文一作知人則悊○漢書五行志引作悊師古注云悊智也能知

其材則能官之所以爲智也蓋三家今文有作悊者史記作智用故訓字

**安民則惠黎民懷之** 後漢書孝順帝紀詔曰書稱安民則惠左雄傳雄上疏曰臣聞柔遠和邇莫大寍人寍人之道莫重用賢用賢之道必存考黜是以臯陶對禹貴在知人安民則惠黎民懷之風俗通義過譽篇歐陽歙教引書曰安民則惠黎民懷之

**能哲而惠**○今文作能悊能惠○錫瑞謹案史記曰能知能惠知字用故訓代經能惠字亦作能與上能字同則今文尚書也漢衛尉卿衡方碑云能悊能惠悊字與漢志合能惠能字與史記合皆用今文尚書又尉氏令鄭季宣碑云能惠者也亦作能字○一作能哲且惠○江聲說而當爲耐據史記作能智能惠則此而實是能字依古文當爲耐也錫瑞謹案淮南泰族訓引書曰能哲且惠則今文尚書有作且字者且與而義近而字不必定作耐也

**何憂乎驩兜何遷乎有苗何畏乎巧言令色孔壬** 史記曰何憂乎驩兜何遷乎有苗何畏乎巧言善色佞人集解鄭元曰禹爲父隱故言不及鯀陳喬樅說馬融云禹爲父隱故不言鯀與鄭注同皆以佞人爲指共

工此古文說也論衡答佞篇云驩兜大佞恢國篇云三苗巧佞之人據此則今文說以巧言令色孔壬卽指驩兜有苗言之不以佞人爲共工也錫瑞謹案淮南脩務訓引書曰能哲且惠黎民懷之何憂驩兜何遷有苗故仁莫大於愛人知莫大於知人無下何畏乎句似亦以巧言令色孔壬卽指驩兜與有苗也白虎通論隱惡之義兄弟引周公誅四國父子不引禹鯀而但引論語是今文家無禹爲父隱之義後漢書鄧惲傳曰昔虞舜輔堯四罪咸服讒言弗庸孔壬不行又曰惲不忠孔壬是亦以孔壬爲佞人非共工○今文一作何憂驩兜何遷有苗○淮南引書無乎字

**臯陶曰都**今文作臯陶曰都俞○史記作臯陶曰然於段玉裁說於卽都也都上有然則今文尚書多俞字

**亦行有九德亦言其人有德乃言曰載采采**○今文作亦言其有德史記曰亦行有九德亦言其有德乃言曰始事事始事事以故訓代經亦言其有德無人字今文尚書本無之也論衡答佞篇曰雖聖賢之人以九德檢其行以事效考其言行不合於九德言不驗於事效人非賢則佞矣據仲任說則乃言當作考言丂乃形近疑今文有作考言者

**禹曰何臯陶曰寬而栗柔而立愿而恭**○今文作愿而共○史記曰寬而栗柔而立愿而共

無禹曰何皋陶曰六字史公省文段玉裁說夏本紀作共疑本紀是也共讀爲供謹愿人多不能供辦能治人多不能敬愼德與才不能互兼也史記恭敬字不作共即堯典允恭象恭可證今文尚書作愿而共勝於古文尚書○一作寬而慄○衡方碑作寬慄

**亂而敬擾而毅直而溫簡而廉剛而塞彊而義**史記亂作治塞作實用故訓字

**彰厥有常吉哉**○今文作章厥有常吉哉○史記作章後漢書鄭均傳元和元年詔云書不云乎章厥有常吉哉其賜均義穀各千斛注云章明也吉善也言爲天子當明其有常德者優其稟餼則政之善也或出今文家說

**日宣三德夙夜浚明有家**○今文作蚤夜翊明有家○史記日日宣三德蚤夜翊明有家段玉裁說今文尚書作翊也翊同昱爾雅昱明也翊明重言之猶無遑之皇暇也錫瑞謹案華嚴經音義七十四卷下引尚書大傳翊輔也似解此經之傳則今文作翊是也然大傳以翊爲輔與段說不同蔡邕司空文烈侯楊公碑曰翊明其政與史記文正合乃今文作翊之明證史記於夙夜維寅夙夜出入朕命皆不作蚤夜則此云蚤夜乃今文尚書本文非故訓字也

**日嚴祗敬六德亮采有邦翕受敷施**○今文作日嚴振敬六德亮采有國翕受普施○史記祗

作振邦作國敷作普皆今文尚書也祇振雙聲如盤庚震動石經作祇動賁誓祇復無逸祇懼魯世家作振復振懼皆祇振通用之證普與敷音義通說文云肅持事振敬也亦用今文尚書

**九德咸事** 東觀書曰章帝初即位賜東平憲王蒼書曰朕夙夜伏思念先帝躬履九德魏受禪碑九德既該疑今文家有以九德屬君德者漢書王尊傳曰三公典五常九德後漢書楊震傳曰方今九德未事班固薦謝夷吾曰行包九德蔡邕太傅胡公碑曰九德咸修陳太邱碑曰兼資九德汝南周巨勝碑曰備九德廬江太守范式碑曰九德靡爽皆不以九德爲君德

**俊乂在官** 史記鹽鐵論論衡後漢書楊震楊賜傳皆作俊乂在官蓋歐陽尚書作乂史公王仲任楊氏父子皆習歐陽尚書者也中候曰文命盛德俊乂在官○今文一作俊艾在官○漢書谷永傳永對曰經曰九德咸事俊艾在官未有衆賢布於官而不治者也孫星衍說釋詁云艾長也歷也郭注云艾長者多更歷俊乂言大臣耆老也漢書孔光傳詔曰誣愬大臣令俊乂者久失其位又云今年耆有疾俊乂大臣惟國之重是俊爲大艾爲老也周語耆艾修之韋昭注云師傅也師師相師法也見漢書敘傳高平師師注引鄧展說西京賦薛綜注荀子致仕篇曰耆艾而信可以爲師師謂師法俊艾也錫瑞謹案今文尚書乂多作艾漢碑亦多

作艾樊敏碑書載俊艾李孟初碑劉俊字叔艾王褒聖主得賢臣
頌云俊艾將自至是俊艾字作艾之明證漢書作艾蓋用夏侯尙
書谷子雲言未有賢布於官而不治者似
以俊訓賢艾訓治與孫說不同不必從孫

**百僚師師百工惟時** 史記曰百吏肅謹鹽鐵論刺復篇云尙書曰
俊乂在官百僚師師百工惟時庶尹允諧言
官得其人人任其事故官治而不亂事起而不廢士守其職大夫
理其位公卿總要執凡是也中論譴交篇云其爵之命也各隨其
才之所宜不以大司小不以輕任重故書曰百僚師師百工惟時
此先王取士官人之法也孫星衍說公卿謂俊乂大夫謂百僚士
謂百工也史公說百僚百工俱爲百吏者詩傳云工官也師師爲
肅者釋詁云肅肅敬也師肅聲相近時爲謹者王逸注楚辭云謹
善也時亦訓善義同錫瑞謹案漢官舊儀云漢拜丞相御史大夫
皇帝延登親詔之皆曰朕鬱于大道獲保宗廟兢兢師師則師師
與兢兢義近故史公訓爲肅蔡邕薦
皇甫規表臣聞唐虞以師師咸熙

**撫于五辰庶績其凝無教逸欲有邦兢兢業業一日二日萬幾**○今
文作亾敖佚欲有國兢兢業業一日二日萬機○漢書王嘉傳嘉
奏封事曰臣聞咎繇戒帝舜曰亾敖佚欲有國兢兢業業一日二

日萬機師古曰虞書咎繇謨之辭也言有國之人不可傲慢逸欲但當戒愼危懼以理萬事之機也敖讀曰傲陳喬樅說案亾無毋三者古通佚與逸同幾者機之消文機謂發動所由也王嘉傳引教字作敖當亦三家尙書之異文故與史記夏本紀及後漢書陳蕃傳所引不同師古集注讀敖爲傲以傲慢解之疑亦襲漢書舊注之音義也錫瑞謹案亾敖佚欲爲句有國當屬下讀師古斷句非是○一作無教逸遊○後漢書陳蕃傳蕃上疏諫曰故臯陶戒舜無教逸遊周公戒成王無槃于遊田虞舜成王猶有此戒況德不及二主者乎袁宏後漢紀陳蕃上書云臯陶誡舜曰無敢遊佚卽後漢書之疏敢疑教字之誤佚遊作遊佚則字之倒謝承後漢書云陳蕃諫桓帝曰故臯陶戒帝無敢遊亦卽此一疏也蓋今文說以逸遊爲敢遊漢書韋賢傳諫詩曰邦事是廢逸遊是娛引此經也史記作毋教邪淫奇謀孫星衍說史遷說佚爲邪淫者方言云佚淫也故云邪淫欲爲奇謀者古欲或作猷禮器注引詩匪革其猶詩文王有聲猶作欲猶與欲聲形亦相近釋詁云猷謀也故云奇謀欲又作游與猷通周禮師氏貴遊子弟注杜子春云遊當爲猶○兢兢一作矜矜○三國志王基傳基戒司馬景王曰天下至廣萬幾至猥誠不可不矜矜業業坐以待旦也兢矜聲同疑三家文異

無曠庶官天工人其代之潛夫論貴忠篇曰書稱天工人其代之
王者法天而建官自公卿至于小司莫
非天官也中論爵祿篇曰爵祿者先王之所重也非所輕也故書
曰無曠庶官天工人其代之後漢書劉元傳李淑上書曰夫三公
上應台宿九卿下括河海故天工人其代之馬嚴傳嚴上封事曰
書稱無曠庶官天工人其代之言王者代天官人也是漢儒皆以
此爲代天官人之義論衡紀妖篇曰天官百二十與地之王者無
以異也地之王者官屬備具法象天官稟取制度春秋說云立三
台以爲三公北斗九星是爲九卿二十七大夫內宿部衞之列八
十一紀以爲元士凡百二十官焉此今文家法天建官之說也史
記云非其人居其官是謂亂天事而王莽傳太后下詔言君年幼
稚必有寄託而居攝焉引天工人其代之爲居攝義此傳會之說
非正解○今文一作毋曠庶官○漢書孔光傳策免光曰書不云
乎毋曠庶官論衡藝增篇曰尚書曰毋曠庶官曠空庶衆也毋空
衆官寘非其人與空無異故言空也○一作天功人其代之○大
傳曰書稱天功人其代之夫成天地之功者未嘗不蕃昌也漢書
律歷志曰人者繼天順地序氣成物以終天地之功書曰天功人
其代之師古曰虞書咎繇謩也言聖人稟天造化之功代而行之
天敘有典勑我五典五惇哉天秩有禮自我五禮有庸哉同寅協

**恭和衷哉**蔡邕中鼎銘曰同寅協恭以和天衷則今文說和衷爲和天衷

**天命有德五服五章哉**禮書引大傳曰天子衣服其文華蟲作繢宗彝藻火山龍諸侯作繢宗彝藻火山龍子男宗彝藻火山龍大夫藻火山龍士山龍故書曰天命有德五服五章哉山龍青也華蟲黃也作繢黑也宗彝白也藻火赤也天子服五諸侯服四次國服三大夫服二士服一孫星衍說今文說五服爲五章蓋秦滅禮學郊祀之服易以袀玄伏生猶見先秦制度傳授其義似較可信至漢輿服志稱孝明皇帝永平二年初詔有司采周官禮記尚書皋陶篇乘輿服從歐陽說公卿以下從大小夏侯氏說鄭氏據此爲說則漢時章服亦不能證明古義矣大傳引此經文而說之以自天子至士皆有山龍者釋言云袞黻也周禮司服袞冕注鄭司農云袞卷龍也袞自天子至士總名之服故爾疋單舉之廣雅云山龍彰也亦舉山龍以該五章則今文家謂自天子至士皆有之說也錫瑞謹案歐陽說乘輿備文日月星辰十二章大小夏侯氏說三公諸侯用山龍九章九卿以下用華蟲七章皆備五采則是歐陽說冕服章數以十二九七爲節大小夏侯說冕服章數天子至公侯以九爲節卿以下以七爲節皆與大傳言五服五章不同此三家今文之背其師傳者以五經次序而論尚書應列周官之前而明帝詔首舉周官則當時必以周官

爲重故三家博士變今文尚書之師說以傳會周官不知周禮非可以解虞書經明言五服五章不得有十二章九章七章之制鄭君據周禮以推虞制其義正本於歐陽夏侯後世皆從鄭說不知亦本於三家博士然皆非伏生之義也白虎通攷黜篇云言成章行成規卷龍之衣服表顯其德亦不及日月星辰也漢書王嘉傳曰臣聞爵祿土地天之有也書云天命有德五服五章哉王者代天爵人尤宜慎之引書與今本同後漢書應劭傳曰尚書稱天秩有禮五服五章哉天討有罪五刑五用哉蓋合上文引之非必今文異本胡廣傳亦曰五服五章天秩所作

**天討有罪五刑五用哉**潛夫論述赦篇曰天子在於奉天威命共行賞罰故書稱天命有德五服五章天討有罪五刑五用漢書刑法志曰書云天秩有禮天討有罪故聖人因天秩而制五禮因天討而作五刑大刑用甲兵其次用斧鉞中刑用刀鋸其次用鑽鑿薄刑用鞭朴大者陳諸原野小者致之市朝其所繇來者上矣錫瑞謹案班氏引國語文乃古文說故與大傳今文說唐虞象刑不同御覽引大傳云古者中刑用鑽鑿疑是甫刑傳文所謂古者謂夏用肉刑之時非謂唐虞也○今文一作五刑五庸哉○後漢書梁統傳統對曰臣聞聖帝明王制立刑罰故雖堯舜之盛猶誅四凶經曰天討有罪五刑五庸哉用作庸與

史記諸書不合或據夏侯尚書

**政事懋哉懋哉**。今文作茂哉茂哉。漢書董仲舒傳仲舒對策曰書云茂哉茂哉勉彊之謂也爾雅釋詁茂勉也郭注書曰茂哉茂哉釋文云茂哉或作茂才蓋三家今文之異郭氏襲用漢人舊注所引書乃今文尚書也

**天聰明自我民聰明**漢書李尋傳尋說王根曰書云天聰明蓋言紫宮極樞通位帝紀太微四門廣開大道五經五緯尊顯術士翼張舒布燭臨四海少微處士爲比爲輔故帝廷女宮在後聖人承天賢賢易色取法於此天官上相上將皆顓面立朝憂責甚重要在得人得人之效成敗之機不可不勉也孔光傳曰日有蝕之變見三朝之會上天聰明苟無其事變不虛生

**天明畏自我民明威達于上下敬哉有土**今文作天明威自我民明威達作通。校本作畏釋文云畏如字徐音威馬本作威鄭注周禮引書曰天明威自我民明威鄭注禮在贊書之前所引尚書是當時立學官之本則今古文皆當作威也達今文皆作通

**皋陶曰朕言惠可厎行**白虎通聖人篇曰皋陶爲舜陳道朕言惠可厎行蔡邕獨斷曰朕我也古者尊卑共

之貴賤不嫌則可同號之義也堯典曰朕在位七十載皋陶與帝舜言曰朕言惠可厎行此其義也史記曰吾言厎可行乎蓋消文據白虎通獨斷則今文尚書有惠字

**禹曰俞乃言厎可績**。史記曰禹曰汝言致可績無俞字或亦消文

**皋陶曰予未有知思曰贊贊襄哉**。今文予作余。史記曰皋陶曰余未有知思贊道哉孫星衍說史公以贊爲道者周語內史贊之韋昭注云贊道也道謂導之張守節正義云贊於古道非也

**帝曰來禹汝亦昌言禹拜曰都帝予何言** 史記曰帝舜謂禹曰汝亦昌言禹拜曰於予何言據史記文則予何言上無帝字或今文本無昌言用歐陽尚書若大小夏矦尚書當作黨或作讜說見上

**予思曰孜孜**。今文作予思曰孶孶。史記作孶孶孫星衍說孜孜古文孶孶今文也說文云孜汲汲也引周書曰孶孶無怠又曰孶汲汲生也是與孜同錫瑞謹案漢書谷永傳說王音曰夙夜孶孶又黑龍見東萊對曰夙夜孶孶王莽傳張竦奏曰孶孶不已東方朔傳曰此士所以日夜孶孶揚雄揚州牧箴云股肱不可不孶後漢書李固上疏曰夕惕孶孶皆用今文尚書

**皋陶曰吁如何禹曰洪水滔天浩浩懷山襄陵下民昏墊**。今文洪作鴻。史記曰皋陶難禹曰何謂孳孳禹曰鴻水滔天浩浩懷山襄陵下民皆服於水孫星衍說昏字依史記疑當爲皆形相近史公所據本蓋亦今文也以墊爲服於水者廣雅釋詁云墊伏藏也李善注文選云伏與服古字通是伏於水謂陷於水也案蔡邕和熹鄧后謚議曰故自昏墊以迄康乂亦作昏不作皆似未可從孫說

**予乘四載**。○今文作予陸行乘車水行乘舟泥行乘橇山行乘檋○史記夏本紀曰予陸行乘車水行乘舟泥行乘橇山行乘檋於前又曰陸行乘車水行乘船泥行乘橇山行乘檋惟舟作船爲異蓋史公以故訓代之徐廣音義曰橇他書或作蕝檋一作橋音邱遙反○一作陸行乘車水行載舟泥行蹈毳山行卽橋○史記河渠書曰夏書曰禹抑洪水十三年過家不入門陸行乘車水行載舟泥行蹈毳山行卽橋以別九州集解徐廣曰橋近遙反一作檋檋直轅車也音已足反尸子曰山行乘樏音力追反尸子又曰行塗以楯行險以樏行沙以軌又曰乘風車音去喬反索隱曰毳字亦作橇音昌芮反注以樏子芮反又子絕反與蕝音同○一作陸行載車水行乘舟泥行乘毳山行則梮○漢書溝洫志云夏書曰禹堙洪水十三年過家不入門陸行載車水行乘舟泥

行乘毳山行則梮以別九州孟康曰毳形如箕擿行泥上如淳曰毳音茅蕝之蕝謂以板置泥上以通行路也梮謂以鐵如錐頭長半寸施之履下以上山不蹉跌也韋昭曰梮木器如今轝牀人轝以行也說文引虞書曰予乘四載水行句在陸行句上下二句作山行乘欙澤行乘輴孫星衍說此四載之文河渠書溝洫志俱引爲夏書說文引爲虞書今經文本無或今文本有之錫瑞謹案河渠書溝洫志明引夏書說文明引虞書則此十六字今古文皆有之說文引爲虞書上有予乘四載句乃古文尚書河渠書溝洫志引爲夏書無予乘四載句乃今文尚書疑僞孔竊取說文爲古文尚書又刪去其下十六字以示異也史公以臯陶謨入夏本紀故謂爲夏書而夏本紀之文與河渠書溝洫志互異者蓋三家今文異字而徐廣曰橋一作欙直轅車也書疏引應劭曰梮或作欙爲人所牽引也則橋欙梮欙本一物而異名乃直轅車爲人所牽引者文異而義不異要本有此十六字無疑也

**隨山刊木**○今文刊作栞○史記作行山栞木說文栞槎識也從木㭊闕夏書曰隨山栞木讀若刊又栞云篆文從幵許君以栞爲篆文則栞爲古文栞爲今文說文又云槎衺斫也則槎識謂衺斫其木以爲表識故史記錄禹貢易其文爲行山表木段玉裁說今文尚書亦作栞衞包誤以栞刊爲古今字乃改栞爲刊

**暨益奏庶鮮食。**今文作暨益奏庶稻鮮食。史記曰與益予衆稻鮮食又云令益予衆庶稻可種卑溼段玉裁說蓋此經鮮食今文尚書作稻食而稻鮮食之鮮字誤多如大誥民獻儀之比陳喬樅說五土物生稻宜下地周官有稻人職掌稼下地以稻性宜水也此時益佐禹治水烈山澤而焚之草萊既闢卑溼之地可以種蓺至隨刊所得鳥獸又可以助資民食故史記云與益予衆庶稻鮮食此鮮食謂鳥獸也則經鮮字非賸文矣錫瑞謹案史記於下鮮食字代以食少則下鮮食不作鳥獸魚鼈解而此文作鮮與下文義不同今文尚書不應舍鳥獸魚鼈不言有鮮字是也

**予決九川距四海濬畎澮距川。**今文濬作浚。史記曰以決九川致四海浚畎澮致之川錫瑞謹案九川爲弱黑河瀁江沇淮渭洛九水非謂九州之川說見禹貢

**暨稷播奏庶艱食鮮食懋遷有無化居。**今文作貿遷。史記曰與稷予衆庶難得之食食少調有餘補不足徙居又云命后稷予衆庶難得之食食少調有餘相給以均諸侯江聲說尟鱻鮮三字誼別今俗混用一鮮字非也据史記云食少依少誼則字當作尟說文是部尟是少也說文貝部云貿易財也史記言調有餘補不足即貿遷有無徙居即化

居化古貨字謂遷徙其居積之貨也文選永明九年策秀才文李善注引尙書曰貿遷有無化居又宋王天與尙書纂傳元吳澄尙書纂言皆云伏生大傳作貿遷錫瑞謹案史公說鮮食爲食少則與上鮮食義自不同江據史記謂當依說文作懋今文尙書未必皆用古文字也漢時通行今文字多消俗如漢碑所引用唐張參五經文字所引石經可證若古文出於山巖屋壁當時本不通行故字未經改易劉向以中古文挍三家尙書三家皆有脫簡文可證故論文字則古文爲勝論說解則今文爲長如左氏春秋古文經勝於公羊穀梁而說解邱明不傳春秋其義當從公穀蓋今文傳自漢初遠有師承古文則本無師承其說解乃諸儒傳會爲之故與古書多不合也此鮮字或今文本用通假不必皆依說文今姑從枚本作鮮而其義則當爲食少陳喬樅不從史記而用鄭注〇鱻食魚鼈之訓失之申鑒時事篇曰貿遷有無正作貿與大傳合一作楙遷有無亦作茂遷有無〇漢書食貨志曰食足貨通然後國實民富而教化成禹平洪水定九州制土田各因所生遠近入貢棐楙遷有無萬國作艾又敘傳述食貨志云商以足用茂遷有無陳喬樅說漢書兩引此經一作楙遷一作茂遷皆貿之同聲假借字也師古注云楙與茂通勉也言勸勉天下遷易有無使之交足則萬國皆治其誼亦通史記用歐陽尙書漢書用夏侯尙書文字旣異誼或不同師古集注疑是襲漢魏舊注之語也錫瑞謹案

楊雄大司農箴曰厥僚后稷有無遷易荀悅申鑒曰貿遷有無皆不連化居爲義或三家句讀不同若史記文當以徙居屬上段玉裁云徙居衆民爲句乃定萬國爲治爲句恐非

**烝民乃粒萬邦作乂**。今文作烝民乃立萬國作艾。史記曰衆民乃定萬國爲治漢志云萬國作艾蓋今文尚書粒作立邦作國乂作艾也錫瑞謹案今文作立故史公以定訓之詩思文立我烝民卽此之烝民乃立也左傳周語皆引立我烝民竝不作粒食解自古文尚書誤作粒鄭以粒食訓之又破詩之立字爲粒以致詩書皆失其解此由鄭氏古文已誤僞孔不任咎也

**皋陶曰俞師汝昌言**。今文師作斯。史記曰皋陶曰然此而美也江聲說史記輒以訓詁代經文然則師當爲斯聲之誤與

**禹曰都帝愼乃在位帝曰俞禹曰安汝止惟幾惟康其弼直**。今文直作悳。史記曰禹曰於帝愼乃在位安爾止輔德江聲說據史記作輔德推此文當爲其弼德而悳字從直下心或心字摩滅不見

而爲直字

**惟動丕應徯志以昭受上帝天其申命用休**史記曰天下大應清意以昭待上帝命天其重命用休江聲說依史記以說此經當云動則天下大應之清其志意以待受上帝命

**帝曰吁臣哉鄰哉鄰哉臣哉。**今文作帝曰吁臣哉臣哉鄰哉鄰哉。史記曰帝曰臣哉臣哉三國魏紀何晏奏曰舜戒禹曰鄰哉鄰哉言慎所近也蓋皆今文尚書與古文異史記無鄰哉句消文

**禹曰俞帝曰臣作朕股肱耳目予欲左右有民汝翼予欲宣力四方汝爲**史記曰臣作朕股肱耳目予欲左右有民女輔之無予欲宣力四方汝爲句蓋史公消文漢夏勤策文曰宣力四表蔡邕司空文烈矦楊公碑曰帝欲宣力于四方公則翼之是今文尚書有此八字也

**予欲觀古人之象日月星辰山龍華蟲作會宗彝藻火。**今文藻一作璪。史記曰予欲觀古人之象日月星辰作文繡服色女明之大傳說見上五服五章錫瑞謹案史公云作文繡服色所以解經之山龍

華蟲至作服也而日月星辰別出於上者蓋史公之說亦不謂日月星辰在文繡服色之中其義與伏生同若日月星辰亦在服章之內史公何不以日月星辰竝括於文繡服色之中而必單舉四字以別見義乎日月星辰之用書傳無文或如王肅之說虞夏即以畫于旌旗或別有所用蓋不可攷要之日月星辰乃天象似不宜畫於衣自漢明帝永平二年采尚書皋陶篇乘輿服從歐陽氏說備文日月星辰十二章而古義晦矣宗彝藻火後人引大傳有二說隋書禮儀志大業元年虞世基奏近代故實依尚書大傳山龍純青華蟲純黃作會宗彝純黑藻純白火純赤與陳祥道禮書引大傳作繢黑也宗彝白也藻火赤也其說不同陳壽祺云陳祥道分作繪宗彝爲二合藻火爲一非伏生本文由所見大傳本誤當從隋志更正又云子男宗彝藻火山龍以次國服三核之子男下宗彝字誤衍宜刪錫瑞案大傳當作子男藻火山龍大夫火山龍士山龍乃合次國服三大夫服二士服一之義陳說猶未核也大傳說山龍純青者東方爲蒼龍東方屬木木色青故山龍純青華蟲純黃者華蟲當是鳳皇大戴禮曰羽蟲三百六十鳳皇爲之長是鳳皇可稱蟲爾雅釋言曰皇華也皇與黃聲近華蟲之黃卽鳳皇之皇王制曰有虞氏皇而祭鄭注皇冕屬也畫羽飾焉周禮樂師教皇舞先鄭注皇舞者以羽冒覆頭上衣飾翡翠之羽後鄭注皇雜五采羽如鳳皇色合先後二鄭說是皇爲鳳皇五采之色

飾於冠並飾於衣虞有鳳皇來儀之瑞故以皇名其冠又飾之於衣鳳皇羽蟲之長故惟天子得服之虞土德尚黃土數五故天子服五色尚黃故華蟲居首周木德色青尚山龍虞土德色黃尚華蟲不得以周制說虞也鳳皇五采而多黃五采故曰華蟲多黃故華蟲爲黃所以知鳳皇色多黃者說文鳥部鷫鷫鷞也五方神鳥也東方發明南方焦明西方鷫鷞北方幽昌中央鳳皇左氏傳唐成公有兩肅爽馬賈逵曰色如霜紈然則西方鷫鷞蓋色白師曠禽經曰白鳳謂之鷫以此推之東方發明色青南方焦明色赤北方幽昌色黑中央鳳皇當色黃矣隋書禮儀志曰天監七年周捨議詔旨以王者袞服宜畫鳳皇以示差降案禮有虞氏皇而祭深衣而養老鄭元所言皇則是畫鳳皇羽也又案禮所稱雜服皆以衣定名猶加袞冕則是袞衣而冕明有虞言皇者是衣名非冕名矣畫鳳之旨事實灼然制可又王僧崇云今祭服兩袖各有禽鳥形類鸞鳳似是華蟲尋冕服無鳳應改爲雉帝曰今冕服畫龍則宜應畫鳳明矣若一向畫雉差降之文復將安寄鄭義是所未允據周捨說有虞氏皇是畫鳳皇羽於衣據王僧崇說當時冕服猶畫鳳蓋古制之僅存者非始於梁武也惟王氏專執鄭義欲改畫雉梁武以爲上下皆畫雉無差降故仍用畫鳳耳作會宗彝純黑者宗彝郎尊彝古宗尊通用左氏傳伯宗穀梁作伯尊可證明堂位云夏后氏以雞夷是虞夏已有彝宗彝蓋繡尊彝之形如黹作

斧形黻作亞形之比尊彝古器年久色黑故爲黑作會如攷工記
作其鱗之而之作作起也元衣繡黑章色不甚著故爲作起之勢
如今之堆花藻純白者藻一作璪即玉藻之藻玉色白故爲
白火純赤者當爲圜火形攷工記火以圜火色赤故爲赤也

**粉米黼黻絺繡**　孫星衍說今文不言粉米黼黻絺繡者意以粉米
黼黻爲刺繡之文衣裳竝用之惟衣有山龍以下
五章裳則粉米黼黻絺繡而已知衣亦絺繡爲今文說者白虎通
衣裳篇云聖人所以制衣服何以爲絺綌蔽形表德勸善別尊卑
也云絺綌蔽形者上古始制衣服以絺綌蔽形亦如市之蔽前後人
因以爲飾云表德勸善別尊卑者即謂山龍等五章以別尊卑也
淮南主術訓云人主好黼黻文章絺綌綺繡注云白與黑爲黼青
與赤爲黻絺綌葛也精者絺麄者綌五采具曰繡也是西漢人說
絺繡爲絺綌之有文繡者五帝本紀云堯乃賜舜絺衣與琴孟子
盡心篇舜被袗衣趙氏注云袗畫也被畫衣黼黻絺繡也袗衣即
絺衣知以絺爲之說文袗元服以元衣加繪繡故大戴禮五帝德
稱帝堯純衣言衣之質則爲純言衣有華蟲則爲黃也皆衣裳竝
用絺繡之明證也錫瑞謹案古說皆謂繡不謂畫續漢書輿服志
曰乘輿服從歐陽氏說公卿以下從大小夏侯說乘輿刺繡公侯
九卿以下皆織成陳留襄邑獻之云後漢書明帝紀注引董巴輿
服志曰乘輿刺繡公卿以下皆織成陳留襄邑獻之是三家今文

皆以爲刺繡織成說文繪會五采繡也引虞書山龍華蟲作繪則今古文皆以繪卽是繡無畫衣之說鄭注尙書始云繪讀爲繢凡畫者爲繢徐廣車服注曰漢明帝按古禮備其服章天子郊廟衣皁上絳下前三幅後四幅衣畫而裳繡蓋卽用鄭君說與董巴劉昭皆不合隋志引大傳云作會蓋今古文皆云會而解爲繪禮書引大傳云作繢以鄭說改大傳誤矣

**以五采彰施于五色作服汝明。**今文彰作章。鄭注大傳引經作章孫星衍說五色畫也五采繡也故月令云命婦官染采以黼黻之文刺于山龍等五章空隙之處復分畫爲界域俾五色不能相亂故謂之黺視其文如聚米也荀子正論篇說天子則服五采雜間色重文繡云五采如今文說山龍等五色也間色如黼黻各有二色相間也重文繡謂衣裳俱用之重襲也是亦同今文之說

**予欲聞六律五聲八音在治忽以出納五言汝聽。**今文作七始訓以出入五言女聽。大傳曰五載一巡守羣后德讓貢正聲而九族具成雖禽獸之聲猶悉關於律樂者人性之所自有也故聖王巡十有二州觀其風俗習其性情因論十有二俗定以六律五聲八音七始著其素簇以爲八此八伯之事也分定於五此五嶽之事也五聲天

音也八音天化也七始天統也鄭注族當爲奏言諸侯貢其正聲而天子九奏之樂乃具成也關猶入也五聲宮商角徵羽也八音鐘鼓笙磬塤篪柷敔琴也七始黃鐘林鐘大簇南呂姑洗應鐘蕤賓也歌聲不應此則去之素猶始也簇猶聚也樂音多聚以爲八也五謂塤在北方鼓在東方之屬天所以理陰陽也史記曰予欲聞六律五聲八音來始滑以出入五言女聽索隱曰古文尚書作在治忽今文作采政忽先儒各隨字解之今此云來始滑於義無所通蓋來采字相近滑忽聲相亂始又與治相似因誤爲來始滑今依今文音采政忽三字劉伯莊云聽諸侯能爲政及怠忽者是也漢書律厤志曰予欲聞六律五聲八音七始詠以出內五言女聽予者帝舜也言以律呂和五聲施之八音合之成樂七者天地四時人之始也順以歌詠五常之言聽之則順乎天地序乎四時應人倫本陰陽原情性風之以德感之以樂莫不同乎一唯聖人爲能同天下之意故帝舜欲聞之也又禮樂志高祖唐山夫人安世房中歌曰七始華始肅倡和聲孟康曰七始天地四時人之始又敘傳曰八音七始五聲六律劉德曰天地四方人之始也段玉裁說今文尚書作七始亦作七政七亦作桼桼或誤作來或誤作采魏源說蓋今文原作七始詠史記作桼始忽其作來作采者皆桼之形譌其始作治忽作滑采作在者則聲之譌故史記古文之桼始卽漢書今文之七始合於大傳是經文本義也錫瑞謹案二

說皆有未盡索隱云今文作釆政忽釆字因誤卽政字亦非是索隱所謂古文卽僞古文所云今文恐亦難信所載劉伯莊說卽從僞孔傳小變之殆卽伯莊所爲耳蓋來釆形近政治義近治又與始相似釆政卽桼始今古文本無異特字有譌誤耳孟康劉德之說雖與鄭義稍殊而以七始爲樂之條目則一段云泛言爲七政在樂爲七始然大傳言七政爲春夏秋冬天地人雖與孟康劉德之說似合而此作七政則與六律五聲八音不類且七政非可聞也當以大傳漢志之說爲正孫星衍說忽當爲曶疑古本是曶字班志詠字隋書律厤志引作訓段玉裁云隋志實引漢志當從隋志作訓孟堅云順以歌詠五常之言以順釋訓非以歌詠釋詠其義郅塙錫瑞又案孫段二說亦有未盡攷訓從川曶亦從川訓從言曶從曰其義當相近疑班志用今文作七始訓史記則作桼始曶文異而義不異自史記桼譌爲來曶譌作滑一因形近一因聲近而誤後人曲爲之解皆不可通不知史公亦用伏生今文與班志本無不合也鄭君所據本作曶蓋亦曶字之譌班志今譌作詠蓋因班志下云順以歌詠五常之言淺人遂改訓爲詠耳今從隋志引作訓從班志釋爲順七始上屬爲義訓字下屬爲義漢書敘傳云八音七始則班氏不以訓字連七始爲義可知經云訓以出入五言卽班志云順以歌詠五常之言也玉海引漢志文予者帝舜也至人之始也曰顏氏此注權輿於觀射父之論六律七事釋

以天地民物四時之務則予者帝舜也至人之始也乃顏師古注文今作班志本文蓋亦譌誤攙入樂說曰聖人作樂不以自娛以觀得失之效故不取備於一人必須八能之士故八音或調陰陽或調五行或調盛衰或調律厤或調五音與天地神明合德者則七始八氣終各得其宜也宋均注曰七始謂四方天地人也均之說與孟康劉德正同白虎通禮樂篇云尚書曰予欲聞六律五聲八音五聲者何謂也宮商角徵羽土謂宮金謂商木謂角火謂徵水謂羽所以名之何角者躍也陽氣動躍徵者止也陽氣止商者張也陰氣開張陽氣始降也羽者紆也陰氣在上陽氣在下宮者容也含容四時者也八音者何謂也樂記曰土曰塤竹曰管皮曰鼓匏曰笙絲曰絃石曰磬木曰柷敔此謂八音也法易八卦也萬物之數也八音萬物之聲也所以用八者何天子承繼萬物當知其數既得其數當知其聲卽思其形如此蜎飛蠕動無不樂其音者至德之道也天子樂之故樂用八音樂記曰壎坎音也管艮音也鼓震音也弦離音也鐘兌音也柷敔乾音也笙巽音也磬坤音也一說笙柷鼓簫瑟塤鐘磬也如其次笙在北方柷在東北方鼓在東方簫在東南方瑟在南方塤在西南方鐘在西方磬在西北方又曰壎在十一月壎之爲言熏陽氣於黃泉之下熏蒸而萌匏之言施也在十二月萬物始施而牙笙者太簇之氣象萬物之生故曰笙有七政之節焉有六合之和焉天下樂之故謂之笙鼓震

音煩氣也萬物憤懣震動而生雷以動之溫以暖之風以散之雨以濡之奮至德之聲感和平之氣也同聲相應同氣相求神明報德天地祐之其本乃在萬物之始邪故謂鼓也簫者仲吕之氣萬物生於無聲見於無形勠也肅也簫者以祿爲本言承天繼物爲民本人力加地道化然後萬物勠也故謂之簫也瑟者嗇也閉也所以懲忿窒欲正人之德也故謂之瑟也琴者禁也所以禁止淫邪正人物也磬者夷則之氣也象萬物之成也其氣磬故曰磬鐘之言動也陰氣用事萬物動成鐘爲氣用金聲也柷敔者始終之聲萬物之所生也陰陽順而復故曰柷敔承順天地序迎萬物天下樂之故樂用柷敔柷始也敔終也聲五音八何聲爲本出於五行音爲末象八風故樂記曰聲成文謂之音知音而樂之謂之樂也風俗通聲音篇曰聲所以五者繫五行也音所以八者繫八風也此今文說五聲八音之義

**予違汝弼汝無面從退有後言**史記曰予卽辟女匡拂予女無面諛退而謗予漢書成帝紀建始三年詔曰公卿其各思朕過失明白陳之女無面從退有後言潛夫論明闇篇引此經云故爲國之道勸之使諫宣之使言然後君明察而治情通矣蔡邕文烈侯楊公碑曰辟道或同公則弼之孫星衍說帝既告禹以助成四輔之事又告以拂君之過是臣又兼鄰

之職任爲將薦之于天

**欽四鄰**史記曰敬四輔臣大傳曰古者天子必有四鄰前曰疑後曰丞左曰輔右曰弼天子有問無以對責之疑可志而不志責之丞可正而不正責之輔可揚而不揚責之弼其爵視卿其祿視次國之君也又曰天子必有四鄰前儀後丞左輔右弼直立而敢斷廣心而從欲輔善而相承謂之輔廉潔而切直謂之弼天子中立而聽朝則四聖維之是以慮無失計舉無過事故書曰欽四鄰此之謂也儀卽疑大傳當脫謂之儀謂之丞六字鄭注云四鄰左輔右弼前疑後承從今文說列子莊子皆有舜問乎丞之文丞卽四輔之一列子丞或作烝誤

**庶頑讒說若不在時侯以明之撻以記之書用識哉欲並生哉工以納言時而颺之格則承之庸之否則威之**史記曰諸衆讒嬖臣君德誠施皆清矣徐廣曰臣一作吾索隱曰諸衆讒嬖臣爲一句君字宜屬下文錫瑞謹案史公以君德誠施皆清矣七字總括經義至否則威之止君德誠施渾括侯明撻記八句而言皆清矣三字承上諸衆讒嬖臣言謂舉賢則讒嬖自遠故曰皆清非專解侯以明之一句也孫星

衍云史公說矦爲君明爲清疑史公之本止於矦以明之下文乃僞孔所增恐涉武斷大傳說皋陶謨有諸矦貢士之義則此與下惟帝時舉皆言貢士古者諸矦歲獻貢士於天子天子試之於射宮故有矦以明之等語

**禹曰俞哉帝光天之下至于海隅蒼生**文選史岑出師頌曰蒼生更始李善注云蒼生黔首也是以民爲蒼生見於東漢今文家說不始於晉人也

**萬邦黎獻**○今文作黎儀○漢泰山都尉孔宙碑黎儀以康堂邑令費鳳碑黎儀瘁傷斥彰長田君碑安惠黎儀是今文尙書作黎儀如民獻作民儀之比

**共惟帝臣**○今文作具惟帝臣○張衡東京賦云具惟帝臣薛綜注具之言俱也李善注引經文作具潘岳藉田賦云具惟命臣潘尼贈陸機詩云具惟近臣

**惟帝時舉敷納以言明庶以功**○今文敷作傅庶作試○漢書文帝紀詔諸矦王公卿郡守舉賢良能直言極諫者上親策之傅納以言成帝紀鴻嘉二年詔曰古之選賢傅納目言明試以功師古曰傳讀曰敷敷陳也漢書敘傳曰

時舉傳納聽斷維精

注李奇曰時是也

**車服以庸誰敢不讓敢不敬應**

孫星衍說此謂舉賢與堯典考績不同車服以庸謂命爲士大傳云未命爲士車不得有飛軨又或作不得朱軒注云飛軨如今窗車也軒輿也士以朱飾之其文見文選注疑是此傳御覽六百卌七引韓詩傳古者必有命民有能敬長憐孤取舍好讓者命於其君然後敢飾車駢馬未得命者不得乘車乘車皆有罰是故其民雖有錢財侈物而無禮義功德卽無所用其錢財故其民皆興仁義而賤不爭貴強不淩弱衆不暴寡是唐虞之所以象典刑而民莫敢犯也說苑修文篇說同潛夫論浮侈篇云古者必有命民然後乃得衣繒絲而乘車馬皆說此經之義也錫瑞謹案考工記輿人疏引殷傳未命爲士者不得乘飾車外紀卷二成湯令未命之爲士者車不得朱軒及有飛軨不得乘飾車駢馬衣文繡命然後得以順有德通志器服略說同則文選注所引乃殷傳文非此經之傳也惟詩碩人都人士疏周禮巾車疏禮記玉藻大學疏後漢書王符傳注藝文類聚禮書御覽引大傳曰古之帝王必有命民民能敬長矜孤取舍好讓舉事力者命於其君得命然後得乘飾車駢馬衣文錦未有命者不得衣不得乘乘衣者有罰中有敬長好讓等語與下文誰敢不讓敢不敬應相合塙是此經傳文玉藻疏

巾車疏明引唐傳更非殷傳可比其稱唐傳不稱虞傳者或與堯典車服以庸傳同耳其前數語與韓詩傳大同蓋韓詩傳亦卽引用此傳耳續漢書輿服志書曰明試以功車服以庸夫禮服之興也所以報功章德尊仁尚賢非其人不得服其服所以順禮也。輿一作轝服有庸。春秋繁露度制篇曰故貴賤有等衣服有別朝廷有位鄉黨有序則民有所讓而不敢爭所以一之也書曰轝服有庸誰敢不讓敢不敬應此之謂也是今文尚書亦作輿服有庸也後漢書左雄傳雄上疏曰輿服有庸鹽鐵論大夫曰古者宮室有度輿服以庸漢樊安碑曰庸以輿服皆與董子合。一作賦納以言明試以功車服以庸誰能不讓誰能不敬應。潛夫論考績篇曰辭言應對各緣其文以覈其實則奉職不解而陳言者不得誣矣書云賦納以言明試以功車服以庸誰能不讓誰能不敬應此堯舜所以養黎民而致時雍也王節信引經作賦納以言與左氏傳合兩敢字皆作能下句多一誰字皆今文異字

**帝不時敷同日奏罔功**史記曰帝卽不時布同善惡則毋功案帝不時謂察言而不試其功也敷同日奏罔功謂敷奏同日罔功華言而無實也故潛夫論引此經爲緣文覈實陳言不誣之證

**無若丹朱傲惟慢遊是好**。今文作帝曰毋若丹朱傲亦作毋若丹朱敖。史記云帝曰毋若丹朱傲維

慢遊是好正義曰此二字及下禹曰尚書竝無太史公有四字帝及禹相答極爲次序當應別見書漢書劉向傳向上奏曰臣聞帝舜戒伯禹毋若丹朱敖論衡譴告篇舜戒禹曰毋若丹朱敖毋者禁之也又問孔篇尚書曰毋若丹朱敖惟慢遊是好謂帝舜敕禹毋子不肖子也後漢書梁冀傳袁著上書曰昔舜禹相戒無若丹朱敖錫瑞謹案據史公劉向王充袁著引經兩漢今文尚書皆有帝曰及禹曰字今本無之者疑僞孔妄刪或古文尚書本無之要以今文有此四字爲長史記作傲兩漢書論衡作敖列女有虞二妃傳曰弟曰象敖游於嫚亦作敖疑史記爲後人改之也據列女傳以嫚游屬象敖古說或有以敖爲人名卽指象敖者鄒陽書以朱象竝稱亦其證孟子云啓賢論衡以爲不肖者啓淫溢康樂見墨子離騷天問山海經蓋啓亦有慢遊之好故一傳而太康失國孟子云賢者爲後世立教耳今文家以爲不肖當得其實詳見五子之歌書序攷

**傲虐是作罔晝夜頟頟**○今文作鄂鄂○潛夫論斷訟篇云晝夜鄂鄂慢遊是好是今文作鄂鄂

**罔水行舟朋淫于家**史記曰毋水行舟朋淫于家罔作毋以故訓代經也趙岐孟子注引書曰罔水行舟○今文一作風淫于家○後漢書樂成靖王傳安帝詔曰風淫于家是今文一作風

**用殄厥世予創若時**史記曰用絕其世予不能順是段玉裁說史記以予不能順是釋予創若時系諸帝語而論衡則若時二字在予娶之下爲禹語疑有舛誤按今文尚書經文蓋亦無此帝曰禹曰而今文家說謂當有之故司馬劉王之書皆從之也問孔篇以毋若丹朱敖系書曰之下無帝曰二字釋之曰謂帝舜勑禹此可見經文本無帝曰下文禹曰予娶則因文勢加之非若上文特言書曰不敢增帝曰二字又經本無禹曰今文家云當有而說不同故司馬以予創若時系諸帝仲任則系諸禹錫瑞謹案段說非也論衡明有禹曰與史記云帝曰禹曰相合則今文有帝曰禹曰可知若以仲任引予娶若時爲禹曰與史記予不能順是爲帝曰不合爲疑則今本論衡必有譌誤論衡問孔篇云尚書曰毋若丹朱敖惟慢遊是好謂帝舜勑禹毋予不肖子也重天命恐禹私其子故引丹朱以勑戒之禹曰予娶若時辛壬癸甲開呱呱而泣予弗子陳已行事以往推來以見卜隱效已不敢私不肖子也案以創爲娶無文可證予娶若時義不可通又無塗山二字則予娶若時辛壬癸甲文不相承疑論衡予娶若時四字本當作予娶塗山與說文引虞書予娶嵞山相同蓋今文尚書與古文尚書不異僞孔妄改經文爲娶于塗山以舜言併爲禹言刪去帝曰禹曰四字後人遂據妄改之經文改論衡爲予娶若時劉逢祿鄒漢勛皆云當是塗山二字之誤其義遂不可通今據史記云予辛壬娶塗山可

以訂正論衡予娶若時之譌又據史記論衡皆曰予娶可見說文竝非脫誤亦可見今古文本無不合非必今文作予娶若時屬下讀爲禹言也今從史記以予創若時爲舜言舜以已子商均亦不肖故懲創丹朱之絕世亦不以繼統也

## 娶于塗山辛壬癸甲

今文作禹曰予娶塗山辛壬癸甲。史記曰禹曰予辛壬娶塗山癸甲生啓索隱曰蓋今文尚書脫漏太史公取以爲言亦不稽其本意豈有辛壬娶妻經二日生子不經之甚孫星衍說蓋塗山道遠娶之行二日癸甲生啓者在家二宿也廣雅釋詁云腹生也言二日而娠啓卽往治水陳喬樅說小司馬所據史記本蓋傳寫有舛錯觀裴駰集解引僞孔傳曰辛日娶妻至于甲四日復往治水則知裴所見史記本實作予娶塗山辛壬癸甲生啓也正義亦云禹辛日娶至甲四日往理水是正義所見史記本皆與裴同史記原文當讀予娶塗山辛壬癸甲爲句生啓予不子爲句說文云嵞會稽山一曰九江當塗也備存兩說蓋兼采今古文攷左傳哀七年云禹會諸矦于塗山執玉帛者萬國國語晉語云禹致羣神於會稽之山防風氏後至執而戮之卽禹合諸矦之事故古文家以嵞山爲會稽也漢書地理志九江郡當塗矦國應劭注云禹所娶塗山矦國也有禹墟杜預左傳注云塗山在壽春東北壽春卽九江郡治此皆今文家說也錫瑞謹案陳以史記爲有譌誤近之而孫說亦可通呂氏春秋曰禹娶塗山氏女不以私害公自辛至甲四日復往治水故江淮之俗以辛壬癸甲爲嫁娶日也蓺文類聚太平御覽引列女傳曰禹娶四日而去治水啓既生呱呱而泣禹三過其門不入子之趙睢吳越春秋禹娶塗山謂之女嬌取辛壬癸甲禹行十月女嬌生子啓鄭注娶于塗山三宿而爲帝所命治水王逸楚詞天問注禹以辛酉日娶甲子日去而有啓也其義與孫說合路史曰呂氏云禹娶于塗山不以私害公自辛至甲越四辰而復往治水或謂辛壬癸甲爲四年然後有啓太史公言辛壬娶癸甲生啓繆矣或云癸甲下缺文俱妄夫娶與生子乃自二事其娶止以辛壬癸甲四日一也子生唬而不暇子之二也

**啓呱呱而泣**白虎通姓名篇曰人生所以泣何一幹而分得氣異息故泣重離母之義也尙書曰啓呱呱而泣列女傳頌曰辛壬癸甲禹往敷土啓呱呱泣母獨論序吳越春秋曰啓生不見父晝夜呱呱唬泣史記王逸楚辭注皆作啓○今文啓作開○論衡作開今文啓多爲開

**予弗子惟荒度土功**○今文弗作不○史記曰予不子以故能成水土功錫瑞謹案列子楊朱篇曰惟荒度土功子產不字過門不入釋文云子鄭將吏反樂記易直子諒鄭注子讀爲不子之子是不子之不皆不作弗而子讀爲字疑今文亦

然也舜知天命在禹禹功遠當傳子啓之賢不肖未可知故敕禹曰汝子毋若丹朱乃可繼世禹言啓之生已即不字愛豈有私其子之心哉張守節正義曰及生啓不入門我不得名子以故能成水土之功又一云過門不入不得有子愛之心是一讀如本字一讀作字愛之字

**弼成五服**　弼史記作輔故訓字論衡語增篇云經曰弼成五服五服五采之服也服五采畫日月星辰段玉裁說此今文尚書說也與上下文不貫可怪之甚錫瑞謹案仲任云服日月星辰蓋沿歐陽之誤說以天子服有日月星辰也以五服爲五采服不知下文之解若何若以五服爲天子諸侯次國大夫士五章之服如後世所云冠帶之國義亦可通

**至于五千**　異義今尚書歐陽夏侯說中國方五千里孫星衍說中國方五千里者以五服四面相距爲五千里甸服千里侯綏要荒各五百里也史記說禹貢五服亦同云天子之國以外五百里甸服甸服外五百里侯服侯服外五百里綏服綏服外五百里要服要服外五百里荒服故詩殷武正義云司馬遷說以爲諸小數者皆是五百里之別名大界與堯不殊案禹貢甸服之外有百里賦納總之屬是謂小數史公不爲正數也鹽鐵論地廣篇云古者天子立於天下之中縣內方不過千里諸侯列國不及不

食之地禹貢至于五千里民各供其君諸侯各保其國是以百姓均調而繇役不勞也說苑修文篇云禹定九州各以其職來貢不失厥宜方五千里至于荒服漢書賈捐之傳云以三聖之德地方不過數千里按三聖謂堯舜禹此西漢人之說論衡別通篇殷周之地極五千里荒服要服勤能牧之漢氏廓土牧萬里之外俱同今文也錫瑞謹案史記云令天子之國以外五百里甸服是甸服在天子之國以外天子之地方千里此外甸侯綏要荒五服每服五百里五五二千五百里四面相距爲五千里加以天子之地千里方六千里賈逵馬融說中國方六千里蓋用史公之說此云弼成五服至于五千史公云輔成五服至于五千里五服當不兼天子之國言之未知歐陽夏侯之說何如恐亦不兼天子之國言之也白虎通爵篇曰帝王之德有優劣所以俱稱天子者何以其俱命于天而王治五千里也御覽引孫子云夫帝王處四海之內居五千里之中皆同今尙書說淮南子曰禹平治水土定千八百國亦今文家說今文家不以爲實有萬國故不以爲有萬里也

**州十有二師** 大傳曰古八家而爲鄰三鄰而爲朋三朋而爲里五里而爲邑十邑而爲都十都而爲師州十有二師焉

鄭注州凡四十三萬二千家此蓋虞夏之數也錫瑞謹案大傳明引此經鄭云虞夏之數是當爲虞夏傳無疑禮記雜記正義引作

洛誥傳蓋誤段玉裁說大傳爲廣雅所本廣雅釋地十邑爲鄉十鄉爲都然則今本大傳十邑之下有脫文錫瑞按王念孫廣雅疏證云各本作十邑爲鄉十鄉爲都若加以十都爲師十二師爲州凡有四百三十二萬家與鄭注不合蓋後人以意加之也考書大傳及晉書地理志初學記太平御覽路史疏仡紀並作十邑爲都今據以訂正據王說則大傳無脫文段說非是晉書地理志引此以爲昔在帝堯叶和萬邦之制陳氏袁氏所輯大傳皆以爲周傳文非也

**外薄四海**大傳曰夏成五服外薄四海東海魚須魚目南海魚革珠璣大貝西海魚骨魚幹魚脅北海魚劍魚石出瑱擊閭錫瑞謹案據大傳則今文家說實有東南西北四海之名與爾雅云九夷八狄七戎六蠻謂之四海不同但其地不可考耳漢書王莽傳云今謹案已有東海南海北海郡未有西海郡請受良願等所獻地爲西海郡蓋用今文尚書說也

**咸建五長各迪有功苗頑弗即工帝其念哉**○今文弗作不工作功○史記曰各道有功苗頑不即功道者迪之故訓弗作不工作功今文也大傳曰古者諸侯之於天子也三年一貢士天子命與諸侯輔助爲政所以通賢共治示不獨專重民之至大國舉三人次國舉二人小國舉一人一適謂之攸好德再適謂之賢賢三適謂之有功有功者天

子賜以車服弓矢再賜以秬鬯三賜以虎賁百人號曰命諸侯命諸侯得專征者鄰國有臣弑其君孽伐其宗者雖弗請於天子而征之可也征而歸其地於天子有不貢士謂之不率正者天子絀之一不適謂之過再不適謂之敖三不適謂之誣誣者天子絀之一絀少絀以爵再絀少絀以地三絀而爵地畢說苑修文篇與大傳略同下云然後天子比年秩官之無文者而黜之以諸侯之所貢士代之錫瑞謹案據此則今文說各迪有功乃言諸侯貢士之義苗頑不即功者言其貢士不能有功耳或說功貢也時三苗不得貢士故禹爲請命義亦近之僞孔傳謂一州用三萬人功陳喬樅云今文家必有此說故作僞傳者襲取其語苗頑弗即功謂不受所役之人功案今文說此經爲舜授禹位事舜授禹時洪水早平無須更舉治水役功之事不得誤取僞傳爲今文說也

**帝曰迪朕德時乃功惟敘**今文敘作序○史記曰帝曰道吾德乃女功序之也

**臯陶方祇厥敘**今文作臯陶旁祇厥緒○史記曰臯陶於是敬禹之德續漢志劉昭注引丁孚漢儀夏勤策文曰旁祇厥緒魏志注引袁宏漢紀建安二十五年詔曰旁祇厥緒孫星衍說此下虞史伯夷所述非舜言也史公說伯夷語帝前即此至庶尹允諧經文

**方施象刑惟明**○今文作旁施象刑維明○史記曰令民皆則禹不如言刑從之舜德大明明白虎通聖人篇曰旁施象刑維明新序節士篇曰書曰象刑旁施維明及禹不能揚子先知篇曰唐虞象刑維明夏后肉刑三千廷尉箴曰昔唐虞象刑天民是全崔駰大理箴曰旁施作明蔡邕司空文烈侯楊公碑曰旁施四方維明孫星衍說史公說方施爲令民皆則禹云云者詩傳云方則也是說方爲則說象刑爲不如言刑從之者言設此畫象以示民告以不從教則當加刑而民無犯者故云舜德大明也白虎通五行篇云刑所以五何法五行也大辟法水之滅火宮者法土之壅水臏者法金之刻木劓者法木之穿土墨者法火之勝金五帝畫象者其衣服象五行也犯墨者蒙巾犯劓者以赭著其衣犯臏者以墨蒙其臏處而畫之犯宮者履雜屝犯大辟者布衣無領科條三千者應天地人情也五行大義引周書曰因五行相剋而作五刑墨劓剕宮大辟是也火能變金色故墨以變其肉金能剋木故剕以去其骨節木能剋土故劓以去其鼻土能塞水故宮以斷其淫泆水能滅火故大辟以絕其生命又引尚書刑德放云大辟象天刑罰贖之數三千應天地人此是周書所說非象刑也蓋後又用其意而制肉刑然大辟可贖則肉刑亦可贖矣此今文以象刑爲象天道而作刑也錫瑞謹案孫說非也今文尚書作旁方可訓則旁不可訓則史公以不如言刑從之訓象刑則刑卽謂

象刑蓋言臯陶敬禹之德令民皆則法禹有不則法禹者即以象刑從之非象刑之外別有肉刑也白虎通引五帝畫象其說與大傳合則今文家說以象刑即是畫象孫氏以畫象無肉刑爲古文說象天道作刑爲今文說其說大謬劉子政揚子雲皆習今文者子政引此經云及禹不能子雲引此經云夏后肉刑三千此西漢今文說唐虞無肉刑之明證若法五行制五刑三千應天地人乃周書甫刑之義不可以之說虞制也象天道作刑其說出於荀子荀子曰世俗之爲說者以爲治古者無肉刑有象刑墨黥之屬菲屨赭衣而不純是不然矣所謂象刑惟明者言象天道而作刑安有菲屨赭衣者哉然則象刑無肉刑乃古說相傳以爲象天道作刑乃荀卿創論也風俗通曰謹按尚書夏禹始作肉刑則天象而愼其過亦以象天作刑屬夏禹以後說其非唐虞之制明矣風俗通又曰臯陶謨虞始造律

**夔曰戛擊鳴球**○今文一作拮隔鳴球○史記曰於是夔行樂孫星衍說史公爲於是夔行樂者以夔曰至鳳皇來儀爲虞史之言故說曰爲於是釋詁云爰曰也洪範土爰稼穡史記爰作曰是此曰當訓爰也釋詁又曰曰于也曹大家注幽通賦云爰于是也大傳以爲禹之五祀則舜薦禹攝位之後作樂於明堂也白虎通禮樂篇引書曰戛擊鳴球蓋三家今文有同於古文

者漢書揚雄傳長揚賦拮隔鳴球韋昭注曰拮櫟也鳴球玉磬也古文隔爲擊段玉裁說按拮櫟也古說皆謂戛擊爲柷敔拮即戛字櫟謂櫟敔也隔即擊字謂擊柷也韋云古文隔爲擊者謂今文尚書隔字古文尚書作擊也隔擊古音同在第十六支佳陌麥昔錫部隔者擊之假借字也子雲孟堅皆用今文尚書韋以隔字難曉故援古釋今不言今文尚書作隔者漢今文在學官韋昭時尚夫人誦習不待言也不言古文拮爲戛者或當韋時今古文皆作拮或略之今難定也

**搏拊琴瑟以詠祖考來格。**今文格作假。大傳曰古者帝王升歌清廟之樂大琴練弦達越大瑟朱弦達越以韋爲鼓陳僑樅云當作雈謂之搏拊何以也君子有大人聲不以鐘鼓竽瑟之聲亂人聲清廟升歌者歌先人之功烈德澤也故欲其清也其歌之呼也曰於穆清廟肅雝顯相於者歎之也穆者敬之也清也清者欲其在位者徧聞之也故周公升歌文王之功烈德澤苟在廟中嘗見文王者愀然如復見文王故書曰搏拊琴瑟以詠祖考來假此之謂也又曰搏拊鼓振以秉琴瑟練絲徽弦鳴者貴玉聲也又曰拊革裝之以穅白虎通禮樂篇曰降神之樂在上何爲鬼神舉也故書曰戛擊鳴球搏拊琴瑟以詠祖考來格所以用鳴球搏拊者何鬼神清虛貴淨賤鏗鏘也蔡邕禮樂志曰宗廟樂虞書所謂琴瑟以詠祖考來假東觀漢記引同釋名釋樂器曰搏拊也以韋盛穅形如鼓以手拊拍之也瑟施絃張之瑟瑟然也段玉裁說史記禮書尚拊膈徐廣曰一作搏膈拊膈蓋即明堂位禮三本之拊搏尚書大傳謂之拊革史記謂之拊膈荀卿子謂之拊鞷鞷即膈字也當是從革鬲聲拊革拊膈拊搏三者異字異名各如字讀實一物也依漢人所引尚書大傳則今文尚書搏拊二字作拊革錫瑞謹案段說非也搏拊本可單稱拊見周官禮記搏拊蓋言搏其拊與鳴球句義同大傳引書與今本同又云以韋爲鼓謂之搏拊則大傳亦作搏拊不作拊革可知其謂拊革裝以穅者當以拊字略逗謂拊者革裝以穅耳非以拊革二字連讀也白虎通用今文義亦作搏拊是今文尚書本無異文若史記禮書即取之荀子拊膈即拊鞷之異文與大傳未必相合段以膈鞷革強合爲一又疑鞷當爲霸霸與搏音同似皆傅會失之大傳曰搏拊鼓振以秉者秉與柄通說文柄重文作棅詩毛傳曰秉把也春秋傳郲意茲史記齊世家作秉意茲史記天官書斗柄字作斗秉此秉與柄通之證鼓振以秉者謂振其秉以鼓之耳孫星衍云一手振秉一手拊拍之其說近是或疑振以秉即裝以穅之誤非也白虎通引此經爲降神之樂則當在初獻之時禮記祭統曰獻之屬莫重於祼聲莫重於升歌是祼獻之時降神之樂在上大傳以此爲禹之祭祀鄭注大傳曰舜既使禹攝天子之事於祭祀辟之居賓客之位獻酒則爲亞獻也大室明堂中央室也則今文說以此爲

禹攝位後祀明堂作樂之禮虞賓在位爲亞獻則來假以上爲初獻降神明矣史記於帝拜往欽之下卽繼以於是天下皆宗禹云云是亦以爲舜薦禹於天爲嗣而作樂與伏生合也又案祖考來假史記作祖考至後漢書孝章帝紀秋八月飲酎高廟禘祭光武皇帝孝明皇帝甲辰詔書云祖考來假明哲之祀據蔡邕禮樂志則今文說爲宗廟樂舜祭宗廟乃使禹攝事而自居賓客之位者二帝官天下禘郊祖宗不必皆其祖考則其祭祖考亦可使人攝事不以神不歆非類爲疑也大傳曰維十有三祀帝乃稱王而入唐郊猶以丹朱爲尸於時百執事咸昭然乃知王世不絕爛然必自有繼祖守宗廟之君鄭注曰舜承堯猶子承父雖已改正易樂猶祭天於唐郊以丹朱爲尸至十三年天下旣知已受堯位之意矣將自正郊而以丹朱爲王者後欲天下昭然知之然後爲之故稱王也晉祀夏郊以董伯爲尸知當以丹朱爲王者後使祭其郊也孫星衍云疑丹朱爲顓頊尸也其天尸及帝嚳堯尸無文可知孫說蓋據祭法有虞氏祖顓頊故疑丹朱爲顓頊尸然據鄭注大傳以大室爲明堂明堂與郊不得爲一未知舜時明堂以何人爲尸也

**虞賓在位**陳氏輯本大傳曰維十有四祀鐘石笙筦變聲樂未罷疾風發屋天大雷雨帝沈首而笑曰明哉非一人之天

下也乃見于鐘石帝乃雍而歌者重篇招爲賓客而雍爲主人始奏肆夏納以孝成還歸二年而廟中苟有歌大化大訓六府九原而夏道興雜十有五祀祀者貳尸舜爲賓客而禹爲主人樂正進贊曰尚考大室之義唐爲虞賓至今衍於四海成禹之變垂於萬世之後鄭注曰舜既使禹攝天子之事於祭祀避之居賓客之位獻酒則爲亞獻也尚考猶言往時也太室明堂中央室也義當爲儀儀禮儀也謂祭太室之禮堯爲舜賓也孫星衍說禮樂志九疑賓夔龍舞注如淯曰言以舜爲賓客也夔典樂龍管納言皆隨舜而來舞以樂神史記於此篇帝拜曰往欽哉云於是天下皆宗禹之明度數聲樂爲山川神主帝舜薦禹于天爲嗣十七年集解云劉熙曰若此則舜格于文祖三年之後攝禹使得祭祀與下文簫韶九成史公說爲禹乃興九招之樂則是以此經爲舜薦禹于天與馬氏說舜除瞽瞍之喪祭宗廟云云異也錫瑞謹案漢書王莽傳莽乃策命孺子曰永爲新室賓又曰漢後定安公劉嬰位爲賓蓋用今文尚書之義莽自比於禹之代舜而以孺子比舜非比丹朱也後漢書獻帝紀贊曰獻生不辰身播國屯終我四百永作虞賓蓋蔚宗沿謝承華嶠舊文猶用今文家說以獻帝禪魏比舜禪禹故比獻帝於虞賓若依古文說以虞賓爲丹朱則蔚宗儗不於倫矣白虎通王者不臣篇云尚書曰虞賓在位不臣丹朱也蓋班氏用夏矦說與古文說合與伏生史公之義不同光武封禪刻石

文曰漢賓二王之後在位用虞賓在位之義亦以虞賓爲丹朱蓋夏矦說也又案據大傳則舜受禪十三祀猶以丹朱爲尸後乃以丹朱爲王者後至十四祀帝曰明哉非一人之天下已有禪禹之意至十五祀卽自處於賓客是舜在位五十載而以大位自處者實無幾時足見聖人公天下之心黃屋非堯心舜亦何獨不然惟今文家能發明斯義耳

**羣后德讓**大傳曰羣后德讓貢正聲而九族具成孫星衍說此德讓依今文義則是迎尸祭統君迎牲而不迎尸曾子問尸弁冕而出卿大夫士皆讓之諸矦亦讓之

**下管鼗鼓合止柷敔笙鏞以間**○今文鼗作鞀○白虎通禮樂篇曰歌者在堂上舞在堂下何歌者象德舞者象功君子上德而下功郊特牲曰歌者在上論語曰季氏八佾舞於庭書曰下管鞀鼓笙鏞以間又曰鞀者震之氣也上應昴星以通王道故謂之鞀也管艮音也風俗通聲音篇曰禮樂記云管桼竹長一尺六孔十二月之音也物貫地而芽故謂之管尚書大傳曰舜之時西王母來獻其白玉琯昔章帝時零陵文學奚景于泠道舜祠下得笙白玉琯知古以玉爲管後世乃易之以竹耳夫以玉作音故神人和鳳皇儀也又曰柷謹案禮樂記柷漆桶方畫木方三尺五寸高尺五寸中有椎止用柷之音爲節書曰

合止柷敔笙鏞以閒釋名釋樂器曰柷導也所以導樂作也鼓郭也張皮以冒之其中空也柷狀如伏虎如見柷柷然也故訓爲始以作樂也敔衙也衙止也所以止樂也錫瑞謹案白虎通風俗通於下管鞀鼓合止柷敔二句各舉其一而遺其一義非有異劉熙說柷敔與鄭注相反與風俗通說柷爲止亦不同乃今古說之異釋名蓋用今文說也韓詩外傳云韶用干戚是下管卽有舞古者吹籥以節舞故管亦於堂下周之樂節先升歌次或笙或管次閒次合樂著於儀禮孔子閒居云下管象武夏籥序興明堂位云升歌清廟下管象朱干玉戚冕而舞大武皮弁素積裼而舞大夏則舞在下管之後故白虎通引下管鞀鼓爲舞時所用鞀所以進舞王制賜諸侯樂則以柷將之賜伯子男樂則以鼗將之鞀鼓柷敔本相比爲用儀禮大射儀鼗倚于頌磬西紘備舞勺設之是也笙鏞以閒則舞後所用閒卽閒歌三終大傳云六律者何黃鐘蕤賓無射太蔟夷則姑洗是也故天子左五鐘右五鐘天子將出則撞黃鐘右五鐘皆應入則撞蕤賓左五鐘皆應鄭注云天子宮縣黃鐘蕤賓在南北其餘則在東西鄭注尚書云東方之樂謂之笙西方之樂謂之庸則言笙庸而東西階樂器畢舉與注大傳義同據鄭注則古文尚書笙鏞作笙庸而白虎通風俗通皆作鏞疑今文尚書或從俗加金旁也○柷敔一作祝圉○漢孟郁修堯廟碑引作祝圉蓋今文家叚借字

**鳥獸蹌蹌**。今文作鳥獸鶬鶬。大傳曰雖禽獸之聲猶悉關於律又曰維五祀定鐘石論人聲乃及鳥獸咸變於前史記曰鳥獸翔舞錫瑞謹案據大傳史記之說則今文以爲鳥獸咸變而翔舞與馬注以鳥獸爲筍簴說文以牄爲鳥獸來食聲皆不同說苑辨物篇曰君子辟神也觀彼威儀游燕閒有似鳳也書曰鳥獸鶬鶬鳳皇來儀子政用今文尚書蓋作鶬鶬大傳曰舟張辟雍鶬鶬相從八風回回鳳皇喈喈禮緯含文嘉曰舜損己以安百姓致鳥獸鶬鶬鳳皇來儀是今文作鶬鶬之證

**簫韶九成鳳皇來儀**白虎通禮樂篇曰簫韶者舜能繼堯之道也宋均注樂說曰簫之言肅舜時民樂其肅敬共紹堯道故謂之簫韶釋名曰簫肅也其聲肅肅而清也是簫取肅敬爲義不以簫爲樂器名惟風俗通聲音篇曰謹按尚書舜作簫韶九成鳳皇來儀其形參差象鳳之翼十管長一尺其說簫韶以簫爲主鳳皇來儀爲儀象鳳皇之形與馬注以鳥獸爲筍簴相似蓋用古文說也說文曰管如篪六孔十二月之音物開地牙故謂之管重文琯云古者以玉爲之夫以玉作音故神人以和鳳皇來儀也說文以神人以和鳳皇來儀竝言則許君亦以鳳皇爲瑞應同今文說。今文韶一作招。史記曰於是禹乃興九招之樂致異物鳳皇來翔天下明德皆自虞帝始孫星衍說鳳皇今文說爲瑞應論衡引大傳云鳳皇在列樹漢書元康元年鳳皇集泰山

引此經文史公說爲禹興九招者謂此太室之祭是薦禹于天禹爲主人故云禹作九招也說苑修文篇云禹乃興九招之樂致異物鳳皇來翔天下明德也亦同史公說錫瑞謹案大傳云乃淳然招樂興於大鹿之野又曰招爲賓客而雍爲主人是今文尙書作招字史記漢志呂氏春秋皆作招今文說鳳皇爲瑞應孫氏所引外如大傳曰舟張辟雍鶬鶬相從八音回回鳳皇喈喈書緯帝命驗曰舜受終鳳皇來儀又曰舜舞終而綵鳳來考靈燿曰明王之治鳳皇下之中候曰帝軒提象鸞鳳來儀又曰帝舜云朕維不乂百獸鳳晨雒書靈準聽曰正月上日舜受終鳳皇儀樂緯日是以清和上升天下樂其風俗鳳皇來儀百獸率舞王褒四子講德論曰鳳皇來儀翼翼邕邕羣鳥並從舞德垂容班固典引曰是以來儀集羽族於觀魏後漢書章帝詔曰獲來儀之貺左雄疏云故能降來儀之瑞田羽薦法眞疏云必能唱清廟之歌致來儀之鳳矣論衡齊世篇曰無嘉瑞之應若叶和萬國鳳皇來儀之類又曰有虞氏之鳳皇宣帝以五致之矣講論篇曰書曰簫韶九成鳳皇來儀大傳曰鳳皇在列樹不言羣鳥從也今文家說皆以鳳皇爲瑞應列子黃帝篇曰堯使夔典樂擊石拊石百獸率舞鳳皇來儀簫韶九成此以聲致禽獸者也則其義古矣

**夔曰於予擊石拊石百獸率舞庶尹允諧** 史記無夔曰於予擊石拊石八字鳳皇來儀下

云百獸率舞百官信諧孫星衍說史公無夔曰者以禹伯夷臯陶相與語帝前時本無夔此文已見堯典不應重出也錫瑞謹案漢書宣帝紀獲嘉瑞詔曰書不云虖鳳皇來儀庶尹允諧後漢書明帝紀詔引書曰鳳皇來儀百獸率舞皆無夔曰八字帝王世紀曰簫韶九成鳳皇來儀擊石拊石百獸率舞皇甫謐亦從今文尚書蓋今文尚書本無此八字也左氏莊三十二年傳正義引服虔曰虞舜祖考來格鳳皇來儀百獸率舞子愼習今文其所引亦以鳳皇來儀百獸率舞連文無夔曰八字漢修西嶽廟記亦曰鳥獸率舞鳳皇來儀若後漢書崔寔傳曰樂作而鳳皇儀擊石而百獸舞其所引有擊石字乃用堯典文非臯陶謨文也

**帝庸作歌曰勑天之命惟時惟幾。**今文作陟天之命維時維幾史記曰帝用此作歌曰陟天之命維時維幾孫星衍說釋詁假陟陞也陟假同義謂薦禹於天而告之史公用今文作陟又樂書曰余每讀虞書至於君臣相敕維是幾安而股肱不良萬事墮壞未嘗不流涕也陳喬樅說僞孔傳本改陟爲敕字蓋本於此不知太史公所謂君臣相敕者敕猶戒也指帝用作歌及臯陶揚言皆君臣相戒之意非此陟天之命之異文也

**乃歌曰股肱喜哉元首起哉百工熙哉**大傳曰元首君也股肱臣也漢書魏相丙吉傳贊曰

經謂君爲元首臣爲股肱明其一體相待而成也王襃四子講德論曰蓋君爲元首臣爲股肱明其一體相待而成後漢書陳蕃傳蕃上疏極諫曰君爲元首臣爲股肱同體相須共成美惡者也

**皋陶拜手稽首颺言曰**。今文颺作揚。史記作揚錫瑞謹案釋詁云賡揚續也史公作揚當訓爲續承上作歌而言謂拜手稽首而續言也錢大昕說燕禮主人媵觚於賓注云媵送也讀或爲揚檀弓杜蕢洗而揚觶注云禮揚作媵按禮賓主獻酢畢乃有媵觚媵爵者則揚觶之揚蓋取義於續矣此揚訓續之證

**念哉率作興事愼乃憲欽哉屢省乃成欽哉**史記欽作敬無屢省句漢書谷永傳曰婁省無怠注師古曰婁古屢字也揚雄揚州牧箴曰堯崇屢省中論貴驗篇曰帝舜屢省張竦爲陳崇艸奏曰婁省朝政師古曰婁古屢字

**乃賡載歌曰**史記作乃更爲歌曰孫星衍說史公以賡爲更者晉語性利相更注云更續也以載說爲者釋詁云載僞也僞與爲通

**元首明哉股肱良哉庶事康哉**漢書元帝紀詔引此經司馬相如傳引書曰云云說之曰因斯以談君莫盛於堯臣莫賢於后稷漢紀王閎上書曰元首明哉股肱良哉以法天地錫瑞謹案大傳曰明哉非一人之天下也此明哉當與同義

**又歌曰**○今文作帝又歌曰○史記作舜又歌曰段玉裁說此今文尚書之不同也案本紀帝曰多作舜曰是今文多帝字

**元首叢脞哉股肱惰哉萬事墮哉**中論審大臣篇曰執政聰明叡哲則其事舉其事舉則百僚莫不任其職百僚莫不任其職則庶事莫不致其治庶事莫不致其治則九牧之民莫不得其所故書曰元首明哉股肱良哉庶事康哉又云叔世之君生乎亂世求大臣置宰相而信流俗之說故不免乎國風之譏也而欲與之興天和致時雍遏禍亂弭妖災無異策穿蹏之乘而登大行之險亦必顛躓矣故書曰股肱墮哉萬事隳哉隳俗字即墮也疑後人所改

**帝拜曰俞往欽哉**史記下文曰於是天下皆宗禹之明度數聲樂爲山川神主錫瑞謹案大傳曰於是卿雲聚俊乂集百工相和而歌卿雲帝乃倡之曰卿雲爛兮糺縵縵兮日月光華旦復旦兮八伯咸進稽首曰明明上天爛然星陳日月光華

宏于一人帝乃再歌旋持衡日月有常星辰有行四時從經萬姓允誠於予論樂配天之靈遷於賢聖莫不咸聽鼚乎鼓之軒乎舞之菁華巳竭褰裳去之於是八風循通卿雲藂藂蟠龍賁信於其藏蛟魚踴躍於其淵龜鼈咸出於其穴遷虞而事夏也據大傳則帝庸作歌蓋卽在八伯歌卿雲之時卿雲爲遷虞事夏之祥故帝首以陟天之命爲言史記云於是天下皆宗禹今文義也

受業 盧豫章 袁宗濂 挍

# 今文尚書攷證卷三

善化皮錫瑞

## 禹貢弟三　夏書一

大傳曰禹貢可以觀事史記夏本紀曰禹乃行相地宜所有以貢及山川之便利又河渠書夏書曰禹抑洪水十三年過家不入門陸行乘車水行載舟泥行蹈毳山行即橋以别九州隨山浚川任土作貢漢書地理志曰堯遭洪水褱山襄陵天下分絶爲十二州使禹治之水土既平更制九州列五服任土作貢鹽鐵論文學曰禹平水土定九州四方各以土地所生貢獻

**禹敷土**漢書地理志作敷班氏用夏侯尚書多與古文合○今文一作禹傅土○史記夏本紀曰禹乃遂與益后稷奉帝命命諸侯百姓興人徒以傅土索隱曰大戴禮作傅土故此紀依之傳即付也謂付功屬役之事令人分布理九州之土地也錫瑞謹案荀子成相亦作傳土張衡司徒呂公誄曰四嶽在虞傅土佐禹皆與史公今文合周禮大司樂鄭注曰禹治水傅土釋文傅音孚或音附鄭亦用今文尚書也

**隨山刊木**。今文作隨山栞木。史記夏本紀作行山栞木，錄禹貢作行山表木，用故訓代經，說見皋陶謨篇。索隱曰：表木謂刊木立爲表記。漢志作隨山栞木。師古曰：栞，古刊字。言禹隨行山之形狀而刊斫其木以爲表記。淮南修務訓亦作栞，云隨山栞木，平治水土，定千八百國。鹽鐵論云：隨山刊木，定高下而度九州。書正義引鄭注曰：必隨州中之山而登之，除木爲道，以望觀所當治者，則規其形而度其功焉。與史記合。說文：栞，槎識也。从木𢦏，闕。夏書曰：隨山栞木。讀若刊。段注曰：槎識者，衺斫以爲表志也。是槎識卽表木之義，今古文說同。

**奠高山大川**。大傳曰：高山大川，五嶽四瀆之屬。五嶽謂岱山、霍山、華山、恒山、嵩山也。五嶽皆觸石而出雲，扶寸而合，不崇朝而雨天下。江淮河濟爲四瀆。大川相間，小川相屬，東歸於海。五嶽視三公，四瀆視諸侯，其餘山川視伯，小者視子男。鄭注曰：所視者，謂其牲幣粢盛籩豆爵獻之數，非謂尊卑。史記奠作定。集解馬融曰：定其差秩，祀禮所視也。錫瑞謹案：周禮司市平肆展成奠賈，鄭注云：奠讀爲定。杜子春云：奠當爲定。是古作奠而漢人作定之證。史記作定，或史公以故訓代之，或今文本作定，無文可知。據大傳說，則今文亦以奠爲秩祀，與馬鄭古文義同。師古注漢書以爲高山大川各得安定，非也。大傳以霍山爲南嶽，今文說也。爾雅曰江河淮濟爲四瀆風俗通引禮三正記同史記載湯誥之文曰古禹皋陶久勞於外其有功乎民民乃有安東爲江北爲濟西爲河南爲淮四瀆已修萬民乃有居皆與大傳說合釋名釋地曰山產也產生物也川穿也穿地而流也

**冀州既載** 史記曰禹行自冀州始冀州既載漢志注師古曰載始是也史公云禹行自冀州始則冀州既載猶云冀州既始師古蓋沿服應舊注乃今文家遺說馬鄭注皆以載爲事與史公說不同陳喬樅云古今文家說略同非也爾雅釋地兩河間曰冀州李巡注曰兩河間其氣清厥性相近故曰冀冀近也釋名釋州國曰州注也郡國所仰注也冀州亦取地以爲名也冀易也其地有險有易也又帝王所都亂則冀治弱則冀强荒則冀豐也淮南子墬形訓曰正中冀州曰中土注云冀大也四方之主故曰中土也呂氏春秋有始覽曰兩河之間爲冀州晉也注云東至清河西至西河

**壺口治梁及岐** 地理志河東郡北屈云禹貢壺口山在東南左馮翊夏陽云禹貢梁山在西北右扶風美陽云禹貢岐山在西北中水鄉周大王所邑鄭注引地理志司馬彪續漢郡國志水經禹貢山水澤地所在皆與漢志相合爾雅釋山梁山晉望也河圖括地象曰岐山在崑崙東南爲地乳上爲天麋星

**既修太原至于岳陽**　揚雄冀州箴云岳陽是都岳陽卽霍太山之南言之逸書云惟彼陶唐有此冀方堯都平陽亦岳陽也箴又云三后攸降列爲侯伯謂唐虞以後冀州不復爲帝都亦卽逸書云今失其行亂其紀綱乃滅而亡也。今文一作既修大原至于嶽陽。大傳曰大而高平者謂之大原水經注引春秋說題辭曰高平曰大原原端也平而有度釋名釋地曰廣平日原原元也如元氣廣大也嶽陽史記漢志皆作嶽索隱曰嶽太嶽卽冀州之鎭霍太山也漢志太原郡云在晉陽屬幷州晉陽故詩唐國河東郡彘云霍大山在東冀州山

**覃懷厎績至于衡漳**　史記曰覃懷致功至于衡漳索隱曰按河內有懷縣今驗地無名覃者蓋覃懷二字當時共爲一地之名也。今文一作至于衡章。漢志曰覃懷厎績至于衡章師古曰覃懷近河地名也厎致也績功也衡章謂章水橫流而入河也志於上黨郡長子云鹿谷山濁漳水所出東至鄴入清漳又沾縣云大黽谷清漳水所出東北至邑成入大河過郡五行千六百八十里冀州川周禮疏引鄭注云衡漳漳水橫流入河覃懷爲縣名屬河內漳水出上黨沾大要谷東北至安平阜城入河據鄭注則志云黽谷乃要谷之誤王念孫說黽當作𡝩字之誤也𡝩卽要領之要北地郡大𡝩縣師古曰古要字是其證說文水

經皆云清漳出沾少山大要谷江聲王鳴盛說邑成當作昌成昌成屬安平其說是也馬融王肅以衡漳爲二水名鄭讀衡爲橫與漢志合蓋用今文說以濁漳入清漳但舉清漳爲主不以爲二水僞孔傳云漳水橫流本於鄭注小司馬據王肅駮孔所見未通

**厥土惟白壤**史記無惟字漢志有之白虎通曰土主吐含萬物土之爲言吐也釋名釋地曰土吐也吐生萬物也已耕者曰田田塡也五稼塡滿其中也壤瀼也瀼瀼肥濡意也

**厥賦惟上上錯厥田惟中中**。今文作賦上上錯田中中。史記無厥維字漢志有厥無惟師古曰賦者發斂土地所生之物以供天子也上上第一也錯雜也言賦第一又雜出諸品也又曰言其高下之形總於九州之中爲第五也一曰謂其肥瘠之等差也宅皆類此錫瑞謹案漢書敍傳曰坤作墜埶高下九則劉德曰九則九州土田上中下九等也班氏以高下九則屬墜埶當以師古前說爲正尙書正義引鄭云地當陰陽之中能吐生萬物者曰土據人功作力競得而田之則謂之田田著高下之等當爲水害備也鄭說與漢書敍傳合蓋用今文說也孫星衍說田之九等以地形高下分之不與賦同溝洫志賈讓奏言若有渠漑則鹽滷下溼塡淤加肥故種禾麥更爲秔稻高田五倍下田十倍孝經注云高田宜黍稷下田宜稻麥江聲說昆侖高

一千里九州在昆侖東南故西北高東南下雍州在西北田上上揚州在東南田下下推之餘州知以高爲上卑爲下也

**恒衞既從大陸既作** 史記曰常衞既從大陸既爲索隱曰此文改恒山恒水皆作常避漢文諱故也錫瑞案漢人恒常通用不闕避諱漢志常山郡上曲陽云恒山北谷在西北有祠幷州山禹貢恒水所出東入滱代郡靈邱云滱河東至文安入大河過郡五行九百四十里幷州川又常山郡靈壽云禹貢衞水出東北東入虖沱代郡鹵城云虖沱河東至參合入虖沱別過郡九行千三百四十里鉅鹿郡鉅鹿云禹貢大陸澤在北史記集解鄭元曰地理志恒水出恒山衞水在靈壽大陸澤在鉅鹿郡國志無恒水言衞水亦與班志合郡國志鉅鹿郡鉅鹿故大鹿有大鹿澤竝本班志周禮疏引鄭注云爾雅釋地十藪晉有大陸案此大陸與爾雅大陸非一地呂氏春秋有始覽淮南子墬形訓晉之大陸趙之鉅鹿高誘注大陸魏獻子所游焚焉而死者是也鉅鹿廣阿澤禹貢大陸即趙之鉅鹿爾雅晉之大陸即呂覽淮南所稱晉之大陸鄭引爾雅以釋禹貢失之而鄭志答張逸云鉅鹿今廣河澤不誤但廣河當作廣阿釋名釋地曰高平曰陸陸漉也水流漉而去也

**鳥夷皮服** ○今文作鳥夷○史記漢志說苑大戴禮記皆作鳥夷史記集解引鄭元曰鳥夷東北之民賦食鳥獸者漢志

師古注曰此東北之夷搏取鳥獸食其肉而衣其皮也一說居在海曲被服容止皆象鳥也法言孝至篇曰龍堆以西大漠以北鳥夷獸夷郡勞王師子雲據今文尚書作鳥夷正義曰孔讀鳥爲島島是海中之山是孔本古文亦作鳥因孔誤讀爲島後人又因孔誤而改經文耳

**夾右碣石入于河** 漢志作河蓋夏侯尚書與史公用歐陽尚書異志於右北平驪成云大揭石山在縣西南莽曰揭石遼西郡絫縣云有揭石水南入官揚雄冀州箴云潺湲河流夾以碣石○今文一作夾右碣石入于海○史記作海徐廣曰海亦作河索隱曰地理志云碣石山在北平驪成縣西南太康地理志云樂浪遂成縣有碣石山長城所起又水經云在遼西臨渝縣南水中蓋碣石山有二此云夾右碣石入于海當非北平之碣石案漢書武帝紀詔曰東巡海上至碣石注文穎曰在遼西絫縣絫縣今罷屬臨渝此石著海旁水經禹貢山水澤地所在云碣石山在遼西臨榆縣南水中注云大禹鑿其石右夾而納河秦始皇漢武帝皆嘗登之海水西侵歲月逾甚而苞其山故云海中矣又河水條注曰漢司空掾王璜言往昔天嘗連北風海水溢西南出侵數百里故張君云碣石在海中蓋淪於海水也又濡水條注曰東南至絫縣碣石山文穎曰碣石山在遼西絫縣並屬臨渝地理志

曰大揭石山在右北平驪成縣西南漢武帝亦嘗以望海而勒石於此今枕海有石如甬道數十里當山頂有大石如柱形在海中潮水大至不動不沒世名天橋柱韋昭亦指此爲碣石濡水於此南入海酈氏兼舉兩說地皆近海史公用今文作海於義爲長一作河者蓋後人改之耳釋名釋水曰海晦也主承穢濁其水黑如晦也

**濟河惟兗州**○今文作濟河維沇州○史記作濟河維沇州鄭元曰言沇州之界在此兩水之間呂氏春秋曰河濟之間爲兗州衛也注云河出其北濟經其南春秋說題辭曰濟之爲言齊也齊者度也度者員也河之爲言荷也荷精分布懷陰引度也釋名釋水曰濟濟也源出河北濟河而南也河下也隨地下處而通流也風俗通曰濟者齊也齊其度量也廣雅曰濟濟也河何也皆作濟與史公合蓋用叚借之字非贊皇山所出之濟水也風俗通說四瀆云濟出常山房子贊皇山東入泜誤矣史公沇州作沇者段玉裁說說文口部云㕣山間陷泥地从口从水敗皃讀若沇州之沇九州之渥地也故以沇名焉此當作古文以爲沇州之沇沇州者九州之渥地也故以㕣名焉水部曰㕣古文沇口部又曰𠕒古文㕣蓋古文尚書作𠕒州今文尚書作沇州㕣即𠕒之今字故水部又謂㕣爲古文沇口部謂古文以㕣爲沇州之沇叔重云九州之渥地故以㕣名此比傅山間陷泥地爲此說古文家說

也古文尚書蓋沇水字作沇㕣州字作㕣不以水名爲州名案如段說則史記作沇自是今文爾雅釋地濟河間曰兗州李巡注曰濟河間其氣專質厥性信謹故曰兗兗信也春秋元命包曰兗端也信也與說文以渥地爲名義異蓋今文說釋名釋州國曰兗州取兗水以爲名也與段說不以水名爲州名全別亦今文說也○一作泲河惟兗州○漢志作泲泲河惟兗州師古曰泲本濟水之字从水𠂔聲言此州東南據濟水西北距河志於河東郡垣縣云禹貢王屋山在東北沇水所出東南至武德入河軼出滎陽北地中又東至琅槐入海過郡九行千八百四十里案班志載禹貢文與史記多不同或謂班志皆用古文今攷班氏世傳夏侯尚書漢書引尚書皆今文說則班氏非習古文可知且志於用古文說皆曰古文以爲云云則其餘皆非古文更可知段玉裁以爲後人用古文改之亦未必然陳喬樅謂班志用夏侯尚書與史記歐陽尚書不同最爲塙當

**九河既道** 漢書地理志勃海郡成平云虖池河民曰徒駭河東光云有胡蘇亭平原郡鬲縣云平當以爲鬲津溝洫志河隄都尉許商以爲古說九河之名有徒駭胡蘇鬲津見在成平東光鬲界中自鬲以北至徒駭間相去二百餘里今河雖數移徙不離此域爾雅釋水九河徒駭大史馬頰覆釜胡蘇簡絜鉤盤鬲津李巡注曰徒駭禹疏九河以徒衆起故曰徒駭大史禹大使徒衆

通其水道故曰大史馬頰河勢上廣下狹狀如馬頰也覆釜水中多渚有可居處形如覆釜胡蘇下流故曰胡蘇胡下也蘇流也簡大也河水深而大也絜言河水多山石治之苦絜絜苦也鉤盤言河水曲如鉤屈折如盤也鬲津河水狹小可鬲以爲津也釋文云李本作股云水曲如鉤折如人股故曰鉤股與書疏引李巡說略異錫瑞謹案爾雅多今文說李巡嘗奏定石經熹平石經皆用今文則李巡亦用今文說者孟堅於九河但詳徒駭胡蘇鬲津所在蓋卽用許商說班氏與許商皆習夏侯尚書故其說同王橫言九河之地爲海所漸王橫古文家其說不如今文之義塙也詩正義引鄭注云周時齊桓公塞之同爲一河今河間弓高以東至平原鬲津往往有其遺處焉案志云河間國弓高虖池別河首受虖池河東至平舒入海班以虖池爲徒駭鄭義亦與班同而漢書敘傳云商竭周移秦決南涯自茲距漢北亾八支則班氏不用緯書桓公塞河之說也民曰徒駭字有誤王念孫說當作或曰虖池徒駭

**雷夏既澤** 漢志濟陰郡成陽云禹貢雷澤在西北郡國志水經同鄭注引地理志亦同風俗通山澤篇引尚書雷夏既澤傳曰水草交厝名之爲澤澤者言其潤澤萬物以阜民用也釋名釋地曰下而有水曰澤言潤澤也

**灉沮會同** ○今文作雍沮會同○史記漢志皆作雍史記集解鄭元曰雍水沮水相觸而合入此澤中案鄭注職方氏云

盧維當爲雷雍謂雷澤與雍亦也段玉裁說後人加水旁釋以爾雅水自河出爲灉非是案郭璞爾雅注酈道元水經瓠子河注皆失之

**桑土既蠶是降丘宅土**漢志云是降丘宅土蓋夏侯尚書與古文合段玉裁以爲或用古文尚書改之恐未必然揚雄兗州牧箴亦云降丘宅土○今文一作民乃降丘度土○史記曰桑土既蠶於是民得下丘居土風俗通山澤篇曰謹案尚書民乃降丘度土堯遭洪水萬民皆山棲巢居以避其害禹決江疏河民乃下丘營度爽塏之場而邑落之故丘之字二人立一上一者地也四方高中央下象形也段玉裁說風俗通所引今文尚書也是字作民乃二字宅作度此文字異者七百有餘之目也凡古文尚書宅字今文皆作度揚子方言云度居也夏本紀云於是民得下丘居土司馬所據今文尚書亦當作民乃降丘度土度土訓作居土亦如度西曰柳谷作居西也鄭注云此州寡於山而夾川兩大流之間遭洪水其民尤困水害既除于是下邱居土以其免於厄尤喜故記之與史記意合

**厥土黑墳厥草惟繇厥木惟條**○今文作草繇木條亦作屮繇木條○史記作草繇木條漢志作屮

繇木條無厥惟字師古曰屮古草字也繇悅茂也條脩暢也案說文屮艸木初生也象丨出形有枝莖也讀若徹古文或以爲艸字荀子富國刺屮殖穀漢外黃令高彪碑獄獄生屮漢書禮樂志五行志鼂錯蘇武董仲舒司馬相如公孫宏趙充國貢禹魏相谷永揚雄貨殖王莽傳及敘傳皆作屮此夏侯尚書與古文合者段玉裁說夏本紀草繇木條二句皆無其維字而揚州有之地理志則二州皆無厥惟字疑今文尚書本皆無厥維字史記揚州有之者後人增之

**厥田惟中下厥賦貞作十有三載乃同**○今文作田中下賦貞作十有三年乃同○史記曰田中下賦貞作十有三年乃同集解鄭元曰貞正也治此州正作不休十三年乃有賦與八州同言功難也其賦中下錫瑞謹案史記河渠書引夏書曰禹抑鴻水十三年過家不入門鄭說與史記合馬注曰禹治水三年八州平故堯以爲功而禪舜是十二年而八州平十三年而兖州平十三年竝鯀九年數之與史記說不同蓋古文異說三國志高堂隆傳曰昔在伊唐世值陽九厄運之會洪水滔天使鯀治之績用不成乃舉文命隨山刊木前後歷年二十二載亦合禹之十三年與鯀九年計之同史記說○一作厥田中中下賦貞作十有三年迺同○漢志作厥田中下賦貞作十有三年迺同師古曰貞正也州第九賦亦正當也陳喬樅說九州之賦

唯缺下下兖賦至少固常第九集解引
鄭注云其賦中下中下當爲下下之誤

**厥貢漆絲厥篚織文**。今文一作厥棐織文。史記作篚漢志作
州制土田各因所生遠近賦入貢棐詩甫田正義引鄭志云凡所
貢篚之物皆以稅物市之隨時物價以當邦賦陳喬樅說鄭以冀
州入穀不貢他州有貢皆卽穀
稅市所貢匪之物以當邦賦也

**浮于濟漯達于河**。今文作浮于濟漯通于河亦作浮于泲漯通
于河。史記作濟漢志作泲達于河皆作通于
河今文達爲通也師古曰浮以舟渡也因水入水曰通漢志東郡
東武陽云禹治漯水東北至千乘入海過郡三行千二十里又平
原郡高唐云桑欽言漯水所出鄭注引地理志說文漯水與漢志
同說文又引桑欽說地理今釋云漯水本出高唐至千乘入海自
禹導河至大伾始分河之一支（原注史記禹厮二渠以引其河注其一卽漯川）東北流首
經東武陽至高唐合漯水自合漯水則高唐以南東武陽以北之
河皆被以漯名矣
疏班義最明晰

**海岱惟青州**史記作維漢志作惟凡史記一書皆作維字漢書一
書皆作惟字蓋亦歐陽夏侯之本不同顏師古云今

文尚書作維古文尚書作惟所云今文尚書據熹平石經言之耳維惟古通用非必漢書用古文也史記集解鄭元曰東至海西至岱東嶽曰岱山正義曰按舜分青州爲營州遼西及遼東漢志泰山郡博縣云有泰山廟岱山在西北風俗通山澤篇曰泰山山之尊一曰岱岱始也釋名釋州國曰青州在東取物生而青也爾雅九州無青州云齊曰營州李巡注云齊其氣清舒受性平均故曰營營平也今爲青州班志云齊地皆屬青州是爾雅營州爲禹貢之青州矣

**嵎夷既略**　史記漢志作嵎夷後漢書東夷傳東夷有九種曰畎夷于夷方夷黃夷白夷赤夷元夷風夷陽夷昔堯命羲和宅嵎夷曰暘谷蓋日之所出也贊曰宅是嵎夷曰乃暘谷巢山濳海厥區九族史記集解馬融曰嵎夷地名用功少曰略說文略經略土地也解略字不同以許說爲長許或用今文說○今文一作禺鐵○史記索隱曰嵎夷今文尚書及帝命驗並作禺鐵在遼西鐵古夷字也段玉裁說按鐵當作銕司馬貞所云今文尚書者蓋漢一字石經拓本存於祕府及民間者也堯典釋文亦云尚書考靈耀及史記作禺銕凡緯書出於漢故考靈耀帝命驗皆今文尚書也錫瑞謹案據釋文則史記當本作禺銕字漢書據夏矦尚書用字多同古文或本作嵎夷耳

**濰淄其道。**今文作濰淄既道。史記作濰淄既道其既古通用亦三家尚書之異文說文引夏書曰濰淄其道顧炎武說濰字或省水作維或省糸作淮又或從心作惟總是一字也。一作惟惟淄其道。漢志作惟淄其道師古曰惟淄二水名皆復故道也惟字今作濰淄字或作淄古今通用也一曰道讀曰導導治也志於琅琊郡箕縣云禹貢維水北至都昌入海過郡三行五百二十里兗州寖也泰山郡萊蕪云原山淄水所出東至博昌入泲幽州寖案志前作惟後作維此通用之證尚書釋文云濰音惟本亦作惟又作維孔疏引地理志箕下有屋山二字鄭注引地理志說文濰水皆作箕屋山蓋皆本漢志爲說注疏考證禹貢錐指據誤本漢志以難孔疏非也以志例求之維水下當加所出二字水經言濰淄二水並與志合惟淄水作入海以水道求之入海爲是志云入泲蓋因下文汶水入泲傳寫之誤正義引班志正作入海王鳴盛反以入海爲誤非也

**厥土白墳海濱廣斥。**今文作海瀕廣潟。史記漢志皆作潟史記作濱俗字當從漢志作瀕史記又有厥田斥鹵四字誤衍蓋斥鹵乃潟字之注厥田當下屬以厥田上下爲句厥又其字之誤也徐廣曰潟一作澤又作斥鄭元曰斥謂地鹹鹵漢志注師古曰瀕水厓也潟鹵鹹之地段玉裁說作斥者古文尚書也作潟者今文尚書也潟古作舄地理志又云齊地負海舄

鹵溝洫志云終古舄鹵兮生稻粱史記河渠書云溉澤鹵之地索隱云澤一作舄本或作斥漢蓺文志攷證稱漢儒引異字云海瀕廣潟

**厥田惟上下厥賦中上厥貢鹽絺海物惟錯**。今文作田上下賦中上厥貢鹽絺海物維錯。史記作田上下賦中上厥貢鹽絺海物維錯集解鄭元曰海物海魚也魚種類尤雜又貨殖傳曰太公望封于齊其地舄鹵通魚鹽。一作貢鹽絺海物惟錯。漢志作惟貢上無厥字案史記亦當無厥字史記厥字皆以其字代之此云厥疑後人所增

**岱畎絲枲鈆松怪石**史記漢志同釋名釋山曰山下根之受霤處曰畎畎吮也吮得山之肥潤也

**萊夷作牧厥篚檿絲**。今文作厥篚酓絲。史記作萊夷爲牧其篚酓絲段玉裁說夏本紀檿作酓二字古音同讀如音猶毛詩懕懕韓詩愔愔古同音也蓋今文尚書作酓而太史公仍之其義則當爲六書之假借班志不作酓或班用正體或後人改易之案此亦三家尚書之異。一作厥篚檿絲。漢志作厥棐檿絲師古曰檿檿桑也食檿之蠶絲可以弦琴瑟

**浮于汶**漢志泰山郡萊蕪云禹貢汶水出西南入泲汶水桑欽所言琅邪郡朱虛云東泰山汶水所出東至安邱入維有三

山五帝祠師古曰將桑欽所說有異或者有二汶水乎陳喬樅說班志萊蕪下汶水引桑欽言此據古文尚書說也朱虛下東泰山汶水所出云云此據今文尚書說也何以明之說文水部曰汶水出琅邪朱虛東泰山入濰又曰桑欽說汶水出泰山萊蕪西南入泲前說據今文家言後說據古文家言故以桑欽說別之班志之兼存兩說意亦猶是也淮南子云汶出弗其西流入泲高誘注云弗其山名在朱虛縣東是卽入濰之汶水後人以別於萊蕪之汶遂謂出朱虛者爲東汶淮南高誘皆據今文尚書爲說也案桑欽治古文尚書高誘用今文說陳說是也

郡國志鄭注引地理志皆同桑欽說

**達于濟**○今文作通于濟一作通于泲○史記作通于濟漢志作達于泲案今文尚書達爲通漢志前後文達字亦作通字此蓋後人改之濟泲則三家異文

**海岱及淮惟徐州**史記作維漢志作惟集解孔傳漢志師古注皆曰東至海北至岱南及淮李巡爾雅注曰淮海間其氣寬舒稟性安徐故曰徐徐舒也釋名釋州國曰徐州徐舒也土氣舒緩也釋水曰淮圍也圍繞揚州北界東至海也春秋說題辭風俗通皆曰淮者均均其務也

**淮沂其乂**漢志南陽郡平氏云禹貢桐柏大復山在東南淮水所出東南至淮陵入海過郡四行三千二百四十里青州川泰山郡蓋縣云沂水南至下邳入泗過郡五行六百里青州寖風俗通山澤篇曰淮出南陽平氏桐柏大復山東南入海禹貢海岱及淮淮沂其乂段玉裁說乂今文尚書作艾於漢石經鴻範殘字知之也夏本紀作治故訓字也案石經亦一家之學漢人不必盡與之同漢人引書艾乂互見蓋當時通用淮水郡國志與班志合王應麟閻若璩王鳴盛皆云志淮陵皆作淮浦是也沂水郡國志史記集解引鄭注說文後一說皆與班志合用今文義過郡五斠注今古文注疏竝云過泰山城陽琅邪東海四郡五字誤

**蒙羽其藝**史記作藝當從漢志作蓺漢志泰山郡蒙陰云禹貢蒙山在西南有祠顓臾國在蒙山下東海郡祝其云禹貢羽山在南鯀所殛水經山澤篇同

**大野既豬**○今文作大野既都○史記作大野既都集解鄭元曰大野在山陽鉅野北名鉅野澤○一作大壄既豬○漢志作大壄既豬山陽郡鉅壄云大壄澤在北兗州藪水經云在東北左傳西狩于大野杜注爾雅魯有大野郭注皆云在東北與志略異鄭注尚書周官竝云在北與志同錫瑞謹案說文里部云野古文作壄水經都野澤在武威縣北注古文以爲豬野是野作壄

都作豬皆古文班志云大壄既豬者蓋夏侯尚書兼存古文故班書多用古文字與史記專主今文者不同都音古同豬鄭注禮記云豬都也南方謂都爲豬蓋二字皆者聲故古亦通用揚雄徐州箴曰大野既瀦有羽有蒙則豬字亦作瀦

**東原底平厥土赤埴墳草木漸包**史漢同史記集解鄭元曰東原地名今東平郡卽東原尚書釋文曰埴市力反鄭作戠徐鄭王皆讀曰熾韋昭音試漸如字本又作蘄字林才冉反草之相包裹也釋名釋地曰土黃而細密曰埴埴膱也黏胒如脂之膱也史記集解徐廣曰埴黏土也劉徐解埴字皆用今文說與鄭王古文尚書說異段玉裁說夏本紀地理志皆作埴今文尚書也孔傳用今文尚書釋戠鄭王則否漸當依別本作蘄說文曰州相蘄苞也引書艸木蘄苞然則字林本說文也紀志皆作漸疑今文尚書作漸孔傳依今文爲說錫瑞謹案僞孔名傳古文尚書實多襲今文說蓋王肅通今文尚書其父朗師楊賜傳歐陽尚書故肅陰用今文之義以駁馬鄭如此文僞孔本埴不從鄭作戠漸包不從許書作蘄苞皆與史漢文同班馬在許鄭之前非必許鄭是班馬非也惟此文王肅亦同鄭作戠而僞孔本作埴則不可解僞孔傳出於王肅而正義釋文所載孔傳亦間與肅注不同或皇甫謐枚頤輩又間有竄亂歟

**厥田惟上中厥賦中中厥貢惟土五色羽畎夏翟**○今文作田上中賦中中貢維土五色羽畎夏翟○史記作其田上中賦中中貢維土五色羽畎夏翟集解鄭元曰土五色者所以爲太社之封正義曰韓詩外傳云天子社廣五丈東方青南方赤西方白北方黑上冒以黃土將封諸侯各取方土苴以白茅以爲社也漢書武帝賜齊王閎策曰受茲青社燕王旦曰元社廣陵王胥曰赤社蔡邕獨斷曰天子大社以五色土爲壇皇子封爲王者授之大社之土以所封之方色苴以白茅使之立社謂之茅社釋名釋地曰徐州貢土五色有青黃赤白黑也郊祀志元始五年令徐州牧歲貢五色土各一斗○一作貢土五色羽畎夏狄○漢志貢土五色羽畎夏狄師古曰夏狄狄雉之羽可爲旌旄者也周禮染人鄭注引禹貢作狄與志同而注序官夏采作翟案詩衛風右手秉翟毛詩作翟韓詩作狄翟狄古通用

**嶧陽孤桐**漢志東海郡下邳云葛嶧山在西古文以爲嶧陽郡國志鄭引地理志說文水經同惟兩漢志水經以嶧陽爲山名許鄭以爲嶧山之陽其說略異風俗通曰梧桐出嶧陽山采東南孫枝以爲琴聲甚清雅

**泗濱浮磬**○今文作泗瀕浮磬○史記作濵俗字當從漢志作瀕師古曰泗水之涯浮出好石可爲磬也漢志魯國卞縣

云泗水西南至方與入沛過郡三行五百里青州川又濟陰郡乘氏云泗水東南至睢陵入淮過郡六行千一百一十里水經引地理志曰出卞縣北據此則泗水下當補出北二字如右扶風鄠酆水出東南之例入沛王念孫說當爲入沛渠南梁水西至湖陵入沛渠知泗水至方與入沛下亦當有渠字志云泗水至方與入沛又云泗水入淮是入淮由方與不由乘氏若自乘氏至昌邑金鄉東緡而至方與爲菏水者是沛水支流非泗也近人多疑志誤失之

**淮夷蠙珠暨魚**○今文作淮夷蠙珠臮魚亦作淮夷玭珠臮魚○史記漢志皆作淮夷蠙珠臮魚集解鄭元曰淮夷淮水之上夷民索隱曰蠙一作玭臮古暨字臮與也師古曰蠙或作玭尚書釋文曰蠙字又作玭韋昭薄迷反蚌也說文玉部玭玭珠也从玉比聲宋宏云淮水中出玭珠玭珠之有聲重文作蠙云夏書玭字也从虫賓聲又糸部紕讀若禹貢玭珠段玉裁說蓋今文尚書作玭古文尚書作蠙宋仲子說淮水中出玭珠玭珠之有聲當作玭蚌之有聲者此今文尚書淮夷玭珠訓故也釋文引韋氏之音及義系諸玭字下其義用宋仲子說此韋本漢志作玭之明證漢志用今文尚書之明證也用此知史紀漢志之一作玭者皆是原本其作蠙者乃後人用古文尚書改之錫瑞謹案段說甚塙惟三家尚書不同史漢傳本各異或亦有作蠙者不盡由後人

改之揚雄徐州箴亦作蠙宋仲子云淮水中出玭珠不云夷水出玭珠是今文說以淮夷爲淮水之夷與鄭云淮水之夷民同鄭用今文勝於馬注以淮夷爲二水名也續漢書輿服志云孝明皇帝永平二年初詔有司采周官禮記尚書皋陶篇乘輿服從歐陽氏說公卿以下從大小夏侯氏說冕皆廣七寸長尺二寸前垂三寸係白玉珠爲十二旒三公諸侯七旒青玉爲珠卿大夫五旒黑玉爲珠據漢時今文說是古以玉爲珠非謂蚌珠故此於蚌珠必加蠙以明之也

**厥篚玄纖縞**○今文篚一作棐○史記作篚集解鄭元曰纖細也祭服之材尚細漢志作棐師古曰元黑也纖細繒也縞鮮支也即今所謂素也

**浮于淮泗達于河**○今文作浮于淮泗通于菏○史記作浮于淮泗通于河漢志作浮于淮泗達于河山陽郡湖陵云禹貢浮于泗淮通于河水在南漢志通作達誤當從史記作通山陽郡下作通不誤而泗淮字傳寫誤倒河字皆菏之譌說文水部菏字下云菏澤水在山陽湖陵禹貢浮于淮泗達于菏从水苛聲許說即本班志其所據志山陽郡下作菏則志首述禹貢亦必作菏此古今文不異者也水經注泗水篇湖陸地理志故湖陵縣也菏水在南據酈氏所引則今班志水在南上脫一菏字志云

菏水在南則通于河當作通于菏無疑其志首述禹貢及史記述禹貢皆當作菏亦無疑矣菏水與豫州之菏澤別漢志菏澤在定陶東菏水在湖陵南蓋菏澤澤名菏水則菏澤之東出而流注於泗者也斠注謂此菏卽菏澤失之

**淮海惟揚州** 史記作維漢志作惟今本史漢皆从手作揚宋本史記作淮海維揚州揚字从木漢張壽曹全劉熊王純度尚馮緄陳球張納無極山碑揚州字皆作楊王念孫說宋景祐本地理志楊州藪楊州川楊州山作楊江聲段玉裁皆云當从木桼李巡注爾雅曰江南其氣慘勁厥性輕揚故曰揚州釋名釋州國曰揚州州界多水水波揚也據李劉之說漢時今文家揚州字或亦从手作揚

**彭蠡既豬陽鳥攸居** ○今文作彭蠡既都陽鳥攸居○史記作彭蠡既都陽鳥所居攸作所故訓字索隱曰都古文尚書作豬鄭元云南方謂都爲豬則是水聚會之義○一作彭蠡既豬陽鳥逌居○漢志作彭蠡既豬陽鳥逌居班書攸皆作逌蓋參用古字志於豫章郡彭澤云禹貢彭蠡澤在西郡國志鄭注引地理志皆云在西惟水經山澤篇云在西北略異○一作彭蠡既瀦○揚雄揚州箴曰彭蠡既瀦陽鳥攸處論衡書虛篇曰會稽衆鳥所居禹貢彭蠡既瀦陽鳥攸居呂氏春秋孟春紀候雁北

高誘注云候時之雁從彭蠡來北過至北極之沙漠仲秋紀候雁來注云從北漠中來過周洛之彭蠡季秋紀注亦云候時之雁從北方來南之彭蠡季冬紀雁北鄉注云雁在彭蠡之澤是月皆北鄉將來至北漠也淮南時則訓注略同王仲任與高氏皆習今文亦以彭蠡爲鴻雁之所常居與鄭注云陽鳥鴻雁之屬義同是今古文皆無異說林之奇以陽鳥爲地名非古義也

**三江既入震澤底定**漢志會稽郡吳縣云具區澤在西揚州藪古文以爲震澤南江在南東入海揚州川又毗陵云江在北東入海揚州川又丹陽郡蕪湖云中江出西南東至陽羨入海揚州川案班志有中江南江惟不著北江之名攷之水經云沔水又南至江夏沙羨縣北南入於江沔水與江合流又東過彭蠡澤又東北出居巢縣南又東過牛渚縣南又東至石城縣分爲二其一東北流其一又過毗陵縣北爲北江則班志所云會稽毗陵江在北東入海者卽北江上脫北字也志又云夏水過郡入江故曰江夏正與初學記引鄭注左合漢爲北江相合鄭云會彭蠡爲南江岷江居其中爲中江皆同班志之義是鄭亦用今文說也三江之說言人人殊後人多疑班志爲誤又謂志所言乃職方三江非禹貢三江錢塘說禹貢之三江職方之三江也地理志南江北江中江皆揚州川此釋職方也卽釋禹貢矣揆孟堅所言江過湖口分爲三而以行南道者爲南江行北道者爲北江行中

道者爲中江合乎禹貢導水之經誠不易之論也案錢說是也阮元浙江圖考焦循鄭注釋成蓉鏡班義述尤詳文多不具錄風俗通山澤篇曰江者貢也珍物可貢獻也釋名釋水曰江公也小水流入其中公共也○今文一作振澤底定○史記震澤致定底作致故訓字索隱曰震一作振案廣雅釋地作振澤廣雅多用今文蓋今文尚書有作振澤者疑史記原本亦作振

**篠簜既敷厥草惟夭厥木惟喬**○今文作竹箭既布○史記作竹箭既布孫星衍說史公以篠簜作竹竹箭今文異字也說文稭引書曰竹箭如稭言夏書竹箭讀箭如稭也陳壽祺說史記此篇所紀九州貢物無有易以訓詁者不應於篠簜二字獨變蓋今文尚書篠簜必作竹箭太史公據而書之說文書曰竹箭蓋節引今文禹貢之辭錫瑞謹案史記敷作布疑亦今文本字史記於禹敷土作傅不代以布字說文引布重莧席乃古文而敷亦作布是由所傳本異非以故訓代之也○一作篠簜既敷少夭木喬○漢志作篠簜既敷少夭木喬師古曰篠小竹也簜大竹也敷謂布地而生也錫瑞案今文尚書本無厥字維字史記於兖州作草繇木條與漢志同於此文乃作其草惟夭其木惟喬蓋後人妄增之史記皆作維不作惟也○篠簜一作條蕩○漢無極山碑曰楊越之杶口條蕩是漢時今文篠簜亦作條蕩

**厥土惟塗泥厥田惟下下厥賦下上上錯**○今文作厥土塗泥田下下賦下上上錯○史記作其土塗泥田下下賦下上上雜錯作雜故訓字集解馬融曰塗泥漸洳也○一作賦下上錯○漢志作賦下上錯師古曰塗泥瀸洳濕也田第九賦第七又雜出諸品

**厥貢惟金三品瑤琨篠簜**○今文作貢金三品瑤琨竹箭○史記云貢金三品瑤琨竹箭集解鄭元曰銅三色也孫星衍說史公篠簜作竹箭者與上竹箭既布同非詁字蓋今文也陳喬樅說鄭以金三品爲銅色當是今文家說三色者蓋青白赤也王肅以爲金銀銅非也○瑤琨一作瑤瑻○漢志作瑤瑻篠簜段玉裁說釋文曰琨音昆馬本作瑻韋昭音貫按此謂馬本作瑻與漢書同韋注漢書瑻音貫也說文瑻字下曰琨或从貫此蓋今文尚書作瑻古文尚書作琨故竝列之如玭蠙之比馬本則同今文者也錫瑞謹案史記作琨揚雄揚州箴曰瑤琨篠簜琨瑻聲近故古通用其或從昆或從貫者三家之文不同段玉裁謂古文尚書作琨似猶未盡

**齒革羽毛惟木**○今文作齒革羽旄無惟木字○史記漢志皆作齒革羽毛無惟木二字段玉裁說夏本紀揚州字

作毛而正義云按西南夷常貢旄牛尾書詩通謂之旄按紀荆州羽旄齒革字正作旄則楊州作毛淺人所改也漢書汲古本亦楊州作毛荆作旄而楊州注內仍作旄則正文亦淺人所改惟木二字紀志皆無此今文尚書也錫瑞案大傳曰禹成五服齒革羽毛器備毛字亦後人改之師古注羽旄謂衆鳥之羽可爲旄者也解雖未當然可證顏本漢志正作旄

**鳥夷卉服**〇今文作鳥夷卉服〇漢志作鳥夷卉服師古曰鳥夷東南之夷善捕鳥者也卉服絺葛之屬史記作鳥夷與前冀州鳥夷皮服作鳥者不同後人妄改之耳陳喬樅說史記用歐陽今文作鳥此說甚非釋名釋水曰海中可居者曰鳥非穉尙書安見其用歐陽章句耶眞可謂無稽之言矣後漢書度尙傳椎髻鳥語之人李賢注引書曰鳥夷卉服

**厥篚織貝厥包橘柚錫貢**史記作其篚織貝其包橘柚錫貢集解鄭元曰有錫則貢之或時乏則不貢錫所以柔金也錫瑞案史記於錫大龜錫土姓皆作賜惟此錫貢與錫貢磬錯作錫疑史公今文說亦嘗爲貢錫與鄭說同王肅云橘柚錫命而後貢師古引以注漢志其說非也〇今文一作厥棐織貝〇漢志作棐

**沿于江海達于淮泗**〇今文作均江海通淮泗一作均江海通于淮泗〇史記作均江海通淮泗集解鄭元曰

均讀曰沿沿順水行也漢志多一于字師古曰均平也通淮泗而入江海故云平釋文曰沿悅專反鄭本作松松當爲沿馬本作均云均平也段玉裁說馬本依今文尚書也鄭本作松松者沿之字誤故云當爲沿此葢壁中文轉寫以木水淆溷公旹不分而鄭正之裴駰史記集解此條當云均鄭本作松松讀曰沿乃合孫星衍說均葢㳂字一切經音義三引三蒼云循古文作㳂則謂循于江海也

**荆及衡陽惟荆州**史記作維漢志作惟漢志南郡臨沮云禹貢南條荆山在東北漳水所出東至江陵入陽水陽水入沔行六百里又長沙國湘南云禹貢衡山在東南荆州山郡國志言荆山衡山鄭注引地理志荆山水經山澤篇言荆山衡山竝與志同李巡注爾雅漢南曰荆州曰其氣慘剛稟性彊梁故曰荆荆彊也釋名釋州國曰荆州取名於荆山也必取荆爲名者荆警也南蠻數爲寇逆其民有道後服無道先彊常警備之也揚雄荆州箴曰江漢朝宗其流湯湯風慓以悍氣鋭以剛有道後服無道先彊

**江漢朝宗于海**風俗通山澤篇曰江出蜀郡湔流互徼外嶓山入海詩云江漢陶陶禹貢江漢朝宗于海論衡書虛

篇曰夫地之有百川也猶人之有血脈也血脈流行汎揚動靜自有節度百川亦然其朝夕往來猶人之呼吸氣出入也經曰江漢朝宗于海虞翻注易習坎有孚曰水行往來朝宗于海不失其時如月行天段玉裁說說文水部曰淖水朝宗于海也从水朝省聲行水朝宗于海皃也从水行按淖者今之潮字以淖釋朝宗于海此今文尚書說也洚水之時江漢不順軌不與海通海潮不上至禹治之江漢始與海通錫瑞謹案如段說則當讀朝爲潮朝宗二字不連而鄭注云江水漢水其流遄疾又合爲一共赴海也猶諸侯之同心尊天子而朝事之荆楚之域國有道則後服國無道則先彊故記其水之義以著人臣之禮鄭訓宗爲尊以朝宗爲尊天子之義與揚子雲說合蓋亦今文家說而王仲任虞仲翔義不同者歐陽夏侯之說異也

**九江孔殷** 史記曰九江甚中集解鄭元曰地理志九江在潯陽南皆東合爲大江索隱曰按尋陽記九江者烏江蚌江烏白江嘉靡江沙江畎江廩江隄江箘江又張湞九江圖所載有三里五畎烏土白蚌九江之名不同漢志廬江郡尋陽云禹貢九江在南皆東合爲大江又於豫章郡鄱陽云鄱水西入湖漢餘汗云餘水在北至鄡陽入湖漢艾縣云修水東北至彭澤入湖漢行六百六十里贛縣云豫章水出西南北入大江南城云盱水西北至南昌入湖漢建成云蜀水東至南昌入湖漢宜春云南水東至新

澨入湖漢雩都云湖漢水東至彭澤入江行九百八十里南壄云彭水東入湖漢是鄱水餘水修水豫章水盱水蜀水南水彭水合湖漢水爲九俱入江故曰九江應劭注漢志九江郡曰江至廬江尋陽分爲九是也尚書釋文引潯陽記及張須元緣江記云云與索隱略同又引太康記曰九江劉歆以爲湖漢九水入彭澤也尚書正義引鄭注云殷猶多也九江從山谿所出其孔衆多言治之難與史記集解引鄭元云云不同而其義未嘗不可通如贛縣雩都之水亦皆山谿所出不必定指澧沅瀟湘九水爲山谿也此駁陳喬樅說鄭君治古文尚書與馬班今文家說相同史記河渠書太史公曰余南登廬山觀禹疏九江淮南王傳擊廬江有尋陽之船結九江之浦絕豫章之口龜筴傳廬江郡常歲時生龜長尺二寸者二十枚輸太卜官與九江納錫大龜正合漢志豫章郡莽曰九江柴桑莽曰九江亭是馬班皆以九江爲在廬江豫章二郡之地劉歆治古文者其所云湖漢九水雖不盡在尋陽之南而班志全引之則九江當即此九水若尋陽記緣江記所云烏江等水此皆瑣瑣未足以當禹貢九江宋胡旦毛晃又傳會山海經以九江爲洞庭尤非古義其爲是說者蓋疑豫章九水不在荊州境耳不知禹貢所云必合治水源流施功次序非必一州之水不可旁及他州禹貢首云治梁及岐梁岐即不在冀州之境也孫星衍說九江之水在豫章郡非荆州水而水經云沔至江夏沙羨縣北南入于江沔

水與江合流又東過彭蠡澤是九江入此澤而合大江故云甚中孫說甚明可無疑於九水不當屬荆州矣

**沱潛既道**○今文作沱涔既道○史記作沱涔已道集解鄭元曰水出江爲沱漢爲涔案古潛涔通用毛詩潛有多魚韓詩作涔毛用古文作潛韓用今文作涔也○一作沱濳既道○漢志作沱濳既道又南郡枝江云江沱出西東入江漢中郡安陽云鬵谷水出西南北入漢水經注引地理志曰江沱出西南東入江則今本漢志脫一南字水經荆州沱水在南郡枝江縣涔水出漢中南鄭縣東南旱山北至安陽縣南入于沔

鄭注以沱爲夏水與班志不同恐非今文義

**雲土夢作乂**史記作雲夢土爲治索隱曰雲土夢本二澤名葢人以二澤相近故合稱雲夢耳漢志作雲夢土作乂又南郡華容云雲夢澤在南荆州藪水經雲夢澤在南郡華容縣之東段玉裁說作雲土夢者今文尚書也今史記各本皆作雲夢土而史記索隱單行本大書雲土夢三字小注云雲土夢二澤名引韋昭云雲杜今爲縣屬江夏解之曰地理志江夏有雲杜縣是其地也然則史記本作雲土夢確然可證而小司馬所引韋昭語乃漢書音義也則漢書本作雲土夢又確然可證古土杜通用如韓詩桑杜毛詩作桑土毛詩自土沮漆齊詩作自杜是也本呼雲土單呼之爲雲此類甚多錫瑞謹案段說是也而未盡也王逸注楚

辭云夢澤中也楚人名澤中謂夢中叔師習今文則今文家說夢即是澤非澤之名雲土夢猶云雲土澤不得如小司馬說雲土夢爲二澤名也左氏傳云雲中又云夢中又云江南之夢蓋夢中即澤中江南之夢即江南之澤耳雲夢本一地故爾雅十藪楚有雲夢呂氏春秋有始覽淮南子墬形訓九藪楚之雲夢皆不分別言之司馬貞李吉甫以下乃分爲二云雲在江北夢在江南非是

**厥土惟塗泥厥田惟下中厥賦上下厥貢羽毛齒革惟金三品**。今文作厥土塗泥田下中賦上下貢羽旄齒革金三品。史漢文同史厥作其

**杶榦栝柏礪砥砮丹**史記作杶榦栝柏礪砥砮丹。今文榦一作幹礪一作厲。漢志作杶幹栝柏厲砥砮丹

陳喬樅說史記礪字當從漢書作厲爲正詩公劉取厲取鍛禮記儒行砥厲廉隅左傳哀十六年勝自厲劍皆不從石作礪。杶一作櫄。漢無極山碑作櫄釋文杶又作櫄說文杶重文櫄云或从熏然則櫄爲古文史漢皆從今文明矣

**惟箘簵楛三邦厎貢厥名**。今文作維箘簵楛三國底貢厥名。史記作維箘簵楛三國致貢其名底作致故訓字史公以厥名上屬爲句與鄭以厥名下屬不同集解引馬融曰言箘簵楛三國所致貢其名善也馬同今文說陳喬樅以

鄭說爲今文非也。一作惟箘簵楛三國厎貢厥名。漢志作惟箘簵楛三國厎貢厥名案說文竹部云簬箘簬也从竹路聲夏書曰惟箘簬楛又重文簵云古文簬从輅木部云枯槀也从木古聲夏書曰惟箘輅枯木名也錫瑞案許以簵爲古文則木部所引當是古文尚書輅當作簵誤脫竹耳竹部所引當是今文尚書今史記漢志作簵皆同古文無有作簬者豈後人改之歟。一作維箭足杆。史記集解徐廣曰一作箭足杆杆卽楛也音怙。箭足者矢鏃也或以箭足訓釋箘簵乎段玉裁說箭足非矢鏃正謂矢槀蓋古文尚書作枯今文尚書作杆古文尚書作箘簵今文尚書作箭足非訓釋之謂也錫瑞案史記篠簜作竹箭則箘簵作箭宜矣足疑路之壞字

**包匭菁茅厥篚玄纁璣組九江納錫大龜。**

今文納錫一作入賜。史記作其篚玄纁璣組九江入賜大龜史記納皆作入用今文。篚一作棐。漢志作厥棐玄纁璣組九江納錫大龜師古曰錫命而納不常貢也錫瑞謹案錫大龜三字當連讀錫大龜者蓋天子錫諸侯之大龜禮樂記曰青黑緣者天子之寶龜也從之以牛羊之羣則所以贈諸侯也公羊傳言寶玉大弓有龜青純是公羊以寶卽是寶龜正與樂記所云青黑緣者天子之寶龜也相合是古天子有錫諸侯寶龜

之禮納錫大龜謂納此錫諸矦之寶龜史記作入賜亦謂入此賜諸矦之大龜也

**浮于江沱潛漢**。今文作浮于江沱涔于漢。史記作浮于江沱涔于漢尚書釋文曰本或作潛于漢非正義曰本或潛下有于誤耳段玉裁說按夏本紀則今文尚書有此于字也或改古文同今文或古文本有皆未可知古文無逸篇無淫于觀于逸于游于田以淫領四于字此以淫領二于字句法正同陸氏誤絶其句故云非耳。一作浮于江沱潛漢。漢志作浮于江沱灊漢

**逾于洛至于南河**。今文作踰于雒至于南河亦作逾于雒至于南河。史記作踰于雒至于南河漢志作逾于洛與下伊雒作雒不符由後人改之參差不一當從史記豫州雒水從佳雍州洛水從水魚豢魏略云漢火行忌水洛去水而加佳焉說不足信

**荊河惟豫州**史記作維漢志作惟志於南郡臨沮云禹貢南條荊山在東北漳水所出春秋元命包曰豫之言序也言陽氣分布各得其處故其氣平靜多序也李巡注爾雅河南曰豫州曰其氣著密厥性安舒故曰豫豫舒也釋名釋州國曰豫州地

在九州之中京師東都所在常安豫也陳喬樅說以豫州爲京師東都所在此據周代言之禹貢之豫州其取誼當以元命包及爾雅李巡注爲允

**伊洛瀍澗既入于河**。今文洛作雒。史漢皆作雒漢志宏農郡盧氏云熊耳山在東伊水出東北入雒過郡一行四百五十里又上雒云禹貢雒水出冢領山東北至鞏入河過郡二行千七十里豫州川又河南郡穀城云禹貢瀍水出替亭北東南入雒宏農郡新安云禹貢澗水在東南入雒王念孫說伊水出出上當有所字書正義引作伊水所出是也案淮南墬形訓曰伊出上魏水經曰伊水出南陽縣西蔓渠山東北過郭落山又東北過伊闕中又東北至洛陽縣南入于洛洛水出京兆上洛縣讙舉山又東逕熊耳山北東北過盧氏縣南東北流入于河瀍水出河南穀城縣北山東與千金渠合又東過洛陽縣南又東過偃師縣又東入于洛澗水出新安縣南白石山東南入于洛郡國志伊瀍澗水與班志同春秋說題辭曰洛之爲言繹也繹其耀也釋名釋水曰山夾水曰澗澗間也言在兩山之間也廣雅釋水曰伊因也洛繹也瀍理也澗間也。瀍一作廛。淮南本經訓曰導廛澗不從水高注曰廛讀裹纏之纏

**滎波既豬**漢志作滎波既豬師古曰波亦水名言其水竝已過聚矣陳喬樅說漢書作波即潘之假借詩番惟司徒古今人表作司徒皮儀禮既夕篇設披鄭注云今文披皆爲藩是其證說文作潘史記作播漢書作波疑皆三家尚書之異文案陳說是也段玉裁謂後人以枚書改漢志失之梁玉繩謂波乃洛之支水駁師古二水名爲人妄亦非也○今文一作滎播既都○史記作滎播既都索隱曰古文尚書作滎波此及今文竝云滎播播是水播溢之義滎是澤名故左傳云狄及衞戰於滎澤鄭元云今塞爲平地滎陽人猶謂其處爲滎播謹案索隱謂播是播溢之義非也揚雄豫州箴曰滎播枲漆馬注尚書作播云滎播澤名鄭注周禮職方氏其浸波溠云波讀爲播禹貢曰滎播既都賈疏禹貢有播水無波呂忱曰播水在滎陽皆以播爲水名說文曰潘水名在河南滎陽播水蓋即潘水若以爲播溢之義而云滎播則不辭甚矣如震澤本以震蕩爲名若倒其文曰澤震豈可通乎段玉裁說攷滎澤字古从火不从水周官經詩鄭箋左氏傳爾雅注釋文凡六熒字皆從火漢韓勑後碑劉寬碑陰鄭烈碑熒陽字皆从火據段說則今文亦當從火史漢皆後人改之

**導菏澤被孟豬**○今文作道荷澤被明都○史記作道荷澤被明都索隱曰明都音孟豬孟豬澤在梁國睢陽縣東

北爾雅左傳謂之孟諸今文亦爲然惟周禮稱望諸皆此地之一名案水經亦作明都與史記合。一作被孟諸。案大傳云孟諸靈龜此今文作孟諸之證說文青州孟諸呂氏春秋有始覽淮南子墜形訓皆曰宋之孟諸高注云孟諸在梁國睢陽之東北[illegible][illegible][illegible]。一作被盟豬。漢志作道荷澤被盟豬又濟陰郡曰禹貢荷澤在定陶東屬兗州又梁國睢陽曰禹貢盟豬在東北水經同師古曰荷澤在湖陵與漢志不合蓋漢志水經謂在定陶者其澤也說文僞孔傳以爲在湖陵者其流也顏據僞傳改漢志誤矣段玉裁說明盟孟望古音皆讀如芒在第十部諸豬都古音皆在今之九魚在第五部皆同音通用案此亦三家文異非必盟豬爲古文

**厥土惟壤下土墳壚厥田惟中上厥賦錯上中**。今文作厥土惟壤下土墳壚田中上賦錯上中。亦作厥土壤。漢志作厥土惟壤史記作其土壤無惟字錯作雜用故訓集解馬融曰豫州地有三等下者墳壚也釋名釋地曰土黑曰盧盧然解散也鄭注壚疏也義亦相近

**厥貢漆枲絺紵厥篚纖纊錫貢磬錯**。今文作貢漆絲絺紵厥篚纖纊錫貢磬錯。史記作貢漆絲絺紵其篚纖絮錫貢磬錯段玉裁說枲夏本紀作絲蓋今文尚書也二字同在古音弟一部纊紀作絮故訓字也案史記錫字

不作賜或亦當如鄭注貢錫之義。一作貢漆枲絺紵棐纖纊錫貢磬錯。漢志作貢漆枲絺紵棐纖纊錫貢磬錯揚雄豫州箴作枲與志合

**浮于洛達于河**。今文作浮于雒通于河。史記作浮于雒達于河漢志作浮于洛入于河達入二字皆誤今文尚書當作通于河與前浮于濟漯通于河同例洛當從史記作雒

**華陽黑水惟梁州** 史記作維漢志作惟漢志京兆華陰云太華山在南有祠爾雅釋山河南華又云華山為西嶽漢志華陰屬京兆說文鄭注水經竝云宏農華陰蓋後漢建武十五年改屬郡國志宏農郡華陰故屬京兆有太華山漢志益州郡滇池云大澤在西滇池澤在西北有黑水祠續漢郡國志亦云縣北有黑水祠或云黑水即若水亦即瀘江漢志若水出蜀郡旄牛縣徼外南至大莋入繩繩水出越嶲郡遂久縣徼外東至僰道入江行千四百里後漢書章懷太子注云瀘水一名若水瀘本作盧訓黑漢中山盧奴縣有盧水酈元云水黑曰盧是其證揚雄益州箴曰巖巖岷山古曰梁州華陽西極黑水南流

**岷嶓既藝** 漢志作岷嶓既藝又蜀郡湔氐道云禹貢嶓山在西徼外江水所出東南至江都入海過郡七行二千六百六

十里又隴西郡西縣云禹貢嶓冢山西漢水所出南入廣漢白水東南至江州入江過郡四行二千七百六十里案班書兼存古文蓋本夏侯尚書與史記不同段玉裁謂後人改竄亦未必然揚雄益州箴曰禹導江沱岷嶓啟乾○今文一作汶嶓既蓺○史記作汶嶓既蓺索隱曰汶一作崏又作汶岐山封禪書一云瀆山在蜀郡湔氏道西徼江水所出嶓冢山在隴西縣漢水所出也段玉裁說夏本紀作汶又曰汶山之陽又曰汶山道江今文尚書作汶也史記封禪書說秦并天下所奉名山大川自華以西有瀆山釋之曰瀆山蜀之汶山也凡訓詁之法以今釋古謂今之汶山即秦之瀆山也是則漢人呼爲汶山字作汶確然可證貨殖傳曰吾聞汶山之下沃野字作汶此古本也河渠書蜀之岷山字作岷此改竄本也地理志蜀郡有汶江道史記西南夷傳曰以冉駹爲汶山郡漢書孝武帝紀元鼎六年定西南夷目爲武都牂牁越巂沈黎文山郡西南夷傳亦曰以冉駹置文山郡此亦漢時字正作汶或作文之證也漢人字正作汶者必以伏生尚書字正作汶屈賦悲回風曰隱岐山以清江王注尚書曰岐山導江岐一作㟂一作汶按汶字是文省體岐㟂皆或體也叔師所引今文尚書也錫瑞謹案樊毅修華嶽碑云決江開汶正作汶段未及引段又云嶓字不見於說文蓋其始但作番字或加山旁也廣雅云播冢也然則播與冢正是一物以其形名之錫瑞案廣雅多從今文是今文亦作播

**沱潛既道**。今文作沱涔既道。史記作涔。一作沱灊既道。漢志作灊又蜀郡郫縣云禹貢江沱在西東入大江又汶江云江沱在西南東入江又巴郡宕渠云潛水西南入江潛當作灊水經山澤篇云益州沱水在蜀郡汶江縣西南其一在郫縣西南志無南字皆還入江雖本班志然志意謂汶江江沱卽郫之江沱水經分而爲二非也

**蔡蒙旅平和夷底績**史漢同集解鄭元曰地理志蔡蒙在漢嘉縣馬融曰和夷地名也索隱曰此非徐州之蒙在蜀郡青衣縣青衣後改爲漢嘉蔡山不知所在也漢志蜀郡青衣云禹貢蒙山谿大渡水東南至南安入渽郡國志蜀郡屬國漢嘉故青衣陽嘉二年改有蒙山又漢志蜀郡云禹貢桓水出蜀山西南行羌中入南海水經注引鄭注云和夷和上夷所居之地也和讀曰桓地志曰桓水出蜀郡蜀山西南行羌中者也案鄭義與馬不同當是從今文說鄭以蔡蒙爲一山不知是今文說否

**厥土青黎厥田惟下上厥賦下中三錯**。今文作厥土青黎田下上賦下中三錯。漢志作厥土青黎田下上賦下中三錯釋名釋地曰土青曰黎似黎艸色也陳喬樅說此據今文家說知其然者史記青黎作青驪此據歐陽今文黎可訓小疏驪不可訓小疏也馬云黎小疏也王云青黑色黎小疏也此古文尚書說以青爲其色以黎爲其質與今文家

說不同正義引鄭注云錯者此州之地有當出下下之賦者少耳又有當出下上中下者蓋復益少。今文黎一作驪。史記作其土青驪田下上賦下中三錯御覽三十七引尚書禹貢梁州土青驪與史記合

**厥貢璆鐵銀鏤砮磬**史漢皆作璆集解鄭元曰黃金之美者謂之璆鏤剛鐵可以刻鏤也釋文作璆云馬同韋昭郭璞云紫磨金案郭注尒疋璆飾紫磨金段玉裁說此條最不可通蓋美玉之字从玉作璆紫磨金之字从金作鏐不能混一馬本作璆孔同鄭本作鏐韋昭漢書同韋昭漢書作鏐疑史記亦本作鏐皆本今文尚書而古文尚書則作璆馬不改字鄭則依今文讀璆爲鏐也

案段說似是

**熊羆狐貍織皮西傾因桓是來**史記作西傾因桓是來集解馬融曰治西傾山因桓水是來言無餘道也錫瑞謹案史漢皆以西傾因桓是來爲句馬讀與史漢合師古漢書注與馬同馬說蓋從今文鄭以織皮西傾爲句以桓是爲隴阪名與史漢句讀不同當是古文異說陳喬樅云鄭說蓋從今文非是。今文一作西頃因桓是俫。漢志作西頃因桓是俫師古曰西頃山名在臨洮西南桓水名也言治西頃山因桓水是來無宅道也頃讀曰傾頃與俫蓋三家異文漢志隴西郡臨洮云禹

貢西頃山在縣西南部都尉治也桓水見上郡國志鄭注引地理志西頃與漢志同水經山澤篇西頃山在隴西臨洮縣西南禹貢會箋云漢志南部都尉治南部二字屬下不得以西南爲句疑誤逗也

**浮于潛逾于沔入于渭亂于河**。今文作浮于涔踰于沔。史記作浮于潛踰于沔集解鄭元曰或謂漢爲沔案禹貢言潛者四史記三作涔惟此作潛蓋淺人改之今正。一作浮于灊逾于沔。漢志作浮于灊逾于沔又武都郡武都云東漢水受氐道水一名沔過江夏謂之夏水入江又隴西郡首陽云禹貢鳥鼠同穴山在西南渭水所出東至船司空入河過郡四行千八百七十里雍州寖王念孫說東字後人所加隴西郡氐道下云養水東至武都爲漢不言東漢也志言西漢水者別於漢水而言之若漢水本無東漢之稱其說是也鄭注或謂漢爲沔亦本班志如湻曰北方人謂漢水爲沔水郡國志言渭與班志同春秋說題辭曰渭之爲言渭也廣雅疏證云渭也之渭疑謂字譌玉篇廣韻竝云謂行也

**黑水西河惟雍州** 史記作維漢志作惟史記索隱曰地理志益州滇池有黑水祠鄭元引地記曰三危山黑水出其南山海經黑水出崑崙墟西北隅也揚雄雍州箴曰黑水西河橫截崑崙邪指閶闔畫爲雍垠李巡注爾雅河西曰雍州曰其氣

薇壅厥性急凶故曰雍雍壅也雍兼得梁州之地西北之位陽所不及陰壅也釋名釋州國曰雍州在四山之內雍翳也

**弱水既西涇屬渭汭漆沮既從**史漢同集解鄭元曰衆水皆東此獨西流也索隱曰水經云弱水出張掖刪丹縣西北至酒泉會水縣入合黎山腹山海經云弱水出崑崙墟西南隅也漢志張掖郡刪丹云桑欽以爲道弱水自此西至酒泉合黎又安定郡涇陽云幵頭山在西禹貢涇水所出東南至陽陵入渭過郡三行千六十里雍州川又右扶風漆縣云水在縣西又北地郡直路云沮水出東西入洛師古曰漆沮即馮翊之洛水也淮南墬形訓曰涇出薄洛之山注云薄洛之山一名笄頭山在安定臨涇縣西水經曰漆水出扶風杜陽縣俞山東北入于渭沮水出北地直路縣東過馮翊祋祤縣北東入于洛廣雅釋水曰涇徑也渭謂也

**灃水攸同荆岐既旅**史記作灃水所同攸作所故訓字荆岐已旅既作已亦故訓字○今文一作酆水逌同○漢志作酆水逌同師古曰逌古攸字也攸所也荆岐二山名荆在岐東言二山治畢已旅祭也漢志右扶風鄠縣云古國有扈谷亭扈夏啟所伐酆水出東南又有潏水皆北過上林苑入渭又左馮翊襄德云禹貢北條荆山在南下有彊梁原洛水東南入渭雍州

寖水經荆山在馮翊懷德縣南岐山在扶風美陽縣西北

**終南惇物至于鳥鼠**漢志作惇物又右扶風武功云大壹山古文以爲終南垂山古文以爲敦物皆在縣東又隴西郡首陽云禹貢鳥鼠同穴山在西南渭水所出東至船司空入河錫瑞謹案班志特舉古文之說則今文說當與古文不同今文家說葢不以惇物爲山名漢無極山碑曰有終南之惇物岱宗之松楊越之樜口條蕩洪适謂以惇物爲終南所産與松篠同科此歐陽夏侯家說程大昌本之謂終南産物殷阜故稱惇物非別有一山攷漢書東方朔傳曰夫南山天下之阻也其地從汧隴以東商雒以西其山出玉石金銀銅鐵豫章檀柘異類之物不可勝原此百工所取給萬民所卬也是終南之饒物產至漢猶然此文與下原隰厎績至于豬野對文惇物正與厎績相對史記集解鄭元曰地理志終南敦物皆在右扶風武功也水經終南山惇物山在扶風武功縣西南皆與今文義不合○今文一作終南敦物○史記作敦物

**原隰厎績至于豬野**今文作至于都野○史記作都野集解鄭元曰地理志都野在武威名曰休屠澤水經山澤篇曰都野澤在武威縣東北廣雅亦作都野與史記合大傳曰大而高平者謂之大原下而平者謂之隰隰之言濕也春秋說題

辭曰高平曰大原原者端也平而有度下濕曰隰隰之言濕也下溼也釋名釋地曰廣平曰原原元也如元氣廣大也下濕曰隰隰蟄也蟄蟄濕意也○一作至于豬壄○漢志作豬壄又武威郡武威云休屠澤在東北古文以爲豬壄澤陳喬樅說地理志曰谷水出姑臧南山北至武威入海屆此水流兩分一水北入休屠澤俗謂之西海一水又東逕一百五十里入豬野世謂之東海據此則休屠澤與豬野微有分別或今文家說不以休屠澤爲卽豬野故班志特以古文別識之

**三危既宅三苗丕敘** 漢志作三危既宅三苗丕敘御覽地部引河圖括地象曰三危山在鳥鼠之西南與汶山相接據此則索隱引河圖作岐山岐字乃汶字之誤緯書多同今文河圖云汶山與史記作汶合則其解三危亦當是今文家說也淮南墬形訓曰樂民拏閭在崑崙弱水之洲三危在樂民西司馬相如大人賦直徑馳夫三危張揖曰三危山在鳥鼠山之西與嶓山相近黑水出其南陂水經山澤篇三危山在燉煌縣南○今文一作三危既度三苗丕序○史記作三危既度三苗大序索隱曰鄭元引河圖及地說云三危山在鳥鼠西南與岐山相連度劉伯莊音田各反尙書作宅案今文尙書宅作度史記丕作大故訓字

**厥土惟黃壤厥田惟上上厥賦中下厥貢惟球琳琅玕**○今文作厥土黃壤

田上上賦中下貢璆琳琅玕○史記作其土黃壤田上上賦中下貢璆琳琅玕後漢書杜篤傳曰夫廱州本皇帝所以育業禹貢所載厥田惟上張衡西京賦曰爾乃廣衍沃土厥田上上論衡率性篇云禹貢曰璆琳琅玕此則土地所生眞玉珠也段玉裁說眞玉謂璆琳眞珠謂琅玕今文尚書作琳與爾雅合案史記論衡用今文作璆亦與爾雅合爾雅曰西北之美者有崑崙墟之璆琳琅玕焉郭璞注曰璆琳美玉名琅玕狀似珠也○一作貢球琳琅玕○漢志作球蓋夏矦尚書異字師古曰球琳皆玉名琅玕石似珠者也

**浮于積石至于龍門西河會于渭汭**史漢同漢志金城郡河關云積石山在西南羌中河水行塞外東北入塞內至章武入海過郡十六行九千四百里又左馮翊夏陽云禹貢龍門山在北郡國志同水經山澤篇龍門山在河東皮氏縣西

**織皮崐崘析支渠搜西戎即敘**○今文作織皮昆侖析支渠搜西戎即序○史記作織皮昆侖析支渠搜西戎即序索隱曰鄭元以爲衣皮之人居昆侖析支渠搜三山皆在西戎王肅曰昆侖在臨羌西析支在河關西西戎在西域

王肅以爲地名而不言渠搜今按地理志金城臨羌縣有昆侖祠敦煌廣至縣有昆侖障朔方有渠搜縣○一作織皮昆崘析支渠叟西戎卽敘○漢志作織皮昆崘析支渠叟西戎卽敘而金城郡臨羌云西北至塞外有西王母石室有弱水昆侖山祠侖字不從山溝洫志亦作侖渠叟作叟師古曰叟讀曰搜卽敘作敘而西域傳贊曰書曰西戎卽序言禹就而敘之非上威服致其貢物也又敘傳曰西戎卽序夏后是表張晏曰表外也禹就序以爲外國也據此則地理志作敘乃後人改之荀悅漢紀引書曰西戎卽序言皆順從其序也案此昆侖在臨羌非禹本紀所言河源所出之昆侖亦非去嵩高五萬里海外大荒經西海之南流沙之濱之昆侖也

**導岍及岐至于荆山逾于河**○今文作道九山岍及岐至于荆山踰于河○史記作道九山岍及岐至于荆山踰于河索隱曰岍壺口砥柱太行西傾熊耳嶓冢內方岐是九山也古分爲三條故地理志有北條之荆山馬融以岍爲北條西傾爲中條嶓冢爲南條鄭元分四列岍爲陰列西傾次陰列嶓冢爲陽列岐山次陽列錫瑞謹案索隱所引九山以經攷之岐字是汶字之誤岐山次陽列亦誤史記岷作汶或作岐與岐相似故譌爲岐矣三條者今文家說也四列者古文異說也漢人多用

三條之說如西嶽華山堂闕碑云列三條則居其中三公山碑云三條別神白石神君碑云參三條之壹封龍山碑云三條之列神殽阬碑云中條之山蓋華嶽之體南通商雒皆爲中條華山碑亦以太華爲中條據此諸碑皆是漢世通行今文多云三條罕云四列尚書正義曰從此導汧至敷淺原舊說以爲三條地理志云禹貢北條荆山在馮翊褱德縣南南條荆山在南郡臨沮縣東北是舊有三條之說也故馬融王肅皆爲三條導汧北條西傾中條嶓冢南條鄭元以爲四列鄭創爲此說孔亦當爲三條也據此三條之說最古馬王皆同班志僞孔傳王肅作故其說同惟鄭君說爲異陳喬樅以天官書傅會之非是○一作道汧及岐至于荆山逾于河○漢志作道汧及岐至于荆山逾于河師古曰自此以下更說所治山水首尾之次也治山通水故舉山言之汧山在汧縣西道讀曰導河即梁山龍門又志右扶風汧縣云吳山在西古文以爲汧山雍州山北有蒲谷鄉弦中谷雍州弦蒲藪汧水出西北入渭郡國志右扶風汧有吳嶽山本名汧汧水出亦曰嶽山爾雅釋山河西嶽郭注別名吳山亦曰開山書釋文岍馬本作開廣雅釋山吳山謂之開山郭璞注山海經亦云吳山別名開山王念孫說開與汧同吳山虞山吳嶽嶽山開山竝汧山之異名

**壺口雷首至于太岳**○今文作至于太嶽○史漢同漢志河東郡蒲反云雷首山在南彘縣云霍太山在東冀

州山郡國志水經山澤篇言雷首與志同水經又云太嶽山在河東永安縣餘同漢志

厎柱析城至于王屋○今文作厎柱一作砥柱○史記作砥柱漢志作厎柱師古曰厎柱在陝縣東北山在河中形若柱也漢志河東郡濩澤云禹貢析城山在西南垣縣云禹貢王屋山在東北沇水所出水經山澤篇砥柱在河東大陽縣東河中析城山在河東濩澤縣西南王屋山在河東垣曲縣東北皆同漢志孔疏林氏尚書解蔡傳引志在西南脫南字非是

大行恒山至于碣石入于海○今文一作太行常山○史記作常山漢志作恒山志於河內郡山陽云東太行山在西北壄王云太行山在西北常山郡上曲陽云恒山北谷在西北有祠幷州山禹貢恒水所出東入滱張晏曰常山郡恒山在西避文帝諱故改曰常山案恒常古通用不盡由避諱大行列子謂之大形淮南子謂之五行之山據漢志兩太行皆在河內郡國志水經山澤篇高誘注呂覽淮南皆云太行在河內野王縣與漢志同漢志有兩碣石說見前

西傾朱圉鳥鼠至于太華○今文西傾一作西頃朱圉一作朱圄○史記作西傾集解鄭元曰地理志朱圉在漢陽太華山在宏農華陰南索隱曰圉一作圄太華即敦物山漢志作西頃志於隴西郡臨洮云禹貢西頃山在縣西南天水

郡冀縣云禹貢朱圄山在縣南梧中聚又隴西郡首陽云禹貢鳥鼠同穴山在西南又京兆尹華陰云太華山在南有祠豫州山水經同惟以華山在宏農華陰縣爲異段玉裁說圉紀志皆同而漢志冀縣下作圄則其前述禹貢亦必作圄夏本紀索隱云圉一作圄蓋皆後人依尚書改爲圉也錫瑞謹案圉圄古通用左氏定四年經孔圉公羊經作孔圄司馬相如上林賦曰靈圄燕於閒館封禪書曰鬼神接靈圉賓于閒館此通用之證鄭引地志與班志小異索隱以大華爲敦物殊誤且今文說不以敦物爲山名

**熊耳外方桐柏至于陪尾**○今文作至于負尾亦作至于倍尾○

史記作負尾集解鄭元曰陪尾在江夏安陸東北若橫尾者漢志作倍尾師古曰倍讀曰陪志於宏農郡盧氏云熊耳山在東伊水出東北入雒潁川郡嵩高云武帝置以奉大室山是爲中岳有太室少室山廟古文以崇高爲外方山也南陽郡平氏云禹貢桐柏大復山在東南淮水所出江夏郡安陸云橫尾山在東北古文以爲倍尾山水經同陳喬樅說班志稱禹貢多據今文家尚書說其據古文說者則以古文別之閒有引桑欽說亦古文家言也此經陪尾今文家必以泗水陪尾釋之與古文尚書以爲橫尾在安陸者說異知者賈疏引春秋文燿鉤語襴保章氏疏云外方熊耳以至泗水陪尾屬搖星緯說皆用今文尚書博物志之語蓋即本今文尚書說也博物志曰泗出陪尾陪漢志作倍史記作負皆三家尚書之

異文段玉裁曰負聲音聲古音同在第一之咍部古字多以負爲倍以倍爲向背之背亦以倍爲負本紀讎數倍讎値也數音朔倍與負同下文折券棄責師古曰棄其所負是隱訛大誤也漢月令王萯生呂氏春秋作王菩生郭景純注穆天子傳云萯今菩字音倍皆其證也案陳說近是然無塙證鄭注水經山澤篇皆與古文說同

**導嶓冢至于荊山內方至于大別**○今文導作道○史漢同漢志江夏郡竟陵云章山在東北古文以爲內方山六安國安豐云禹貢大別山在西南釋名釋山云山頂曰冢冢腫也言腫起也河圖括地象曰嶓冢山上爲狼星大別爲地理以天合地以通荊山爲地雌上爲軒轅星段玉裁說班志章山之上當有立字史記集解引鄭元曰地理志內方在竟陵名立章山又郡國志曰江夏郡竟陵立章山本內方又水經注曰禹貢注立章山也蓋俗本漢書因章頭似立而脫之也案郡國志史記集解水經山澤篇言大別在安豐皆與志合志云安豐屬六安郡國志鄭注水經皆云屬廬江者建武十年省併也孔疏云地理志無大別失檢水經注引京相璠說亦與志合杜預始疑大別不在安豐元和志遂以翼際山當之非古義也

**岷山之陽至于衡山**○今文作汶山之陽亦作嶓山之陽○史記作汶漢志作嶓志於長沙國湘南云禹貢衡

山在東南荊州山水經同案今文說以霍山爲南嶽霍一名衡非此衡山說見前

過九江至于敷淺原○今文作過九江至于傅淺原○史漢皆作敷淺原而漢志豫章郡歷陵云傅昜山傅昜川在南古文以爲傅淺原段玉裁說以此作傅知前作敷者淺人所改也猶傅土改敷土也以漢書作傅知本紀作敷者亦淺人所改也郡國志亦曰豫章歷陵有傅昜山今本尚書正義史記索隱地理志注皆作博陽山昜陽同字博則誤也案僞孔傳云敷淺原一名博陽山博疑即傅之誤水經云在歷陵縣西與志小異

導弱水至于合黎○今文作道九川弱水至于合黎○史記作道九川弱水至于合黎集解鄭元曰地理志弱水出張掖流沙在居延西北名居延澤地記曰弱水西流入合黎山腹餘波入于流沙通于南海馬融王肅皆云合黎流沙是地名索隱曰弱黑河瀁江沇淮渭洛爲九川案今文尚書有三條之說道山道水皆有之馬注云北條行河中條行渭洛濟淮南條行江漢是也鄭引地記通于南海之文蓋本之山海經淮南子而酈道元司馬貞從之按之古經近志皆云北流不得轉入南海○一作道弱水至于合藜○漢志作道弱水至于合藜師古曰合藜山在酒泉流沙在敦煌西又張掖郡删丹云桑欽以爲道弱水自此西至

酒泉合黎案合黎鄭與水經以爲山名馬融王肅云是地名僞孔以爲水名王逸九思云過桂車兮合黎注云桂車合黎皆西方山之名叔師用今文說亦以合黎爲山名然則馬王以爲地名僞孔以爲水名皆非也陳喬樅說續漢志云張掖郡刪丹弱水出前志於刪丹下稱桑欽以爲道弱水自此西至酒泉合黎然則古文說謂道弱水自刪丹非謂弱水出刪丹也續志所云當是今文家說何以明之淮南墬形訓云弱水出自窮石高誘注云窮石山名在張掖北括地志云蘭門山一名窮石在刪丹縣西南七十里攷說文山部云岓山也或曰弱水之所出从山几聲而隋志刪丹縣有祀山弱水祀山疑卽岓山之譌岓山蓋卽窮石之別名淮南及說文所載或說皆以弱水所自出在刪丹縣是本今文尚書說故與桑欽古文說不同也案漢志謂呼蠶水入羌谷水羌谷水入居延海班氏據西京圖籍以今黑水河爲正源桑氏傳古文尚書則以爲弱水正源出刪丹其說略異若志於金城郡臨羌云有弱水崑崙班氏不以此爲禹貢弱水也○一作至于合離○水經山澤篇合離山在酒泉會水縣西北注云合離山卽合黎山也作離蓋三家異文十六國春秋呂光遺呂纂討段業戰于合離

**餘波入于流沙** 漢志張掖郡居延云居延澤在東北古文以爲流沙郡國志水經山澤篇同史記集解引鄭注地理

志流沙在居延西北名居延澤云西北者尚書後案以爲裴誤淮南墬形訓曰弱水出自窮石至于合黎餘波入于流沙絶流沙南至南海又曰西王母在流沙之濱樂民拏閭在昆侖弱水之洲三危在樂民西王逸注離騷云流沙沙流如水也尚書曰餘波入于流沙又注招魂云流沙沙流而行也

**導黑水至于三危入于南海**。今文導作道。史漢同集解鄭元曰地理志益州滇池有黑水祠而不記此山水所在地記曰三危山在鳥鼠之西南通典載鄭君引地記曰三危山在鳥鼠之西而南當岷山又在積石之西南當黑水祠黑水出其南脊較集解爲詳河圖括地象曰三危山鳥鼠之西南與汶山相接上爲天苑星黑水出其南

**導河積石至于龍門**。今文導作道。史漢同漢書西域傳曰河有二源一出葱嶺一出于闐于闐在南山下其河北流與葱嶺河合東注蒲昌海蒲昌海一名鹽澤者去玉門陽關三百餘里廣袤三四百里其水停居冬夏不增減皆以爲潛行地下南出于積石爲中國河淮南墬形訓曰河水出昆侖東北陬貫渤海入禹所導積石山注云渤海大海河水自昆侖由地中行禹導而通之至積石山水經積石在隴西河關縣西南龍門山在河東皮氏縣西又河水篇崑崙墟在西北去嵩高五萬里地之

中也其高萬一千里河水出其東北陬屈從其東南流入于渤海又出海外南至積石山下有石門河水冒以西南流酈注引高誘淮南注云河出昆侖山伏流地中萬三千里禹導而通之出積石山其說小異又淮南墜形訓云龍門在河淵高誘注云龍門在河東馮翊夏陽吟又本經訓云舜之時共工振滔洪水以薄空桑龍門未開呂梁未發注云龍門河之隘在左馮翊夏陽北禹所鑿也又修務訓云禹沐浴淫雨櫛扶風決江疏河鑿龍門注云龍門水門魚遊其中得過者便爲龍故曰龍門禹闢而大之故曰鑿也孝經援神契曰禹鑿龍門闢伊闕漢石門頌曰禹鑿龍門○

**南至于華陰東至于厎柱又東至于孟津東過洛汭至于大伾**

今文作南至華陰東至砥柱又東至于盟津東過雒汭至于大邳○史記曰南至華陰東至砥柱又東至于盟津東過雒汭至于大邳索隱曰盟古孟字又河渠書曰河菑衍溢害中國也尤甚唯是爲務故道河自積石歷龍門南到華陰東下砥柱及孟津雒汭至于大邳論衡曰武王與八百諸矦咸同此盟故孟津亦曰盟津尚書所謂東至于孟按當作盟津是也薛綜東京賦注曰厎柱山名也河東縣東南向居中猶柱然也又曰孟津四瀆之長故武王爲諸矦約誓於其上尚書曰東至于盟津盟津地名在洛北都道所湊古今

以爲津。一作南至于華陰東至于厎柱又東至于盟津東過雒汭至于大伾。漢志曰南至于華陰東至于厎柱又東至于盟津東過洛汭至于大伾又溝洫志曰河災之羨溢害中國也尤甚唯是爲務故道河自積石歷龍門南到華陰東下厎柱及盟津雒內至于大伾溝洫志作雒則地理志洛字蓋後人改之汭溝洫志作內猶雍州渭汭又作內也伾尙書釋文云本又作岯字或作阫段玉裁說按東京賦厎柱輟流鐔以大岯李善注引東過大岯此正釋文又作之本也夏本紀水經作邳疑卽阫字之異體也江聲說水經云大邳地在河南成皋縣北張晏注溝洫志說同而鄭氏以爲在修武武德畍臣瓚又以爲黎陽臨河山蓋諸家誤執山一成伾爲說故皆不得其實大邳實是地名非山也其字從阝水經與史記同水經注五卷引鄭元曰大伾地喉也沇出邳際矣是足證大邳爲地名矣

**北過洚水至于大陸。**今文一作北過絳水。史記漢志皆作降而志於上黨郡屯留云桑欽言絳水出西南東入海又信都國信都云故章河故虖池皆在北東入海禹貢絳水亦入海段玉裁說此皆釋禹貢也而字作絳則前志述禹貢經文字亦必作絳不爾則禹貢絳水四字前無所承今本地理志溝洫志錄禹貢皆作降淺人用尙書改之耳夏本紀河渠書索隱亦

皆作降且分別之云地理志從糸作絳而張守節正義引括地志云絳水源出潞州屯留縣西南方山東北流冀州入海卽地理志桑欽說也張本作絳與小司馬本作降不同蓋今文尚書作絳是以史漢皆從之陳喬樅說水經注引桑欽云絳水出屯留西南東入漳與班志所引不同疑班志海字乃漳之誤桑欽治古文尚書者以絳水爲入漳此據古文說故班志特著之其信都下以絳水爲入海此據今文家說也

**又北播爲九河同爲逆河入于海**。今文作北播爲九河同爲迎河入于勃海。史記夏本紀曰北播爲九河同爲逆河入于海河渠書曰於是禹以爲河所從來者高水湍悍難以行平地數爲敗乃厮二渠以引其河北載之高地過降水至于大陸播爲九河同爲逆河入于勃海又太史公曰東闚洛鐺作汭大邳迎河據此足知本紀河渠書逆河當作迎河本紀入于海當作入于勃海淺人妄改之也陳喬樅說天官書云中國山川其維首在隴蜀尾沒於勃碣天文志增其文曰尾沒於勃海碣石此言川流盡於勃海山脈盡於碣石也經言夾右碣石入于河知迎河在碣石之西矣又言至于碣石入于海知海又在碣石之東矣禹之道河從碣石入勃海上應天文下協地理案溝洫志與河渠書略同志又載王橫曰禹之行河水本隨西山下東北去周譜云定王五年河徙則今所行非禹之所穿也宜卻徙完平處更開空使緣西山足乘高地而東北入海迺無水災周譜即桓譚新論稱太史公世表效周譜者禹貢錐指云王横所稱西山即賈讓所謂放河使北西薄大山者高地即史遷所謂至大邳引河北載之高地者也據周譜稱定王五年河徙則五年以前仍爲禹迹漢書敘傳商竭周移正指定王五年事○一作又北播爲九河同爲迎河入于勃海○漢書地理志曰又北播爲九河同爲逆河入于海而志於勃海郡云莽曰迎河南皮云莽曰迎河亭溝洫志曰播爲九河同爲迎河入于勃海據此足知地理志本作迎河勃海亦淺人妄改之今文尚書逆爲迎王莽用今文尚書也臣瓚曰禹河入海在碣石元光三年河徙注勃海禹時不注也案孝武紀元光三年河水徙從頓丘東南流入勃海其入勃海與禹時不異所異者改道從頓丘移徙耳志於勃海郡平成曰虖沱河民備或曰徒駭河此禹貢故道也豈可曰禹時不注勃海乎禹河不注勃海何以史漢於宣房既築皆曰道河北行二渠復禹舊跡乎淮南要略篇曰禹𠜲河而道九岐高誘注云𠜲洩去也九岐河水播岐爲九以入海也風俗通曰河播也昔禹治洪水播爲九河自此始也

嶓冢導漾東流爲漢又東爲滄浪之水○今文導作道○漢志曰嶓冢道漾東流爲漢又東

爲滄浪之水隴西郡氐道云禹貢養水所出至武都爲漢武都郡武都云東漢水受氐道水一名沔過江夏謂之夏水入江南郡華容云夏水首受江東入沔行五百里張衡南都賦曰流滄浪而爲隍廓方城而爲墉李善注引左傳方城以爲城漢水以爲池是滄浪卽漢之別流馬鄭皆以爲夏水蓋今古文之說不異水經注括地志乃以武當之干齡洲當之非是說文水部云漾水出隴西柏道東至武都爲漢从水羕聲重文瀁云古文从養據許君說則史記作瀁蓋兼存古文漢志氐道下作養亦卽從古文而省水旁耳瀁爲古文則漾當爲今文漢志述禹貢蓋用今文王逸注楚辭思美人云嶓冢山名尙書嶓冢導漾又注九歎云漢水名也尙書曰嶓冢導漾東流爲漢叔師用今文正作漾段玉裁云今文尙書作養與說文違非也王念孫說至武都爲漢上脫東字東漢水東字後人所加其說皆是志於西縣下曰嶓冢山而氐道不著山名明嶓冢已著於西縣故郡國志鄭注引地理志說文水經山澤篇漾水篇皆言隴西氐道與漢志合淮南墜形訓曰漢出嶓冢高誘注嶓冢山漢陽縣西界漢水所出南入廣漢東南至雍州入江其說亦同魏收魏書地形志始言宕羌亦有嶓冢後人遂謂嶓冢一在宕羌州北東漢水所出一在秦州西南西漢水所出不知古無兩嶓冢○一作嶓冢道瀁東流爲漢又東爲蒼浪之水○史記曰嶓冢道瀁東流爲漢又東爲蒼浪之水索隱曰馬融鄭元皆以蒼浪

爲夏水即漢之別流也漁父謌曰滄浪之水清兮可以濯吾纓是此水也案蒼浪蓋以青蒼得名文選陸士衡塘上行垂影滄浪泉李善注引孟子滄浪之水清云滄浪水色也今趙注所無盧文弨以爲劉熙注據盧說則今文家以滄浪爲水色易說卦震爲蒼筤竹言竹色青蒼也古詩東門行上用滄浪天言天色青蒼也漢水青蒼故曰蒼浪李白詩所謂漢水鴨頭綠也

**過三澨至于大別**○今文至一作入○史記作入漢志作至說文水部云澨埤增水邊土人所止者夏書曰過三澨陳喬樅說案水經三澨地在南郡邔縣之北酈注引鄭云水名馬王竝同此古文尚書說也然則說文所稱乃今文家說矣

**南入于江東匯澤爲彭蠡東爲北江入于海**史漢同水經山澤篇云北江在毗陵北界東入于海與漢志合然則漢志毗陵下云江在北其上脫北字明矣續漢志吳郡毗陵亦云季札所居北江在北水經注引鄭元曰匯回也漢與江門轉東成其澤矣

**岷山導江東別爲沱**○今文作汶山道江○史記作汶山道江三國志秦宓傳曰蜀有汶阜之山江出其腹帝以會昌神以建福又曰禹生石紐今之汶山郡是也注引河圖括地象曰岷山之地上爲東井絡帝以會昌神以建福左思蜀都賦

曰遠則岷山之精上爲井絡天帝運期而會昌景福肸蠁而興作○一作嶓山道江○漢志作嶓山道江陳喬樅說華陽國志曰七國時杜宇稱帝于蜀號曰望帝其相開明決玉壘以除水害帝遂禪位于開明此說出揚雄蜀王本紀故漢志云汶江縣有江沱旣爲七國時開明所鑿則非禹時所有之江沱故漢志不繫之禹貢然則郫縣所云禹貢江沱必尙書今文家相承師說以爲江之東別者矣案孝經援神契曰決江開岷導四瀆書旋機鈐曰禹導積水決岷山流九貢注云九貢九州之貢也水經江水篇岷山在蜀郡氐道縣大江所出東南過其縣北江水自天彭闕東逕汶關而歷氐道北又有湔水入焉江水又東別爲沱江水又東逕西陵峽歷禹斷江出峽東南流又南過江陵縣南又東逕郢城南又東得豫章口又東至華容縣西夏水出焉又東至長沙下雋縣北澧水沅水資水合東流注之湘水從南來注之此卽東別爲沱又東至于醴也

**又東至于澧**○今文澧作醴○史漢皆作醴史記集解曰馬融王肅皆以醴爲水名鄭元曰醴陵名也大𨸏曰陵長沙有醴陵縣案澧醴通用禮運地出醴泉釋文醴本作澧爾雅謂之醴泉釋文本作澧泉是其證惟水名陵名馬王鄭說異未知孰爲今文陳喬樅云鄭從今文家說無據

**過九江至于東陵東迆北會于匯東爲中江入于海**史漢同。漢志盧江郡云：金蘭西北有東陵鄉。陳喬樅說：水經云東陵地在盧江金蘭縣西北。攷金蘭漢時竝未置縣，水經魏時人所作，蓋魏時置爲縣也。水經又云：江水自下雋縣北，又東北至江夏沙羨縣西北，沔水從北來注之；又東過邾縣南，又東過蘄春縣南，蘄水從北來注之；又東過下雉縣北，刊水從東陵西南注之。即此經過九江至東陵者也。

**導沇水東流爲濟入于河溢爲滎**。今文作道沇水東爲濟入于河泆爲滎。史記曰道沇水東爲濟入于河泆爲滎。周禮職方氏注、賈疏皆引泆爲滎，與史記合。說文：泆，水所蕩泆也。釋名釋水曰：水泆出所爲澤曰掌，水停處如手掌中也。今兖州人謂澤爲掌也。一作道沇水東流爲泲入于河軼爲滎。漢志作道沇水東流爲泲入于河軼爲滎。濟作泲，泆作軼，蓋三家異文。志與史記滎字皆當作熒，說見上。水經：濟水出河東垣縣東王屋山爲沇水，又東至温縣爲濟水。

**東出于陶丘北又東至于菏又東北會于汶又北東入于海**。今文菏作荷。漢志作東出于陶丘北，又東至于荷，又東北會于汶，又北東入于海。濟陰郡定陶云：禹貢陶丘在西南陶丘亭。又云：濟陰國宣帝甘露二年更名定陶禹貢荷澤在定陶東屬兖州水經陶丘在濟陰定陶縣之西南荷水在山陽湖陸縣南與志同史記集解引鄭注地理志陶邱在濟陰定陶西北北字葢誤釋名釋邱曰再成曰陶邱於高山上一重作之如陶竈然也。今文一作東出陶丘北又東至于荷又東北會于汶又東北入于海。史記作東出陶丘北又東至于荷又東北會于汶又東北入于海陳喬樅說北東史記作東北此據今文尚書也攷山海經云濟水絶鉅野注勃海入齊琅槐東北水經歷敘泲水所經云又東北過甲下邑入于河又東北入海酈注云又東北逕樂安縣故南城又東北河水枝津注之又東北入海諸所言泲水入海皆云東北當從史記於義爲長漢志作北東疑是淺人依梅本尚書改之

導淮自桐柏東會于泗沂東入于海。今文導作道。史漢同風俗通山澤篇曰南陽平氏縣桐柏大復山在東南淮水所出潛流地下三十許里東出大復山南謂之陽口水南即復陽縣在大復山之陽故曰復陽河圖括地象曰桐柏山爲地穴淮南墬形訓曰淮出桐柏山高誘注桐柏山在南陽

導渭自鳥鼠同穴東會于灃又東會于涇又東過漆沮入于河。今

文作道渭自鳥鼠同穴東會于灃又東北至于涇東過漆沮入于河○史記作道渭自鳥鼠同穴東會于灃又東北至于涇東過漆沮入于河爾雅釋鳥曰鳥鼠同穴其鳥爲鵌其鼠爲鼵李巡注鵌鼵鳥鼠之名共處一穴天性然也班志郡國志淮南墬形訓水經三輔黃圖言鳥鼠同穴皆不分別言之是鳥鼠同穴是一山河圖括地象曰鳥鼠同穴山之幹也上爲掩畢星鄭注本之分鳥鼠同穴爲二山蓋誤○一作東會于酆又東至于涇又東過漆沮入于河○漢志作東會于酆又東至于涇又東過漆沮入于河水經曰渭水自槐里縣故城南又東豐水從南來注之又曰漆水出扶風杜陽縣俞山東北入于渭沮水出北地直路縣東過馮翊祋祤縣北東入于洛陳喬樅說攷漆沮二水竝入于洛洛復入渭故闞駰十三州記以洛水爲卽漆沮之水也漢志歸德下洛水入河河當爲渭之誤馮翊懷德下言洛水入渭是其證也

導洛自熊耳東北會于澗瀍又東會于伊又東北入于河漢志作又東北入于河道洛作洛洛字誤當爲雒○今文一作道雒自熊耳東北會于澗瀍又東會于伊東北入于河○史記東北上無又字括地象曰熊耳山地門也其精上爲畢附耳星水經注引地說曰熊耳之山地門也雒水出其間淮南子墬形訓曰雒出熊耳注云熊耳在

上雒西北水經曰瀍水出河南穀城縣瀍東與千金渠合又東過雒陽縣南又東過偃師縣又東入于雒注云瀍水又東南注于穀穀水自千金堨東注謂之千金渠也注又云澗水出新安縣南白石山山海經曰白石之山澗水出其陰北流注于穀舊穀水亂流南入于穀今穀水東入千金渠澗水與之俱東入雒矣水經又曰洛水東北過盧氏縣南又東過蠡城邑之南又東北過宜陽縣南又東北過河南縣南又東過洛陽縣南伊水自西來注之又東北過鞏縣東又北入于河

**九州攸同四隩既宅**○今文作九州攸同四隩既度○史記曰於是九州攸同四奧既居史記於度字多作居今文尚書蓋作既度大傳曰壇四奧鄭注奧內也安也四方之內人所安居也段玉裁說此今文尚書有奧無墺之證也○一作九州逌同四奧既宅○漢志曰九州逌同四奧既宅河圖括地象曰長城者爲州崑崙東南地方五千里名神州天有九道地有九州天有九部八紀地有九州八柱孝經援神契曰計捘九州之內土壤山陵大川澤所注萊沛所生鳥獸所聚九百一十萬八千二十四頃磽确不墾者其餘隄封千五百萬二千頃注曰言民少不足以盡地利萊沛水旁漸洳不可耕者廣雅釋地曰帝堯所治九州地二千四百三十萬八千二十四頃其墾者九百一十萬八千二十四頃二說不同

**九山刊旅**〇今文作九山栞旅〇史漢皆作栞師古曰九州之山皆已栞木通道而旅祭也錫瑞謹案史記曰道九山則禹貢之山實有九數非謂九州之山以經攷之汧及岐至于荆山一也壺口雷首至于太嶽二也砥柱析城至于王屋三也太行恆山至于碣石四也西傾朱圉鳥鼠至于太華五也熊耳外方桐柏至于負尾六也嶓冢至于荆山七也内方至于大別八也汶山之陽至于衡山九也攷經道山之文其數適合蓋山之數不止於九而脈絡相承數山實止一山故可合之爲九山觀經文皆言某山至于某山是數山可合爲一山之證白石神君碑曰居九山之數此漢人以爲九山其數實有九之明證也碑又曰體連封龍而封龍山碑曰北岳之英援則白石亦屬北岳之別支北岳恆山在禹貢九山中故白石亦可云居九山之數淮南墬形訓曰何謂九山會稽泰山王屋首山太華岐山太行羊腸孟門此非禹貢九山〇一作九山甄旅〇漢延光二年開母廟石闕銘曰九山甄旅錫瑞謹案尚書緯鄭注曰甄表也說文云栞槎識也小徐云槎識謂隨所行林木衺斫其枝爲道表識也是甄與栞義近故三家異文一作甄

**九川滌源**　史記紀漢書志同九川見道九川史記索隱注〇今文一作九川既疏〇河渠書溝洫志皆作九川既疏蓋亦

三家異文非故訓也

**九澤既陂** 史記紀漢書志同溝洫志九川既疏九澤既陂諸夏乂安功施乎三代錫瑞謹案禹貢之九川九山皆實有九數則九澤亦當實有九數非謂九州之澤也以經攷之雷夏一也大野二也彭蠡三也震澤四也雲夢五也滎播六也荷澤七也孟諸八也都野九也適符九澤之數雷夏彭蠡震澤荷澤禹貢明著澤名雲夢孟諸大野皆爲澤見周禮職方氏滎澤見左氏傳都野澤見水經其或一州無澤或一州有二澤三澤蓋無一定非如職方氏所載一州各一澤也據此又知王叔師楚詞注用今文說以夢爲澤名其說郢塙蓋夢是澤名則雲夢祇一澤若以雲夢分爲二澤是有十澤不止九澤矣風俗通山澤篇云傳曰陂者繁也言因下鍾水以繁利萬物也廣雅言九澤云都野孟豬彭蠡少原振澤渻眦沛澤雷澤幽都惟都野孟豬彭蠡振澤雷澤見禹貢其四澤不可攷○今文一作九澤既灑○河渠書作九澤既灑疑亦三家異文段玉裁說灑音所宜切在古音十六部陂从皮聲在古音十七部音轉最近陂者障其外灑者泄其中其義相成也

**四海會同** 錫瑞謹案今文家說四海亦實有東西南北四海見皋陶謨外薄四海引大傳若爾雅釋地云九夷八蠻七戎

五狄謂之四海說苑辨物篇云八荒之內有四海四海之內有九州乃別一義

**六府孔修** 史記孔作甚故訓字玉篇人部修下引書云六府三事孔修多三事二字疑亦三家異文

**庶土交正厎慎財賦咸則三壤成賦中邦** ○今文邦作國○史漢同史記曰衆土交正致慎財賦咸則三壤成賦庶作衆厎作致皆故訓字於成賦絕句集解鄭元曰衆土美惡及高下得其正矣亦致其貢篚慎奉其財物之稅皆法定制而入之也三壤上中下各三等也漢志於成賦中國絕句師古曰言衆土各以其所出交易有無而不失正致慎貨財以供貢賦皆隨其土田上中下三品而成其賦於中國也中國京師也案師古注與鄭注不同疑亦襲用漢人舊說王褒四子講德論云咸則三壤與漢志句讀同

**錫土姓祇台德先不距朕行** 漢志以錫土姓三字爲句師古曰台養也言封諸侯賜之土田因以爲姓所敬養者惟德爲先故無距我之行也台音怡陳喬樅說顏注漢書訓台爲養與鄭注誼異又與僞孔傳以台爲我不同疑是襲漢人音義舊說其訓亦本於三家解詁之異誼也史記以中國賜土姓三字爲句錫作賜故訓字集解鄭元曰中即九州也天子建其

國諸侯胙之土賜之姓命之氏其敬悅天子之德既先又不距違我天子政教所行錫瑞謹案中候握河紀曰堯曰嗟朕無德欽奉丕圖賜爾二三子斯封稷契臯陶皆賜姓號刑德放曰堯知命表稷契賜姓子姬臯陶典刑不表姓言天任德遠刑潛夫論志氏族曰昔堯賜契姓子賜棄姓姬賜禹姓姒氏曰有夏伯夷爲姜氏曰有呂亦不言臯陶此皆今文說賜土姓之事而言臯陶賜姓未賜姓其說不同國語曰胙四岳國命爲侯伯賜姓曰姜氏曰有呂謂其能爲禹股肱心膂以養物豐民人也韋昭曰堯以四岳佐禹治水行功封於呂命爲侯伯使長諸侯姜四岳之先炎帝之姓也炎帝世衰其後變易至四岳有德帝復賜之祖姓使紹炎帝之後陳喬樅說案經於水土既平後言錫土姓國語所云亦當爲錫土姓之一證也韋注國語蓋亦採尚書今文家說

**五百里甸服**

史記曰令天子之國以外五百里甸服漢志無令天子之國以外七字孫星衍說王制云天子之方千里又云千里之內曰甸周語云夫先王之制邦內甸服白虎通京師篇云法日月之徑千里然則五百里者去王城外面各五百里也故史公說爲令天子之國以外國者鄭注曲禮云城中也錫瑞謹案孫說非也史公明云令天子之國以外五百里甸服則五百里甸服在帝畿千里之外如周禮職方氏甸服在王畿千里之外也其外侯綏要荒各五百里合甸服五百里五服四面相距方五

千里加帝畿千里則六千里蓋史公言五服五千里不兼帝畿千里言之若國郎是城中史公何必分別其詞云天子之國以外五百里甸服乎賈逵馬融以爲中國方六千里蓋同史公之說然史公之意以爲帝畿千里之外乃爲五百里甸服納總之屬郎在五百里甸服中而馬氏注云甸服之外每百里爲差所納總銍秸粟米者是甸服之外特爲此數其侯服之外每言三百里二百里者還就其服之內別爲名耳非是服外更有其地也甸服之外五百里至城千里其侯綏要荒服各五百里是面三千里相距爲方六千里據此則馬氏之意以爲五百里甸服郎是帝畿千里甸服外乃別有納總之屬雖皆云六千里而其義稍異馬或參用古文家說也

**百里賦納總二百里納銍三百里納秸服四百里粟五百里米**

史記曰百里賦納總二百里納銍三百里納秸服四百里粟五百里米索隱曰說文云總聚束草也銍穫禾短鎌也禮郊特牲云蒲越稾秸之美則秸是稾之類也詩正義引鄭注曰總謂入所刈禾也銍謂刈禾斷去稾也秸又去穎也○今文一作百里賦內總二百里內銍三百里內戛服○漢志作百里賦內總二百里內銍三百里內戛服師古曰總禾稾總入也內讀曰納銍謂所刈即禾穗也戛

槀也言服者謂有役則服之耳粟米精者納少麤者納多段玉裁說漢志作戛是叚借字

**五百里侯服百里采二百里男邦三百里諸侯**○今文作二百里任國○史記曰甸服外五百里侯服百里采二百里任國三百里諸侯集解馬融曰采事也各受王事者案馬說與鄭王制千里之外曰采注云九州之內取其美物以當穀稅不同未知孰爲今文春秋緯曰侯之言候候逆順兼司候王命者白虎通爵篇曰侯者候也候逆順也史公男邦作任國用今文尚書非故訓字漢書王莽傳莽封王氏女皆爲任用今文尚書制爵也莽下書曰在采任諸侯是爲惟翰晉書地理志曰五百里侯服百里采二百里任三百里侯○一作二百里男國○漢志無甸服外三字作二百里男國師古曰男之言任任王事者三百里同主斥候故合而言之爲一等案今文尚書男皆作任漢志疑後人改之三百里諸侯三當作二史記漢志皆作三疑亦後人所改也

**五百里綏服三百里揆文教二百里奮武衛**史記曰侯服外五百里綏服三百里揆文教二百里奮武衛漢志無侯服外三字師古曰綏安也言其安服王者政教揆度王者文教而行之也三百里皆同奮其武力以衛

王者二百里皆同

**五百里要服三百里夷二百里蔡**史記曰綏服外五百里要服三百里夷二百里蔡集解馬融曰三蔡法也受王者刑法而已漢志無綏服外三字師古曰要以文教要束之也夷易也言行平易之法也三百里皆同蔡法也遵刑法而已二百里皆同案鄭注云蔡之言殺減殺其賦與馬注訓蔡爲法不同未知孰爲今文陳喬樅以爲鄭皆用今文說殊無塙證後漢書南夷傳云其在唐虞與之要質故曰要服

**五百里荒服三百里蠻二百里流**史記曰要服外五百里荒服三百里蠻二百里流集解馬融曰政教荒忽因其故俗而治之蠻慢也禮簡怠慢來不距去不禁流流行無城郭常居漢志無要服外三字師古曰荒言其荒忽各因本俗蠻謂以文德蠻幕而覆之三百里皆同流任其流移不考詰也二百里皆同案師古訓蠻與馬異未知孰爲今文史記五帝本紀曰唯禹之功爲大披九山通九澤決九河定九州各以其職來貢不失厥宜方五千里至于荒服南撫交阯北發西戎析支渠廋氐羌北山戎發息愼東長鳥夷四海之內咸戴帝舜之功匈奴列傳曰逐水草遷徙無城郭常處武王居酆鎬放逐戎夷以時入貢

命曰荒服漢書蕭望之傳書曰戎狄荒服言其來服荒忽無常陳喬樅說尚書正義云賈逵馬融以爲甸服之外百里至五百里米特有此數去王城千里其侯綏要荒各五百里是面三千里相距爲方六千里是賈馬雖治古文尚書而其釋禹貢皆從今尚書說與歐陽夏侯同何以明之歐陽夏侯說中國方五千里內以王畿千里言之王畿四面面各五百里數其一面爲五百里故曰五百里甸服謂距王城五百里之外名爲甸服也自甸至荒皆數其一面每服面各五百里五服共爲二千五百里並王畿千里計之面益五百里是面三千里相距爲方六千里要服之內分布九州謂之中國是爲中國方五千里賈馬所云方六千里者倂荒服數之歐陽夏侯所云方五千里者就中國言之也史記夏本紀載禹貢文而以訓詁增成之曰令天子之國以外五百里甸服天子之國卽王畿之內方千里者天子之國以外五百里甸服卽甸服自百里賦納總至五百里米距王城千里者是其說本今文尚書歐陽等義也

**東漸于海西被于流沙** 史漢同論衡談天篇曰禹貢東漸於海西被於流沙此則天地之極際也又曰東海流沙九州東西之際也相去萬里案王仲任習今文說今文說中國方五千里仲任以爲東海流沙相去萬里者蓋仲任以爲東海

流沙在中國之外故東西相去萬里中國之地實止五千里故談天篇又曰案周時九州東西五千里南北亦五千里周時疆域與禹貢略同則仲任必以禹貢九州亦止五千里矣王制曰西不盡流沙東不盡東海王制之說多與伏生大傳同是知今文家說以東海流沙皆在中國之外

經言漸被其德廣所及耳

**朔南暨聲教訖于四海** 史記作朔南暨聲教訖四海漢書賈捐之傳曰以三聖之德地方不過數千里西被流沙東漸於海朔南暨聲教訖于四海欲與聲教則治之不欲與者不彊治也君房蓋訓暨爲與以朔南暨聲教絕句荀悅漢紀計作北盡朔裔南暨聲教豫聲教者則治之不欲豫者不彊治也後漢書杜篤傳論都賦曰朔南暨聲諸夏是和是兩漢人皆以朔南暨聲教爲句晉書地理志曰夏后氏東漸于海西被于流沙南浮于江而朔南暨聲教近人或引說文日頗見之義謂當以朔南暨爲句非古義也且漢志作鼎又何以解乎。今文一作朔南鼎聲教。漢志作鼎師古曰北方南方皆及聲教盡於四海也鼎及也

**禹錫玄圭告厥成功** 史記曰於是帝錫禹玄圭以告成功於天下尚書旋機鈐曰禹開龍門導積石元珪出刻曰延喜王受德天賜佩鄭注禹功既成天出元圭賜之占者以德佩禹有治水功故天佩以元玉大義引春秋緯感精符曰帝王之

興多從符瑞周感赤雀故尙赤殷致白狼故尙白夏錫元珪故尙黑漢武梁祠石刻祥瑞圖曰元珪水泉疏通四海會同則至江藩說元珪乃治水功成之瑞應天所以寵錫禹者據此則史記言帝錫元圭亦謂天帝不謂堯矣錫瑞謹案史記稱帝皆二帝非天帝與緯書說不同漢書王莽傳張竦爲陳崇艸奏曰是以伯禹賜元圭周公受郊祀後漢書何敞奏記朱由曰忠臣受賞亦應有度是以夏禹元圭周公束帛敞六世祖比干學尙書於晁錯則亦傳今文者其說與史公同而潛夫論五德志曰功成賜玄珪以告勳於天魏曹植畫贊曰天錫玄圭奄有萬邦則皆同緯書說蓋三家尙書不同或元圭之出本爲瑞應禹得之以獻堯堯卬以賜禹故或以爲天錫或以爲帝錫歟

受業盧豫章夏敬觀挍

# 清善化皮氏本今文尚書攷證

第二册

清 皮錫瑞撰

天津圖書館藏清光緒二十三年善化皮氏師伏堂刻本

山東人民出版社·濟南

# 今文尚書攷證卷四

善化皮錫瑞

## 甘誓第四　夏書二

甘誓史記夏本紀曰有扈氏不服啓伐之大戰於甘將戰作甘誓集解馬融曰甘有扈氏南郊地名淮南子齊俗訓曰昔有扈氏爲義而亡注云有扈夏啓之庶兄也以堯舜舉賢禹獨與子故伐啓啓亡之高誘用今文說亦以爲啓伐有扈與史記合誘又注呂氏春秋云有扈夏同姓諸侯與此注異而墨子明鬼篇引此經作禹誓莊子人間世篇呂氏春秋召類篇說苑正理篇皆以爲禹伐有扈呂氏春秋先已篇又云夏后相與有扈戰于甘澤而不勝孫星衍說相當爲柏謂伯禹也以甘誓爲禹事當必本古文書說也莊子旣云國爲虛厲則有扈滅於禹時不應啓復伐之錫瑞謹案古者天子征討諸矦誅其君不絕其後若舜伐三苗禹復伐三苗周公踐奄成王復踐奄是兩事說見多士多方篇皆其明證又或別封一姓仍其國名不改如成王滅唐而封叔虞國仍號唐之類則禹伐有扈何必啓不再伐且高氏今文說以有扈爲啓之庶兄則禹或滅有扈以封其庶子至啓卽位不服而啓伐之亦未可知馬鄭古文書序與史記同是今古

文竝無違異墨子引此經爲禹誓或所傳異耳蔡邕銘論云殷湯有甘誓之勤是今文說以殷湯時曾以此誓勤銘馮衍顯志賦云訊夏啓於甘澤兮傷帝典之始傾注謂夏德之薄同姓相攻案穀梁隱八年傳曰誥誓不及五帝集解曰五帝謂黃帝顓頊帝嚳帝堯帝舜也誥誓尚書六誓七誥是其遺文據此則夏以前無誓而啓作誓是帝典始傾矣釋名釋言語云誓制也以拘制之也楚辭天問曰有扈牧豎云何而逢擊牀先出其命何從王逸注謂扈本牧人逢時爲侯啓攻之於牀擊殺之叔師習今文其說或有所據

**大戰于甘** 白虎通誅伐篇曰戰者何謂尚書大傳曰戰者憚警之也孫星衍說夏本紀云將戰作甘誓乃召六卿申之是未戰也未戰稱大戰者謂天子親征之師故大傳以戰爲憚警之不以爲鬬也

**乃召六卿** 史記曰乃召六卿申之鄭注尚書云六卿者六軍之將周禮六軍將皆命卿則三代同矣又注大傳夏傳云所謂六卿者后稷司徒秩宗司馬作士共工也錫瑞謹案鄭據周制上推前代以爲虞夏皆同大傳亡佚未知其說如何而以今文家說推之則必不同鄭說何以明之大傳曰古者天子三公每一公三卿佐之每一卿三大夫佐之每一大夫三元士佐之故有三公九卿二十七大夫八十一元士所與爲天下者若此而已鄭注自三公至元士凡百二十此夏時之官也據鄭此注則鄭亦以爲夏

時有三公九卿無六卿矣天子三公九卿大傳之外又見於異義引今文尚書夏侯歐陽說禮記昏義篇春秋繁露官制象天篇白虎通封公侯篇其說相同蓋自虞夏至周初官制皆然大傳大誓篇曰乃告於司馬司徒司空諸節史記周本紀漢河內所出大誓其文皆同牧誓亦曰司徒司馬司空是周初止有三公無六卿也立政曰司徒司馬司空是文王時亦止三公惟顧命曰乃同召太保奭芮伯師伯畢公衛侯毛公則在成王崩時周公制禮之後爲周有六卿之塙證異義引古周禮說以太師太傅太保爲三公又立三少爲之副是謂三孤冢宰司徒宗伯司馬司寇司空是謂六卿之屬古周禮說乃周公制周禮之法不可以概前代竝不可以概周初許君以古說爲周制則今說爲前代制矣鄭駁無攷據鄭注大傳以三公九卿爲夏制則亦必以古說爲周制其於許君無駁可知特解此經六卿與義和四子謨以周制說虞夏制耳兩漢今文家說以義和四子爲司天之官禹稷契等九官爲治民之官初無六卿之說三公之名爲司徒司馬司空亦未分列九卿之名惟王莽所定官制以義和作士秩宗典樂共工予虞爲六卿又置三公司卿以擬三孤合爲九卿莽用劉歆之說兼準周禮非用今文尚書異義引古周禮說當亦出於劉歆然周官有六卿而無三公三孤周官中屢言孤卿而不言孤有三人亦不以六卿合三孤爲九辨見王引之經義述聞是九卿與六卿初不相蒙莽蓋參用

周禮尚書而傳合爲一耳班孟堅作表乃沿莽制之誤以少師少傅少保爲三孤合六卿爲九鄭注周禮亦用其說又稍變之以說虞夏之制鄭言六卿無羲和較莽爲勝而又加以司馬司馬之名不見於尚書惟緯書有之稷爲天官亦出緯書然緯書竝無六卿之說且鄭解堯典以羲和與仲叔四子爲六卿解夏書又以后稷司徒之屬爲六卿案書序云羲和湎淫則羲和之官夏時尚在何以又不在六卿之列此鄭君古文說不及今文家說可信之一證也今文說夏止有三公而此云六卿者穀梁傳曰古者天子六師言古者則前代相同六師卽六軍白虎通引穀梁傳正作六軍鄭以六卿爲六軍之將是也以爲后稷司徒等官則誤其所以致誤者在誤解周禮軍將皆命卿句不知周禮之鄉大夫亦非分職之六卿鄉大夫之職曰受教法於司徒以歲時上其書小司徒之職曰頒比法於六鄉之大夫則六鄉大夫當爲司徒之屬官明甚云命卿者蓋假以卿名使爲軍將耳天子六軍出自六鄉六卿卽六鄉之大夫夏制與周制當同大傳以爲夏有九卿則六卿或於九卿中擇用六人或別有六卿亦未可知要與羲和四子后稷司徒等官無涉也魏劉劭爵制曰故啓伐有扈乃召六卿大夫之在軍爲將者也其說不誤羅泌路史曰蓋大夫在軍爲將如齊以高子國子各率五鄉或六卿外別有此六人無事掌其鄉之政屬於大司徒有事則率其鄉之萬二千五百人爲之軍將屬於大司馬爾

用兵之時事統司馬孰有天官冡宰更從屬於司馬哉

**王曰嗟六事之人予誓告汝**白虎通號篇曰仁義合者稱王王者五行之稱也王者往也天下所歸往史記王作啓墨子明鬼篇曰王乃命左右六人下聽誓於中軍

**有扈氏威侮五行**漢書地理志曰右扶風鄠古國有扈谷亭扈夏啓所伐史記集解鄭元曰五行四時盛德所行之政也威侮暴逆之案洪範五行傳曰維王后元祀帝令大禹步于上帝維時洪祀六沴用咎于下是用知不畏而神之怒若六沴作見若是共禦帝用不差神則不怒五福乃降用章于下若六沴作見若不共禦六代既侵六極其下禹乃共辟厥德受命休令爰用五事建立王極鄭注王謂禹也帝舜也步推也上帝謂天也令禹推演天道鄭所云推演天道即五行傳所云是也五行分屬五事若貌之不恭言之不從視之不明聽之不聰思心之不容即爲威侮五行禹推演五行爲洪範九疇子孫所當寶守有扈氏乃其庶子而威侮之是宜膺天罰矣

**怠棄三正**大傳曰王者存二王之後與己爲三所以通三統立三正周人以至日爲正殷人以日至後三十日爲正夏人

以日至後六十日爲正天有三統土有三王王者所以統天下也夏以十三月爲正色尚黑以平旦爲朔殷以十二月爲正色尚白以雞鳴爲朔周以十一月爲正色尚赤以夜半爲朔必以三微之月爲正者當爾之時物皆尚微王者受命當扶微理弱奉成之義也禮三正記曰正朔三而改文質再而復禮斗威儀曰三微者三正之始萬物皆微物色不同故王者取法焉白虎通三正篇曰正朔有三何本天有三統謂三微之月也漢書律厤志曰三統者天施地化人事之紀也其於三正也黃鍾子爲天正林鍾丑爲地正太簇寅爲人正三正之始史記周本紀引大誓曰今殷王紂乃用其婦人之言自絕于天毀壞其三正馬注動逆天地人也後漢書郎顗傳曰臣聞天道不遠三五復反注引春秋合誠圖曰至道不遠三五而反宋均注曰三三正也五五行也三正五行王者改世之際會也此皆今文家說三正之義馬注云建子建丑建寅三正也鄭注云三正天地人之正道子丑寅卽天地人其說似異而同是馬鄭皆用今文義夏時有三正者詩緯推度災曰軒轅高辛夏后氏漢皆以十三月爲正少昊有唐有殷皆以十二月爲正高陽有虞有周皆以十一月爲正通典引尚書中候亦有其文通典引三禮義宗曰若以書傳中候文依三正記推之則三皇五帝之所尚可得而知也以周人代殷用天正而尚赤殷人代夏用地正而尚白夏以人正代舜而尚黑則知虞氏之王當用天正而尚赤陶

唐氏當用地正而尚白高辛氏當用人正而尚黑高陽氏當用天正而尚赤少皡氏當用地正而尚白黃帝當用人正而尚黑炎帝當用天正而尚赤共工氏當用地正而尚白太皞氏當用人正而尚黑也崔氏所推與孔氏正義同但孔氏無共工有女媧皇侃引二家說一說自從有書籍而有三正說與鄭同但以神農爲地統黃帝少昊天統顓頊人統帝嚳帝堯地統與崔孔所推異皇氏依後說云所以必從人爲始者伏犧三才須人乃成是故從人爲始也諸說皆謂夏以前有三正後儒乃云湯始改正蓋未攷古義也大傳曰尚考大室之義唐爲虞賓又云於是百執事咸昭然乃知王世不絕爛然必自有繼祖守宗廟之君則禹繼堯仍當禰舜所存二王後必是唐虞三正謂唐虞與夏有扈氏蓋不知三正迭王之義責夏傳子不師唐虞故啓以怠棄三正罪之也

**天用勦絕其命**史記作勦誤當从刀白虎通壽命篇曰命有三科以記驗有壽命以保度有遭命以遇暴有隨命以應行隨命者隨行爲命若言怠棄三正天用勦絕其命矣祭法正義引孝經援神契曰命有三科有受命以任慶有遭命以謫暴有隨命以督行注隨命謂隨其善惡而報之小學紺珠又引援神契曰行善得善曰受命行善得惡曰遭命行惡得惡曰隨命隨者逆天道常善之行則隨其暴虐行以教之與白虎通義合○今文一作剿絕○說文水部引書作剿刀部引書作剿蓋三家異文漢書

王莽傳莽拜郭欽爲塡外將軍封剿胡子又詔曰將遣大司空將百萬之師征伐剿絕之矣莽用今文尚書○一作樔絕○漢書外戚傳武帝作賦悼李夫人曰命樔絕而不長

師古曰樔截也樔蓋叚借字亦三家異文

**今予惟恭行天之罰**○今文作維共○史記作維共墨子與漢書翟義王莽傳亦作共○今文共一作龔○班固東都賦漢書敘傳高誘呂氏春秋注鍾會檄蜀文孫盛李賢李善引尚書皆作龔蓋三家異文○一作命予惟恭行天之罰○白虎通三軍篇曰王法天誅伐天子自出者以爲王者乃天之所立而欲謀危社稷故自出重天命也尚書曰命予惟恭行天之罰此言開自出伐扈也段玉裁說命字蓋誤其共作恭者後人所改也案白虎通引此爲重天命之證則命字亦可通或三家異文

**左不攻于左汝不恭命右不攻于右汝不恭命**○今文作左不攻于左右不攻于右女不共命○史記左不攻于左下無女不共命句墨子引書亦無疑古本無之○一作左不共于左右不共于右○不攻墨子作不共三國志毛玠傳鍾繇詰玠引書曰左不共左右不共右與墨子引書同或亦三家異文

**御非其馬之正汝不恭命**○今文作御非其馬之政女不共命○正史記作政與墨子引同

**用命賞于祖**大傳曰古者巡守以遷廟之主行出以幣帛皮圭告於祖遂奉以載於齊車每舍奠焉然後就舍反必告奠卒斂幣玉藏之兩階之間蓋貴命也錫瑞謹案大傳但言巡守若師行亦當同禮記曾子問曰古者師行無遷主則何主孔子曰主命問曰何謂也孔子曰天子諸侯將出必以幣帛皮圭告于祖禰遂奉以出載於齊車以行然則有遷主載遷主無遷主載幣帛皮圭大傳文不具耳大傳又云武王伐紂王升舟入水宗廟惡鄭注云惡爲亞亞次也宗廟遷主是武王行師亦載遷主行王制疏引皇氏說云行必有主無則主命載於齊車書曰用命賞于祖是也摯虞要注云古者帝王征行以齋車載遷廟之主行故甘誓云用命賞于祖

**弗用命戮于社**○今文作不用命僇于社○史記作不用命僇于社周禮大司寇先鄭注小宗伯後鄭注公羊傳何氏注引皆作不與史記同蔡邕獨斷曰天子之宗社曰泰社天子所爲羣姓立社也天子之社曰王社一曰帝社古者有命將行師必於此社授以政尚書曰用命賞于祖不用命戮于社

**予則孥戮汝**○今文作予則奴僇女○史記作予則帑僇女帑淺人所改當從漢書引作奴漢書王莽傳曰秦置奴婢

之市與牛馬同蘭書曰予則奴戮女唯不用命者然後被此辜矣師古曰奴戮者戮之以爲奴也說書以爲帑子也戮及妻子此說非也泰誓云囚奴正士豈及子之謂乎匡謬正俗云按奴戮者今本誤作孥或以爲奴或加刑戮無有所赦耳此非孥子之孥猶周書泰誓稱囚奴正士亦謂或囚或奴也拏本誤作豈得復言弃子俱囚也班固漢書季布傳贊云及至困尼奴僇苟活蓋引商書之言以爲折衷矣按班書皆用今文說周禮司厲注引鄭司農云今之爲奴婢古之罪人也故書曰予則奴戮女先鄭注亦同今文若越語句踐徇于軍曰左而不在左右而不在右身斬妻子鬻雖仿甘誓之法恐非仁人之師

受業盧豫章
夏敬觀校

# 今文尚書攷證卷五

善化皮錫瑞

## 湯誓弟五　商書一

**湯誓**　風俗通皇霸篇曰湯者攘也昌也言其攘除不軌改亳爲商成就王道天下熾盛文武皆以其所長夫擅國之謂王能制割之之謂王制殺生威之謂王王者往也爲天下所歸往也白虎通謚篇曰湯死後世稱成湯以兩言爲謚也崔駰大理箴曰夏用淫刑湯誓其軍

**王曰**　史記殷本紀作湯曰段玉裁說白虎通曰質家言天命已使已誅無道今誅得爲王故先伐文家言天命已成爲王者乃得誅伐王者耳故先改正朔也按史記殷本紀作湯曰云云下文踐天子位作湯誥乃稱王自至於東郊告諸侯然則今文尚書祇作湯曰古文尚書作王曰錫瑞謹案段說非也白虎通言質家先伐乃改正朔非謂稱王大傳曰湯放桀而歸于亳三千諸侯大會湯取天子之璽置之于天子之坐左復而再拜從諸侯之位是其時未稱王史記曰湯曰吾甚武號曰武王亦據後言之耳然據史

官所書則固當稱王曰史記作湯曰不作王曰者史公以意改之使人易曉與五帝本紀作堯曰舜曰不作帝曰夏本紀作啓曰不作王曰其義正同非用今文作湯曰也若如段說五帝本紀不作帝曰夏本紀甘誓不作王曰又豈可據以爲今文作堯曰舜曰啓曰之證乎

**格爾衆庶悉聽朕言非台小子敢行稱亂有夏多罪天命殛之今爾有衆汝曰我后不恤我衆舍我穡事而割正夏予惟聞汝衆言夏氏有罪予畏上帝不敢不正。**今文作格女衆庶來女悉聽朕言匪台小子敢行舉亂有夏多罪予維聞女衆言夏氏有罪予畏上帝不敢不正今夏多罪天命殛之今女有衆女曰我君不恤我衆舍我嗇事而割正。史記予維聞女衆言至今夏多罪廿二字在天命殛之至舍我嗇事而割政廿三字之上與今本尚書先後倒易段玉裁說以漢書攷之尚書每簡或廿二字或廿五字此則伏生壁藏之簡甲乙互異之故也又按劉歆移書太常博士曰得此逸書以考學官所傳經或脫簡傳或間編湯誓正間編之一證錫瑞謹案據史記所載疑史公所用今文尚書本與古文不同以文義論似史記文繁義複不如今本文從字順然文從字順者正恐後人改竄之本未可專據今本爲是疑古本爲非也穡史記作嗇與石經合正史記作政無夏字今本夏字乃淺人據疏妄增

**今汝其曰夏罪其如台。**今文作女其曰有罪其如台。史記作女其曰有罪其奈何無今字史公於尚書如台字皆作奈何用故訓字孫星衍說如台爲奈何者薛綜注東京賦云如奈也台何聲之轉

**夏王率遏衆力率割夏邑有衆率怠弗協**白虎通京師篇云或曰夏曰夏邑殷曰商邑周曰京師尚書曰率割夏邑謂桀也在商邑謂殷也引書與史記異三家異文。今文一作夏王率止衆力率奪夏國有衆率怠不和。史記作夏王率止衆力率奪夏國有衆率怠不和奪謂奪其收斂也遏作止協作和或用故訓字

**曰時日曷喪予及汝皆亡。**今文作曰是日何時喪予與女皆亡史記作曰是日何時喪予與女皆亡鄭注尚書云桀見民欲叛乃自比于日曰是日何嘗喪乎日若喪亾我與女亦喪亾引不亾之徵以脅恐下民也鄭注與史記正同葢今文尚書本有作是日何時喪予與女皆亾者鄭引用今文尚書也大傳曰夏人飲酒醉者持不醉者不醉者持醉者相和而歌

曰盍歸于亳盍歸于亳亳亦大矣故伊尹退而閒居深聽歌聲更曰覺兮較兮吾大命格兮去不善而就善何不樂兮伊尹入告於桀曰大命之亾有日矣桀僩然歎啞然笑曰天之有日猶吾之有民也日有亾哉日亾吾乃亾矣是以伊尹遂去夏適湯鄭注云亳湯之都也深聽歌聲思其故也是時伊尹在桀覺兮謂先知者較兮謂直道者格至也吾謂桀也自比于天言常在也比於日言去復來也新序刺奢篇云吾有天下如天之有日也日有亾乎日亾吾亦亾矣餘與大傳略同列女夏桀末喜傳曰龍逄進諫曰君無道必亾矣桀曰日有亾乎日亾而我亾揚雄荆州牧箴云至桀荒溢曰我在帝位若天有日谷永黑龍見東萊對曰夏商之將亾也行道之人皆知之晏然自以若天有日莫能一危師古注曰自謂如日在天而無有能傷危也皆與大傳說合○一作時日害喪予及女偕亾○孟子引湯誓曰時日害喪予及女偕亾趙岐注曰日是也日乙卯日也害大也言桀爲無道百姓皆欲湯共伐之湯臨士衆誓言是日桀當大喪亾我與女俱往亾之臺卿以此二語爲湯誓衆之言乃今文異說與伏生史公揚子雲谷子雲鄭君之說皆不合與孟子下文民欲與之偕亾意亦不貫陳喬樅以爲小夏侯說也

夏德若茲今朕必往爾尚輔予一人致天之罰予其大賚汝○今文輔

作及○史記曰夏德若茲今朕必往爾尚及予一人致天之罰予其六理女孫星衍說輔作及者今古文異字非詁也賚爲理者理與釐通書序帝釐下土方馬注云釐賜也理也按白虎通號篇曰或稱一人王者自謂一人者謙也欲言已材能當一人耳故論語曰百姓有過在予一人據此則惟王者可自稱予一人故湯自謂予一人也

**爾無不信朕不食言爾不從誓言予則孥戮汝罔有攸赦**○今文爾作女無作毋罔作無○史記曰女毋不信朕不食言女不從誓言予則奴僇女無有攸赦今本帑字誤當作奴見甘誓中論賞罰篇曰夫賞罰者不在乎必重而在於必行必行則雖不重而民肅不行則雖重而民怠故先王務賞罰之必行也書曰爾無不信朕不食言爾不從誓言予則孥戮女罔有攸赦孥字亦後人改之

受業雷恒
文承譽挍

# 今文尚書攷證卷六

善化皮錫瑞

## 殷庚弟六　商書二

**盤庚**。今文作殷庚。漢石經作殷庚史記殷本紀曰帝陽甲崩弟盤庚立是爲帝盤庚帝盤庚之時殷已都河北盤庚渡河南復居成湯之故居迺五遷無定處殷民咨胥皆怨不欲徙盤庚乃告諭諸侯大臣曰昔高后成湯與爾之先祖俱定天下法則可修舍而弗勉何以成德乃遂涉河南治亳行湯之政然後百姓由寍殷道復興諸侯來朝以其遵成湯之德也帝盤庚崩弟小辛立是爲帝小辛帝小辛立殷復衰百姓思盤庚乃作盤庚三篇俞樾說作盤庚所以諷小辛也傷今思古猶小雅楚茨諸篇之義也呂氏春秋慎大覽曰武王乃恐懼太息流涕命周公旦進殷之遺老而問殷之亾故又問衆之所說民之所欲殷之遺老對曰欲復盤庚之政武王於是復盤庚之政然則史記謂百姓思盤庚信有徵矣盤庚之作因百姓思盤庚而作則所重者盤庚之政也其首篇述盤庚遷殷之後以常舊服正法度卽所謂盤庚之政也此作書之本指也其中下兩篇則取盤庚未遷與始遷之時告誡其民之語附益之故雖三篇而伏生止作一篇也後漢書文苑傳杜篤論都賦曰盤庚去奢行儉于亳李賢注引帝王世紀曰盤庚以耿在河北迫近山川自祖辛以來奢淫不絕盤庚乃南渡徙都于亳正義引鄭注意亦略同是盤庚之政去奢行儉之政也故以當時事實而言盤庚中宜爲上篇盤庚下宜爲中篇盤庚上宜爲下篇曰盤庚作惟涉河以民遷者未遷時也曰盤庚既遷奠厥攸居者始遷時也曰盤庚遷于殷民不適有居者則又在後矣然則作書者何以顛倒其序乎曰作書之序如此也盤庚之作百姓追思之而作也思盤庚思其政也故始所作者蓋止今之上篇載盤庚正法度之言而已無中篇無下篇也然而盤庚未遷與始遷時再三致告其民者民猶孰而能詳也於是亦附其後焉此中下兩篇所以作也序書者不能不曰三篇作書者則以上篇爲主而中下兩篇特附焉者也是故盤庚三篇宜仍伏生之舊合爲一篇而其義則從史記爲百姓追思而作錫瑞謹案俞說是也漢石經合爲一篇蓋本伏生之舊同史公之義若如鄭君古文說上篇是盤庚爲臣時事下篇是盤庚爲君時事則三篇非一時所作不得合爲一篇矣漢人以盤庚爲去奢行儉不止杜篤賦言之鹽鐵論本議篇曰是以盤庚萃居舜藏黃金說苑反質篇曰殷之盤庚大其先王之室而改遷於殷茅茨不翦采椽不斲以變天下之視漢書揚雄傳曰非木摩而不彫牆塗而不畫周宣所考般庚所遷夏卑宮室唐

虞棌椽三等之制也漢書翼奉傳與漢紀翼奉上疏曰臣聞昔盤庚改邑以興殷道聖人美之張衡西京賦曰盤庚作誥率人於苦後漢書鄭顗傳顗詣闕拜章曰昔盤庚遷殷去奢卽儉後漢紀崔實論世事曰昔盤庚遷都以易殷民之弊荀悅申鑒曰盤庚遷殷革奢卽約曹翊漢敬隱后頌曰盤庚儉而弗怠皆今文說與去奢行儉之旨合漢書孔光傳光議曰以尚書盤庚殷之及王爲比中山宜嗣光習大夏侯尚書亦今文說也盤庚陽甲之弟兄終弟及故曰及王若華嶠漢書司徒楊彪曰昔盤庚五遷殷民胥怨故作三篇以曉天下之民以三篇爲盤庚自作與史記說不同楊氏世傳歐陽尚書彪議則非史公所用歐陽義也

**盤庚遷于殷** 漢書地理志河南郡偃師有尸鄉殷湯所都史記云盤庚渡河南復居成湯之故居蓋卽偃師史記集解鄭元曰治於亳之殷地商家自此徙而改號曰殷亳皇甫謐曰今偃師是也其說不誤而揚雄兗州牧箴云成湯五徙卒都于亳盤庚北渡牧野是宅則與史記不同史公謂盤庚自河北渡河南所遷者是亳殷子雲則謂盤庚自河南渡河北所遷者卽牧野乃今文家異說不如史記足據

**民不適有居率籲衆感**。今文作率籲衆戚。說文引作戚孫星衍說蓋謂貴戚近臣史記云盤庚乃告諭

諸侯大臣鄭注周禮云盤庚將遷于殷誥其世臣卿大夫道其先祖之善功是知衆戚爲貴戚近臣也

出矢言曰我王來既爰宅于茲重我民無盡劉不能胥匡以生卜稽曰其如台先王有服恪謹天命茲猶不常寧不常厥邑張衡西京賦曰殷人屢遷前八而後五居相圮耿不常厥土杜篤論都賦曰遭時制都不常厥邑

于今五邦錫瑞謹案史記云五遷無定處五邦卽屬五遷蓋竝亳殷數之爲五殷本紀云帝仲丁遷於隞河亶甲居相祖乙遷於邢與書序云仲丁遷于囂河亶甲居相祖乙圮于耿皆合隞卽囂邢卽耿合之湯卽位後所遷之偃師盤庚所遷之殷正合五遷之數馬鄭注云商亳囂相耿不數盤庚所遷之殷與于今五邦今字之義不合僞孔傳云亳囂相耿我往居亳凡五徙國都正義云孔以盤庚意在必遷故通數往居亳爲五邦其說迂曲不可通蓋不知上篇爲遷殷後作故可竝數亳殷爲五也或引汲冢紀年祖乙遷庇南庚遷奄以足五遷之數紀年僞書不足據又或以五遷皆出盤庚尤謬

今不承于古罔知天之斷命矧曰其克從先王之烈若顚木之有

由蘖。今文作㽕櫱。說文木部櫱伐木餘也从木獻聲商書曰若顛木之有㽕櫱又㢧部㽕木生條也从㢧由聲商書曰若顛木之有㽕枿古文言由枿許君以由枿爲古文則㽕櫱爲今文尙書明矣

天其永我命于茲新邑紹復先王之大業厎綏四方盤庚斆于民由乃在位以常舊服正法度史記云告諭諸侯大臣又云法則可修蓋解此數句之義

曰無或敢伏小人之攸箴王命衆悉至于庭王若曰格汝衆。今文作裕女衆。白虎通號篇云尙書曰王曰裕女衆段玉裁說裕者格字之誤錫瑞謹案今文尙書與古文不同白虎通蓋用今文非誤字也方言曰裕猷道也是裕猷皆訓道道爲治道之道亦爲教導之導古無二字王莽大誥用今文義以大誥猷爲大誥道此云裕當如大誥之猷莽誥之道裕女衆謂教導女衆也史公以爲小辛時百姓思盤庚作則王卽盤庚王鳴盛據鄭說以爲陽甲是鄭義非史公之義陳喬樅引之而不加別白非是

予告汝訓汝猷黜乃心無傲從康古我先王亦惟圖任舊人共政

**王播告之修不匿厥指王用丕欽罔有逸言。**今文作王譒告之說文言部譒敷也引商書曰王譒告之不逮修字爲句與僞孔句讀不同葢本今文大傳云書曰若德明哉湯任父言卑應言蓋釋經之任舊人罔有逸言也父言老成之言應言謂從上如響應者

**民用丕變今汝聒聒。**今文作今女懖懖。說文心部懖拒善自用之意也从心銛聲商書曰今女懖懖重文𦗢古文从耳古文从耳作𦗢則懖乃三家今文

**起信險膚予弗知乃所訟非予自荒茲德惟汝含德。**今文作維女舍德。史記曰舍而弗勉何以成德則今文尚書當作舍德

**不惕予一人。**今文作不施予一人。白虎通號篇曰臣下謂之一人何亦所以尊王者也以天下之大四海之內所共尊者一人耳故尚書曰不施予一人段玉裁說今文尚書作施施與惕同在歌支一類詩何人斯我心易也韓詩作施廣雅釋詁三移施狄敭也曹音施失異反敭亦豉反錫瑞謹案白虎通用今文作施而義與史公說不同與鄭君說頗近鄭以上篇爲盤庚爲

臣時事則予一人爲盤庚自其君之詞猶云我天子耳此云匹下謂之一人當與鄭同蓋夏侯尚書間與古文合也

**予若觀火**周禮夏官序官注爟讀如予若觀火之觀陳喬樅說鄭注下文又云今燕俗名湯熱爲觀則爟火謂熱火與鄭意言湯熱可呼觀則火熱亦可呼觀也然則此經觀火與司爟之爟皆當訓爲熱觀火者猶言熱火也僞孔傳訓觀火爲視火其說非是

**予亦拙謀**○今文作予亦炪謀○說文火部炪火光也从火出聲商書曰予亦炪謀讀若巧拙之拙王鳴盛說許云讀若巧拙之拙後人遂改尚書炪字爲拙非也經言予威若熱火之猛烈但予炪謀絀威不用使女縱逸不肯徙也陳喬樅說今文尚書當與古文尚書同作炪謀

**作乃逸若網在綱有條而不紊若農服田力穡乃亦有秋**○今文穡作嗇○漢書成帝紀陽朔四年詔曰書不云乎服田力嗇乃亦有秋應劭曰農夫服田厲其脅力乃有秋收也

**汝克黜乃心施實德于民至于婚友丕乃敢大言汝有積德乃不**

畏戎毒于遠邇惰農自安不昬作勞張衡西京賦曰何必昬于作勞薛綜注曰昬勉也三國魏志武帝紀曰穡人昏作注般庚曰不昬作勞鄭元曰昬讀爲敃敃勉也陳喬樅說三家尚書皆作昬字昬者敃字之渻借

不服田畝越其罔有黍稷後漢書傳毅傳迪志詩曰農夫不怠越有黍稷

汝不和吉言于百姓惟汝自生毒乃敗禍姦宄以自災于厥身乃旣先惡于民乃奉其恫汝悔身何及。今文身作命。石經口口命何及焉登府說案上文屢言命下文矧予制乃短長之命與此悔命相應悔命何及即所謂罔知天之斷命也今文爲長

相時憸民。今文憸作散。石經相口散口散與說文引商書作㦰聲義俱近說文㦰疾利口也

猶胥顧于韱言其發有逸口矧予制乃短長之命汝曷弗告朕而胥動以浮言恐沈于衆若火之燎于原不可嚮邇其猶可撲滅左氏傳兩引商書皆有惡之易也四字近人或據以增經文然左氏引經多檃括之辭未可據補

則惟汝衆自作弗靖非予有咎遲任有言曰人惟求舊器非求舊

**惟新**○今文作人維舊無求字下求舊作𣪠舊○石經人維舊二闕字𣪠舊字闕二江聲說叚借字也蓋救以求爲聲故借爲求周禮大司徒職以土圭之法測土深正日景以求地中鄭注云故書求爲救是以救爲求又堯典旁逑亦爲旁救是又以救爲逑錫瑞謹案潛夫論交際篇曰人惟舊器惟新亦無上求字風俗通窮通篇三國志王朗與許靖書引書皆作人惟求舊蓋三家本小異或有惟字與古文合

古我先王暨乃祖乃父胥及逸勤予敢動用非罰世選爾勞予不

**掩爾善**○今文上予下亦有不字掩作絕○五經異義云謹案易爻位三爲公二爲卿大夫訟六三曰食舊德食舊德謂食父故祿也尙書古我先王暨乃祖乃父胥及逸勤予不敢動用非罰世選爾勞予不絕爾善論語曰興滅國繼絕世國謂諸侯也世謂卿大夫詩云凡周之士不顯亦世孟子曰文王之治岐也仕者世祿知周制世祿也錫瑞謹案許君引此經爲諸侯卿大夫世祿興滅國繼絕世之證與大傳說同蓋亦用今文義○一作胥及肆勤○錫瑞謹案今文尙書逸勤一作肆勤蔡邕司空文烈侯楊公

碑曰公惟司徒之孫太尉公之允子皇祖考以懿德胥及肄勤此伯喈據今文尚書作肄勤之證詩谷風旣詒我肄毛傳肄勞也左氏昭三十年傳若爲三師以肄焉杜注肄猶勞也肄勤謂勤勞王事伯喈舉楊公之祖考勤勞王事正用盤庚乃祖乃父胥及肄勤之義又蔡邕中鼎銘云宣力肄勤肄勤亦卽肄勤周禮小宗伯肄儀爲位注故書肄爲肆曲禮君命大夫與士肄學記宵雅肄三釋文皆云肄本作肆集韻肄或作肆是肄與肆通伯喈用今文作肄勤實勝逸勤之義江段孫陳皆未及引也

**茲予大享于先王爾祖其從與享之**大傳曰古者諸侯始受封則有采地百里諸侯以三十里七十里諸侯以二十里五十里諸侯以十五里其後子孫雖有罪黜其采地不黜使其子孫賢者守之世世以祠其始受封之人此之謂興滅國繼絶世書曰茲予大享于先王爾祖其從與享之此之謂也○今文一作茲予享于先王爾祖其從享之○韓詩外傳說與大傳略同惟云五十里諸侯以十里爲異引書曰茲予享于先王爾祖其從享之無大字與字（趙校本無之他本蓋後人據尚書所增）陳喬樅說案韓詩外傳與尚書大傳說同足證魯齊韓三家詩皆用今文尚書矣五十里諸侯采地以十里較大傳所云少五里然以百里諸侯七十里諸侯例之其采地皆遞減十里則韓詩外傳是也尚書大傳作五十里諸侯以十五里五蓋衍字耳錫瑞謹案陳說非也

董子春秋繁露爵國篇曰附庸字者方三十里名者方二十里人氏者方十五里與尚書大傳合則大傳十五里不誤外傳脫五字耳伏生韓太傳之說與古文說不同證以董子書則采地不黜使其子孫賢者守之卽附於諸侯之附庸其先百里之國其後爲稱字之三十里其先七十里之國其後爲稱名之二十里其先五十里國其後爲稱人氏之十五里殷爵三等附庸亦分三等其數正合春秋時紀季以酅入于齊此國滅而采地不滅之證公羊傳云請後五廟以存姑姊妹是附庸亦得立五廟蓋子孫有罪黜而猶得爲附庸立五廟以祠其受封之人此古者興滅國繼絕世之義也今文家解此經竝不訓爲功臣配祭鄭注以大享爲烝嘗或又謂兼禘祫言之皆非今文尚書之義今文說既不以爲配祭則上句享字上不必加大字下句享字上亦不必加與字矣此則當從外傳無大字與字爲是今本大傳恐後人據古文尚書增之

**作福作災予亦不敢動用非德予告汝于難若射之有志**○今文射作矢

○石經口口口有志王應麟蓺文志攷云漢人引若矢之有志儀禮既夕記志矢一乘注志猶擬也書曰若射之有志陳喬樅說疑鄭君所引書是作若矢之有志此亦三家今文之異字也

**汝無侮老成人無弱孤有幼**○今文無作毋老作翕弱作流○石經女毋翕侮成人毋流下闕孫星衍說翕侮猶言狎侮叚音字鄭注鄉飲酒義云流猶失禮也馮登府說案流本音爲聊說文彡部弱撓也是弱流音相近錫瑞謹案翕與脅通淮南墜形訓其人翕形注云翕讀脅幹之脅漢書王莽傳動靜辟脅師古曰翕脅之聲相近義則同據此翕疑叚爲脅以勢脅衆不使遷也流蕩散之義管子宙合篇君失音則風律必流注云流謂蕩散又案段玉裁據唐石經訂古文爲老侮成人以今本作侮老爲誤是古文本侮在老下今文作翕侮特一字不同耳

**各長于厥居勉出乃力聽予一人之作猷無有遠邇用罪伐厥死用德彰厥善**後漢書濟北惠王傳三國志高柔傳引皆作彰○今文彰一作章○漢書楚孝王囂傳王嘉傳引皆作用德章厥善

**邦之臧惟汝衆邦之不臧惟予一人有佚罰**○今文作國之臧則維女衆國之不臧則維余一人是有逸罰○國語內史過引般庚曰國之臧則維女衆國之不臧則維余一人是有逸罰韋昭注曰臧善也國俗之善則

維女衆歸功于下逸過也罰猶辠也國俗之不善則維余一人是我有過也其辠當在我韋注不言古今文同異疑古今文同注義或亦本今文家說也

凡爾衆其惟致告自今至于後日各恭爾事齊乃位度乃口○今文恭作共度乃口作度爾口○石經各共爾事齊乃位度爾口

罰及爾身弗可悔

盤庚作惟涉河以民遷石經於中篇建乃家之下下篇般庚旣之上空一字則上篇中篇相接處亦必空一字可知蓋今文尚書般庚三篇合爲一篇而三篇之文不可無區別故大小夏矦章句皆二十九卷歐陽章句三十一卷蓋分般庚三篇爲三卷也

乃話民之弗率誕告用亶其有衆咸造勿褻在王庭盤庚乃登進厥民曰明聽朕言無荒失朕命嗚呼古我前后罔不惟民之承保后胥慼鮮以不浮于天時○今文慼作高○石經口口口民之承保后胥高鮮以不浮下闕江聲說讀當

至保字絕句洛誥曰承保乃文祖受命民則此承保二字當聯讀保安也言前后無不承安其民也慼石經作高胥相也詩云聿來胥宇小山別大山曰鮮詩云度其鮮原鮮字當屬上讀言前后相度高山之處而徙居之下篇所謂適于山也浮過也既相地之宜又審天之時當遷則遷不過于天時也李富孫說咎繇謨庶明厲翼史記夏本紀作高翼釋詁厲作也鄭注同月令征鳥厲疾呂覽作高疾是石經作高或即與厲字義同

殷降大虐先王不懷厥攸作視民利用遷汝曷弗念我古后之聞承汝俾汝惟喜康共非汝有咎比于罰予若籲懷茲新邑亦惟汝故以丕從厥志今予將試以汝遷安定厥邦汝不憂朕心之攸困

○今文汝遷作爾遷邦作國汝作今女○石經口口口試以爾遷安定厥國今女不下闕馮登府說經文云今予將試以爾遷安定厥國下云今女不憂朕心之攸困乃咸大不宣乃心語氣緊接今文是也

乃咸大不宣乃心欽念以忱動予一人爾惟自鞠自苦若乘舟汝

弗濟臭厥載爾忱不屬惟胥以沈不其或稽自怨曷瘳。今文稽作迪怒作怨。石經口其或迪自怨下闕江聲說或之言有也言相與沈溺不有其生道矣雖有怨恚何瘉乎馮登府說案稽迪因聲轉而異中州金石記曰迪進也言不進而遂居釋詁云迪道也益稷誤迪朕德史記迪作道道導也訓道義爲長

汝不謀長以思乃災汝誕勸憂今其有今罔後汝何生在上。今文誕作永。石經口永勸憂今其有今罔後女何生下闕段玉裁說誕從延聲延永雙聲皆訓長也馮登府說永字正與上謀長對言不爲長久之謀乃爲長久之憂故下云有今罔後也

今予命汝一無起穢以自臭恐人倚乃身迂乃心。今文倚作踦。玉篇引作踦云踦曲迂避也陳喬樅說倚即踦之叚借也作踦者今文尚書也避亦即僻之叚借字疑玉篇所采或今文家舊說其佚散見於他書者而顧氏摭之耳

予迓續乃命于天予豈汝威用奉畜汝衆予念我先神后之勞爾

先予丕克羞爾用懷爾然○今文丕作不○石經口口口口口口之勞爾先予不下闕據石經則今文丕作不猶大誥爾丕克遠省王莽用今文丕作不也今文尚書蓋以此句下屬爲義

失于政陳于茲高后丕乃崇降罪疾曰曷虐朕民○今文丕作不崇作知○石經口于茲高后丕乃知降罪疾曰下闕江聲說予不克羞爾用懷爾八字作一句然字別爲一句丕乃僞孔訓爲大乃大乃之云不詞讀當爲不乃不乃猶言毋乃也古者丕不二字通用召誥丕能諴于小民說文引作不能諴于小民是其證也金縢丕子之責鄭注亦讀丕爲不此經言我不能進女于樂土以安民夫然是我失于政而陳久于此也我高后毋乃知之將降罪疾于我

汝萬民乃不生生暨予一人猷同心先后丕降與汝罪疾曰曷不暨朕幼孫有比故有爽德自上其罰汝汝罔能迪古我先后旣勞乃祖乃父汝共作我畜民汝有戕則在乃心○今文戕作近○石經上闕民女有近則在乃心我先后綏下闕孫星衍說釋詁云則法也蓋言女當近法乃祖父

我先后綏乃祖乃父乃祖乃父乃斷棄汝不救乃死茲予有亂政同位具乃貝玉乃祖乃父丕乃告我高后曰作丕刑于朕孫迪高后丕乃崇降弗祥嗚呼今予告汝不易。今文崇作興弗祥作不永嗚呼作於戲。石經口興降不永於戲今予下闕馮登府說說文興从舁从同聲亦相協太元經風動雷興從其高崇馬融長笛賦曲終闋盡餘絃更興繁手累發密節疊重可證興與崇協則有崇聲故今文作興正以見古音如此耳矦康說按興崇義相通文選東京賦進明德而崇業薛綜注崇猶興也是也毛詩江之永矣文選登樓賦注引韓詩作江之漾矣說文永部首引詩江之永矣又羕字引詩江之羕矣是永與漾同聲春秋昭十一年盟于祲祥公羊作侵羊范君斷碑文曰利干萬會羊元嘉刀銘宜矦王大吉羊皆叚羊爲祥是祥與羊同聲此祥轉爲永之故也。我高后一作乃祖乃父。釋文云我高后本又作乃祖乃父段玉裁說按別本是也當讀乃祖乃父丕乃告句絕乃祖乃父曰作丕刑于朕孫句絕陳喬樅說又作本陸氏不言其爲誰氏本則非馬鄭王之本可知三家今文多與壁中本異疑作乃祖乃父者是三家今文見於他書所引者故陸氏附載之爾永敬大恤無胥絕遠汝分猷念以相從各設中于乃心。今文汝分猷作女比猶設作翕。石經口口絕遠女比猶念以相從各翕中下闕江聲說女比附其謀猶念慮以相從于遷所各合中正于女心

乃有不吉不迪顛越不恭暫遇姦宄我乃劓殄滅之無遺育無俾易種于茲新邑左傳史記引般庚之誥皆無不吉不迪暫遇姦宄等字江聲據以刪經文案古人引經有櫽括之詞故未敢據以爲今文尚書也

往哉生生今予將試以汝遷永建乃家

盤庚既遷石經口建乃家殷庚既下闕中下二篇相接處中空一字此三家今文尚書舊式也

奠厥攸居乃正厥位綏爰有衆曰無戲怠懋建大命。今文作女罔台民勱建大命。石經口口口衆曰女罔台民勱建大命段玉裁說古罔無通台怠通懋勱通勖古音同懋侯康說按易雜卦傳越語載范蠡之語秦始皇東觀刻石文柏梁臺詩張衡東京賦俱讀怠如台匡謬正俗卷七引曹朔作後漢敬隱后頌述宋氏之先云實先契而

佐唐湯受命而創基二宗儼以久饗盤庚儉而弗怠蓋正用無戲怠之意而亦讀爲分與基爲韻又台古通怡太史公自敘虞舜不台諸呂不台即不怡也而怠亦通怡雜卦傳謙輕而豫怠也釋文引虞氏作怡是也冒从目聲故勖从冒聲而切以許玉其讀勖若懋者即旭讀若好之比君奭迪見冒聞于上帝釋文引馬作勖崔瑗侍中箴亦有勖聞上帝之語顧命爾無以釗冒貢于非幾釋文引馬鄭王作勖此懋建所以得爲勖建也錫瑞謹案二說是也侯引曹朔頌尤塙列女傳齊姜頌曰齊姜公正言行不怠勸勉晉文反國無疑亦古讀怠如怡之證江聲說台當讀爲紿孫星衍說台失也皆非．

今予其敷心腹腎腸歷。。今文予作我心腹腎腸歷作優賢揚歷石經今我下闕正義曰夏侯等書心腹腎腸曰憂讀優之腎讀賢之陽讀揚之三國志管寍傳太僕陶邱一等薦寍曰優賢揚歷垂聲千載裴松之注曰今文尚書曰優賢揚歷謂揚其所歷試文選左太沖魏都賦曰優賢著於揚歷張載注曰尚書般庚曰優賢揚歷歷試也。一作優臤颺歷。漢國三老袁良碑云優臤之寵咸陽令唐扶頌云優臤颺歷作臤揚作颺皆三家異文說文曰臤古文以爲賢字今文尚書閒有作用古字者說見前揚颺古通用皋陶拜手颺言史記作揚言蔡邕朱公叔謚議曰天子諸侯咸用優賢禮同優賢字亦用今文尚書也告爾百姓于朕志罔罪爾眾爾無共怒協比讒言予一人古我先王將多于前功適于山用降我凶德嘉績于朕邦。○今文嘉作綏石經口口口凶德綏績下闕馮登府說綏嘉聲之近曲禮大夫則綏之注綏讀曰妥嘉古音如哥詩東山破斧節南山頍弁相協可證

今我民用蕩析離居罔有定極爾謂朕曷震動萬民以遷。○今文爾謂朕作今爾惠朕震作祇○石經今爾惠朕口祇動萬民以遷江聲說惠順也今爾順我教令以導民使知遷則能安必皆順從何至震動萬民以遷乎孫星衍說釋詁惠順也祇敬也今文之意言汝順我盡敬動萬民徙居避患之爲得也祇震聲之轉堯典祇敬史記作振敬內則祇見孺子鄭注祇或作振

肆上帝將復我高祖之德亂越我家朕及篤敬恭承民命石經肆上下闕史記賈誼傳共承嘉惠共承蓋用今文

用永地于新邑肆予沖人非廢厥謀弔由靈各非敢違卜用宏玆

賚嗚呼邦伯師長百執事之人尚皆隱哉予其懋簡相爾念敬我衆朕不肩好貨○今文隱作乘懋作勖○石經□□乘哉予其勖蕳相爾念敬我衆朕不下闕江聲說乘治也孫星衍說乘計也錫瑞謹案今文之義不必與古文同石經后胥高鮮江聲說爲相度高山以經云適于山證之似江說爲可信則乘哉之乘或卽乘高之義謂乘高山以建新邑也懋作勖見上

敢恭生生鞠人謀人之保居○今文保作萃○鹽鐵論本議篇文學曰是以盤庚萃居舜藏黃金高帝禁商賈不得仕宦所以遏貪鄙之俗而醇至誠之風也張敦仁說卽盤庚下篇鞠人謀人之保居也以文學語意推之與上經朕不肩好貨下經無總于貨寶正脗合但未詳此萃當彼經何字竝其說若何耳臧庸說案此萃居卽當彼經保居保或作葆與萃形相近故文異然則古文尚書作保居今文尚書作萃居其說猶齊語云夫商羣萃而州處察其四時而監其鄉之貲制國爲二十一鄉工商之鄉六蓋别居之不令與士農雜處賤之也

敍欽今我既羞告爾于朕志若否罔有弗欽無總于貨寶生生自

庸式敷民德永肩一心

受業霈恒 文永譽 挍

# 今文尚書攷證卷七

善化皮錫瑞

## 高宗肜日第七　商書三

### 高宗肜日

大傳曰武丁祭成湯有飛雉升鼎耳而雊武丁問諸祖己祖己曰雉者野鳥也不當升鼎今升鼎者欲為用也遠方將有來朝者乎故武丁內反諸已以思先王之道三年編髮重譯來朝者六國孔子曰吾於高宗肜日見德之有報之疾也史記殷本紀曰帝武丁祭成湯明日有飛雉登鼎耳而呴武丁懼祖已曰王勿憂先修政事武丁脩政行德天下咸驩殷道復興帝武丁崩子帝祖庚立祖己嘉武丁之以祥雉為德立其廟為高宗遂作高宗肜日及訓錫瑞謹案史公以高宗肜日作於祖庚之時正如般庚作於小辛之時其事仍當為高宗時事高宗崩後追序其事以美之耳史記與大傳本無不合孫星衍以史公為古文義失其之大傳引孔子曰見德之有報之疾也即史公所云以祥雉為德也漢書杜鄴傳曰臣聞野雞著怪高宗深動即史記云武丁懼之意蓋武丁懼而問祖己祖己乃言也揚雄兖州牧箴曰丁感雊雉祖己伊忠爰正厥事遂緒高宗

**高宗肜日越有雊雉。**今文越一作粵。白虎通謚篇曰謚或一言或兩言何文者以一言為謚質者以兩言為謚故尚書高宗殷宗也爾雅釋天繹又祭也周曰繹商曰肜孫炎曰祭之明日尋繹復祭肜者相尋之意何休公羊解詁曰殷曰肜周曰繹繹者據今日道昨日不敢斥尊言之文意也肜者肜肜不絕據今日道昨日斥尊言之質意也漢書外戚傳引書云高宗肜日粵有雊雉作粵

**祖己曰惟先格王正厥事。**今文格作假。漢書成帝紀孔光傳外戚傳後漢書律厤志引書皆作假孔光日蝕對曰上天聰明苟無其事變不虛生書曰惟先假王正厥事言異變之來事有不正也師古曰言先代至道之王必正其事成帝紀建始元年詔引書云惟先假王正厥事師古曰假至也言先代至道之君遭遇災變則正其行事修德以應之案史公訓先假王為王勿憂師古以為先代至道之王似非其義孫星衍說史公以王勿憂者疑釋假王為寬暇王心王闓運說大傳云遠方將有來朝者此託言瑞應以寬王心所謂先假王高宗修德而反見異恐辭善意而不畏天變故假言瑞應以寬王乃正言其事此進言之要

乃訓于王曰惟天監下民典厥義降年有永有不永非天天民民中絶命。今文唯天監下無民字民中絶命作中絶其命。史記曰祖己乃訓王曰唯天監下典厥義降年有永有不永非天天民中絶其命石經民中絶命上闕其文不可攷江聲說史記載此文民止一字不重出僞孔本於中絶命上別出民字殊無謂

民有不若德不聽罪天既孚命正厥德乃曰其如台。今文孚作附。史記曰民有不若德不聽罪天既附命正厥德乃曰其奈何奈何乃如台之故訓孚一作付。石經民有不若德不聽罪天既付下闕漢書孔光傳光日蝕對曰天既付命正厥德言正德以順天也附付古通用訓詁同孔光傳大夏矦尚書石經亦用夏矦本史公作附蓋歐陽尚書索隱依孔傳音孚非也

嗚呼王司敬民。今文作嗚乎王嗣敬民。史記曰嗚乎王嗣敬民段玉裁說此今文尚書也九經古義曰古嗣字皆省作司呂大臨考古圖載晉姜鼎云余惟司朕先姑集古錄劉原父皆釋司爲嗣是司爲古文嗣錫瑞謹案史公作嗣與下文天允義貫集解引僞孔主民釋之非也

罔非天胤典祀無豐于昵。今文無豐于昵作毋禮于弃道。史記曰罔非天繼常祀毋禮于弃道允作繼典作常見釋詁史公以故訓字代經索隱曰祭祀有常無爲豐殺之禮於是以棄常道陳喬樅說正義引王肅云高宗豐于禰故有雊雉升遠祖成湯廟之異然則史記所謂毋禮于弃道者卽指豐于尼而殺于遠之失也史記此句或據歐陽尚書或以訓詁由釋之無可證明姑仍之據本紀言帝盤庚崩弟小辛立殷復衰音小辛崩弟小乙立帝小乙崩子帝武丁立是小辛小乙皆弃道之君殷所以衰由之武丁爲小乙子祀事特豐于禰故祖己因野鳥入廟訓王以毋禮于弃道當思法成湯修政行德以繩祖武也魏源說以昵爲禰廟不但非今文說並非古文說也西漢古文家自史記外莫古於劉歆五行傳釋此篇曰雉爲羽蟲之孽易有鼎耳宗廟之器奉宗廟者長子野鳥自外入爲宗廟器主是繼嗣將易也漢成帝報許皇后書引高宗肜日祖己之言爲飭掖庭椒房之徵杜欽上成帝論災異亦謂應主後宮適妾爭寵相害爲患引高宗遭雊雉之戒飭已正事殷道復興唯陛下正后妻抑女寵以銷災異五行傳成帝鴻嘉二年有飛雉集傅士庭歷階登堂而雊又集太常宗正府又集未央宮承明殿時車騎將軍王音等上言天地之氣以類相應譴告人君甚微而著經載高宗雊雉之異以明轉禍爲福之驗今雉經歷三公之府太常宗正典宗廟骨肉之官然後入宮其宿留曉告人具備深切今卽位十五年繼嗣不立洪行流聞皇天數見災異宜謀於賢知克己復禮以求天意庶繼嗣可立災變可銷也皆以雉雊應宮闈繼嗣從無豐于禰廟之說古今人表以孝己祖己列於武丁傅說甘盤之閒蓋高宗信後妻之言將廢世子孝己降年有永有不永事關宗社之修促天變於上臣諍於下言王嗣克敬則民罔非心天允典祀以長以賢奈何以立儲大禮施於弃道昵愛之人豈徒豐禰祀之謂而太史公王音劉歆所見之古文反不如馬融僞孔乎錫瑞謹案陳說失矣魏說亦未爲得也西漢今文家從無豐禰之說史公云毋禮于弃道明與無豐于昵不同集解索隱皆用僞孔以釋史記殊非陳氏治今文亦於兩漢今古文家辨之未析謂史公之說同於王肅謬說是誣史公矣且祖己訓王亦安得斥其先王爲弃道之君哉魏誣豐禰之說專主繼嗣爲義讀史記以王嗣敬爲句民罔非爲句謂是高宗易儲之證於古無徵古今人表雖列孝己之名不詳其事高宗廢孝己漢人稱引皆未之及惟見於家語帝王世紀二書家語王肅增加世紀皇甫謐撰二人皆作僞亂經之人其說豈可爲據且如二書之說則孝己已廢矣魏乃云以祖己之諫不廢已與二書不符又云殷世惟天子得以干支名次則王世子亦得名之孝己祖己是也不知白虎通姓名篇曰臣民亦得以生日名子尙書道殷臣有巫咸有祖己也王引之云巫咸當作巫戊是臣民皆得以干支名祖

已是臣竝非世子魏以祖己爲王世子更不知出何書且如其說則高宗世子何其多乎據毋佚篇馬注高宗欲廢祖庚立祖甲矣若又廢孝己則高宗欲廢兩世子恐無是理孝己祖庚爲一人爲二人亦無明文可據古今人表孝己第三等無注祖庚第四等注云武丁子是班氏不以爲一人且似不以孝己爲武丁子也攷五行志於劉歆說外又載一說云鼎三足三公象而以耳行野鳥居鼎耳小人居公位敗宗廟之祀野木生朝野鳥入廟敗亾之異武丁恐駭謀於忠賢修德而正事內舉傳說授以國政外伐鬼方以安諸夏故能攘木鳥之妖致百年之壽則不專指易嗣與劉歆不同大傳又一說云武丁之時桑穀俱生於朝七日而大拱武丁召其相而問焉其相曰吾雖知之吾不能言也問諸祖己曰桑穀野草也野草生於朝亾乎武丁懼側身修行思昔先王之政興滅國繼絕世舉逸民明養老之禮重譯來朝者六國則又以祖己所訓兼有桑穀大傳皆出伏生而二說不同五行志皆本伏生洪範五行傳家法而二說又不同五行志後一說以雊雉與桑穀竝稱木鳥之妖與大傳後一說相合論衡指瑞篇云尚書大傳曰高宗祭成湯之廟有雉升鼎耳而鳴高宗問祖己（今作乙誤）祖己曰遠方君子殆有至者祖己見雉有似君子之行今從外來則曰遠方君子將有至者矣此仲任以今文說解大傳與大傳前說相合又異虛篇云高宗祭成湯之廟有蜚雉升鼎而雊祖己以爲遠人將有來者

說尚書家謂雉凶議駁不同且從祖己之言雉來吉也據此則漢時今文家已非一解王仲任不能定其說史記封禪書曰有雉登鼎耳雊武丁懼祖己曰修德武丁從之位以永寧漢書郊祀志同說苑辨物篇曰昔我高宗成王感於雊雉暴風之變脩身自致而享豐昌之福也後漢書劉陶傳陶上疏曰武丁得傳說以銷鼎雉之災曹節傳審忠上書曰昔高宗以雊雉之變故獲中興之功書疏引鄭康成曰雉升鼎耳而鳴象視不明天意若曰當任三公之謀以爲政三國志高堂隆傳曰武丁有雊雉登於鼎以災恐懼側身脩德又曰此則祖己之所以訓高宗高宗之所以享遠號也諸說或渾言之或即一事言之皆非專指繼嗣所以然者上天示異初不明言大臣因事納忠亦非一端而已祖已曰正厥事則凡用人行政以及宫闈繼嗣皆在正事之中高宗修德攘災亦不專在一事說尚書者或云雉吉或云雉凶其義雖異而皆可通蓋上天示變則疑於凶修德禳災則轉爲吉也史記一書多同今文成帝王音杜欽劉歆皆今文說歆雖傳古文尚書而五行傳所載皆今文之義隋書經籍志云濟南伏生之傳惟劉向父子所著五行傳是其本法是也魏以史公劉歆爲古文說失之魏又云漢人不以繼嗣爲占而以用人懷遠爲占者乃高宗之書不止一篇首篇專論繼嗣次篇則修德行政用人振武案兩漢人所習今文皆止二十九篇高宗之訓久亾史記已不載其一字漢人安得引之是諸

說所引皆高宗肜日篇文非高宗之訓篇文魏說憑肊無徵皆不可據

受業雷恒 文永譽校

# 今文尚書攷證卷八

善化皮錫瑞

## 西伯𢦟耆弟八　商書四

西伯戡黎。今文作西伯𢦟耆耆亦作飢又作阢。錫瑞謹案慧琳一切經音義八十三引尚書大傳曰𢦟者克也則大傳亦同說文作𢦟尚書音義云黎尚書大傳作耆外紀云西伯勝黎伏生司馬遷作耆路史國名紀云大傳作西伯戡耆漢藝文志攷證云大傳以西伯戡黎爲戡耆史記周本紀云敗耆國徐廣曰耆一作阢殷本紀云及西伯伐飢國滅之徐廣曰飢一作阢又作耆宋世家云及祖伊以周西伯昌之修德滅阢國徐廣曰阢音耆是今文𢦟亦作戡耆亦作飢作阢皆三家異文也班固典引云以方伯統牧乘其命賜彤弧黃鉞之威用討韋顧黎崇之不恪孟堅用今文而亦同古文作黎者或夏侯尚書同於古文或後人用古文改之孟堅云以方伯統牧則以西伯爲二伯王逸注楚辭天問伯昌號衰秉鞭作牧云文王爲雍州牧叔師亦用今文而以西伯爲州牧與班說不同豈文王始爲州牧而後爲二伯歟西伯既戡黎大傳云文王一年質虞芮二年伐于三年伐密須四年伐畎夷紂乃囚之四友獻寶乃得免於虎口出而伐耆又云五年之初得散宜生等獻寶而釋文王文王出則克耆六年伐崇則稱王史記周本紀則於閎夭獻寶紂赦西伯虞芮俱讓之後云諸矦聞之曰西伯蓋受命之君明年伐犬戎明年伐密須明年敗耆國明年伐邘明年伐崇矦虎明年西伯崩錫瑞謹案大傳以爲文王伐耆在受命之五年史記以爲在受命之四年大傳以文王被囚在三伐皆勝之後史記以爲被囚而出乃伐諸國大傳以爲六年伐崇乃稱王史記以爲受命之年稱王史記云詩人道西伯蓋受命之年稱王緯候之說文王年九十六始稱王春秋元命包曰西伯既得丹書於是稱王改正朔誅崇矦虎緯候與大傳合大傳又於散宜生等獻寶之後云紂大說曰非子罪也崇矦也遂遣西伯伐崇與前云出而伐耆者不同者蓋五年伐耆六年伐崇其事相連紂使文王伐崇文王先伐耆乃伐崇也吳中本大傳云西伯既𢦏耆紂囚之牖里以戡耆在被囚之前與詩文王序疏禮文王世子疏所引大傳皆不合其文蓋誤文王三伐皆勝紂畏惡之囚于牖里其事猶可解說若𢦏耆入紂圻內祖伊有訖命之告使紂於此時囚西伯恐非獻寶所能釋矣鄭注云紂聞文王斷虞芮之訟後又三伐皆勝始畏而惡之拘於羑里紂得散宜生等獻寶而釋文王文王釋而伐黎皆據大傳之說韓非子曰文王侵盂克莒舉酆三

舉事而紂惡之文王乃懼入洛西之地請解炮烙之刑天下皆說文曰紂以其大得人心已又輕地以收人心是重見疑也固其所以桎梏囚于羑里也是韓非以被囚在三伐皆勝之後與大傳合盂郎邘莒郎伐密以遏徂莒之莒舉鄷蓋因伐畎夷而舉其地也

**祖伊恐奔告于王曰天子天既訖我殷命格人元龜罔敢知吉**

論衡卜筮篇曰吉人鑽龜輒從善兆凶人揲蓍輒得逆數何以明之紂至惡之君也當時災異繁多七十卜而皆凶故祖伊曰格人元龜罔敢知吉賢者不舉大龜不兆災變亟至何則人心神意同吉凶也仲任以賢者訓格人則今文尚書與古文同。今文一作假人元龜無敢知吉。史記殷本紀曰紂之臣祖伊聞之而咎周恐奔告紂曰天既訖我殷命假人元龜無敢知吉無天子二字蓋省文無敢知吉作無下云罔不欲喪作罔則此疑用今文本作無也假格古通用徐廣曰元一作卜周本紀曰殷之祖伊聞之懼以告紂宋世家曰及祖伊以周西伯之修德滅阢國懼禍至以告紂。一作假爾元龜罔敢知吉。潛夫論卜列篇云尚書曰假爾元龜罔敢知吉疑用夏侯尚書與史公王仲任用歐陽尚書不同蓋據曲禮云假爾泰龜有常之義以此為命龜之詞也漢書食貨志元龜距冉長尺二寸

**非先王不相我後人惟王淫戲用自絕。**今文惟作維戲作虐。史記殷本紀曰非先王不相我後人維王淫虐用自絕集解鄭元曰王暴虐於民是鄭本亦作虐字也

**故天棄我不有康食不虞天性不迪率典。**今文作不虞知天性史記曰故天弃我不有安食不虞知天性集解鄭元曰使不得安食逆亂陰陽不度天性傲很明德不修教法者康作安故訓字不虞知天性多知字蓋今文尚書也

**今我民罔弗欲喪。**今文弗作不。史記曰今我民罔不欲喪弗作不今文弗多為不論衡藝增篇云尚書曰祖伊諫紂曰今我民罔不欲喪罔無也我天下民無不欲王亾者夫言欲王之亾可也言無不增之也紂雖至惡臣民蒙恩者非一而祖伊增語欲以懼紂也

**曰天曷不降威大命不摯今王其如台。**今文作大命胡不至。史記曰曰天曷不降威大命胡不至今王其奈何蓋今文尚書不摯作不至上多胡字如台作奈何用故訓論衡藝增篇引此經云民之望天降威與大命之

至急欲革命去暴主也至字與史記合

王曰嗚呼我生不有命在天史記殷本紀紂曰我生不有命在天乎周本紀紂曰不有天命乎是何能爲宋世家紂曰我生不有命在天乎是何能爲

祖伊反曰嗚呼乃罪多參在上○今文反作返參作絫○史記曰祖伊返曰紂不可諫矣○汗簡古文四聲韻皆云絫字見石經尚書戡黎篇陳喬樅說則今文尚書作絫可知矣厽絫古今文之異壁中本皆古文故用厽字也玉篇厽力揰切尚書以爲參字

乃能責命于天殷之即喪指乃功不無戮于爾邦

受業雷恆 文永譽校

# 今文尚書攷證卷九

善化皮錫瑞

## 微子弟九　商書五

**微子** 錫瑞謹案漢書儒林傳云遷書載堯典禹貢洪範微子金縢多古文說據班氏今文義當以洪範爲商書列微子之前如左氏傳引洪範爲商書也微子一篇史公載其文於宋世家其用古文說不可攷殷本紀曰微子數諫不聽乃與大師少師謀遂去下文乃言比干諫死箕子爲奴微子世家則曰紂殺王子比干於是大師少師乃勸微子去遂行本紀世家兩處之文不同疑一爲今文說一爲古文說故言微子之去先後有異但其詳不可攷耳

**微子若曰父師少師** ○今文父師作大師○史記殷本紀曰微子數諫不聽乃與大師少師謀遂去宋世家曰於是微子度紂終不可諫欲死之及去未能自決乃問於大師少師段玉裁說今文尚書作大師漢書禮樂志說殷紂時樂官師瞽抱其器而奔散或適諸侯或入河海此謂論語微子篇大師摯適齊云云也故古今人表太師摯少師陽皆系之殷辛時宋世家於

比干死之後云大師少師乃勸微子去則少師非比干大師非箕子甚明殷本紀亦云微子與大師少師謀去而比干剖心箕子爲奴殷之大師少師乃持其祭樂器奔周周本紀又云紂昏亂暴虐滋甚殺王子比干囚箕子大師疵少師彊抱其樂器而奔周是則大師少師爲殷之樂官卽大師摯少師陽也摯卽疵陽卽彊音皆相近此今文尚書說也錫瑞謹案古今人表疵與彊列第二等摯與陽列第三等是班氏不謂摯卽疵陽卽彊也豈亦如士會范武子二名並列乎桓譚新論曰二年聞紂殺比干囚箕子大師少師抱樂器奔周亦同史記之說

**殷其弗或亂正四方**○今文作殷不有治政不治四方○史記宋世家曰殷不有治政不治四方弗作不或作有皆今文尚書孫星衍說史公四方上又有不治二字者言殷其不有治政是不治四方也

**我祖厎遂陳于上我用沈酗于酒**○今文作我祖遂陳于上我沈湎于酒○史記曰我祖遂陳于上紂沈湎于酒蓋今文尚書無厎字用字我作紂則史公易之微子不忍言紂惡故隱其文曰我史公易之以紂使人易曉也今文尚書沈酗作沈湎史記自序曰帝辛湛湎漢書五行志曰湛湎于酒禮樂志曰湛沔自若谷永傳曰皆由婦人與羣惡沈湎于酒霍

光傳奏昌邑王湛沔于酒敘傳班伯曰沈湎于酒微子所以告去也揚雄徐州牧箴曰帝癸及辛不祗不恪沈湎于酒而忘其東作益州牧箴曰帝有桀紂湎沈頗僻易林賁之乾曰帝辛沈湎皆今文尚書也韓詩說曰齊顏色均多寡謂之沈閉門不出客謂之湎君子不可以沈不可以湎

**用亂敗厥德于下**○今文作婦人是用亂敗厥德于下○史記曰婦人是用亂敗湯德于下集解馬融曰我祖湯也下下世也錫瑞謹案今文尚書多婦人是三字於用字絕句厥德作湯德則亦史公易之使人易曉也漢書谷永傳災異對曰湛湎荒淫婦言是從又黑龍見東萊對曰臣聞三代所以隕社稷喪宗廟者皆由婦人與羣惡沈湎于酒五行志成帝永始二年星隕郊雨谷永對曰臣聞三代所目喪亾者皆繇婦人羣小湛湎於酒是子雲所據今文尚書有婦人是用句與史記合列女殷紂妲己傳曰比干諫曰不修先王之典法而用婦言禍至無日不修先王典法所謂敗湯德也孫星衍說按大誓紂乃斷弃其先祖之樂乃爲淫聲以說婦人則史公言婦人是用敗湯德于下正謂弃其先祖之樂爲淫聲大師將抱樂器奔周故先言此也

**殷罔不小大好草竊姦宄**○今文作殷既小大好草竊姦宄○史記曰殷既小大好草竊姦宄錫瑞謹案

穀梁桓三年傳云既者盡也廣雅釋詁云既盡也左氏宣十二年傳云可勝既乎周語數澤肆既注皆訓盡盡與罔不義近故今文作既

**卿士師師非度凡有辜罪乃罔恒獲小民方興相爲敵讎**○今文作卿士師師非度皆有罪辜乃無維獲小民乃竝興相爲敵讎○史記曰卿士師師非度皆有罪辜乃無維獲小民乃竝興相爲敵讎集解馬融曰非但小人學爲姦宄卿士以下轉相師效爲非法度鄭元曰獲得也羣臣皆有是罪其爵祿又無常得之者言屢相攻奪陳喬樅據鄭注云凡猶皆也謂史記作皆以訓詁代之段玉裁據古音竝讀如旁謂今文尚書作旁興竝者旁之故訓錫瑞謹案史公用今文尚書不必與鄭注古文同潛夫論述赦篇曰小民乃竝爲敵讎竝字與史記合葢今文作竝史公非用故訓也

**今殷其淪喪**○今文淪作典○史記曰今殷其典喪集解駰謂典國典也錢大昕說典讀如殄典喪者殄喪也攷工說輈欲頎典鄭司農讀典爲殄燕禮寡君有不腆之酒注古文腆爲殄是典與腆與殄通錫瑞謹案錢說是也列女傳云不脩先王之典法則解典爲國典義亦可通孫星衍以典即圖法引呂氏春秋殷內史向摯載其圖法出亾之周淮南子太史令向藝先歸文王謂

向聲近陽蓺字形近摯其說似涉傅會太師與太史不同官一載圖法一抱樂器不得傅合爲一也

**若涉大水其無津涯**○今文作若涉水無津涯亦作若涉水無舟航○史記曰若涉水無津涯集解徐廣曰一作涉水無舟航言危也錫瑞謹案三家今文蓋有作舟航者後漢書明帝紀曰若涉淵水而無舟楫潛夫論考績篇曰無舟楫而欲濟大水荀爽易泰卦注曰馮河而上不用舟航皆用今文尙書而管子七法篇曰猶無舟楫而欲經於水險也商子弱民篇曰濟大川而無船楫又在漢人之前

**殷遂喪越至于今日父師少師我其發出狂**○今文父作大狂作往○史記曰殷遂喪越至于今日大師少師我其發出往集解鄭元曰發起也紂禍敗如此我其起作出往也索隱曰往尙書作狂蓋亦今文尙書意異耳案鄭注亦從今文尙書與告去意合

**吾家耄遜于荒**○今文作吾家保于喪○史記曰吾家保于喪江聲說卿大夫稱家保保安也我卿大夫安于喪亾之事恬不知畏亦言不與謀也錫瑞謹案江說亦通然據史公云微子欲死之及去未能自決乃釋此二句之義我其發出往者將遠

出以避難言欲去也吾家保于喪者保守也喪亾也將居家以守
死不去言欲死之也二句正言欲死之及去未能自決之意故重
呼大師少師告之○一作吾於是家保○史記集解徐廣曰一云
吾於是家保駰案馬融曰卿大夫稱家陳喬樅說是言我爲出亾
之計庶幾國雖喪而家猶可保
微子志存宗祀故其言如此耳

**今爾無指告予顛隮若之何其**○今文作今女無故告予顛隮如
之何其○史記曰今女無故告予
顛隮如之何其集解馬融曰隮猶墜也恐顛墜於非義當如之何
也鄭元曰其語助也王肅曰無故告無意告我也是微子求教誨
也案據此則王
本亦作無故告

**父師若曰王子天毒降災荒殷邦方興沈酗于酒乃罔畏畏咈其**
**耇長舊有位人今殷民乃攘竊神祇之犧牷牲用以容將食無災**
○今文作大師若曰王子天篤下菑亾殷國乃毋畏畏不用老長
今殷民乃陋淫神祇之祀○史記曰大師若曰王子天篤下菑亾
殷國乃毋畏畏不用老長今殷民乃陋淫神祇之祀集解徐廣曰
一云今殷民侵神犧又一云陋淫侵神祇索隱曰劉氏云陋淫猶

輕穢也孫星衍說陋者隱也說苑君道篇云晏子隱君之賜淫者文選演連珠云時累不能淫注淫侵也言有隱匿侵沒其貲者錫瑞謹案方興沈酗今文當作並興沈湎說見上史記無並興沈湎于酒句此句之文皆見於上不應重出疑今文本無之無舊有位人句疑今文亦無之或經師以舊訓老以有位人訓長誤入正文也

**降監殷民用乂讎斂**釋文讎如字下同徐云鄭音疇馬本作稠云數也斂賦斂也案馬鄭不同未知孰與今文合

**召敵讎不怠罪合于一多瘠罔詔商今其有災我興受其敗商其淪喪我罔爲臣僕詔王子出迪**史記於前淪喪作典喪則此亦當作典孫星衍說淪亦如上文作典

宋世家云今誠得治國國治身死不恨釋我興受其敗又云爲死終不得治不如去釋商其典喪至詔王子出迪也錫瑞謹案據王仲任所引今文說下爲微子之言則大師言止於此蓋微子以欲死之及去未能自決詢之大師太師詔以出迪正決其欲去之意孫說是也

**我舊云刻子王子弗出我乃顛隮**○今文作微子曰我舊云孩子王子不出○論衡本性篇云微子曰我舊云孩子王子不出紂爲孩子之時微子睹其不善之性性惡不出衆庶長大爲亂不變故云也又云紂之惡在孩子之時孩子始生未與物接誰令悖者孫星衍說今文多微子若曰四字以此爲微子之言云性惡不出衆者釋名云出推也推而前也言其資質不能在衆庶之前荀子勸學篇云其出人不遠矣是也充時猶見古尚書章句當本歐陽夏侯之義非臆說也錫瑞謹案如仲任所引今文說則王子屬紂與上文王子指微子不同我乃顛隮爲微子自我與上予顛隮合蓋微子聞太師詔以出迪之言乃云我舊云紂爲孩子已不善雖爲王子性惡不出衆庶長大爲亂不變則商必亾而我乃顛隮矣仲任所引經義本非難解江聲王鳴盛不得其說乃以爲謬陳喬樅謂論衡稱微子曰者目尚書之篇名非以爲微子自言微子睹其不善之性當作微子父睹其不善之性魏源又謂微子睹其不善之性微子字誤當作大師夫漢人遺說存者無多學者當塙守其說深思其義不得妄生駁難如實不可解闕疑可也何得全無證據妄改古人之書以就己之臆說此豈信而好古不知蓋闕之義哉

**自靖人自獻于先王我不顧行遯**史記曰今誠得治國國治身死不恨爲死終不得治不如去遂

亾又云微子曰父子有骨肉而臣主以義屬故父有過子三諫不聽則隨而號之人臣三諫不聽則其義可以去矣於是大師少師乃勸微子去遂行錫瑞謹案據史公說似亦以我不顧行遯爲微子之言謂我不能復顧矣將行遯矣史公與王仲任皆習歐陽尙書故其說相同古文尙書誤脫微子若曰四字並以我不顧行遯爲父師之言則史公之說不可通矣又案傅世洵洪氏隸釋補云綏民校尉熊君碑以自靖爲自清據此則釋文云靖馬本作清謂潔也亦三家今文之異與古文不同者

受業雷恒
文永譽校

# 今文尚書攷證卷十

善化皮錫瑞

## 牧誓第十　周書一

**牧誓**說文土部坶朝歌南七十里地周書武王與紂戰于坶野从土母聲許君引周書乃古文史公則用今文尚書故作牧野不必作坶也僞孔名傳古文而亦作牧可歎矣

**時甲子昧爽**○今文作正月甲子昧爽○史記周本紀曰二月甲子昧爽徐廣曰二一作正此建丑之月殷之正月周之二月也孫星衍說是今文有二月漢書律厤志云序曰一月戊午師渡于孟津至庚申之月朔日也四日癸亥至牧壄曰粵若來三月既死霸粵五日甲子咸劉商王紂但史公以此二月爲十一年二月甲子律厤志云文王十五而生武王受命九年而崩崩後四年而武王克殷克殷之歲八十六矣是以爲十三年二月蓋今文古文各從文王受命數年之異也史公以虞芮質成之年爲文王受命則文王七年而崩若以賜斧鉞爲受命則又在虞芮質成之前矣其云二月甲子或不異也錫瑞謹案史公用今文尚書則

時甲子三字今文當作二月甲子四字而二月字又當從徐廣所據一本作正月齊世家云十一年正月甲子誓於牧野是其明證古文書序云一月戊午史記引今文書序云十二月戊午戊午距甲子僅七日不得相隔兩月故古文以戊午爲一月則當以甲子爲二月今文以戊午爲十二月則當以甲子爲正月周本紀作二月後人據古文改之也史公以爲文王受命七年崩者本於大傳文王受命七年而崩史記云詩人道西伯蓋受命之年稱王而斷虞芮之訟後十年而崩史公用魯詩亦今文家說以斷虞芮之訟爲受命之年正與大傳一年質虞芮相合則史公必同伏生之義十年而崩必是七年而崩之譌蓋因七與十字形相似而誤孔穎達大誓正義武成正義皆云史記言文王受命七年崩是孔氏作正義時所見史記尚作七年不誤張守節所據本則已誤作十年張云十當爲九郎據僞武成爲說不知史公不見僞書十年本是七年之譌也史記又云九年武王上祭于畢九年當蒙文王受命七年數之文王七年而崩又二年爲九年所謂再期觀兵也觀兵還師又二年伐紂則爲十一年故史記云十一年十二月戊午師畢渡孟津與書序云維十有一年武王伐殷一月戊午師渡孟津正合書序竝無脫文其作一月與史記十二月相差一月乃殷正周正之異書序孔子所作大傳伏生所傳史記亦用伏生今文三書皆相符合漢志所以與史記不合者用劉歆三統術劉歆又本

於逸周書文王受命之九年劉向以爲周書蓋孔子所論百篇之餘見漢藝文志注故歆用其說以爲文王受命九年而崩武王再期觀兵爲十一年又二年伐紂爲十三年僞孔從之較史記皆差二年與書序大傳皆不合後人多沿其誤以疑書序誣史記實爲大謬或又以逸周書所云受命乃受西伯專征之命亦調停之說逸周書與尚書文體不類非必孔子刪書之餘劉歆好作僞其說不足據鄭君據伏生今文兼取劉歆之說以爲文王受命七年而崩崩後六年武王伐紂伐紂後五年而崩參用今古文說與再期觀兵須暇五年之數不合皆不如今文說之塙而有據也陳喬樅治今文不知塙守今文師說乃云伏生年已老耄或於文王受命年數記憶未能明晰逸周書乃汲冢古文三統麻又推法最密要宜爲可信豈非顛倒之見哉

**王朝至于商郊牧野乃誓**。○今文作武王朝至于商郊牧野乃誓史記曰武王朝至于商郊牧野乃誓大傳曰武王伐紂至于商郊停止宿夜士卒皆歡樂歌舞以待旦陳喬樅說案禮記祭統云舞莫重于武宿夜正義曰舞莫重于武宿夜者皇氏云師說書傳武王伐紂至于商郊停止宿夜云云武宿夜其樂名也此據書傳釋武宿夜最塙蓋此舞樂卽象當時士卒之歡樂歌舞也孫星衍說史公王作武王者詩大明鄭箋引此經亦作武王閟宮疏亦同疑僞傳刪武字也史臣追加之文如湯

誓稱王後人不省耳

**王左杖黃鉞右秉白旄以麾曰逖矣西土之人王曰嗟我友邦冢君**。今文友作有邦作國。史記曰武王左杖黃鉞右秉白旄以麾曰遠矣西土之人武王曰嗟我有國冢君錫瑞謹案前已云武王武字不必重出此兩武字疑史公以意增之非今文本然也知者史公於甘誓湯誓王曰皆改爲啓曰湯曰欲人易曉此王曰嗟不可改之曰發曰嗟故增之曰武王曰嗟矣逖作遠故訓字友邦作有國蓋如甫刑有國有土之義陳喬樅乃據周禮鄭注云天子亦有友諸侯之誼武王誓曰我友邦冢君謂鄭引此經以證友字則經當作友邦爲是史記有國疑是友國之譌不知史公自據今文豈必與鄭古文同哉

**御事司徒司馬司空**史記曰司徒司馬司空無御事二字蓋今文本無之王鳴盛說大誓云乃告司徒司馬司空此文與彼同解亦當同伏生大傳于彼文引傳以說之云天子三公司徒公司馬公司空公每一公三卿佐之每一卿三大夫佐之每一大夫三元士佐之故三公九卿二十七大夫八十一元士攷官數虞六十夏百二十殷二百四十周三百六十此官百二十

故鄭以爲夏制伏於虞傳言三公一公兼二卿舉下以爲稱則止有六卿此益爲九卿是夏之異於虞者亦不知所益何卿殷又不可攷若周禮六卿之制當自武王時已定則周制異於夏同於虞伏生何以據夏制說之殊不可解依注疏以此經爲軍中有職掌之人不必從伏也錫瑞謹案王說非也伏生云天子三公九卿二十七大夫八十一元士異義今尚書夏侯歐陽說禮記昏義篇春秋繁露官制象天篇白虎通封公侯篇其說皆同蓋自虞夏以至周初皆止有三公無六卿據此經與大傳史記所引大誓乃召司徒司馬司空諸節皆止有司徒司馬司空可證斷觀周禮六卿之制定於周公制禮之後故顧命召太保奭等乃有六人王云自武王時已定何以牧誓與大誓皆止三公無六卿又從注疏謬說以此爲軍中有職掌之人[illegible]周公作立政亦止云司徒司馬司空豈亦軍中有職掌之人乎[illegible]以禮解前代官制[illegible]君王尊阿[illegible]又從伏此大[illegible]者

亞旅師氏千夫長百夫長[illegible]

亞[illegible]

曰武王[illegible]

美孝[illegible]

會於教[illegible]

稱爾戈，比爾干，立爾矛，予其誓。史記曰：稱爾戈，比爾干，立爾矛，予其誓。鹽鐵論繇役篇曰：武王之伐殷也，執黃鉞，誓牧之野，天下之士莫不願爲之用。

王曰：古人有言曰：牝雞無晨，牝雞之晨，惟家之索。今商王受惟婦言是用。○今文作王曰古人有言牝雞無晨牝雞之晨維家之索今殷王紂維婦人言是用。○史記曰：王曰：古人有言，牝雞無晨，牝雞之晨，維家之索，今殷王紂維婦人言是用。殷本紀曰：紂嬖于婦人，愛妲己，惟妲己之言是從。○一作古人有言曰牝雞無晨牝雞之晨惟家之索今殷王紂惟婦言用。○漢書五行志：昔武王伐殷，至于牧壄，誓師曰：古人有言曰：牝雞無晨，牝雞之晨，惟家之索，今殷王紂惟婦言用。師古曰：晨謂晨時鳴也。索，盡也。言婦人爲政，猶雌雞而代雄鳴，是喪家之道也。案漢志引經與史記略異，蓋夏侯本與歐陽不同。列女殷紂妲己傳曰：妲己者，殷紂之妃也，嬖幸於紂。紂好酒淫樂，不離妲己，妲己所譽貴之，妲己之所憎誅之。於是武王遂致天之罰，斬妲己頭，懸於小白旗，以爲亾紂者是女也。書曰：牝雞無晨，牝雞之晨，惟家之索。蔡邕荅詔問災異曰：昔武王伐紂曰：牝雞之晨，維家之索。易傳曰：婦人專政，國不靜；牝雞雄鳴，主不榮。後漢書楊震傳震上疏曰：書誡牝雞牡鳴。崔琦傳外

戚箴曰惟家之索牝雞之晨

**昏棄厥肆祀弗答昏棄厥遺王父母弟不迪**○今文作自棄厥先祖肆祀不答昏棄厥家國遺厥王父母弟不迪○史記曰自棄其先祖肆祀不答昏棄其家國遺其王父母弟不用集解鄭元曰肆祭名答問也誓首言此者神怒民怨紂所以亾也案今文尚書多先祖字與家國字於國字絕句厥作其迪作用故訓字○一作厥遺任父母弟不迪○石經厥遺任父母弟不迪陳喬樅說任字或鐫刻之譌石經厥遺上文闕無以訂其同異俞樾說任乃誤字漢人隸書王壬二字往往無別此經王字漢人書作壬字因又加人旁作任耳韓子外儲說左篇王登爲中牟令呂氏春秋知度篇作任登即其例也錫瑞謹案蔡邕等審定石經不應如此有誤夏侯尚書異說或與史公歐陽說不同大傳盤庚篇引書曰湯任父言卑應言則今文說有任父之義或謂遺任乃受遺任政者遺任父母弟謂箕子也

**乃惟四方之多罪逋逃是崇是長是信是使是以爲大夫卿士**史記曰乃維四方之多罪逋逃是崇是長是信是使無下是以爲大夫卿士句疑是以爲大夫卿士句今文尚書本無乃後人解經之詞

誤入正文如禮記毋以嬖御士疾莊士鄭注云莊士二字一作大夫卿士今本禮記遂誤作莊士大夫卿士也漢書五行志谷永對曰臣聞三代所以喪亾者皆繇婦人羣小書云乃用其婦人之言四方之逋逃多罪是信是使師古曰周書泰誓也谷永傳引書曰迺用婦人之言自絕于天四方之逋逃多罪是宗是長是信是使師古曰亦泰誓之辭也則子雲所引書多罪二字在逋逃二字下乃泰誓文非此經也史記作多罪逋逃與今本不異

**俾暴虐于百姓以姦宄于商邑今予發惟恭行天之罰**○今文宄作軌邑作國惟作維恭作共○史記曰俾暴虐于百姓以姦軌于商國今予發維共行天之罰○恭一作龔○班固東都賦漢書敘傳高誘呂氏春秋注鍾會檄蜀文孫盛李賢李善引尚書皆作龔蓋三家異文

**今日之事不愆于六步七步乃止齊焉夫子勗哉不愆于四伐五伐六伐七伐乃止齊焉勗哉夫子**史記曰今日之事不過六步七步乃止齊焉夫子勉哉不過於四伐五伐六伐七伐乃止齊焉勉哉夫子愆作過勗作勉皆用故訓字石經不愆于四伐五伐六伐七伐乃下闕據史記石經皆有

六代七代江聲王鳴盛據鄭注樂記不過四代五代疑六代七代爲衍文非也

**尙桓桓** 史記曰尙桓桓集解鄭元曰威武貌案爾雅釋訓桓桓威也廣雅釋訓桓桓武也揚雄趙充國頌曰赳赳桓桓班固十八矦銘曰桓桓將軍漢書敘傳曰長平桓桓後漢書高彪傳曰明其果毅尙其桓桓孔彪碑爰尙桓桓樊敏碑桓桓大度史孝山出師頌曰桓桓上將無從說文所引古文作狟狟者

**如虎如貔如熊如羆** ○今文作如虎如羆○史記曰如虎如羆班固十八矦銘曰休休將軍如虎如羆與史記合漢書敘傳云義得其勇如虎如貔與十八矦銘不同疑後人用古文尙書改之也○今文一作如貔如離亦作如財如螭亦作如离○史記曰如貔如離徐廣曰此訓與螭同如貔別本一作如財財卽豺之叚借字班固典引曰虎離其師燕然山銘曰螭虎之士杜篤論都賦曰虓怒之旅如虎如螭說文禸部离山神獸也从禽頭从禸从屮歐陽喬說离猛獸也李善文選西都賦注歐陽尙書說螭猛獸也是今文尙書作离一作離一作螭离爲正字螭與離叚借字也歐陽喬卽歐陽高漢書儒林傳歐陽和伯之曾孫名高字子陽爲博士繇是尙書有歐陽氏學李善引歐陽尙書說卽歐陽喬說也

于商郊弗迓克奔以役西土勗哉夫子爾所弗勗其于爾躬有戮○今文弗作不迓作禦○史記曰于商郊不禦克犇以役西土勉哉夫子爾所不勉其于爾身有戮勗作勉躬作身皆故訓字也史記又曰誓已諸侯兵會者四千乘陳師牧野桓譚新論曰甲子日月若合璧五星若連珠昧爽武王朝至于南郊牧野從天以討紂故兵不血刃而定天下大傳曰武王與紂戰于牧之野紂之卒輻分紂之車瓦裂紂之甲魚鱗下賀乎武王

受業雷恒文承譽挍

今文尚書攷證卷十一

善化皮錫瑞

## 鴻範弟十一　周書二

洪範。今文洪作鴻。大傳曰鴻範可以觀度漢書梅福傳曰箕子佯狂于殷而爲周陳洪範箕子非疏其家而畔親也不可爲言也

惟十有三祀王訪于箕子。今文惟作維。大傳曰武王勝殷繼公子祿父釋箕子囚箕子不忍周之釋走之朝鮮武王聞之因以朝鮮封之箕子既受周之封不得無臣禮故于十三祀來朝武王因其朝而問鴻範孫星衍說此今文說也書序亦云武王勝殷殺受立武庚以箕子歸作鴻範書疏云朝鮮去周路將萬里聞其所在然後封之受封乃朝必歷年矣不得仍在十三祀也宋世家得其實也按周本紀云武王已克殷後二年問箕子殷所以亾箕子不忍言殷惡以存亾國宜告武王亦醜故問以天道又考周本紀武王十一年十二月師渡孟津二月朝至於商郊牧野是十二年也已而命召公釋箕子之囚乃罷兵西

歸封諸侯箕子之去朝鮮因而封之疑在此時又云武王徵九牧之君箕子宜以此時來朝故在武王已克殷後二年是十三年也大傳所說較之周本紀未可非故今文與古文竝存可也錫瑞謹案史記宋世家云武王旣克殷訪問箕子不言其何年周本紀以爲克殷後二年史公說爲文王受命七年而崩武王蒙文王受命之年再期觀兵爲九年又二年伐紂爲十一年克殷後二年爲十三祀與大傳無不合其不合者宋世家述鴻範畢云於是武王乃封箕子於朝鮮而不臣也則史公以爲陳鴻範後乃封朝鮮與伏生以爲封朝鮮來朝乃陳鴻範說異漢書儒林傳云遷書載鴻範多古文說此當爲古文說之一漢書五行志曰劉歆以爲禹治洪水賜雒書法而陳之洪範是也聖人行其道而寶其眞降及於殷箕子在父師位而典之周旣克殷以箕子歸武王親虛已而問焉故經曰惟十有三祀王訪于箕子劉歆說與書序相近然書序不明言作洪範之年歆則以爲文王受命九年而崩再期在大祥而伐紂故書序曰惟十有一年武王伐紂大誓八百諸侯會還歸二年乃遂伐紂克殷以箕子歸十三年也故書序曰武王克殷以箕子歸作洪範洪範篇曰惟十有三祀王訪于箕子自文王受命而至此十三年歆說見漢志僞孔傳用其說故孔疏有受封乃朝不得仍在十三祀之疑不知歆說較之大傳史記書序先後皆差二年本不足據大傳與史記言陳鴻範封朝鮮先後雖異而言文王

崩年相合則武王克殷之年亦必相合維十有三祀自必皆在克殷之後二年不在釋箕子四之時遷書所載孔安國古文說與劉歆古文說異則歆說不可信不得據劉歆僞孔以駁伏生史公也書序所云以箕子歸或與劉歆說同或如江聲說爲已而箕子來歸則與今文箕子受封來朝亦無不合爾雅釋天云商曰祀孫炎注云祀取四時祭祀一訖也獨斷云商曰祀釋名云殷曰祀祀已也新氣升故氣已也此周書而稱祀者左氏傳許氏說文皆引此經爲商書儒林傳云遷書載堯典禹貢洪範微子金縢諸篇多古文說班氏以洪範列微子上則今文尙書次序或以此篇列微子之前則此爲商書故稱祀也惟十有三祀今文當作維匡謬正俗云惟辭也蓋語之發端書云惟三月哉生魄惟十有三祀王訪于箕子之類是也古文皆爲惟字而今文尙書變爲維者同音通用厥義無別師古及見石經搨本是今文尙書本作維也史記述此篇皆作維

**王乃言曰嗚呼箕子惟天陰騭下民相協厥居我不知其彝倫攸敘。**今文嗚呼作於乎惟作維敘作序。史記宋世家曰武王曰於乎維天陰定下民相和其居我不知其常倫所序錫瑞謹案周本紀曰箕子不忍言殷惡以存亾國宜告武王王亦醜故問以天道是武王與箕子於陳鴻範之前嘗有問答之辭惜不傳耳說文云乃難詞也據史公說武王與箕子皆有難言之意故皆曰乃言史記於此文及下箕子對曰皆不作乃言者以意改之耳於乎下無箕子省文騭作定協作和彝作常攸作所皆故訓字膠東令王君碑引經作攸蔡邕司空文烈矦楊公碑曰惟天陰騭下民彝倫所由順序段玉裁云騭不訓定疑今文尙書本作質非也。乃一作迺嗚呼一作烏嘑攸敘一作逌敘。漢書五行志曰王迺言曰烏嘑箕子惟天陰騭下民相協厥居我不知其彝倫逌敘服虔曰騭音陟也應劭曰陰覆也騭升也相助也協和也倫理也攸所也言天覆下民王者當助天居我不知居天常理所次序也師古曰騭音質騭定也協和也天不言而默定下人助合其居呂氏春秋君守篇云鴻範曰惟天陰騭下民陰之者所以發之也高誘注曰陰陽升陟也言天覆生下民王者助天舉發明之以仁義也案師古注與服虔應劭諸家說異而與史記相合蓋本漢儒今文舊說王肅注亦云陰深也言天陰定下民與之五常之性亦與史公義合或史公用歐陽說服虔應劭高誘皆用夏矦說歟

**箕子乃言曰我聞在昔鯀陻洪水汨陳其五行。**今文乃一作迺洪一作鴻。史記曰箕子對曰在昔鯀陻鴻水汨陳其五行無我聞二字省文漢志曰箕子迺言曰我聞在昔鯀陻洪水汨陳其五行應劭曰陻塞也

汨亂也水性流行而鯀障塞之失其本性其餘所陳列皆亂故曰亂陳五行也華嚴音義引大傳曰汨亂也○一作鯀伊鴻水曰陳其五行○石經口伊鴻水曰陳其五行帝下闕馮登府說案陻伊一音之轉中庸一戎衣注衣爲殷齊人讀殷如衣是古音通也詩溱洧箋伊因也史記作禹抑鴻水孟子同伊抑亦聲之轉曰卽汨之省

**帝乃震怒不畀洪範九疇彝倫攸斁**○今文洪一作鴻○史記曰帝乃震怒不從鴻範九等常倫所斁徐廣曰斁一作釋裴駰案鄭元曰帝天也天以鯀如是乃震動其威怒不與天道大法九類言王所問所由敗也案畀作從疇作等彝作常攸作所皆故訓字徐云一作釋當是殬之譌班固典引云彝倫殬而舊章缺與說文作殬合也孫星衍云畀爲從者今文尚書恐未可據○乃一作迺不畀作弗畀攸作逌○漢志曰帝迺震怒弗畀洪範九疇彝倫逌斁師古曰帝謂上帝卽天也震動也畀與也疇類也九類卽九章也斁敗也

**鯀則殛死禹乃嗣興天乃錫禹洪範九疇彝倫攸敘**○今文洪一作鴻敘一作序○史記曰鯀則殛死禹乃嗣興天乃錫禹鴻範九等常倫所序用故訓與前同趙岐注孟子云洪範曰彝倫攸序謂其常事有序

者也○乃一作迺攸一作逌○漢志曰鯀則殛死禹迺嗣興天迺錫禹洪範九疇彝倫逌敘此武王問雒書於箕子箕子對禹得雒書之意也又於初一曰五行至畏用六極云凡此六十五字皆雒書本文所謂天迺錫禹大法九章常事所次是也漢書敘傳曰河圖命庖洛書賜禹八卦成列九疇逌敘李奇曰洛書即洪範九疇也案以洪範即洛書兩漢今古文說無異尚書中候曰堯率羣臣東沈璧于洛退俟至于下稷赤光起元龜負圖出背甲赤文成字宋均曰稷讀曰側此即禹所受洛書也云堯率羣臣禹時預焉論衡正說篇曰禹之時得洛書書從洛水中出洪範九章是也禹案洪範以治洪水馬注云從五行以下至六極洛書文也鄭注大傳云初禹治水得神龜負文於洛於以盡得天人陰陽之用三國魏志辛毗等奏曰至於河洛之書著於洪範則殷周效而用之矣皆以爲鴻範即雒書

**初一曰五行次二曰敬用五事**○今文敬作羞○漢書五行志曰初一曰五行次二曰羞用五事師古曰羞進也蓺文志曰五行者五常之形氣也書云初一曰五行次二曰羞用五事言進用五事㠯順五行也貌言視聽思心失而五行之序亂孔光傳光對曰書曰羞用五事建用皇極如貌言視聽思失大中之道不立則咎徵薦臻六極屢降

**次三曰農用八政**漢志曰次三曰農用八政張晏曰農食之本食爲八政之首故以農爲名也師古曰此說非也農厚也羞用義例皆同非田農之義也案鄭讀農爲醲僞孔訓農爲厚蓋用鄭義師古又用孔義張晏則從馬王之義未知孰爲今文陳喬樅云鄭從今文家說然無據漢官解詁曰勉用八政以勉代農則今文說訓農爲勉廣雅釋詁農勉也

**次四曰協用五紀**○今文協作叶○漢志曰次四曰叶用五紀應劭曰叶合也合成五行爲之條紀也

**次五曰建用皇極**漢志曰次五曰建用皇極應劭曰皇大極中也石經口口曰建用皇極錫瑞謹案漢人引此經多作皇蔡邕爲陳留縣上孝子狀云建用皇極膠東令王君碑云伊漢中葉皇極不建韓勑碑云皇極之日開母廟碑云皇極正而降休鄭注大傳云王極或皆爲皇極是大傳別本有作皇極者蓋皇王聲近義皆訓大故今文家或作王或作皇或訓君或訓大五行志引傳曰皇之不極是謂不建釋之曰皇君也極中建立也人君貌言視聽思心五事皆失不得其中則不能立萬事此用大傳作皇之本訓皇爲君者也孔光傳光對曰書曰建用皇極皇之不極是爲大中不立谷永傳日食地震對曰正五事建大中以承天心則庶徵序於下日月理於上五事失於躬大中之道不立則咎徵降而六極至後漢書周舉傳策問曰思協大中蔡邕答詔問灾

巽曰建大中之道胡公碑曰協大中于皇極宋均注考靈耀曰皇大極中也與應劭漢志注同此皆訓皇爲大者也案皇與王雖可通用而義則當從五行志訓君蓋王之不極皇之不極必訓爲君而後可通若訓爲大之不中則不辭甚矣○今文一作建用王極○鴻範五行傳曰爰用五事建立王極又曰王之不極是謂不建鄭注王君也不名體而言王者五事象五行則王極象天也人法天元氣純則不可以一體而言之也天變化爲陰陽覆成五行經曰厤象日月星辰敬授民時論語曰爲政以德譬如北辰是則天之通於人政也孔子說春秋曰政以不由王出不得爲政則是王君出政之號也極中也建立也王象天以性情覆成五事爲中和之政也王政不中則是不能立其事也錫瑞謹案鄭解王極之義甚精則大傳本當爲王極漢志續漢志皆作皇劉昭注云尚書大傳作王是也鄭君大傳敘曰張生歐陽生從其學而授之則作王極者當是歐陽本班孟堅蔡伯喈皆習夏矦尚書故漢書與石經同作皇極當是張生本史記用歐陽尚書而亦作皇極者案史記於王極之傳言獨作王極疑此一篇當皆作王極字其作皇乃後人改之而王極之傳言句改之未盡故參差不一也

**次六曰乂用三德**○今文乂作艾○漢志曰次六曰艾用三德應劭曰艾治也治大中之道用三德也師古曰艾

讀曰又石經次六曰艾用三德下闕

**次七曰明用稽疑次八曰念用庶徵**漢志曰次七曰明用稽疑次八曰念用庶徵應劭曰疑事明考之于蓍龜師古曰念思也庶衆也徵應也說苑反質篇曰凡古之卜日者將以輔道稽疑論衡感類篇曰洪範稽疑則今文亦作稽也王應麟引漢人異字作卟蓋卽說文引書云卟疑乃古文字

**次九曰嚮用五福威用六極**○今文嚮作饗威作畏○漢志曰次九曰嚮用五福畏用六極應劭曰天所以嚮樂人用五福所以畏懼人用六極史記宋世家亦作嚮而漢書谷永傳引經曰饗用五福畏用六極師古曰饗當也言所行當於天心則降以五福若所爲不善則以六極畏罰之子雲用今文尙書作饗王應麟藝文志攷漢書引異字饗用五福蓋卽谷永傳饗字應劭所據本亦當作饗故注云饗樂今史記漢志正文與應劭注皆淺人妄改之漢紀谷永對策引經曰嚮用五福威用六極同出谷子雲引而與漢書不同此淺人據今本尙書妄改之明證也漢志曰凡此六十五字皆雒書本文史記曰初一曰五行二曰五事三曰八政四曰五紀五曰皇極六曰三德七曰稽疑八曰庶徵九曰嚮當作饗用五福畏用六極惟有四十三字蓋史公省文大

傳曰建立王極孔光引經曰羞用五事建用皇極文與漢志相同則今文尚書作六十五字不作四十三字也釋文引馬云從五行已下至六極洛書文也則謂本文惟三十八字初一曰等字皆禹所加蓋古文說異

**一五行一曰水二曰火三曰木四曰金五曰土**○今文五行上無一字○史記曰五行一曰水二曰火三曰木四曰金五曰土漢志曰經曰初一曰五行五行一曰水二曰火三曰木四曰金五曰土史記全載此篇此五行及下五事八政五紀皇極三德稽疑庶徵五福等字上皆無一二至八九等字漢志載此篇五行上無一字五事上無二字食貨志載洪範文八政上無三字谷永傳引皇極皇建其有極無五字說文引書云卟疑無七字石經爲天下王三德無六字是今古文皆無一二等數目字也白虎通五行篇曰五行者何謂也謂金木水火土也言行者欲言爲天行氣之義也地之承天猶妻之事夫臣之事君也其位卑卑者親視事故自同於一行尊於天也下文引此經曰水位在北方北方者陰氣在黃泉之下任養萬物水之爲言准也養物平均有准則也木在東方東方者陽氣始動萬物始生木之爲言觸也陽氣動躍觸地而出也火在南方南方者陽在上萬物垂枝火之爲言委隨也言萬物布施火之爲言化也陽氣用事萬物變化也金在西方西方者陰始起萬物禁止金之

爲言禁也土在中央中央者土土主吐含萬物土之爲言吐也何以知東方生樂記曰春生夏長秋收冬藏土所以不名時者地土之別名也比於五行最尊故不自居部職也又曰五行所以更王何以其轉相生故有終始也木生火火生土土生金金生水水生木又曰五行所以相害者天地之性衆勝寡故水勝火也精勝堅故火勝金剛勝柔故金勝木專勝散故木勝土實勝虚故土勝水也釋名曰五行者五氣也於其方各施行也金禁也其氣剛嚴能禁制也木冒也華葉自覆冒也水準也準平物也火化也消化物也亦言毁也物入中皆毁壞也土吐也能吐生萬物也元命苞曰木之爲言觸也言觸地氣動躍也火之爲言委隨也土之爲言吐言子成父道吐也

**水曰潤下火曰炎上木曰曲直金曰從革土爰稼穡**漢書五行志作土爰稼穡師古曰爰亦曰也一說爰於也可於其上稼穡也種之曰稼收聚曰穡李尋傳白虎通漢紀引皆作爰蓋皆夏侯尚書五行志引傳曰田獵不宿飲食不享出入不節奪民農時及有姦謀則木不曲直說曰木東方也於易地上之木爲觀其於王事威儀容貌亦可觀者也故行步有佩玉之度登車有和鸞之節田狩有三驅之制飲食有享獻之禮出入有名使民以時務在勸農桑謀在安百姓

如此則木得其性矣若迺田獵馳騁不反宮室飲食沈湎不顧法度妄興繇役以奪民時作爲姦詐以傷民財則木失其性矣蓋工匠之爲輪矢者多傷敗及木爲變怪是爲木不曲直又曰棄法律逐功臣殺太子以妾爲妻則火不炎上說曰火南方揚光煇爲明者也其於王者南面鄉明而治書曰知人則悊能官人故堯舜舉羣賢而命之朝遠四佞而放諸壄孔子曰浸潤之譖膚受之訴不行焉可謂明矣賢佞分別官人有序帥由舊章敬重功勳殊別適庶如此則火得其性矣若迺信道不篤或燿虛僞讒夫昌邪勝正則火失其性矣自上而降及濫炎妄起災宗廟燒宮館雖興師衆弗能救也是爲火不炎上又曰治宮室飾臺榭內淫亂犯親戚侮父兄則稼穡不成說曰土中央生萬物者也其於王者爲內事宮室夫婦親屬亦相生者也古者天子諸侯宮廟大小高卑有制后夫人媵妾多少進退有度九族親疏長幼有序孔子曰禮與其奢也寍儉故禹卑宮室文王刑于寡妻此聖人之所以昭教化也如此則土得其性矣若迺奢淫驕慢則土失其性有水旱之災而艸木百穀不孰是爲稼穡不成又曰好戰攻輕百姓飾城郭侵邊竟則金不從革說曰金西方萬物既成殺氣之始也故立秋而鷹隼擊秋分而微霜降其於王事出軍行師把旄杖鉞誓士衆抗威武所以征畔逆止暴亂也詩云有虔秉鉞如火烈烈又曰載戢干戈載櫜弓矢動靜應誼說以犯難民忘其死如此則金得其性矣若

迺貪欲恣睢務立威勝不重民命則金失其性蓋工冶鑄金鐵金鐵冰滯涸堅不成者衆及爲變怪是爲金不從革又曰簡宗廟不禱祠廢祭祀逆天時則水不潤下說曰水北方終臧萬物者也其於人道命終而形臧精神放越聖人爲之宗廟以收魂氣春秋祭祀以終孝道王者卽位必郊祀天地禱祈神祇望秩山川懷柔百神亾不宗事愼其齊戒致其嚴敬鬼神歆饗多獲福助此聖王所以順事陰氣和神人也至發號施令亦奉天時十二月咸得其氣則陰陽調而終始成如此則水得其性矣若迺不敬鬼神政令逆時則水失其性霧水暴出百川逆溢壞鄉邑溺人民及淫雨傷稼穡是爲水不潤下志所引傳曰伏生大傳鴻範五行傳也說曰卽歐陽夏矦三家說也藝文志有歐陽說義二篇或卽二篇之說續漢志南齊志隋志皆引五行傳大義略同茲不復載白虎通五行篇曰五行之性或上或下何火者陽也尊故上水者陰也卑故下木者少陽金者少陰有中和之性故可曲直從革土者最大苞含物將生者出將歸者入不嫌清濁爲萬物母下引此經風俗通引書大傳曰火者太陽也與白虎通文意正合則白虎通之說亦本大傳漢書律厤志曰太陰者北方北伏也陽氣伏於下於時爲冬冬終也物終臧乃可稱水潤下知者謀謀者重故爲權也太陽者南方南任也陽氣任養物於時爲夏夏假也物假大乃宣平火炎上禮者齊齊者平故爲衡也少陰者西方西遷也陰氣遷落物於

時爲秋秋揫也物揫斂乃成孰金從革改更也義者成成者方故爲矩也少陽者東方東動也陽氣動物於時爲春春蠢也物蠢生乃動運木曲直仁者生生者圜故爲規也中央者陰陽之內四方之中經緯通達迺能端直於時爲四季土稼嗇蕃息信者誠誠者直故爲繩也此以五行配五常也○今文一作土曰稼穡○史記曰水曰潤下火曰炎上木曰曲直金曰從革土曰稼穡集解馬融曰金之性從火而更可銷鑠論衡引此經作土曰稼穡與史記同蓋皆歐陽尚書漢書李尋傳尋對曰書云水曰潤下陰動而卑不失其道天下有道則河出圖洛出書

**潤下作鹹炎上作苦曲直作酸從革作辛稼穡作甘**史記曰潤下作鹹炎上作苦曲直作酸從革作辛稼穡作甘白虎通五行篇曰水味所以鹹何是其性也所以北方鹹者萬物鹹與所以堅之也猶五味得鹹乃堅也木味所以酸何東方萬物之生也酸者所以達生也猶五味得酸乃達也火味所以苦何南方主長養苦者所以長養也猶五味須苦可以養也金味所以辛何西方煞傷成物辛所以煞傷之也猶五味得辛乃委煞也土味所以甘何中央者中和也故甘猶五味以甘爲主也下引此經高誘注呂覽云木味酸酸者鑽也物應陽鑽地而出與白虎通解同大傳曰水火者百姓之所飲

食也金木者百姓之所興作也土者萬物之所資生也是爲人用書正義云此章所演凡三重第一言其名次第二言其體性第三言其氣味言五者各爲人用引此書傳爲證

**二五事一曰貌二曰言。**今文五事上無二字。史記曰五事一曰貌二曰言漢志曰經曰羞用五事五事一曰貌二曰言說苑修文篇云書曰五事一曰貌貌者男子之所以恭敬婦人之所以姣好也五事上皆無二字風俗通過譽篇曰鴻範陳五事以貌爲首論衡言毒篇曰諺曰衆口爍金口者火也五行二曰火五事二曰言言與火直故云爍金金制于火火口同類也又訂鬼篇曰鴻範五行二曰火五事二曰言言火同氣故童謠詩歌爲妖言王鳴盛云王充誤以五事之次即五行之次錫瑞案古尚書說云肺火也肺主音聲語言言與火同氣故肺屬火則仲任謂言與火直其說有本且仲任專主妖言言之五行傳亦云言之不從時有詩妖仲任說與五行傳合非誤也

**三曰視四曰聽五曰思。**今文五曰思下多心字。史記漢志皆曰三曰視四曰聽五曰思錫瑞謹案五曰思當作五曰思心說見後五經異義今文尚書歐陽說肝木也心火也脾土也肺金也腎水也古尚書說脾木也肺火也心土也肝

金也腎水也許從古文尚書說鄭駁之而說文心部云心人心土藏在身之中博士說以爲火藏肉部又云肝木藏肺金藏也脾土藏也腎水藏也則許又似以今文博士說爲正孝經援神契曰肝仁故目視肺義故鼻候心禮故耳司腎智故竅寫脾信故口誨是以肝爲木肺爲金心爲火腎爲水脾爲土也白虎通情性篇曰肝木之精也目爲之候肺者金之精鼻爲之候心火之精也耳爲之候腎者水之精雙竅爲之候脾者土之精也口爲之候皆同歐陽今文之說然據此說以五行配五事惟目司視耳司聽口誨爲言乃墒而可指者若貌與思則無以墒指之攷鴻範五行傳則伏生之說異於是五行傳曰貌屬木言屬金視屬火聽屬水思心屬土此伏生以五事配五行之義與古尚書說脾木肺火心土肝金腎水正合而與歐陽說肝木心火脾土肺金腎水不同漢儒若董仲舒眭孟劉向劉歆言災異班固志五行鄭君注大傳皆同伏生之義揚子玄數云三八爲木事貌用恭撝肅徵旱類爲狂四九爲金事言用從撝乂徵雨類爲僭二七爲火事視用明撝哲徵熱類爲舒一六爲水事聽用聰撝謀徵寒類爲急五五爲土事思用睿撝聖徵風類爲牟牟蓋叚借爲瞀睿字子雲用今文當作容後人改之也漢書天文志曰木於人五常仁也五事貌也火禮也視也金義也言也水知也聽也土信也思心也仁義禮知㠯信爲主貌言視聽㠯心爲正律厤志曰協之五行則角爲木五常爲仁五事爲

貌商爲金爲義爲言徵爲火爲禮爲視羽爲水爲智爲聽宮爲土爲信爲思風俗通聲音篇曰商五行爲金五常爲義五事爲言角五行爲木五常爲仁五事爲貌宮五行爲土五常爲信五事爲思徵五行爲火五常爲禮五事爲視羽五行爲水五常爲智五事爲聽漢紀曰木爲貌金爲言火爲視水爲聽土爲思心又曰合之五行則角爲木於五常爲仁於五事爲貌商爲金爲義爲言徵爲火爲禮爲視羽爲水爲智爲聽宮爲土爲信爲思心皆與鴻範五行傳合則伏生之說與古尚書說不異歐陽說背其師傳也

**貌曰恭言曰從視曰明聽曰聰思曰睿**○今文作思心曰容○史記曰貌曰恭言曰從視曰明聽曰聰思曰睿漢書五行志引經曰思曰睿又引傳曰思心之不容今誤作容是謂不聖思心者心思慮也容寬也孔子曰居上不寬吾何以觀之哉言上不寬大包容臣下則不能居聖位以寬訓容明是容字今本作睿誤據志文引傳作睿誤知前引經作思曰睿容亦誤應劭注曰睿通也古文作睿正言古文作睿與今文作容異今本漢書與注皆誤作睿非容非睿義不可通據漢志作容誤知史記作睿亦誤史公雖於洪範多古文說其字不當作睿也今文尚書當作思心曰容鴻範五行傳曰次五事曰思心思心之不容是謂不聖鄭注曰容當爲睿睿通也聖者包貌言視聽而載之以思心者通以待之君思心不通則是非不能心明其事也思

心曰土志論皆言君不寬容則地動元或疑焉今四行來沴土地乃動臣下之相帥爲畔逆之象君不通於事所致也以爲不寬容亦皆爲陰勝陽臣強君之異據鄭注則大傳作容鄭以爲當作睿志論從今文作容不寬容則地動鄭從古文作睿不睿通則地動其義甚明洪範月令疏引大傳皆改爲睿則鄭注豈可通乎司馬彪續漢志及晉隋書五行志皆引五行傳曰思心不容是謂不聖續漢志又云會秋明帝崩是思心不容也荀悅漢紀云土爲思心思心曰容容作聖高誘戰國策注引五行傳亦曰思心之不容是謂不聖所引傳皆不誤春秋繁露五行五事篇云五曰思思曰容思字下皆脫心字容者言無不容容作聖聖者設也王者心寬大無不容則聖能施設事各得其宜也說苑君道篇云齊宣王謂尹文曰人君之事何如尹文對曰人君之事無爲而能容下夫事寡易從法省易因故民不以政獲罪也大道容衆大德容下聖人寡爲而天下理矣書曰容今作睿誤作聖皆與伏生義同錢大昕說容與恭從聽爲韻康成以爲字之譌破容爲睿晚出古文因之未必鄭是而伏非說文云思容也亦用伏生義也古之言心者貴其能容不貴其能察泰誓云其心休休焉其如有容論語云君子尊賢而容衆我之大賢與於人何所不容老子曰容乃公公乃王王乃天天乃道道乃久荀子曰君子賢而能容衆知而能容愚博而能容淺粹而能容雜孟子以仁爲人心仁者必能容物故視主明聽主聰而思

獨主容若睿哲之義已於明聰中該之矣

**恭作肅從作乂明作哲聰作謀睿作聖**○今文乂作艾哲作悊睿作容○史記曰恭作肅從作治明作智聰作謀睿作聖史公艾爲治哲爲智以故訓代之漢志曰恭作肅從作艾明作悊聰作謀睿作聖案今文尚書當爲容作聖說見前鴻範五行傳曰一曰貌貌之不恭是謂不肅厥咎狂厥罰常雨厥極惡時則有服妖時則有龜孽時則有雞旤時則有下體生於上之痾時則有青眚青祥維金沴水次二事曰言言之不從是謂不艾厥咎僭厥罰常陽厥極憂時則有詩妖時則有介蟲之孽時則有犬旤時則有口舌之痾時則有白眚白祥維木沴金次三事曰視視之不明是謂不悊厥咎荼厥罰常奧厥極疾時則有草妖時則有倮蟲之孽時則有羊旤時則有目痾時則有赤眚赤祥維水沴火次四事曰聽聽之不聰是謂不謀厥咎急厥罰常寒厥極貧時則有鼓妖時則有魚孽時則有豕旤時則有耳痾時則有黑眚黑祥維火沴水次五事曰思心思心之不容是謂不聖厥咎霿厥罰常風厥極凶短折時則有脂夜之妖時則有華孽時則有牛旤時則有心腹之痾時則有黃眚黃祥維木金水火沴土春秋繁露五行五事篇曰恭作肅言王誠能內有恭敬之姿而天下莫不肅矣從作乂言王者言可從明正從行而天下治矣明

作哲。哲者知也，王者明則賢者進不肖者退，天下知善而勸之，知惡而恥之矣。聰作謀，謀者謀事也，王者聽則聞事與臣下謀之，故事無失矣。容作聖，聖者設也，王者心寬大無不容，則聖能施設事各得其宜也。據董子說，則此經古義兼上下言之，或謂肅乂哲謀聖專屬君身言之，或謂恭從明聰容屬君，肅乂哲謀聖屬臣，說殊泥。王引之說恭與肅、從與乂、明與哲、聰與謀、容與聖義竝相近，若以謀爲謀事，則與聽字義不相近，斯爲不類矣。今案謀與敏同，敏古讀若每，謀古讀若媒，竝見唐韻正。謀敏聲相近，故字相通。中庸人道敏政，地道敏樹，鄭注曰敏或爲謀，謀是其證也。聽則敏，不聽則不敏，故五行傳曰聽之不聽，是謂不謀，不謀則不敏。若以爲不能謀事，則謀上須加能字，而其義始明。伏生解聽以謀爲敏，正與經旨相合，而董、劉、馬、鄭諸儒以謀爲謀事，胥失之也。

**三八政：一曰食，二曰貨。**今文八政上無三字。史記曰八政一曰食二曰貨。大傳云八政何以先食，傳曰食者萬物之始，人事之本也，故八政先食。漢書食貨志曰洪範八政一曰食二曰貨，食謂農殖嘉穀可食之物，貨謂布帛可衣及金刀龜貝所以分財布利通有無者也。二者生民之本。蓺文志一曰農家者流，蓋出於農稷之官，播百穀，勸耕桑，以足衣食，故八政一曰食二曰貨。王莽傳曰民以食爲命，以貨爲資，是以八政以食爲首。後漢書章帝詔曰王者八政以食爲本。論衡譏日篇曰人道所重

莫如食急故八政一曰食二曰貨衣服貨也後漢郎顗傳對策曰臣聞洪範八政以食爲首周禮九職以農爲本

三曰祀 史記曰三曰祀漢書郊祀志曰洪範八政三曰祀祀者所以昭孝事祖通神明也公羊定八年傳解詁曰祀者無已長久之辭說文祀祭無已也

四曰司空五曰司徒六曰司寇七曰賓八曰師 史記曰四曰司空五曰司徒六曰司寇七曰賓八曰師集解馬融曰司空掌營城郭主空土以居民司寇主誅寇害鄭元曰賓掌諸侯朝覲之官師掌軍旅之官漢書蓺文志曰儒家者流蓋出於司徒之官助人君順陰陽明教化者也又曰兵家者蓋出古司馬之職王官之武備也洪範八政八曰師

四五紀一曰歲二曰月三曰日四曰星辰五曰厤數○今文五紀上無四字○史記曰五紀一曰歲二曰月三曰日四曰星辰五曰厤數集解馬融曰星二十八宿辰日月之所會也鄭元曰星五星也白虎通四時篇曰所以名爲歲何歲者遂也三百六十六日一周天萬物畢成故爲一歲也又日月徧日天左旋日月五星右行何日月五星比天爲陰故右行右行者猶臣對君也引含文嘉曰計日月右行也刑德放曰日月東行又曰日日行遲月行疾何君舒臣勞也日日

行一度月日行十三度十九分度之七引感精符曰三綱之義日爲君月爲臣也又曰日之爲言實也常滿有節月之爲言闕也有滿有闕也所以有闕何歸功於日也三日成魄八日成光二八十六日轉而歸功晦至朔旦受符復行故援神契曰月三日而成魄三月而成時又曰所以名之爲星何星者精也據日節言也一日一夜適行一度一日夜爲一日剩復分天爲三十六度周天三百六十五度四分度之一日月徑皆千里也大傳洪範傳曰晦而月見西方謂之朓朓則侯王其荼朔而月見東方謂之側匿側匿則侯王其肅漢書李尋傳曰月者衆陰之長后妃大臣諸侯之象也劉向洪範傳曰日者羣陽之宗也又曰日天之象君父夫兄之類中國之應也明王之踐位羣賢履職天下和平黎民康寧則日麗其精月揚其景耀又曰日之爲異莫重於蝕故春秋日食則書之也日食者下陵上臣侵君之象也日蝕衆者其亂衆稀者亂亦稀尚書考靈耀曰日合天統月合地統又曰歲星得度五穀孳蕃熒惑順行甘雨時鎮星得度地無災太白出入當五穀熟人民昌史記天官書曰五星者天之五佐爲經緯見伏有時所過贏縮有度說苑曰懸象著明莫大乎日月察變之動莫著乎五星開元占經引洪範五行傳曰歲星者於五常爲仁恩德孝慈於五事爲貌威儀舉動仁虧貌失逆春令則歲星爲災雖主福德見惡逆則怒爲殃更重又曰田獵不當飲食不享出入不時及有奸謀則歲星逆行

變色熒惑於五常爲禮辨上下之節於五事爲視明察善惡之事也禮虧視失逆夏令則熒惑爲旱災爲饑爲疾爲亂爲死喪爲賊爲妖言火怪也填星者於五常爲信言行不二於五事爲思心寬容受諫若五常五事皆失填星爲變動爲土功爲女主爲山崩爲地動太白者西方金精也於五常爲義舉動得宜於五事爲言號令民從義虧言失逆秋令則太白爲變動爲兵爲殺辰星北方水精也於五常爲智亂權貪道於五事爲聽不惑是非智虧聽失逆冬令則辰星爲變怪爲水災爲四時不和案漢人言星多主五星史記集解引鄭元曰星五星也當與今文義合又引馬融曰星二十八宿疑非也漢書律麻志曰辰者日月之會而建所指也星紀初斗十二度大雪中牽牛初冬至終於婺女七度元枵初婺女八度小寒中危初大寒終於危十五度諏訾初危十六度立春中營室十四度驚蟄終於奎四度降婁初奎五度雨水中婁四度春分終於胃六度大梁初胃七度穀雨中昴八度清明終於畢十一度實沈初畢十二度立夏中井初小滿終於井十五度鶉首初井十六度芒種中井三十一度夏至終於柳八度鶉火初柳九度小暑中張三度大暑終於張十七度鶉尾初張十八度立秋中翼十五度處暑終於軫十一度壽星初軫十二度白露中角十度秋分終於氐四度大火初氐五度寒露中房五度霜降終於尾九度析木初尾十度立冬中箕七度小雪終於斗十一度角十二亢九氐十

王房五心五尾十八箕十一東七十五度斗二十六牛八女十二虛十危十七營室十六壁九北九十八度奎十六婁十二胃十四昴十一畢十六觜二參九西八十度井三十三鬼四柳十五星七張十八翼十八軫十七南百一十二度又曰周武王訪箕子箕子言大法九章而五紀明麻法孟康曰歲月日星辰是爲五紀也蓺文志曰天文者序二十八宿步五星日月以紀吉凶之象聖王所以參政也易曰觀乎天文以察時變麻譜者序四時之位正分至之節會日月五星之辰以考寒暑殺生之實故聖王必正麻數以定三統服色之制又以探知五星日月之會凶阨之患吉隆之喜其術皆出焉釋名曰歲越也越故限也日實也光明盛實也月缺也滿則缺也星散也列位布散也

**五皇極皇建其有極**○今文皇極上無五字○史記曰皇極皇建其有極無上五字漢書谷永傳引經同○今文一作王極王建其有極○大傳曰王之不極是謂不建厥咎瞀厥罰常陰厥極弱時則有射妖時則有龍蛇之孽時則有馬旤時則有下人伐上之痾時則有日月亂行星辰逆行漢志引傳同惟王作皇瞀作眊爲異又釋傳云皇君也極中建立也

**斂時五福用敷錫厥庶民惟時厥庶民于汝極錫汝保極**蔡邕答詔問災

異引經作敷蓋夏侯尚書與歐陽本異○今文敷一作傅汝作女惟作維○史記曰斂時五福用傅錫其庶民維時其庶民于女極錫女保極集解馬融曰當斂是五福之道用布與衆民以其能斂是五福故衆民於汝取中正以歸心也鄭元曰錫汝保極者又賜以守中之道蔡邕答詔問災異曰建大中之道舉賢良而寵祿之則其救也下引此經

**凡厥庶民無有淫朋人無有比德惟皇作極**○今文無作毋惟作維○史記曰凡厥庶民毋有淫朋人毋有比德維皇作極○今文一作無有淫朋人無有比德○石經凡厥庶民無有淫口人無有下闕段玉裁說按本篇毋偏毋黨字作毋如此兩無有字作無最有分別古文尚書則皆作無史記則皆作毋

**凡厥庶民有猷有爲有守汝則念之**史記曰凡厥庶民有猷有爲有守女則念之集解馬融曰凡其衆民有謀有爲有所執守當思念其行有所趣舍也

**不協于極不罹于咎皇則受之而康而色曰予攸好德汝則錫之福時人斯其惟皇之極無虐煢獨而畏高明**○今文罹作離汝作女惟作維無虐煢獨

作毋侮鰥寡○史記曰不協于極不離于咎皇則受之而安而色曰予所好德女則錫之福時人斯其維皇之極毋侮鰥寡而畏高明集解馬融曰高明顯寵者不枉法畏之按史記康作安攸作所皆訓故字毋侮鰥寡今文尚書也列女傳楚野辯女篇引周書曰毋侮鰥寡而畏高明○一作不叶于極不麗于咎毋侮矜寡而畏高明○大傳洪範曰不叶于極不麗ト咎又曰毋侮矜寡而畏高明叶古文協今文中亦有古字麗離同義矜鰥古通用皆三家異文○一作無侮鰥寡○後漢書肅宗紀元和二年詔賜高年鰥寡孤獨帛一匹引經曰無侮鰥寡毋作無亦三家之文不同

**人之有能有爲使羞其行而邦其昌**今文邦作國○史記曰人之有能有爲使羞其行而國其昌石經口口口明人之有能有爲使羞其行而下闕許冲進說文上書曰殊藝異術王教一耑苟有可以加於國者靡不悉集書曰人之有能有爲使羞其行而國其昌○一作使脩其行國乃其昌○潛夫論思賢篇云書曰人之有能有爲使循其行國乃其昌是故先王爲官擇人必得其材功加於人德稱其位段玉裁說按循蓋脩之誤字之誤也脩蓋羞之誤聲之誤也錫瑞謹案漢人隸字循脩祇爭一畫故多互譌段以循爲脩字之誤是也以脩爲羞之誤則未必然李尤靈臺銘云人脩其行而國其昌正作脩字若

譌必不皆譌蓋三家異文有作脩字者王節信依用之今作循則後人傳寫之譌耳

**凡厥正人既富方穀汝弗能使有好于而家時人斯其辜于其無好德汝雖錫之福其作汝用咎**○今文汝作女弗作不無作毋于其無好下無德字○史記曰凡厥正人既富方穀女不能使有好于而家時人斯其辜于其毋好女雖錫之福其作女用咎集解鄭元曰無好于女家之人雖賜之以爵祿其動作爲女用惡謂爲天子結怨于民王念孫說于其毋好句絕與下用咎爲韻案鄭君以于其無好女爲句

**無偏無陂遵王之義無有作好遵王之道無有作惡遵王之路**荀子修身篇引書曰無有作好遵王之道無有作惡遵王之路此言君子之能以義勝私欲也又天論篇引書亦作無○今文無一作毋○史記曰毋偏毋頗遵王之義毋有作好遵王之道毋有作惡遵王之路集解馬融曰好私好○無有一作無或○呂氏春秋貴公篇洪範曰無偏無頗遵王之誼無或作好遵王之道無或作惡遵王之路高誘注曰誼法也或有也好私好也私好竊公平于曲惠也作惡擅作威也案高誘習今文尚書注呂氏春秋不言其與尚書同異則今文尚書當有作無或之本也潛夫論釋難篇曰無偏

無頗親疎同也案無陂今古文皆本作無頗唐時姕改之○一作遵王之素○孔彪碑曰無偏無黨遵王之素

**無偏無黨王道蕩蕩無黨無偏王道平平無反無側王道正直**

孔彪碑云無偏無黨石門頌云無偏蕩蕩是三家異文亦作無也漢書王莽傳太后下詔曰無偏無黨王道蕩蕩呂氏春秋曰昔先聖王之治天下也必先公公則天下平矣嘗試觀於上志有天下者衆矣其得之必以公其失之必以偏凡主之立也生於公故洪範曰無偏無黨○今文無一作毋○史記曰毋偏毋黨王道蕩蕩毋黨毋偏王道平平毋反毋側王道正直集解鄭元曰黨朋黨馬融曰反反道也側傾側也石經口口口路毋偏毋黨王道蕩蕩毋黨下闕漢書車千秋傳武帝詔引書曰毋偏毋黨王道蕩蕩亦作毋○無一作不平平作便便○史記張釋之馮唐傳贊云書曰不偏不黨王道蕩蕩不黨不偏王道便便徐廣曰便一作辨錫瑞謹案堯典平章史記作便章鄒誕生本作辨章平秩史記作便程大傳作辨秩是古文作平今文作便一作辨也詩采菽平平左右釋文引韓詩作便便韓詩今文毛詩古文亦今文作便便古文作平平之一證史公用今文當作便便宋世家作平平豈亦洪範古文說之一歟說苑至公篇云書曰不偏不黨王道蕩蕩言至公也漢書東方朔傳朔上壽云書曰不偏不黨王道蕩蕩是三家異文亦作不

與墨子兼愛引周詩作不字合

會其有極歸其有極曰皇極之敷言是彝是訓于帝其訓凡厥庶民極之敷言是訓是行以近天子之光今文皇作王敷作傅彝作夷訓作順」史記曰會其有極歸其有極曰王極之傳言是夷是訓于帝其順凡厥庶民極之傳言是順是行以近天子之光集解鄭元曰會其有極謂君也當聚會有中之人以爲臣也歸其有極謂臣也當就有中之君而事之馬融曰王者當盡極行之使臣下布陳其言是大中而常行之用是教訓天下於天爲順也凡厥庶民亦盡極敷陳其言於上也王肅曰民納言於上而得中者則順而行之近猶益也順行民言所以益天子之光江聲王鳴盛說篇中皇極字大傳皆作王極史記皆作皇極而惟此一處獨作王極則此王極與上皇極不同據馬注王不連極爲義自當從史記作王極錫瑞謹案史記作王極與大傳合他處皆作皇極疑後人改之此則改之不盡者非此王極與上皇極不同義也王極字三家異文或作皇而其義皆當訓君蓋必訓君而皇之不極乃可與貌之不恭言之不從視之不明聽之不聰思心之不容文義一律也班志作皇而訓爲君馬本蓋亦作皇而訓爲君者故王不連極爲義而以王極與庶民極對

文爲義也史公於上文彝倫字皆以故訓改彝爲常而此直作夷疑今文尚書本作夷字于帝其順是順是行皆作順亦疑今文本是順字馬王注皆解爲順是古文義與今文同也

**曰天子作民父母以爲天下王**

史記曰曰天子作民父母以爲天下王大傳曰聖人者民之父母也母能生之能食之父能教之能誨之聖王曲備之者也能生之能食之能教之能誨之也爲之城郭以居之爲之宮室以處之爲之庠序學校以教誨之爲之列地制畝以飲食之故書曰作民父母以爲天下王此之謂也漢書刑法志曰上聖卓然先行敬讓博愛之德者衆心說而從之從之成羣是爲君矣歸而往之是爲王矣洪範曰天子作民父母爲天下王聖人取類以正名而謂君爲父母明仁愛德讓王道之本也白虎通爵篇曰天子者爵稱也爵所以稱天子何王者父天母地爲天之子也故援神契曰天覆地載謂之天子上法斗極鉤命決曰天子爵稱也帝王之德有優劣所以俱稱天子者何以其俱命于天而王治五千里內也下引此經春秋文耀鉤曰王者往也神所嚮往人所樂歸也韓詩外傳曰王者往也天下往之謂之王白虎通風俗通獨斷說略同春秋繁露深察名號篇曰深察王號之大意其中有五科皇科方科匡科黃科往科合此五科以一言謂之王王者皇也王者方也王者匡也

王者黃也王者往也是故王意不普大而皇則道不能正直而方道不能正直而方則德不能匡運周徧德不能匡運周徧則美不能黃美不能黃則四方不能往四方不能往則不全於王又滅國上篇云王者民之所往

六三德一曰正直二曰剛克三曰柔克。今文三德上無六字。史記曰三德一曰正直二曰剛克三曰柔克石經口爲天下王三德一曰正直二下闕三德上無六字與史記同

平康正直彊弗友剛克變友柔克沈潛剛克高明柔克。今文弗作不變作內潛作漸。史記曰平康正直彊不友剛克內友柔克沈漸剛克高明柔克段玉裁說古內入通用入變同部此今文尚書所以作內也錫瑞謹案漢書谷永傳永說王音曰意豈將軍忘湛漸之義委曲從順所執不彊據子雲說則今文家以三德爲德性克爲自治其性不爲治人漢書敘傳曰孝元翼翼高明柔克孟堅亦以柔克爲言君德後漢書梁統傳統上疏曰文帝寬惠柔克又鄭興傳興上疏曰今陛下高明而羣臣惶促宜留思柔剋之政垂意洪範之法博采廣謀納羣下之策後漢紀引興疏云願陛下留神寬恕以崇柔克之德以柔克屬君德克爲自克之義與班氏合趙壹疾邪賦曰佞諂日熾剛克消亾愼令劉君碑云於惟君德忠孝正直

至行通洞高明柔克亦以剛克柔克爲德性皆今文義也應劭注五行志文亦三德云謂治大中之道用三德則三德自當屬君德馬鄭乃以此專屬人臣又探下文作威作福之意以沈潛爲賊臣高明爲君子古文異說殊乖經旨

**惟辟作福惟辟作威惟辟玉食臣無有作福作威玉食臣之有作福作威玉食其害于而家凶于而國人用側頗僻民用僭忒**○今文惟作維無作毋僻作辟○史記曰維辟作福維辟作威維辟玉食臣毋有作福作威玉食臣有作福作威玉食其害于而家凶于而國人用側頗辟民用僭忒集解馬融曰辟君也玉食美食不言王者關諸侯也鄭玄曰作福專爵賞也作威專刑罰也玉食備珍美也案漢人引書皆先威後福史公獨先福後威或三家之文不同或亦洪範[illegible][illegible]說之一與漢武帝封廣陵王策引書云臣不作福不作威亦[illegible][illegible]獲威一作惟辟作威惟辟作福惟辟玉食臣無有作威作福玉食○後漢書荀爽傳爽引洪範曰惟辟作威惟辟作福惟辟玉食此三者君所獨行而臣不得同也今臣僭君服下食上珍[illegible][illegible]害于而家凶于而國者也又第五倫傳倫上疏曰書曰臣無有作威作福其害于而家凶于而國又楊震傳震上疏曰書曰臣無有作威作福玉食又蔡邕傳荅詔問災異八事曰書曰惟

辟作威惟辟作福臣或為之謂之凶害高誘戰國策注引書曰无有作威作福○一作臣亾有作威作福亾有玉食臣之有作威作福玉食害于而家凶于而國人用側頗辟民用僭慝○漢書王嘉傳嘉奏封事曰臣聞箕子戒武王曰臣亾有作威作福亾有玉食臣之有作威作福玉食害于而家凶于而國人用側頗辟民用僭慝言如此則逆尊卑之序亂陰陽之統而害及王者其國極危國人傾仄不正民用僭差不壹此君不由法度上下失序之敗也武王躬履此道隆及成康又楚元王傳劉向上封事曰書曰臣之有作威作福害于而家凶于而國又王商傳張匡對曰竊見丞相商作威作福後漢書李固傳馬融誣奏李固曰作威作福莫固之甚又襄楷傳楷上疏曰而臣作威作福張衡傳衡上疏曰威不可分德不可共洪範曰臣有作威作福玉食害于而家凶于而國三國志蔣濟傳濟對曰夫作威作福書之所誡隋梁毗論楊素封事曰臣聞臣無有作威福臣之作威福其害于而家凶于而國是隋人所據之本猶有先威後福者漢書敘傳曰矦服玉食敗俗傷化張晏曰玉食珍食也陳咸傳曰奢侈玉食師古曰玉食美食如玉也又注王嘉傳曰玉食精好如玉也○一作而凶于而國○石經口口口口家而凶于而國人用口頗辟下闕王肅注云必滅家復害其國是因家而連及國肅亦用今文義也

七稽疑擇建立卜筮人乃命卜筮○今文稽疑上無七字○史記曰稽疑擇建立卜筮人乃命卜筮無七字白虎通蓍龜篇曰卜赴也爆見兆也筮也者信也見其卦也

曰雨曰霽曰蒙曰驛曰克曰貞曰悔凡七卜五占用二衍忒○今文作曰雨曰濟曰涕曰霧曰克曰貞曰悔凡七卜五占之用二衍貣○史記曰曰雨曰濟曰涕曰霧曰克曰貞曰悔凡七卜五占之用二衍貣集解曰涕尚書作圛徐廣曰涕一曰洟霧一曰祓鄭元曰卜五占之用謂雨濟圛霧克也二衍貣謂貞𠧞也將立卜筮人乃先命名兆卦而分別之兆卦之名凡七龜用五易用二審此道者乃立之也雨者兆之體氣如雨然也濟者如雨止之雲氣在上者也圛者色澤而光明也霧者色不釋鬱冥冥也克者如祲氣之色相犯也內卦曰貞貞正也外卦曰𠧞𠧞之言晦也晦猶終也卦象多變故言衍貣也索隱曰涕音亦尚書作圛孔安國曰氣駱驛連續今此文作涕涕是涕泣亦相連之狀霧音蒙霧與蒙亦通錫瑞謹案論衡辨祟篇曰故書列七卜則王仲任以七卜二字連讀當讀凡七卜句五占之用句二衍貣句史公與王仲任皆用歐陽尚書其說多同則史記亦當以七卜連讀鄭云卜五占之用句讀稍異陳喬樅云鄭從今文家說故句讀與史記同非也○今文一作曰圛

○案今文尚書亦作圛詩齊風鄭箋云古文尚書以弟爲圛正義曰古文尚書即今鄭注尚書是也無以悌爲圛之字唯洪範稽疑論卜兆有五曰圛注云圛者色澤光明蓋古文作悌今文作圛賈逵以今文校之定以爲圛故鄭依賈氏所奏從定爲圛於古文則爲弟故云古文尚書以弟爲圛今定本云悌古文尚書以爲圛更無弟字義得並通陳壽祺說賈定弟爲圛猶定雕爲鳥皆從今尚書然於經不改爲雕而改弟者弟則字奇而義迂不如今文作圛爲順賈逵奏定尚書必已改弟爲圛鄭君因之故詩齊風正義史記周本紀集解索隱引鄭本尚書周禮太卜注引洪範並同作圛依賈所定從今尚書也說文弟六口部引商書曰圛句圛者升雲半有半無圛者以下釋書之詞當即本其師賈侍中說定從今尚書也段君若膺謂今文尚書作悌古文尚書作圛詩箋悌爲圛之上傳寫妄增以字其言無據

**立時人作卜筮三人占則從二人之言** 史記曰立時人爲卜筮三人占則從二人之言集解鄭元曰立是能分別兆卦之名者以爲卜筮人從其多者蓍龜之道幽微難明愼之深案史記爲字蓋用故訓漢書郊祀志匡衡奏云故洪範曰三人占則從二人言言少從多之義也所引無之字蓋省文白虎通蓍龜篇曰或曰天子占卜九人諸侯七人大夫五

人士三人又尚書曰三人占則從二人之言蓋白虎通前一說以爲天子至士占卜者多少各有等差後引尚書又別一說以爲天子至士同用三人也○今文一作三人議則從二人之言○公羊桓二年傳何休解詁引尚書曰三人議則從二人之言王應麟藝文志攷引漢人文字異者三人議則從二人之言或卽引解詁或別有所據皆未可知劭公習今文說則三家異文有作三人議者

**汝則有大疑謀及乃心謀及卿士謀及庶人謀及卜筮** 史記曰女則有大疑謀及乃心謀及卿士謀及庶人謀及卜筮白虎通蓍龜篇曰天子下至士皆有蓍龜者重事決疑示不自專尚書曰女則有大疑謀及卿士謀及庶人謀及卜筮定天下之吉凶成天下亹亹者莫善乎蓍龜禮三正記曰天子龜長一尺二寸諸侯一尺大夫八寸士六寸龜陰故數偶也天子蓍長九尺諸侯七尺大夫五尺士三尺蓍陽故數奇也所以先謀及卿士何先盡人事念而不能得思而不能知然後問於蓍龜聖人獨見先睹必問蓍龜何示不自專也或曰清微無端緒非聖人所及聖人亦疑之尚書曰女則有疑謂武王也乾草枯骨衆多非一獨以蓍龜何此天地之間壽考之物故問之也龜之爲言久也蓍之爲言耆也久長意也說苑權謀篇曰聖王之舉事必先諦之於謀慮而後考之于蓍龜白屋之士皆關其謀芻蕘之役咸盡其心漢書藝文志云蓍龜者聖人之所用

也。書曰女則有大疑謀及卜筮論衡卜筮篇曰洪範稽疑卜筮之變必問天子卿士或時審是潛夫論潛歎篇曰書云謀及乃心謀及庶人故聖人之施舍也不必任衆亦不必專已後漢書胡廣傳廣上疏曰書載稽疑謀及卿士國有大政必諮之於故老又盧植傳植規竇武曰書稱謀及庶人此皆兩漢今文說也王逸楚辭招魂注云尚書曰決之蓍龜段玉裁說按此今文尚書句也當在金縢洪範等篇今不可考矣又按此用大傳說大誥天下從然後加之蓍龜也古多以傳系諸經者謹案段氏後說是也經屢言卜筮不應此文獨異史記漢書白虎通論衡引經皆作卜筮則史公班孟堅王仲任所據今文無作決之蓍龜者未可據王叔師所引以爲謀及卜筮之異文也○今文一作謀及庶民○石經口口乃心謀及卿口謀及庶民周禮鄉大夫注鄭司農云洪範所謂謀及庶民又小司寇注鄭司農云書謀及庶人段玉裁以下文四言庶民此作庶人爲誤案史記白虎通潛夫論皆作庶人或亦三家之文不同也

**汝則從龜從筮從卿士從庶民從是之謂大同**史記曰女則從龜從筮從卿士從庶民從是之謂大同潛夫論卜列篇曰且聖王之立卜筮也不違民以爲吉不專任以斷事故洪範之占大同是尙

身其康彊子孫其逢吉今文身上子上竝多而字○史記曰而身其康彊而子孫其逢吉蓋今文尚書多兩而字也李愃說子孫其逢句絕與上文從同爲韻馬云逢大也是也錫瑞謹案漢書王莽傳曰所謂康彊之占逢吉之符也班固典引曰逢吉丁辰景命也潛夫論夢列篇曰乃其逢吉天祿永終金縢篇乃幷是吉今文尚書作乃逢是吉論衡卜筮篇云公曰乃逢是吉善則逢吉惡則遇凶則今文尚書以逢吉連讀爲義不以逢字絕句也

汝則從龜從筮從卿士逆庶民逆吉卿士從龜從筮從汝則逆庶民逆吉庶民從龜從筮從汝則逆卿士逆吉汝則從龜從筮逆卿士逆庶民逆作內吉作外凶龜筮共違于人用靜吉用作凶史記曰女則從龜從筮從卿士逆庶民逆吉卿士從龜從筮從女則逆庶民逆吉庶民從龜從筮從女則逆卿士逆吉女則從龜從筮逆卿士逆庶民逆作內吉作外凶龜筮共違于人用靜吉用作凶集解鄭元曰此三者皆從多故爲吉逆者多以故舉事於境內則吉境外則凶龜筮皆與人謀相違人雖三從猶不可以舉事洪範五行傳曰龜筮共違于人神靈不佑也

八庶徵曰雨曰暘曰燠曰寒曰風曰時五者來備各以其敘庶草蕃廡一極備凶一極無凶。今文無八字作庶徵曰雨曰陽曰奥曰寒曰風五是來備各以其序庶草緐廡一極備凶一極凶凶。史記曰庶徵曰雨曰陽曰奥曰寒曰風曰時五者來備各以其序庶草緐廡一極備凶一極凶凶案曰時五者來備爲後人誤改當作五是來備書正義引鄭云雨木氣也春始施生故木氣爲雨暘金氣也秋物成而堅故金氣爲暘奥火氣也寒水氣風土氣也凡氣非風不行猶金木水火非土不處故土氣爲風鄭此注皆本五行傳爲解是用今文說也。一作五氏來備。後漢書李雲傳雲上書曰臣聞皇后天下母德配坤靈得其人則五氏來備不得其人則地動搖宮章懷太子注云史記曰庶徵曰雨曰暘曰燠曰寒曰風五是來備今本誤改是字爲者各以其序庶草緐廡是與氏古字通耳又荀爽傳爽對策曰嘉瑞降天吉符出地五韙咸備各以其敘章懷注云韙是也史記曰五是來備各以其序也此二條可據以證今本史記之誤段玉裁說曰時五者來備凡六字此古文尚書也五是來備凡四字此今文尚書也李雲荀爽皆用今文尚書非用史記也曰時五者來備六字一句時是也曰是五者今文約之云五是惠定宇說氏者是之段借韙者是之轉注也史記本無曰時二字而裴駰集解妄引孔傳云五者各以時與正文不相應於是或增五是二字爲曰時五者四字後漢書律麻志尚書令忠上奏曰五是以備○草一作屮廡一作蕪○隋書律志引尚書考靈燿曰琁璣中而星中爲調調則風雨時庶草蕃蕪而百穀登萬事康也漢書谷永傳曰五徵時序庶屮蕃滋班固靈臺詩曰庶卉蕃蕪蓋亦夏矦尚書與歐陽本不同

**曰休徵曰肅時雨若曰乂時暘若曰晢時燠若曰謀時寒若曰聖時風若**○今文乂作艾暘作陽晢作悊燠作奥○史記曰曰休徵曰肅時雨若曰治時暘若曰知時奥若曰謀時寒若曰聖時風若史公艾作治悊作知用故訓字暘字與上文作陽不畫一疑後人改之漢志續漢志引大傳五行傳皆作陽今本大傳作暘亦後人改之也漢書五行志云休徵曰肅時雨若艾時陽若悊時奥若謀時寒若聖時風若孟康曰善行之驗也應劭曰居上而敬則雨順之君政治則陽順之悊明也又王莽傳莽策羣司曰歲星司肅東嶽大師典致時雨熒惑司悊南嶽大傅典致時奥太白司艾西嶽國師典致時陽辰星司謀北嶽國將典致時寒應劭曰貌之不恭是謂不肅肅敬也厥罰常雨常雨水也故申戒厥任欲使雨澤以時也視之不明是謂不悊悊智也厥罰常奥奥暑也言之不恭是謂不艾艾安也厥罰常陽陽旱也聽之不聰是謂不謀謀

圖也厥罰常寒

**曰咎徵曰狂恒雨若**史記曰曰咎徵曰狂常雨若漢人恒多作常非由避諱或用故訓也漢志曰咎徵曰狂恒雨若大傳以爲貌之不恭之咎漢志曰人君行己禮貌不恭怠慢驕蹇則不能敬萬事失在狂易故其咎狂也上嫚下暴則陰氣勝故其罰常雨也後漢書陳忠傳忠上疏曰貌傷則狂而致常雨春秋大水皆爲君上威儀不穆臨莅不嚴臣下輕嫚貴倖擅權陰氣盛彊陽不能禁故爲淫雨王鳴盛說庶徵雨乃貌不恭而劉向以爲卽大水既以恒雨爲大水當貌不恭之罰則貌改屬水矣錫瑞謹案王說非也漢志曰凡貌傷者病木氣木氣病則金沴之衝氣相通也於易震在東方爲春爲木也兌在西方爲秋爲金也離在南方爲夏爲火也坎在北方爲冬爲水也春與秋日夜分寒暑平是㠯金木之氣易㠯相變故貌傷則致秋陰常雨言傷則致春陽常旱也至於冬夏日夜相反寒暑殊絕水火之氣不得相并故視傷常奧聽傷常寒者其氣然也逆之其極曰惡順之其福曰攸好德班氏引此在劉歆貌傳之前當是劉向之洪範五行傳班氏云夏矦始昌夏矦勝許商其傳與劉向傳同則卽非劉向之傳向傳亦當與此不異據此傳則劉向亦以貌屬木未嘗改屬水也

**曰僭恒暘若**。今文暘作陽。史記曰曰僭常暘若漢志曰僭恒陽若大傳以爲言之不從之咎漢志曰言上號令不順民心虛譁憒亂則不能治海內失在過差故其咎僭僭差也刑罰妄加羣陰不附則陽氣勝故其罰常陽也論衡言毒篇曰言之咎徵僭恒暘若僭者奢麗故蝮蛇多文文起於陽故若致文暘若則言不從故時有詩妖妖氣生美好故美好之人多邪惡後漢書周舉傳舉變告對曰書曰僭恒暘若夫僭差無度則言不從而下不正陽無以制則上擾下竭又楊震傳震上疏曰書曰僭恒暘若注曰僭差也若順也君行僭差則常暘順之也

**曰豫恒燠若**。今文豫作舒燠作奧。史記曰曰舒常奧若漢志曰舒恒奧若大傳以爲視之不明之咎漢志曰言上不明暗昧蔽惑則不能知善惡親近習長同類亾功者受賞有罪者不殺百官廢亂失在舒緩故其咎舒也盛夏日長暑㠯養物政弛緩故其罰常奧也論衡寒溫篇曰洪範庶徵曰急恒寒若舒恒燠若若順燠溫恒常也人君急則常寒順之舒則常燠順之又云洪範曰急恒寒若曰舒恒燠若如洪範之言天氣隨人易徙荀悅漢高后紀曰人君急則日晷進而疾舒則日晷退而緩故曰急恒寒若舒恒燠若三國志毛玠傳鍾繇詰玠曰按典謨急恒寒若舒恒燠若案王仲任荀仲豫鍾元常引經皆先寒後燠疑亦三家尚

書之異文。豫一作荼。大傳作荼荼與舒通攷工記弓人斵目必荼鄭衆注荼讀爲舒玉藻諸侯荼鄭注荼讀舒遲之舒

**曰急恆寒若**史記曰曰急常寒若大傳以爲聽之不明之咎漢志曰言上偏聽不聰下情隔塞則不能謀慮利害失在嚴急故其咎急也盛冬日短寒以殺物政迫促故其罰常寒也

**曰蒙恆風若**。今文蒙作霿。史記曰曰霧常風若漢志曰霿恆風若應劭曰人君瞉霿鄙吝則風不順之也霧字漢志續漢志引大傳作霿文獻通考引大傳作雺宋書隋書作瞀皆三家異文實一字也大傳以爲思心之不容之咎漢志曰言上不寬大包容臣下則不能居聖位貌言視聽以心爲主四者皆失則區霿無識故其咎霿也雨旱寒奧亦以風爲本四氣皆亂故其罰常風也後漢書蔡邕傳邕上封事曰風者天之號令所以教人也洪範傳曰政悖德隱厥風風發屋折木

**曰王省惟歲卿士惟月師尹惟日**。今文王省上無曰字省作眚惟作維。史記曰王眚維歲卿士維月師尹維日上無曰字集解馬融曰言王者所眚職如歲兼四時也馬訓爲省察之省是眚與省通大傳曰二月三月維貌是司四月五月維視是司六月七月維言是司八月九月維聽是司十月十一月維思心是司十二月與正月維王極是司案鄭注引

子駿傳與伏傳義不合詳見所著尚書大傳疏證漢書外戚傳曰正月於尚書爲皇極皇極者王氣之極也用正月維王極是司之義五行志李尋引傳曰歲月日之中則正卿受之

**歲月日時無易百穀用成乂用明俊民用章家用平康**。今文無作毋乂作艾俊作畯。史記曰歲月日時毋易百穀用成治用明畯民用章家用平康艾作治故訓字樊毅修華嶽廟碑艾用昭明段玉裁說文選李善注云尚書畯民用康康字乃之譌是畯與俊同錫瑞謹案史記作畯疑與俊字之義不同樊毅修華嶽廟碑云穡民用章崔駰司徒箴云嗇人用章蔡邕陳留太守行考城縣頌曰勸茲穡民疑三家尚書異文有作穡民用章者周禮籥章以樂田畯鄭司農注田畯司嗇今之嗇夫也是畯與嗇義近或今文尚書本作畯而訓爲穡民漢人以故訓字代經亦未可知畯民用章蓋即烝我髦士之義

**日月歲時既易百穀用不成乂用昏不明俊民用微家用不寍**。今文乂作艾俊作畯。史記曰日月歲時既易百穀用不成治用昏不明畯民用微家用不寍書正義引鄭云所以承休徵咎徵之義

言之者休咎五事得失之應其所致尚微故大陳君臣之象成王極之事其道得則其美應如此其道失則敗德如彼非徒風雨寒燠而已

**庶民惟星星有好風星有好雨日月之行則有冬有夏**〇今文惟作維〇史記曰庶民維星星有好風星有好雨日月之行有冬有夏集解馬融曰箕星好風畢星好雨漢書天文志曰箕星爲風東北之星也東北地事天位也故易曰東北喪朋及巽在東南爲風風陽中之陰大臣之象也其星軫也月去中道移而東北入箕若東南入軫則多風西方爲雨雨少陰之位也月失中道移而西入畢則多雨故詩云月離于畢俾滂沱矣言多雨也星傳曰月入畢則將相有以家犯罪者言陰盛也書曰星有好風星有好雨月之從星則以風雨言失中道而東西也故星傳曰月南入牽牛南戒民間疾疫月北入太微出坐北若犯坐則下人謀上一曰月爲風雨日爲寒温冬至日南極晷長南不極則温爲害夏至日北極晷短北不極則寒爲害故書曰日月之行則有冬有夏也政治變於下日月運於上矣谷永傳曰星辰附離于天猶庶民附離王者也鹽鐵論論菑篇曰常星猶公卿也衆星猶萬民也列星正則衆星齊常星亂則衆星墜矣荀悅漢紀曰若月失道而妄行出陽道則旱風出陰

道則陰雨箕軫之星爲風畢星爲雨故月失度入箕軫則多風入畢星則多雨洪範曰星有好風星有好雨月之從星則以風雨風俗通祀典篇曰謹案周禮以槱燎祀風師雨師風師者箕星也箕主簸揚能致風氣雨師者畢星也詩云月離于畢俾滂沱矣○一作日月之行則有冬有夏有寒有暑○荀悅漢高后紀引洪範曰日月之行則有冬有夏有寒有暑段玉裁說詳上下文則有寒有暑四字非荀語蓋今文尚書多此四字也案開元占經引洪範五行傳曰日月之行則有冬有夏而有寒暑若其失節晷過而長則爲寒退而晷短則爲燠人君急則晷進疾而寒舒則晷退遲而燠故曰舒燠急寒占經所引五行傳當亦出於劉向劉歆其言晷長晷短則有寒燠與漢天文志合蓋皆夏侯尚書之說夏侯本多此四字歐陽本無之故史公與王仲任所引皆無此四字也書正義引鄭云中央土氣爲風東方木氣爲雨箕東方木宿木克土土爲妃尚妻之所好故爲風也畢西方金宿金克木木爲妃尚妻之所好故好雨也推此則南宮好暘北宮好奥中央四季好寒也鄭亦兼以寒奥爲說

**月之從星則以風雨**　史記日月之從星則以風雨論衡明雩篇云書曰月之從星則以風雨然則風雨隨月所離從也又感虛篇云洪範曰星有好風星有好雨日月之行則有冬有夏月之從星則以風雨夫星與日月同精日月不從星星輒

復變明日月行有常度不得從星之好惡也又說日篇亦引此經

**九五福一曰壽二曰富三曰康寧四曰攸好德五曰考終命。**今文五福上無九字。史記曰五福一曰壽二曰富三曰康寧四曰攸好德五曰考終命。漢志曰視之不明其極疾順之其福曰壽聽之不聰其極貧順之其福曰富言之不從其極憂順之其福曰康寧貌之不恭其極惡順之其福曰攸好德思心之不容其極凶短折順之其福曰考終命皆本大傳爲說李尋傳成帝詔曰蓋聞尚書五曰考終命言大運壹終更紀天元人元考文正理推厤定紀數如甲子也鄭寬中習小夏侯尚書以授成帝此詔所引蓋小夏侯異說與洪範義不合元帝紀初元二年詔曰蓋聞賢聖在位陰陽和風雨時日月光星辰靜黎庶康寧考終厥命成帝紀鴻嘉二年詔曰教化流行風雨和時百穀用成黎庶樂業咸以康寧此今文尚書以五福爲德化所致兼天下臣民而言也中論天壽篇曰壽有三有王澤之壽有聲聞之壽有行仁之壽書曰五福一曰壽此王澤之壽也後漢書楊賜傳曰休徵則五福應咎徵則六極至。一作一曰富。說苑建本篇云河間獻王曰夫穀者國家所以昌熾士女所以佼好禮義所以行而人心所以安也尚書五福以富爲始孫星衍說據此今文尚書爲一曰富也一曰富則當云二曰壽矣郊特牲云富也者福也故今文以爲五福之始案獻王與史公同時其時尚書惟有歐陽史記所載之文與獻王說異豈後人改之歟釋名云福富也其中多品如富者也

**六極一曰凶短折** 史記曰六極一曰凶短折大傳以爲思心之不容之應漢志曰常風傷物故其極凶短折也傷人曰凶禽獸曰短屮木曰折一曰凶夭也兄喪弟曰短父喪子曰折孫星衍說此今文說也今文以爲君行失中則有人物夭折之咎故以禽獸艸木及兄喪弟父喪子爲說言其咎延於民物也

**二曰疾** 史記曰二曰疾大傳以爲視之不明之應漢志曰奧則冬温春夏不和傷病民人故其極疾也

**三曰憂** 史記曰三曰憂大傳以爲言之不從之應漢志曰旱傷百穀則有寇難上下俱憂故其極憂也

**四曰貧** 史記曰四曰貧大傳以爲聽之不聰之應漢志曰寒則不生百穀上下俱貧故其極貧也潛夫論讚學曰箕子陳六極故所謂不憂貧也豈好貧而弗之憂耶蓋志有所專昭其重也

**五曰惡** 史記曰五曰惡大傳以爲貌之不恭之應漢志曰水傷百穀衣食不足則姦軌並作故其極惡也一曰民多被刑或

形貌醜惡亦是也錫瑞謹案班志兩說並列當以前說爲正今文說以惡爲攸好德之反前說謂姦軌並作故其極惡正與民皆好德相反後說拘於以惡爲貌不恭之應謂人君貌不恭則民形貌醜惡恐無是理且形貌醜惡亦不宜列於六極鄭君注與僞孔傳皆從其後一說似不若從班志之前說以惡爲善惡之惡也

**六曰弱** 史記曰六曰弱大傳以爲王之不極之應漢志曰易曰亢龍有悔貴而亾位高而亾民賢人在下位而亾輔如此則君有南面之尊而無一人之助故其極弱也鄭崇傳崇諫曰臣聞師曰逆陽者厥極弱逆陰者厥極凶短折犯人者有亂亾之患犯神者有疾夭之禍潛夫論德化篇曰德政加於民則多滌暢姣好堅彊考壽惡政加於民則多罷癃尩病夭昏札瘥故尚書美考終命而惡凶短折國有傷明之政則民多病以此觀之氣運感動亦誠大矣漢人說此經以五福六極爲政化美惡之應書正義引鄭云書傳凶短折思不容之罰疾視不明之罰憂言不從之罰貧聽不聽之罰惡貌不恭之罰弱王不極之罰反此而云三者思睿則致壽聽聰則致富視明則致康宼言從則致攸好德貌恭則致考終命錫瑞謹案鄭注與班志惟聽聰則致富義同其餘義皆不合班志傳自夏侯始昌皆本伏生五行傳爲說當得其眞鄭以古文睿字改今文不盡用伏生之說疑並以已意改易其次序未可據

依陳喬樅云鄭此注皆依伏生書傳爲解全不辨其異同失之甚矣孫星衍以爲鄭說俱遜於今文說是也

受業桂　赤
夏承慶　校

# 今文尚書攷證卷十二

善化皮錫瑞

## 大誥第十二　周書三

**大誥**　伏生尚書大傳以大誥列金縢前史記周本紀曰初管蔡畔周周公討之三年而畢定故初作大誥魯世家曰成王少在彊葆之中周公恐天下聞武王崩而畔周公乃踐阼代成王攝行政當國管叔及其羣弟流言於國曰周公將不利於成王周公乃告太公望召公奭曰我之所以弗辟而攝行政者恐天下畔周無以告我先王大王王季文王三王之憂勞天下久矣於今而后成武王蚤終成王少將以成周我所以爲之若此於是卒相成王而使其子伯禽代就封於魯管蔡武庚等果率淮夷而反周公乃奉成王命興師東伐作大誥

**王若曰**　漢書翟方進傳王莽依周書作大誥曰惟居攝二年十月甲子攝皇帝若曰錫瑞謹案王莽大誥皆用今文尚書說也大傳曰周公身居位聽天下爲政管叔疑周公居位即居攝也史公說以周公作大誥在踐阼攝政之後故可稱王鄭注云王謂

攝也周公居攝命大事則權代王也鄭言居攝之年與史記大傳先後皆異而以王爲周公攝王則與今文義同論衡書虛篇云說尚書者曰周公居攝帶天子之綬戴天子之冠負扆南面而朝諸侯仲任所引即三家尚書說然則史公云周公奉成王命興師東伐作大誥亦史臣推原周公本意而言周公當時既權代王不必言奉成王命也周公攝王見於逸周書明堂解禮記明堂位荀卿子書兩漢今古文家皆無異義後人乃謂周公無攝王事用王肅僞孔謬說以王爲稱成王皆陋妄不足辨孫星衍說若謂是周公述王命以告則當如多方言周公曰王若曰或如多士先言周公告乃復言王若曰今此文不然則是王即周公矣

**猷大誥爾多邦越爾御事**○今文猷大誥作大誥猷○莽誥云大誥道諸侯王三公列侯于汝卿大夫元士御事應劭曰言曰大道告於諸侯以下也御事主事也錫瑞謹案莽用今文釋猷爲道則猷字在誥下釋文云馬本作大誥繇爾多邦書疏云鄭本猷在誥下釋詁曰繇道也方言曰猷道也繇猷二字同訓爲道是馬鄭與莽所用今文義同據應劭注當以猷字置誥字之上與莽誥之文不合恐非其義或又據爾雅繇於也謂馬本大誥繇爾多邦其義當爲大誥於爾多邦茲據莽誥易猷爲道則今文說以猷爲道不以繇爲於也鄭注曲禮箋詩思齊皆引書曰越乃御事正義曰大誥文則經本作越乃今作越爾傳寫誤

耳

弗弔天降割于我家不少延。今文弗作不割作喪。莽誥云不弔天降喪于趙傅丁董師古曰不弔言不爲天所弔閔降下也案莽誥無不少延三字蓋省之下云洪惟我幼沖孺子則今文不連延洪二字爲義或當如馬鄭王讀不少延爲句也

洪惟我幼沖人嗣無疆大厤服弗造哲迪民康矧曰其有能格知天命。今文弗造哲作不遭悊格作往。莽誥云洪惟我幼沖孺子當承繼嗣無疆大厤服事予未遭其明悊能道民於安況其能往知天命師古曰洪大也惟思也沖稚也大思幼稚孺子當承繼漢家無竟之厤服行故事予莽自稱也言不遭遇明智之人以自輔佐而道百姓於安蓋爲謙辭也道讀曰導錫瑞謹案師古注義多與僞孔傳異或亦襲用服應諸家舊注本三家今文遺說也此訓洪爲大洪大皆語詞無實義與多方洪惟圖天之命義同孫星衍據鄭注康誥乃洪大誥治云周公代成王誥以爲此亦代成王之詞多方洪惟圖天之命孫又訓洪爲逆經同訓異義皆失之造今文尚書作遭格知天命之格莽誥用今文作往

**已予惟小子若涉淵水。**今文已作熙。○莽誥云熙我念孺子若涉淵水師古曰熙歎辭段玉裁說此今文尚書也皆卽今之嘻字

**予惟往求朕攸濟敷賁敷前人受命。**今文作予惟往求朕攸濟奔傳前人受命。○莽誥云予惟往求朕所濟度奔走以傳近奉承高皇帝所受命師古曰言我當求所以濟度之故奔走盡力不憚勤勞傳讀曰附王念孫說師古以奔走屬上讀案奔走二字與涉水義不相屬當以予惟往求朕所濟度爲句此效經文之予惟往求朕攸濟也奔走以傳近奉承高皇帝所受命爲句奔與賁傳與敷古字通用此效經文之敷賁敷前人受命也莽大誥皆用今文尚書疑今文無上敷字但作奔傳前人受命而莽以奔爲奔走傳爲傳近亦用今文說也錫瑞謹案王說是也漢書武帝紀詔曰若涉淵水未知所濟三國魏志潘勖作策命魏公曰若涉淵水非君攸濟今文於濟字絕句則下當以奔傳前人受命爲句謂奔走以傳近奉承前人所受之命也

**茲不忘大功予不敢閉于。**今文閉作比下無于字。○莽誥云予豈敢自比於前人乎師古曰前人謂周公段玉裁說此卽經之茲不忘大功予不敢閉也又曰天降威明用寍帝室遺我居攝寶龜此卽經之天降威用寍王遺我大寶龜

也其字句解說今文家與古文家絕異閉字疑今文尚書作比于字今文尚書無之錫瑞謹案段說是也或疑于字在閉字之上當作不敢于閉或疑于乎古通用予不敢閉于卽予不敢閉乎說皆非是師古云前人謂周公亦非莽意莽云予豈敢自比於前人乎承上傳近奉承高皇帝所受命而言前人當卽謂高皇帝莽自謂不敢比高皇帝也周自文王受命則前人受命必謂文王推今文家之意亦必以爲周公云傳近奉承文王所受命予不敢比于文王也此蓋公自明攝位不敢卽眞之意今文家義殊勝若如師古之說莽不敢比前之周公公所謂比又將比前之何人耶

**天降威用寍王遺我大寶龜紹天明卽命**莽誥云天降威明用寍帝室遺我居攝寶龜太皇太后以丹石之符迺紹天明意詔予卽命居攝踐阼如周公故事師古曰威明猶言明威也孫星衍說按釋詁云威則也則者法也言天降明法於靈龜以寍王室前漢人用今文之義如此命者大命漢書作卽命居攝踐阼則此言周公攝王以卽大命也

**曰有大艱于西土西土人亦不靜**。今文靜作靖。莽誥云反虜故東郡太守翟義擅興師動衆曰有大難于西土西土人亦不靖師古曰曰者述翟義之言云爾也西土謂京師也言在東郡之西也錫瑞謹案邶鄘衛在鎬京之東亦當以鎬京爲西土莽以日爲翟義之言則今文家說經亦必以日爲管叔羣弟之言謂羣叔流言云西土鎬京有大難也大難蓋指公將不利于孺子之事

**越茲蠢殷小腆誕敢紀其敘**。今文紀作犯敘作序。莽誥云於是動嚴鄉侯信誕敢犯祖亂宗之序師古曰誕大也孫星衍說紀蓋今文作犯形相近錫瑞謹案據莽誥則越茲蠢殷小腆六字作一句今文家說如是不以越茲蠢連上文爲義莽謂翟義造爲西土有大難之言於是動劉信起兵之意則今文家說經亦必謂管蔡造爲西土有大艱之言於是動武庚作亂之心也莽云管蔡挾祿父㠯畔今翟義亦挾劉信而作亂是以翟義比管蔡劉信比祿父也近人讀大誥斷句皆誤遂於莽所引今文皆不得其解

**天降威知我國有疵民不康曰予復反鄙我周邦**。今文疵作呰鄙作啚邦作國。莽誥云天降威遺我寶龜固知我國有呰災使民不安是天反復右我漢國也師古曰呰病也言天所以降威遺龜者知國有災病義信當反天下不安之故也呰讀與疵同右讀曰祐俞樾說據此則于復反鄙我周邦七字當作一句蓋今文家讀如此曰與上

文即命曰同乃天叚寶龜以告也復反猶反復也語有倒順耳鄙當作啚說文㐭部啚嗇也嗇部嗇愛濇也啚爲嗇即爲愛濇故莽誥作右右之言助也愛之斯助之矣是其義通也啚聲右聲據段氏說文同在古音弟一部是其音亦相近也予者設爲天之言與詩予懷明德同予復反啚我同邦者蓋愛之甚則必反復之詩蓼莪篇顧我復我鄭箋曰復反復也即可以說此經矣錫瑞謹案俞說是也惟以上文即命曰爲天假寶龜以告之詞則與莽誥用今文義以即命爲居攝踐阼曰字爲述翟義之言皆不相合茲節取其義

**今蠢今翼日民獻有十夫予翼以于敉寧武圖功。。**今文獻作儀莽誥云粤其聞日宗室之儁有四百人民獻儀九萬夫予敬以終於此謀繼嗣圖功孟康曰翟義反書上聞日也民之表儀謂賢者師古曰我用此宗室之儁及獻儀者共圖謀國事終成其功段玉裁說孟此注釋儀字而已非釋獻也若班書本有獻字則孟注當云民獻儀民之賢者可爲表儀不當先訓儀而云謂賢者此大誥多依今文必作民儀九萬夫獻字必系用古文改儀字遂致兩存而小顏不辨古文苑班固車騎將軍竇北征頌云民儀響慕此用今文尚書民儀二字也可知翟義傳獻字乃後增矣翼莽作敬今文家說也錫瑞謹案大傳曰民儀有十夫段說是也經云今蠢今翌日五字難通據莽誥則今文尚書疑有異惜其說不可攷予翼以下據莽誥則今文尚書疑多一終字後漢書蔡邕傳注引靈帝制曰敉寍我人

**我有大事休朕卜幷吉肆予告我友邦君越尹氏庶士御事曰予得吉卜予惟以爾庶邦于伐殷逋播臣**莽誥云我有大事休予卜幷吉故我出大將告郡太守諸侯相令長曰予得吉卜予惟㠯汝于伐東郡嚴鄉逋播臣師古曰大事戎事也言人謀既從卜又幷吉是爲美也逋亾也播喪也

**爾庶邦君越庶士御事罔不反曰艱大民不靜亦惟在王宮邦君室越予小子考翼不可征。**今文邦作國。莽誥云爾國君或者無不反曰難大民亦不靜亦惟在帝宮諸侯宗室於小子族父敬不可征師古曰言爾等國君或有言曰禍難既大衆庶不安又劉信國之宗室於孺子爲族父當加禮敬不可征討段玉裁說然則今文家越予小子考句絕其訓則管叔及羣弟皆王之諸父故云考也王害不違卜肆予沖人永思艱曰嗚呼允蠢鰥寡哀哉○今文王下無害字嗚呼作烏虖○莽誥云帝不違卜故予爲沖人長思厥難曰烏虖信義所犯誠動鰥寡哀哉師古曰卜既得吉天命不違無妻無夫之人亦同受其害故可哀哉錫瑞謹案據莽誥則今文尚書不違卜之上無害字莽誥於尚書王宮寍王等字皆易王爲帝字蓋以周稱王而漢稱帝此文易王爲帝其義當同師古以帝爲天帝非是今文家以王不違卜故予爲沖人永思艱二句相連爲義故字卽承王不違卜言之據莽誥則今文尚書肆予下疑多一爲字

予造天役遺大投艱于朕身越予沖人不卬自恤○今文造作遭恤作卹○莽誥云予遭天役遺大解難於予身以爲孺子不身自卹師古曰言天以漢家役事遺我而令身解其難故我征伐以爲孺子除亂非自憂己身也錫瑞謹案據莽誥則今文從遺字絕句周公自言爲天所役使留遺也投艱今文訓爲解難

義爾邦君越爾多士尹氏御事綏予曰無毖于恤不可不成乃寍考圖功○今文邦作國○莽誥云予義彼國君泉陵侯上書云云應劭曰泉陵侯劉慶也上書令莽行天子事錫瑞謹案莽

用泉陵侯上書令其行天子事以擬經文則今文尚書必以此爲周公設爲國君慰己之言謂無勞于憂不可不成寧考之謀績也莽云義彼謂義其人江聲云義讀爲儀儀度也非是

**已予惟小子不敢替上帝命天休于寧王興我小邦周寧王惟卜用克綏受茲命今天其相民矧亦惟卜用。**今文已作熙替作僭邦作國惟卜用上無寧王二字。莽誥云熙爲我孺子之故予不敢僭上帝命天休于安帝室興我漢國惟卜用克綏受茲命今天其相民況亦惟卜用師古曰僭不信也言順天命而征討言天美於興復漢國故我惟用卜吉能安受此命又曰言天道當思助人況更用卜吉可知矣段玉裁說今文尚書作替讀爲僭故漢書作僭魏三體石經蓋用今文尚書也古文尚書則作普僞孔云廢也按篇末云天命不僭卜陳惟若茲則此亦當作僭爲長天命不僭謂天命無不信也不敢僭上帝命謂不敢不信天命也天命見於卜吉篇中曰格知天命曰迪知上帝命皆能信天命者也孫星衍說漢書寧王惟卜用無寧王二字是今文寧王惟卜用止作惟卜用

**嗚呼天明畏弼我丕丕基。**今文嗚呼作烏虖畏作威基作其。莽誥云烏虖天明威輔漢始而大大矣

師古曰言因此難更以強大段王裁說以大大訓丕丕以矣訓基蓋今文尚書作丕丕其也其讀如姬語詞故莽以矣字代之立政篇丕丕其見隸釋故知此亦當同也錫瑞謹案段云今文尚書作丕丕其是也云莽誥以矣字訓基則非也莽誥曰始而大大矣明是以始訓基基始也見爾雅釋詁蓋今文作其而仍讀爲基非讀如姬而以爲語詞也

**王曰爾惟舊人爾丕克遠省爾知寍王若勤哉。**今文丕作不。莽誥云爾有惟舊人泉陵侯之言爾不克遠省爾豈知太皇太后若此勤哉師古曰言爾當思久舊之人泉陵侯所言爾不能遠省識古事豈知太后之勤乎錫瑞謹案據莽誥則惟當訓思惟之惟公云舊人蓋指文武舊臣與公同心者故莽以與己同之泉陵侯當之古丕不同字今文作不於義爲優寍王字莽誥多訓爲安王室其義迂曲不若鄭注以受命曰寍王指文王言於尚書全經爲合莽誥於此文以太皇太后代寍王則亦與以寍王爲文王者略同是今文說亦不盡以寍王爲安王室也

**天閟毖我成功所予不敢不極卒寍王圖事。**今文作天毖勞我成功所。莽誥云天毖勞我成功所予不敢不極卒安皇帝之所圖事孟康曰天愼勞我國家成功之所在師古曰卒終也言我不敢不終祖宗之業安

帝室所謀之事段玉裁說毖祕閟古通用尚書斷無複用閟毖二字之理蓋今文尚書眡古文尚書多一勞字故孟注愼勞仍是毖訓愼也下文天亦惟用勤毖我民若有疾莽作天亦惟勞我民若有疾蓋今文尚書無毖字勞非釋毖也錫瑞謹案段說是也莽作毖勞孟康訓以愼勞是今文尚書作毖勞二字與古文或作閟或作毖止當爲一字者不同陳喬樅定今文尚書乃誤以段說古文爲今文刪去勞字止作天毖我成功所段明云今文尚書多一勞字彼豈未之見耶莽以盜王爲安皇帝與前以太皇太后代盜王之義不同師古分兩句讀非是錢大昕說傳訓閟爲愼又解之云天愼勞我周家成功所在孔疏云閟愼釋詁文攷釋詁本云毖愼也經旣以閟爲毖不當重出毖字據莽誥云天毖勞我成功所則知此經毖乃勞之譌字形相涉從人傳寫致誤孔傳尚未誤也錢說與段少異義亦可通僞孔傳蓋卽襲用孟康語耳

**肆予大化誘我友邦君天棐忱辭其考我民**○今文忱作諶考作累○莽誥云肆予告我諸侯王公列侯卿大夫元士御事天輔誠辭天其累我以民師古曰肆陳也陳其理而言之言有至誠之辭則爲天所輔累託也言天以百姓託我漢書孔光傳光引書曰天棐諶辭言有誠道天輔之也與莽誥合江聲說淮南氾論訓夏后氏之璜不能無考又

說林訓曰白璧有考不得爲寶是考有疵累之義故云天其累我以民也陳喬樅說師古注訓肆爲陳與僞孔傳訓肆爲故義異又訓累爲託言天以百姓託我與僞孔傳以考訓成其義迥殊此襲取漢儒服應等舊注用三家今文尚書之說爲解非師古所能臆造也化誘莽作告告亦曉諭之意與化道誼同諶古文尚書作忱古忱諶通用錫瑞謹案莽誥多增字釋經使人易曉天字以字疑莽以意增之今文特以考爲累異於古文耳孫星衍云今文作天其累我以民恐未可據

**予曷其不于前寍人圖功攸終。**今文曷作害其作敢。莽誥云予害敢不於祖宗安人圖功所終師古曰我曷敢不謀終祖宗安人之功也孫星衍說寍人漢書多作安人是今文以寍王寍人爲安王室安人不如鄭說以寍王爲文武也錫瑞謹案據莽誥今文之義亦不盡然下文前寍人莽誥直作祖宗不云安人其義爲勝予害敢古文作予曷其與前後皆作敢不合莽誥用今文作敢其義爲優

**天亦惟用勤毖我民若有疾予曷敢不于前寍人攸受休畢。**今文作天亦惟勞我民曷作害畢作弼。莽誥云天亦惟勞我民若有疾予害敢不於祖宗所受休輔師古曰言天欲撫勞我衆衆若有疾

苦我曷敢不順祖宗之意休息而輔助之段玉裁說按上文弼作輔棐亦作輔而弼與畢音近今文尚書蓋作攸受休弼故與弼我丕丕其同以輔字代之也錫瑞謹案段說是也段又云今文尚書無毖字以古文考之則是今文本作天亦惟勤我民莽誥以勞字代勤也玆據莽誥兩處皆作勞義當畫一不必從段

王曰若昔朕其逝朕言艱日思若考作室既底法厥子乃弗肯堂矧肯構厥父菑厥子乃弗肯播矧肯穫厥考翼其肯曰予有後弗棄基肆予曷敢不越卬敉寧王大命。今文弗作不肯作克曷作害。莽誥云予聞孝子善繼人之意忠臣善成人之事予思若考作室厥子堂而構之厥父菑厥子播而穫之予害敢不於身撫祖宗之所受大命師古曰父有作室之意則子當築堂而構棼橑以成之父菑耕其田子當布種而收穫之反土爲菑一曰田一歲曰菑作室農人猶不棄其本業我於今日不得有避而不征討叛逆也孫星衍說後漢書肅宗紀云不克堂桓注引尚書乃不肯堂矧肯桓疑桓是桓楹今文構作桓也陳壽三國志用克構字則今文肯爲克也錫瑞謹案謂今文肯爲克是也謂今文構作桓非也莽誥用今文明作構魯峻碑云承堂弗構蔡邕祖德頌云克構其堂司空文烈矦楊公碑云克丕堂構陳留太守胡公碑云克構克堂伯喈書石經一用今文其所據今文尚書作克構後漢書構作桓乃宋人避諱改之耳據後漢書則古文尚書弗肯字今文作不克魯峻碑弗構作弗三家文異也書正義曰定本云矧弗肯構矧弗肯穫皆有弗字又曰鄭王本於矧肯構下亦有厥考翼其肯曰予有後弗棄基正義所引皆古文若今文異同不可攷宜從蓋闕莽誥以祖宗代寍王字與鄭君訓寍王爲文王義合此莽誥用今文説之不誤者

**若兄考乃有友伐厥子民養其勸弗救**○今文養作長○莽誥云若祖宗迺有效湯武伐厥予民長其勸弗救師古曰譬有人來伐其子而長養彼心反勸助之弗救其子者正以予惡故也言湯武疾惡其心亦然今所征討不得避親當以公義段玉裁説按兄者周公謂武王也考成也厥子謂成王也若武王成寍王大命既肯堂肯構肯播肯穫矣乃有武庚等伐其子爲民之長如予實母弟及爾邦君尹氏御事其可相勸弗救乎此條語本易明僞孔不以此誥爲周公之言故其解踳駁不可通王莽效之此語亦甚明謂若劉氏祖宗在上而忽有義信者效湯武伐其子孫諸矦王三公列矦卿大夫元士御事其相勸弗救乎師古注泥僞孔傳尤爲不可通又按此若字與上文若考一例謂若家兄有成業而有同志之友忽伐其子叔父固其

長也其可相戒弗救乎以恒情曉之也友莽何以作效湯武蓋爻爻二字音與形俱相似今文尙書爻蓋作爻說今文家必云爻者效也效湯武故莽用其說也王闓運說兄考武王也尊者弟兄不以屬通周公攝政故得兄武王先君爲考言我順武王伐殷之故事案王說近是

王曰嗚呼肆哉爾庶邦君越爾御事爽邦由哲亦惟十人迪知上帝命越天棐忱爾時罔敢易法矧今天降戾于周邦惟大艱人誕鄰胥伐于厥室爾亦不知天命不易○今文嗚呼作烏虖邦作國越作粵法作定○莽誥云烏虖肆哉諸侯王公列侯卿大夫元士御事其勉助國道明亦惟宗室之俊民之表儀迪知上帝命粵天輔誠爾不得易定況今天降定于漢國惟大囏人翟義劉信大逆欲相伐于厥室豈亦知命之不易乎師古曰肆陳也勸令陳力道由也言當由於明智之事以助國也迪亦道也言當遵道而知天命粵辭也天道輔誠爾不得改易天之定命言義信不知天命不可改易乃大爲艱難以干國紀是自相謀誅伐其室也孫星衍說爽者方言及廣雅釋詁皆云猛也猛與孟聲相近釋詁孟勉也說文云爽明也明都卽孟諸明

孟通字是明亦勉也哲者釋言云智也智卽明也故漢書以爽爲勉助以哲爲明也法者古作金與定相似故今文爲定鄭聲近遴說文遴行難也或作僯故誕鄰卽大難漢書以大逆訓之今文義也錫瑞謹案今文法作定與下今天降定義貫於義爲優莽以亦惟宗室之儁民之表儀代經亦惟十人與前以宗室之儁四百人民儀九萬夫代經民儀有十夫義合則今文說以此亦惟十人卽前所云民儀有十夫與書僞泰誓疏引先儒鄭元等皆以十人爲十亂不同大誥乃周公之言公在十亂中不應自稱亦以今文家說爲優也

**予永念曰天惟喪殷若穡夫予曷敢不終朕畝**○今文穡作嗇曷作害○莽誥云予永念曰天惟喪翟義劉信若嗇夫予害敢不終予晦師古曰嗇夫治田志除草穢天之欲喪義信事亦如之我當順天以終竟田畮之事

**天亦惟休于前寍人予曷其極卜敢弗于從**○今文曷作害敢弗于從作害敢不卜從○莽誥云天亦惟休于祖宗予害其極卜害敢不卜從師古曰言天美祖宗之事我何其極卜法敢不往從言必從也江聲說言天

休美于前王安人之功吉可知矣予曷爲究極之于卜哉以爾衆心不安故今旣卜矣敢不惟卜是從乎錫瑞謹案今文作害敢不卜從江說近是師古用僞孔傳以往從訓卜從非也莽以祖宗代前寍人則今文家亦以寍王爲文王前寍人爲文王所用之人其有以爲安王室安人者莽誤解耳

**率寍人有指疆土矧今卜幷吉肆朕誕以爾東征**○○今文指作旨莽誥云率寍人有旨疆土況今卜幷吉故予大以爾東征師古曰言循祖宗之業務在安人而美疆土況今卜幷吉乎言不可不從也錫瑞謹案師古訓旨爲美則經文作旨僞孔作指訓爲指意非是莽誥於寍人或代以祖宗或代以安人此直云寍人未知其義如何師古云祖宗又云安人其意重複失之白虎通誅罰篇云誅不避親戚何所以尊君卑臣彊榦弱枝明善善惡惡之義也尙書曰肆朕誕以爾東征誅弟也又云征猶正也欲言其正也輕重從辭也尙書曰誕以爾東征誅祿甫也白虎通姓名篇文王十子以管叔鮮次周公旦下是以管叔爲周公之弟故云誅弟攷劉向列女傳母儀篇趙岐孟子注高誘呂氏春秋開春篇注後漢書樊儵傳張衡思玄賦三國魏志毌邱儉討司馬師表傳子通志篇皆以管叔爲周公弟與白虎通義合蓋今文家說如是僞孔傳亦用今文說也漢武

氏石室畫像列武王同母兄弟十人周公列武王之下管蔡之上此石刻之最可據者惟史記管蔡世家以管叔次周公之上當是用歐陽之說與諸家用大小夏侯說不同陳喬樅乃云管叔爲周公兄自古無異說惟僞孔傳及白虎通此篇以管叔爲周公弟恐是淺人據孔傳以改白虎通失之不攷

**天命不僭卜陳惟若茲** 莽誥云命不僭差卜陳惟若此師古曰言必信之矣卜兆陳列惟如此案大傳曰周公先謀於同姓同姓從謀於朋友朋友從然後謀於天下天下從然後加之蓍龜是以君子聖人謀義不謀不義故謀必成卜義不卜不義故卜必吉以義擊不義故戰必勝是以君子聖人謀則吉戰則勝大傳釋此經之旨與洪範篇義同王逸注招魂引尚書洪之蓍龜卽此傳加之蓍龜也

受業桂　赤
夏承慶　校

# 今文尚書攷證卷十三

善化皮錫瑞

## 金縢弟十三　周書四

**金縢**大傳金縢列大誥之後葉夢得曰伏生以金縢作於周公歿後故次大誥之下孫星衍說史記載周公卒後乃有暴風雷雨命魯郊祭之事是經文秋大熟以下必非金縢之文孔子見百篇之書而序稱周公作金縢周公不應自言死後之事此篇經文當止於王翼日乃瘳或史臣附記其事亦止於王亦未敢誚公也其秋大熟已下考之書序有成王告周公作亳姑則是其逸文後人見其詞有以啓金縢之書乃以屬于金縢耳錫瑞謹案大傳以雷雨開金縢在周公薨後則當次於立政周官之下乃僅列大誥後豈當時已合亳姑於金縢乎

**既克商二年王有疾弗豫**。今文弗作不。史記魯世家曰武王克殷二年天下未集武王有疾不豫錫瑞謹案史公以爲十一年伐紂則克商二年爲十三年即王訪箕子之歲也今文尚書作不豫論衡死僞篇卜筮篇知實篇引經與

史記同漢書韋元成傳匡衡禱高祖等廟曰今皇帝有疾不豫白虎通續漢書禮儀志皆云不豫蔡邕和熹鄧后謚議曰遭疾不豫

**二公曰我其爲王穆卜周公曰未可以戚我先王公乃自以爲功**

○今文功作質○史記周本紀曰武王病天下未集羣公懼穆卜周公乃祓齋自爲質欲代武王武王有瘳又魯世家曰羣臣懼太公召公乃繆卜周公曰未可以戚我先王周公於是乃自以爲質集解孔安國曰戚近也未可以死近先王也鄭元曰二公欲就文王廟卜戚憂也未可憂怖我先王也錫瑞謹案鄭以穆爲文王未知今文說同否僞孔訓戚爲近殊不可通小爾雅廣名云請天子命曰未可以戚先王小爾雅多與僞孔說同蓋出王肅一人之手尤不可據鄭說稍近而云公知武王有九齡之命今必瘳故止二公之卜如其說則公何以卜爲又何以禱爲蓋公惟恐卜而不吉憂怖先王故必先禱請以身代而後敢卜庶卜無不吉故止二公而自以爲質也江聲說質當讀如周鄭交質之質謂公以己爲質質于三王以代武王也其說是也史記正義曰自以贄幣告三王非是

**爲三壇同墠爲壇于南方北面周公立焉植璧秉珪**○今文植作戴珪作圭○

史記魯世家曰設三壇周公北面立戴璧秉圭論衡死僞篇曰周武王有疾不豫周公請命設三壇同一墠植璧秉圭植璧疑後人改之段玉裁說今文尚書作戴璧秉圭史記魯世家漢書王莽傳太元掜皆作戴可證易林无妄之繇曰載璧秉珪載戴古通用也陳喬樅說古者以玉禮神皆有幣以薦之璧加於幣之上故曰戴璧亦作載璧讀如束牲載書之載今文家說當如是也

**乃告大王王季文王史乃冊祝曰惟爾元孫某遘厲虐疾○**今文冊作策

惟爾元孫某遘厲虐疾作惟爾元孫王發勤勞阻疾○史記曰告于大王王季文王史策祝曰惟爾元孫王發勤勞阻疾集解鄭元曰策周公所作謂簡書也祝者讀此簡書以告三王稱某不名諱之者由成王讀之也徐廣曰阻一作淹孫星衍說某爲王發者發武王名禮臨文不諱又父前子名古文本作王發與鄭康成所見本異也云勤勞阻疾者遘厲爲勤勞蓋古今文之異非史公詁訓言武王勤勞以致險疾也說文云阻險也淹與險聲相近疑經文本作淹疾史公易爲阻也淹久也錫瑞謹案漢書論衡皆作策祝與史記同蓋今文作策古文作冊也史公引書皆據今文孫云古文作王發非也鄭君以爲諱之由成王讀之則當時策書本作王發今文爲得其實

**若爾三王是有丕子之責于天以旦代某之身。**今文丕作負某作王發。史記曰若爾三王是有負子之責於天以旦代王發之身白虎通曰天子病曰不豫言不復豫政也諸侯曰負子子民也言憂民不復子之也段玉裁說今文尚書負子之責說當如此惟以諸侯之稱通加天子耳何休注公羊徐廣注史記作諸侯疾曰負茲徐彥徐廣說復乖異隗囂告州牧部監等曰申命百姓各安其所庶無負子之責蓋謂民安其所乃無背棄子民之咎負者背也金縢今文是有負子之責於天謂武王有背棄子民之咎而將死隗囂用今文家說錫瑞謹案段說是也正義引鄭云丕讀曰不愛子孫曰子元孫遇疾若汝不救是將有不愛子孫之禍爲天所責欲使爲之請命也鄭君以不子爲三王不愛子孫與白虎通說異陳喬樅謂鄭與白虎通誼同乃從今文家說非也

**予仁若考能多材多藝能事鬼神乃元孫不若旦多材多藝不能事鬼神。**今文予仁若考作旦巧元孫作王發若作如。史記曰旦巧能多材多藝能事鬼神乃王發不如旦多材多藝不能事鬼神江聲說仁若衍字也薛季宣書古文訓考字作丂丂古文巧俗讀丂爲考或且改作考字非也能字屬丂讀丂能故多材

藝也案江說是也論衡死僞篇引經與今本尚書同釋之曰鬼神者謂三王也卽死人無知不能爲鬼神周公聖人也聖人之言審則得幽冥之實得幽冥之實則三王爲鬼神明矣仲任習歐陽尚書其所引經與史公所引歐陽尚書異者乃後人以古文尚書改之如植璧不作戴璧此後人改之之證也

乃命于帝庭敷佑四方用能定爾子孫于下地四方之民罔不祗畏嗚呼無墜天之降寶命我先王亦永有依歸今我卽命于元龜爾之許我我其以璧與珪歸俟爾命爾不許我我乃屏璧與珪。

今文定爾作定女祗畏作敬畏下無嗚呼二字寶命作葆命依歸上多所字今我下多其字珪作圭俟爾命上多以字○史記曰乃命于帝庭敷佑四方用能定女子孫於下地四方之民罔不敬畏無墜天之降葆命我先王亦永有所依歸今我其卽命於元龜爾之許我我其以璧與圭歸以俟爾命爾不許我我乃屏璧與圭集解馬融曰武王受命于天帝之庭布其道以佑助四方元龜大龜也待汝命武王當愈我當死也鄭元曰降下也寶猶神也有所依歸爲宗廟之主也是鄭本亦有所字

**乃卜三龜一習吉啟籥見書乃并是吉。**今文啟作開并作逢。史記曰周公已令史策告大王王季文王欲代武王發於是乃卽三王而卜卜人皆曰吉發書視之信吉周公喜開籥乃見書遇吉論衡卜筮篇曰周武王不豫周公卜三龜公曰乃逢是吉善則逢吉惡則逢凶天道自然非爲人也又死僞篇曰周公請命史策告祝祝畢辭已不知三王所以與不陳喬樅云所以卽許已也古所許以已通用乃卜三龜三龜皆吉然後乃喜能知三王有知爲鬼不能知三王許已與不須卜三龜乃知其實又知實篇曰武王不豫周公請命壇墠既設策祝已畢不知天之許已與不乃卜三龜三龜皆吉案今文尚書啟爲開周禮卜師注引書曰開籥見書與史記合據論衡則今文作乃逢是吉史公云遇吉用故訓孫星衍說史公以爲卽三王而卜是大王王季文王前各置一龜以占祖考之意也

**公曰體王其罔害予小子新命于三王。**今文無體字罔作無予小子作旦。史記曰周公入賀武王曰王其無害旦新受命三王錫瑞謹案君前臣名史公以此爲入賀武王之詞今文尚書作旦是也史記無體字史公疑訓體爲幸毛詩氓體無咎言韓詩作履云幸也是體與履通義得訓幸蓋公見卜吉而喜曰幸也王其無害史公云入賀故不云幸

也解者必以君占
體解體字恐非

惟永終是圖茲攸俟能念予一人。。今文惟作維茲攸俟作茲道史記曰維長終是圖茲道能念予一人集解馬融曰一人天子也江聲說史記云維長終是圖茲道僞孔傳云武王惟長終是謀周之道似與史記誼合僞孔傳時或采取漢儒之誼其說閒有是者案此疑亦王肅本其父朗所受楊賜之歐陽義故與史公合也茲道屬上爲句永作長故訓字

公歸乃納冊于金縢之匱中王翼日乃瘳。。今文冊作策翼作翊史記曰周公藏其策金縢匱中誡守者勿敢言明日武王有瘳論衡感類篇曰克殷二年之時九齡之年未盡武王不豫則請之矣人命不可請獨武王可非世常法故藏于金縢不可復爲故掩而不見錫瑞謹案仲任所引今文說也蔡邕胡公夫人哀讚云翊日斯瘳是今文尚書作翊日翊即翌字說文有翊無翌

武王既喪史記曰其後武王既崩白虎通崩薨篇曰喪者何謂也喪者亾也人死謂之喪何言其喪亾不可復得見也不直言死稱喪者何爲孝子之心不忍言也尚書曰武王既喪詩正義引鄭注云武王崩周公免喪欲居攝小人不知天命而非之錫

瑞謹案鄭注以既喪爲終喪服據白虎通用今文說以武王既喪爲證人死稱喪之義是讀喪爲喪亾之喪非喪服之喪史公訓喪爲崩蓋與白虎通義同羣叔流言當在武王初崩之時今文家說爲是逸周書作雒解云武王既歸乃歲十二月崩鎬肂於岐周周公立相天子三叔及殷東徐奄及熊盈以畔又云元年夏六月葬武王于畢則周公攝政三叔流言皆在武王未葬以前初崩逾年事也

**管叔及其羣弟乃流言於國曰公將不利於孺子**史記曰成王少在強葆之中周公恐天下聞武王崩而畔周公乃踐阼代成王攝行政當國管叔及其羣弟流言於國曰周公將不利於成王又管蔡世家曰管叔蔡叔疑周公之爲不利於成王大傳曰武王殺紂立武庚而繼公子祿父據詩邶鄘衛譜疏引使管叔蔡叔監祿父武王死成王幼在襁褓據詩豳譜疏引周公盛養成王使召公奭爲傅周公身居位聽天下爲政管蔡疑周公據詩左傳疏引御覽作管叔流言於國曰公將不利於王奄君薄姑謂祿父曰武王既死矣成據詩左傳疏引王尚幼矣周公見疑矣此世之將亂也請舉事然後祿父及三當作二監叛也錫瑞謹案據大傳則武庚祿父當是兩人論衡恢國篇曰隱彊異姓也尊重父祖復存其祀立武庚之義繼祿父之恩方斯羸矣王仲任以武庚祿父爲

兩人正用伏生大傳之說白虎通姓名篇春秋譏二名何所以譏者乃謂其無常者也若乍爲名祿甫元名武庚則以武庚祿父爲一人二名蓋班氏用夏矦說與仲任歐陽義不同其所言譏二名亦與公羊之義不合詩豳風破斧疏左定四年傳疏引大傳皆無立武庚三字乃後人不知武庚祿父爲二人而誤刪之當以邶鄘衛譜疏引爲正又案大傳史記言三監皆無霍叔漢書地理志云邶以封紂子武庚鄘管叔尹之衛蔡叔尹之以監殷民謂之三監古今人表管叔蔡叔在第九等霍叔處在第四等是班氏不以霍叔在流言之列鄭注大傳云不及霍叔者蓋赦之也不知三監本無霍叔若三人同罪不得獨赦之經云若茲監又云臣我監監卽周禮建牧立監之監武王使管蔡與武庚同監殷民非專監武庚其後三監滅而康叔爲監若專監武庚康叔又誰監耶又案大傳史記皆云成王在襁褓蒙恬傳曰昔成王初立未離襁褓淮南要略篇曰成王在襁褓之中後漢書桓郁傳竇憲上疏曰昔成王幼少越在襁褓此皆今文家說然實形容已甚之辭據大傳史記之文成王當武王崩時亦非甚幼大傳曰周公攝政一年救亂二年克殷三年踐奄四年建侯衛五年營成周六年制禮作樂七年致政成王又曰天子太子年十八曰孟矦周公封康叔爲四年建矦衛之年成王年已十八則武王崩時成王非襁褓可知也史記曰成王七年周公反政又曰成王長能聽政於是周公乃還政於成

王史記無避居之文則七年當從武王崩後數起若武王崩成王在強葆再加七年不過十歲公既攝政何不再攝數年俟其長而歸之乃遽授之十歲孺子乎豈十歲孺子即已長能聽政乎則武王崩時成王非強葆又可知也五經異義引古文尚書說成王即位年十三明年葬武王于畢成王年十四周公冠之而出征東征三年歸營洛制禮樂而致政成王年十九譙周五經然否論引古文尚書說亦云武王崩成王年十三王肅以爲文王年十五而生武王九十七而終時受命九年武王八十三矣十三年伐紂明年有疾時年八十八矣九十三而崩以冬十二月其明年稱元年周公攝政遭流言作大誥而東征二年克殷殺管蔡三年而歸制禮作樂出入四年至六年而成七年營洛邑作康誥召誥洛誥致政成王然則文王崩之年成王已三歲武王八十而後有成王武王崩成王已十三周公攝政七年致政成王年二十鄭君則以爲武王崩時成王年十歲服喪三年居東二年成王年十五迎周公反而居攝居攝四年封康叔作康誥是成王年十八也故書傳云天子太子十八稱孟侯鄭解孟侯用今文說又加服喪居東之年故與古文說不同與今文說亦異若大傳以爲攝政四年建侯衛成王年十八稱孟侯則武王崩時成王年已十四與古文說成王即位年十三相去一年再加三年爲周公七年致政之年成王年二十一與古文說成王年十九相去二年是今古文說成王之年本

無大異初非幼在襁褓之中漢書杜欽傳云昔周公身有至聖之德屬有叔父之親而成王有獨見之明無信讒之聽然管蔡流言而周公懼此亦不在襁褓之一證若在襁褓安得有獨見之明周公作詩貽王若在襁褓安知未敢訓公周公又抗世子法於伯禽若在襁褓何以抗法盧辨注大戴禮記曰武王崩成王十有三也而云在襁褓之中言其小盧說是也必以襁褓爲實則古書所言成王之事無一可通然其誤亦有自來賈誼請豫教太子疏云昔者成王幼在繈抱之中召公爲太保周公爲太傅太公爲太師此成王爲太子在繈抱時事諸家或以爲太子時事傳爲即位時事遂致此誤又新書修政語云成王年六歲即位故云襁褓案六歲即位加以攝政七年正合十三歲之數或又誤以嗣王之初歲爲復辟之元年故少御七年耳

周公乃告二公曰我之弗辟我無以告我先王史記曰周公乃告太公望召公奭曰我之所以弗辟而攝行政者恐天下畔周無以告我先王太王王季文王三王之憂勞天下久矣於今而后成武王蚤終成王少將以成周我所以爲之若此於是卒相成王而使其子伯禽代就封於魯錫瑞謹案史公雖讀辟爲避然不以爲避居東都陳喬樅云鄭君讀辟爲避與史公同皆據今文家說非也

周公居東二年則罪人斯得史記曰管蔡武庚等果率淮夷而反周公乃奉成王命興師東伐作大誥遂誅管叔殺武庚放蔡叔收殷餘民以封康叔於衛封微子於宋以奉殷祀甯淮夷東土二年而畢定大傳曰周公攝政一年救亂二年克殷錫瑞謹案史公之說與伏生合皆以爲居東二年即是東征逸周書作雒解云二年又作師旅臨衛政殷殷大震潰降辟三叔王子祿父北奔案史記云殺武庚此云祿父北奔則武庚祿父非一人管叔經而卒乃囚蔡叔于郭淩凡所征熊盈族十有七國俘維九邑俘殷獻民遷于九畢俾康叔宇于殷俾中旄父宇于東其說與大傳史記合詩豳風毛傳以二子爲管蔡與鄭箋不同故詩譜疏云毛以罪人爲得管蔡周公居東爲東征也論衡恢國篇云周成王管蔡悖亂周公東征此今文說以居東爲東征之證而感類篇引古文家管蔡流言周公奔楚之文乃鄭說所本然西漢今文家無此說西漢古文家如毛傳亦無此說也孫星衍拘於班固謂遷書載金縢多古文說乃以毛公與史公同者爲古文說鄭以周公居東在成王禪後說與史公異者爲今文說而無以處論衡明言古文家乃曰王氏充以爲古文者今文亦古說也不曉家法傎倒錯亂强詞飾說豈不怪哉光武封禪刻石文曰皇天眷顧皇帝以匹庶受命中興年二十八載興兵起是以中次誅討十有餘年罪人則斯得今文解斯得爲盡得亦不同於鄭義以罪人爲周公屬黨

于後公乃爲詩以貽王名之曰鴟鴞王亦未敢誚公。今文名作命誚作訓。史記曰東土以集周公歸報成王乃爲詩貽王命之曰鴟鴞王亦未敢訓周公錫瑞謹案名當從史公作命書釋文云名徐仙民亾政反是徐從史公讀爲命也訓順古通用成王未敢順公意也鴟鴞詩言綢繆牖戶卽營成周作禮樂之意成王未敢自任故亦未敢順公意也段玉裁說案玉篇曰信古文作訬集韻曰信古作訫玉篇之訬卽集韻之訫皆本說文訫字玉篇从立心非从大小字也史記之訓乃訬字之誤蓋今文尚書作未敢信公與古文尚書作誚公不同其說可備一解

秋大熟未穫天大雷電以風禾盡偃大木斯拔邦人大恐。今文電作雨邦作國。史記曰周公在豐病將沒曰必葬我成周以明吾不敢離成王周公既卒成王亦讓葬周公於畢從文王以明予小子不敢臣周公也周公卒後秋未穫暴風雷雨禾盡偃大木盡拔周國大恐大傳曰周公致政封魯三年之後周公老於豐心不敢遠成王而欲事文武之廟然後周公疾曰吾死必葬於成周示天下臣於成王成王曰周公生欲事宗廟死欲聚骨於畢畢者文王之墓也周公死成王欲葬之於成周天乃雷雨以風禾盡偃大木斯拔國人大恐王與大夫開金縢之書執書以泣曰周公勤勞王家予

幼人弗及知乃不葬於成周而葬之於畢示天下不敢臣所以明有功尊有德故忠孝之道咸在成王周公之間故魯郊成王所以禮周公也論衡感類篇曰金縢曰秋大熟未穫天大雷電以風禾盡偃大木斯拔邦人大恐當此之時周公死儒者說之以爲成王狐疑於周公欲以天子禮葬公公人臣也欲以人臣禮葬公公有王功狐疑於葬周公之間天大雷雨動怒示變以彰聖功古文家以武王崩周公居攝管蔡流言王意狐疑周公周公奔楚故天雷雨以悟成王夫一雷一雨之變或以爲葬疑或以爲信讒二家未可審且訂葬疑之說秋夏之際陽氣尙盛未嘗無雷雨也顧其拔木偃禾頗爲狀耳當雷雨時成王感懼開金縢之書見周公之功執書泣過自責之深自責適已天偶反風書家則謂天爲周公怒也孫星衍說此秋大熟已上有脫簡不知何年秋也史公說爲周公卒後秋未穫並言周公在豐病將沒欲葬成周之事合之書序云周公在豐將沒欲葬成周公薨成王葬于畢告周公作亳姑則此是亳姑逸文成王所作與周公所作金縢別是一篇亳姑篇今亾猶可以此考見其云告周公者蓋以天變祝告改葬之則所云惟朕小子其迎我國家禮亦宜之謂惟我小子其逆于國家應有之禮亦宜有此天變也錫瑞謹案孫說近是段玉裁乃以今文爲荒謬謂豈有爲詩貽王之後秋大熟之前間隔若干年大事不書周公薨而奚書其薨後之事不知史記載其事甚明王亦未敢訓

周公後尚有營洛還政奔楚反歸作多士毋逸立政周官諸篇本有若干年大事始接以周公在豐病將沒之文段氏妄誣今文竝不一致史記已則荒謬已極何反以古人爲荒謬乎陳喬樅名治今文曲意阿鄭乃云伏生年老記憶容不能全故脫去避居東國之事不知兩漢諸儒從無避居之說惟論衡異義引古文近之所史記序次甚晰居東郎是東征與大傳相合安得以爲伏生脫去耶陳氏寍道伏生誤諱言鄭君非蒙所不解又案論衡引經雷電字誤當作雷兩邦人字誤當作國人後漢書張奐傳注引大傳亦誤作電作邦皆淺人據古文尚書改之也感類篇雷兩字凡二十餘見則其前引經當作雷雨甚明王仲任習今文故篇中引今文說辨駁二千餘言於古文家不置一辭

**王與大夫盡弁以啟金縢之書乃得周公所自以爲功代武王之說。**今文啟作開。史記曰成王與大夫朝服以開金縢書王乃得周公所自以爲功代武王之說錫瑞謹案今文啟爲開論衡順鼓篇曰成王開金縢之書感類篇曰開匱得書見公之功恢國篇曰周成之開匱後漢章帝紀建初五年詔曰輒有開匱反風之應皆作開獨斷言冕冠引周書曰王與大夫盡弁是今文解弁字與古文同史公作朝服蓋今文家訓弁爲皮弁與鄭注以弁爲爵弁稍異或據王莽傳予甚弁焉疑今文家以弁爲弁急之弁其說甚鑿與史記不合未可信也異義古尚書說武王崩時成王年十三後一年管蔡作亂周公東辟之王與大夫盡弁以開金縢之書時成王年十四言弁明知已冠矣許君所引古文說以開金縢卽在武王崩之後一年與鄭說秋大熟爲周公出二年之後明年秋又異要皆非今文義也論衡感類篇引經曰王乃得周公死自以爲功代武王之說陳壽祺云蓋古文所字今文作死形近致譌故以金縢之事與亳姑之事聯爲一也案陳說亦無據未敢信爲今文死字疑是傳寫論衡之譌其下句云今天動感以彰周公之德威作感亦傳寫之誤惟史記集解引徐廣曰說一作簡或今文字也

**二公及王乃問諸史與百執事對曰信噫公命我勿敢言**史記曰二公及王乃問史百執事史百執事曰信有昔周公命我勿敢言陳喬樅說據釋文則馬本古尚書作懿不作噫也噫當是今文尚書字史記云信有者乃訓釋信字之詞非以有爲噫之代字釋名釋言語曰噫憶也憶念之故發此聲憶之也○今文執事一作執士○後漢書蔡邕傳邕上封事曰臣伏讀聖旨雖周成遇風訊諸執士無以或加事作士乃三家異文

王執書以泣曰其勿穆卜昔公勤勞王家惟予沖人弗及知今天動威以彰周公之德惟朕小子其親迎我國家禮亦宜之○今文穆作繆沖作幼迎上無親字○史記曰成王執書以泣曰自今後其無繆卜乎昔周公勤勞王家惟予幼人弗及知今天動威以彰周公之德惟朕小子其迎我國家禮亦宜之案蔡邕文烈矦楊公碑曰帝乃震慟執書以泣亦以執書以泣爲公薨後之事白虎通封公矦篇曰周公身薨天爲之變成王以天子之禮葬之命魯郊以明至孝天所與也喪服篇曰養從生葬從死周公以王禮葬何以爲周公踐阼理政與天同志展與周道顯天度數萬物咸得休氣充塞原天之意子愛周公與文武無異故以王禮葬使得郊祭尚書曰今天動威以彰周公之德下言禮亦宜之漢書梅福傳曰昔成王以諸矦禮葬周公而皇天動威雷雨著災又儒林傳谷永上疏曰昔周公薨成王葬以變禮而當天心師古注皆引尚書大傳又杜鄴傳曰大風暴過成王怛然鄴亦當用今文師古引古文尚書王乃啟金縢之書悔而還周公非其義也後漢書周舉傳永和元年詔問曰昔周公攝天子事及薨成王欲以公禮葬之天爲動變及更葬以天子之禮卽有反風之應舉對曰昔周公有請命之應隆太平之功故皇天動威以彰聖德章懷注引尚書洪範五行傳曰

周公死成王不圖大禮故天雷雨禾偃木拔及成王寤金縢之策改周公之葬尊以王禮申命魯郊而天立復風雨禾盡起又張奂傳奂上疏曰昔周公葬不如禮天乃動威章懷注引尚書大傳何休公羊解詁曰昔武王既沒成王幼少周公居攝行天子事制禮作樂致太平有王功周公薨成王以王禮葬之命魯使郊以彰周公之德論衡感類篇曰狐疑於葬周公之閒天大雷雨動怒示變以彰聖功又曰天之欲令成王以天子之禮葬周公以公有聖德以公有王功又曰天彰周公之功令成王以天子禮葬又曰周公不以天子禮葬故為雷雨以責成王皆與伏生史公今文義合惟感類篇引古文家異義引古文說及中論智行篇曰昔武王崩成王幼周公居攝管蔡啟殷畔亂周公誅之成王不達周公恐之天乃雷電風雨以彰周公之德然後成王寤與鄭君古文說略同中論云周公誅之與鄭注楚居不合亦而史記魯世家又載周公為成王禱疾其後周公奔楚成王發府見周公禱書乃泣反周公蒙恬傳亦載其事漢書云遷書載金縢多古文說疑卽指此而言然史公以周公奔楚在反政後又與論衡五經異義鄭注尚書中論及墨子越絕書之說皆異或公之禱疾本有兩事或卽一事傳譌皆未可知史公意在網羅放失舊聞不拘一說王仲任許叔重皆明別之為古文若兩漢今文初無是說則不必深辨之也陳喬樅必欲合鄭說於今文轇轕支離紊亂家法未敢附和今文說以此為周公薨後之

事則迎不得爲迎周公孫星衍說迎之義亦爲逆禹貢同爲逆河河渠書溝洫志皆爲迎河史公無新字則惟朕小子其迎言有逆禮致天變也

**王出郊天乃雨反風禾則盡起二公命邦人凡大木所偃盡起而築之歲則大熟**○今文邦作國○史記曰王出郊天乃雨反風禾盡起二公命國人凡大木所偃盡起而築之歲則大熟於是成王乃命魯得郊祭文王魯有天子禮樂者以褒周公之德也錫瑞謹案今文說王出郊爲郊祭因郊祭止天變遂賜魯郊洪範五行傳白虎通公羊解詁其說皆同後漢書和帝紀詔曰成王出郊而反風注云王乃出郊祭天事見尚書是其明證惟論衡感類篇云開匱得書見公之功覺悟泣過決以天子禮葬公出郊觀變天止雨反風禾盡起王仲任以出郊爲觀變不以爲郊祭三家異說不同感類篇又曰成王不以天子禮葬周公天爲風雷偃禾拔木成王覺悟執書泣過天乃反風偃禾復起何不爲疾反風以立大木必須國人起築之乎應曰天不能據此則今文家解築之爲築大木與馬鄭王訓築爲拾異也史記集解引徐廣曰築拾也非是○一作天止雨○論衡云天止雨反風今文尚書當作止雨王引之說琴操說周金縢曰成王聞周公死以公禮葬之天

乃大暴風疾雨成王懼取所譏公者而誅之天乃反風霽雨據此則古文之天乃雨今文當作天乃霽雨止爲霽故論衡以止雨代之也蓋古文言天大雷電而不言雨故下文曰天乃雨今文既言天大雷雨則下文不得言天乃雨矣魯世家言暴風雷雨是用今文也而下文又曰天乃雨顯與上文不合蓋亦作天乃霽而後人據古文改之也錫瑞謹案王說今文不得言天乃雨是也而云今文作天乃霽亦無塙證琴操云天霽雨不云天乃霽也論衡明云天止雨安見今文不即作止雨乎論衡順鼓篇云周成王之時天下雷雨偃禾拔木爲害大矣成王開金縢之書求索行事得周公之功執書以泣過雨止風反禾大木復起過與止同義蓋仲任所據今文作止也琴操云周公誅管蔡之後有謗公于王者成王大怒欲囚周公周公乃奔于魯而死成王以公禮葬之天乃風雨其說又與今文家略異

受業 熊羅宿 袁宗濂 校

# 今文尚書攷證卷十四

善化皮錫瑞

## 康誥弟十四　周書五

**康誥**史記衛世家曰武王已克殷紂復以殷餘民封紂子武庚祿父比諸侯以奉其先祀勿絶爲武庚未集恐其有賊心武王乃令其弟管叔蔡叔傅相武庚祿父以和其民武王既崩成王少周公旦代成王治當國管叔蔡叔疑周公乃與武庚祿父作亂欲攻成周周公旦以成王命興師伐殷殺武庚祿父管叔放蔡叔以武庚殷餘民封康叔爲衞君居河淇間故商墟周公旦懼康叔齒少乃申告康叔曰必求殷之賢人君子長者問其先殷所以興所以亾而務愛民告以紂所以亾者以淫於酒酒之失婦人是用故紂之亂自此始爲梓材示君子可法則故謂之康誥酒誥梓材以命之索隱曰康畿內國名宋忠曰康叔從康徙封衞畿內之康不知所在也案索隱蓋用馬注以康爲圻內國名鄭注則云康謚號江聲說逸周書謚法解云溫柔好樂曰康安樂撫民曰康令民安樂曰康康之爲號有此三誼皆與康叔之行相似故鄭君以康爲謚史記言康叔封冉季載皆少未得封是則當武王時康叔實未

有國及武王崩卽有流言之事周公出居東都既反而居攝此江用鄭說與今文不合又有東征之事其時皆未皇封康叔也逮三監既誅而以其地封康叔則康叔始封卽當爲衞國何嘗有康國乎康自是謚號鄭說誠是馬王僞孔皆非也錫瑞謹案江說是也衞世家無從康徙封衞之文史記自序云牧殷餘民叔封始邑是叔封始邑於衞非始邑於康宋忠云畿內之康不知所在是其說本無徵故鄭不用馬義王肅好與鄭難乃舍鄭而從馬僞孔傳卽肅造而亦云地闕是爲臆說無疑若姓書云康叔故城在潁川括地志云故康城在許州陽翟縣西北三十五里此等書皆當僞孔盛行之後傅會地名以實其說豈可爲據而後人信之者蓋以史記云康叔卒子康伯代立若是謚號不應父子同謚爲康不知父子不可同名未嘗不可同謚謚法周公所作而文王謚文周公亦謚文見於國語云周文公之頌曰此其塙證若父子不可同謚當時敢以非禮之謚加之周公乎今制由翰林出身者例謚文常有父子祖孫同謚文者何俗儒竝此不知也春秋時魯有文公是祖孫又同謚列國中祖孫同謚者尤多率爲後人妄改諱周古史考改康伯爲牟伯正疑同謚而妄改之譙周蓋亦以康叔爲謚號也而改康伯爲牟伯與左傳世本史記皆不合史記周本紀康王之誥亦云作康誥與此康誥同文正以康字皆是謚號疑今文尚書康王之誥有但作康誥二字者故史公云然論衡引康誥之文作康王之誥自

屬誤衍二字然亦當以二篇皆云康誥故致誤也必以康爲國名則康王之誥史公但云康誥豈亦是國名耶古今人表以衛康叔封與陳胡公滿竝列班氏當亦以康爲謚胡是謚號康亦謚號人表第六等又有衛康叔注云封子若康叔因封康而稱康豈其子亦曾先封於康耶蔡邕述行賦曰悟衛康之封疆此伯喈用今文說以康爲謚之明證衛康猶云齊桓晉文若以康爲國名則衛康之封疆又豈可通耶康乃謚號而以之名篇者疑康叔生時以康爲號沒因爲謚史公分別康誥酒誥梓材之義以務愛民屬之康誥則康當取愛民爲義康誥一篇云用康保民用康乂民迪吉康康乃心康字甚多疑康叔之康卽以此爲號如成王生號成王之比也

**惟三月哉生魄**○今文魄作霸○大傳曰周公攝政四年建侯衛則三月爲攝政四年之三月也漢志引顧命惟四月哉生霸此亦當同說文月部云霸月始生霸然也承大月二日承小月三日周書曰哉生霸𩃬古文霸𩃬爲古文則今文作霸○一作載生魄○漢書王莽傳作載生魄叚借字也禮記鄉飲酒義曰月三日則成魄推度災曰月三日成魄八日成光援神契曰月三日而成魄三月而成時白虎通日月篇曰三日成魄八日成光揚子法言五百篇曰月未望則載魄於西既望則終魄於東今文

說皆以月初生明爲魄與許君古文說不異惟漢書律厤志引三統術曰死霸朔也生霸望也孟康曰月二日以往明生魄死故言死魄魄月質也此劉歆異說與古經傳不同

**周公初基作新大邑于東國洛四方民大和會**大傳曰周公將作禮樂優游之三年不能作君子恥其言而不見從恥其行而不見隨將大作恐天下莫我知也將小作恐不能揚父祖功業德澤然後營洛以觀天下之心於是四方諸侯率其羣黨各攻位於其庭周公曰示之以力役且猶至況導之以禮樂乎然後敢作禮樂書曰作新大邑于東國洛四方民大和會此之謂也孫星衍說云各攻位於其庭則今文以基爲基址與鄭說基爲基謀異矣

**侯甸男邦采衞百工播民和見士于周周公咸勤乃洪大誥治。**今文男邦作任國。今文尚書男邦作任國史記禹貢文可證書釋文云一本作周公迺洪大誥治葢一本無咸勤二字釋文不載石經同異未可據爲今文

**王若曰孟侯朕其弟小子封**漢書王莽傳莽上奏太后曰尚書康誥王若曰孟侯朕其弟小子封此周

公居攝稱王之文也大傳略說曰天子太子年十八曰孟侯孟侯
者於四方諸侯來朝迎於郊者問其所不知也問之人民之所好
惡土地所生美珍怪異山川之所有無及父在時皆知之鄭注云
孟迎也十八嚮入大學爲成人博問庶事也又注尚書云依略說
太子十八爲孟侯而呼成王錫瑞謹案白虎通朝聘篇曰朝禮奈
何諸侯將至京師使人通命于天子天子遣大夫迎之百里之郊
遣世子迎之五十里之郊矣覲禮經曰至于郊王使人皮弁用璧
勞尚書大傳曰天子太子年十八曰孟侯于四方諸侯來朝迎于
郊據莊述祖補孝經曰昔者明王之以孝治天下不敢遺小國之臣而
況於公侯伯子男乎鄭注古者諸侯五年一朝天子使世子郊迎
賈公彥儀禮疏引書大傳太子出迎之文以爲此異代之制又引
孝經鄭注天子使世子郊迎皆異代法非周制也唐册太子文云
盡謙恭于齒胄審方俗于迎郊猶用大傳之文孔穎達正義乃云
禮制無文義理駢曲不知一代有一代之法賈公彥明云異代之
制不得以周禮無文爲疑大傳毋佚篇曰高宗有親喪居廬三年
然未嘗言國事而天下無背叛之心者何也及其爲太子之時盡
以知天下人民之所好惡是以雖不言國事也知天下無背叛之
心伏生言高宗爲太子之時知人民之所好惡正與略說孟侯之
義相合是殷時有此制史記五帝本紀解四門穆穆云諸侯遠方
賓客皆敬集解引馬融曰四門四方之門諸侯羣臣朝者舜賓迎

之皆有美德也賓迎四方諸侯正太子迎侯之事蓋堯將禪舜先使舜居太子之職自唐虞至殷其制皆然封康叔在居攝四年未制周禮故循殷制呼成王爲孟侯其後周公制禮損益前代無復此制制所以儀禮無太子迎侯之文後人遂不知有此事惟伏生見古書識其制耳正義又云豈周公自許天子以王爲孟侯皆不可信不知周公攝政稱天子見逸周書明堂解禮記明堂位諸書荀子史記大傳說苑淮南論衡皆有居位踐阼之文此王若曰實屬居攝稱王土無二王公稱王則成王止可稱世子古者世子之稱繫於今君亦繫於先君禮記曾子問曰君薨而世子生如之何是君薨仍可稱世子孔子曰卿大夫士從攝主是古代君攝位之事左氏傳曰是以隱公立而奉之杜注立爲太子帥國人奉之孔疏云太子者父在之稱今惠公已薨而云立爲太子者以其未堪爲君仍處太子之位故也以此推之成王少未堪爲君猶之魯桓周公攝位猶之魯隱隱公可奉桓公爲太子周公何不可奉成王爲太子乎文王世子曰抗世子法於伯禽此周公奉成王爲世子之塙證成王爲太子故曰孟侯孟訓迎句侯指諸侯乃周公使成王迎諸侯非周公以王爲侯如孔疏所疑也王鳴盛據大戴記公冠篇公冠爲成王可稱公卽可稱侯孫星衍據釋詁云侯君也太子稱孟侯猶云長君漢靈帝皇子辯號史侯皇子協號董侯案王氏孫氏雖申伏義皆與伏義不符伏云孟侯謂迎諸侯非謂太子

爲矦如王氏孫氏之說皆謂太子爲矦顯與伏鄭之義相違又無以解孔疏之惑且史矦董矦乃亂世之事豈可以證古制哉漢書地理志曰周公封弟康叔號曰孟矦與其所撰白虎通引大傳義不合陳喬樅以爲班固從祖伯從鄭寬中受小夏矦尙書蓋小夏矦說也然攷之史記康叔不得稱矦衛世家云封康叔爲衛君不言何爵後有康伯考伯嗣伯庭伯靖伯貞伯皆稱伯至頃矦厚賂周夷王夷王命衛爲矦其後始稱矦索隱引系本庭伯作摯伯貞伯作箕伯伯爲異而稱伯則同是衞初封時乃伯爵非矦爵詩序云旄邱責衞伯蓋以其先本是伯爵然則班志未可據而伏生鄭君以爲成王者其義不可易矣周公封康叔必呼成王者成王爲太子主迎諸矦則封諸矦亦太子之所有事故公竝戒成王趙岐注孟子以康誥爲周公戒成王及康叔封而作臺卿用今文說蓋今文之義如是也

**惟乃丕顯考文王克明德愼罰**。今文作克明俊德。大傳曰惟乃丕顯考文王克明俊德又曰子夏曰昔者三王愨然欲錯刑遂罰平心而應之和然後行之然且曰吾意者以不平慮之乎吾意者以不和平之乎如此者三然後行之此之謂愼罰。一作克明明德一作克明德。荀子正論篇書曰克明明德謂王道貴宣明不當以元而難知使人疑荀子在焚書前其所引書可據大小戴記與大小夏矦尙書同出自夏矦始昌而大學引康誥曰克明德與大傳異者蓋大傳多俊字乃歐

陽異文段玉裁云俊字當是本作明淺人所改恐未可據蔡邕朱公叔鼎銘曰克明愼德合明德愼罰言之

**不敢侮鰥寡庸庸祗祗威威顯民用肇造我區夏。** 今文威作畏。中論法象篇云文王祗畏造彼區夏王應麟蓺文志攷證云漢人引祗祗畏畏顯民廣雅釋訓云祗祗畏畏敬也蓋今文尚書作畏蔡邕太尉橋公廟碑曰祗厥勳庸

**越我一二邦以修我西土惟時怙冒聞于上帝帝休天乃大命文王** 大傳曰天之命文王非啍啍然有聲音也文王在位而天下大服施政而物皆聽命則行禁則止動搖而不逆天之道故曰天乃大命文王文王受命一年斷虞芮之質二年伐于三年伐密須四年伐畎夷五年伐耆六年伐崇七年而崩論衡初稟篇曰康王[illegible][illegible]之誥曰冒聞于上帝帝休天乃大命文王所謂大命者非天乃命文王也聖人動作天命之意也與天合同若天使之矣書方激勸康叔勉使爲善故言文王行道上聞于天天乃大命之也趙岐孟子注引康誥曰冒聞于上帝亦以冒字下屬王鳴盛說冒有上進意故曰冒聞讀如氾勝之農書云土長冒橛之冒

殪戎殷誕受厥命越厥邦厥民惟時敘乃寡兄勗。今文殪作壹左宣六年傳引周書曰殪戎殷杜注云殪盡也康誥言武王以兵伐殷盡滅之錫瑞案揚雄兗州牧箴曰武果戎殷是今文說亦以戎殷爲武王事訓戎爲兵杜氏之說不誤王鳴盛謂杜以文王事移屬武不足據信非也禮記中庸壹戎衣而有天下鄭注云戎兵也衣讀如殷聲之誤也壹戎殷者一用兵伐殷也鄭本作壹與左氏傳作殪不同蓋今文作壹

肆汝小子封在茲東土白虎通封公侯篇曰天下太平乃封親屬者示不私也卽不私封之何普天之下莫非王土率土之賓莫非王臣海內之衆已盡得使之不忍使親屬無短足之居一人之使封之親親之義也以尙書封康叔據平安也鄭注居攝四年隆平已至與白虎通義合

王曰嗚呼封汝念哉今民將在祗遹乃文考紹聞衣德言往敷求于殷先哲王用保乂民汝丕遠惟商耇成人宅心知訓史記曰必求殷之賢人君子長者問其先殷所以興所以亾而務愛民孫星衍說賢人君子謂成人長者謂耇云務愛民謂保艾民云問其先殷所以興

亾即上所云紹聞衣德言也

**別求聞由古先哲王用康保民弘于天若德裕乃身不廢在王命**

荀子富國篇曰足國裕民而善藏其餘故知節用裕民則必有仁義聖良之名而且有富厚邱山之積矣康誥曰宏覆乎天若德裕乃身不廢在王庭宋本有此句近刻脫之此之謂也楊倞注宏覆如天又順于德是乃所以寬裕女身也

**王曰嗚呼小子封恫瘝乃身敬哉天畏棐忱**。今文瘝作矜畏作威忱作諶。後漢書和帝紀永元八年詔曰朕寤寐恫矜章懷注云尚書曰恫矜乃身風俗通十反篇云書曰天威棐諶言天德輔誠也爾雅郭注文選李善注引皆作威蔡邕瑯琊王傳蔡公碑曰示以棐諶之威今文尚書祗祗畏畏作畏天威棐諶作威與古文尚書適相反

**民情大可見小人難保往盡乃心**。今文盡作悉。錫瑞謹案古文尚書往盡乃心今文尚書作往悉乃心漢舊儀丞相御史大夫初拜策曰往悉乃心宣帝神爵三年丞相初拜策五鳳二年御史大夫初拜策皆曰往悉乃心和裕開賢史記三王世家武帝封燕齊廣陵王策皆曰悉爾心漢書董賢傳哀帝封董賢策曰往悉爾心漢故國三老袁良碑曰往悉

乃心蔡邕西鼎銘曰悉心在公朱公叔鼎銘曰悉心臣事文烈侯楊公碑曰悉心畢力三國志引英雄記袁紹遣使拜烏丸版文曰用能悉乃心克有勳力於國家皆用今文尙書江段孫陳諸君皆不一引之未免失之目前矣

**無康好逸豫乃其乂民。**今文作毋侗好佚作艾。史記三王世家立廣陵王策曰毋侗好佚又曰於戲保國艾民可不敬與褚少孫曰毋侗好佚無長好佚樂馳騁弋獵淫康。一作毋桐好逸。漢書武五子傳廣陵厲王胥策曰毋桐好逸應劭曰無好逸遊之事師古曰桐音同桐輕脫之貌也陳喬樅說侗桐古通用字如倥侗亦作空桐是其驗巳據褚少孫釋無侗好爲無長好則侗有長之訓誼矣

**我聞曰怨不在大亦不在小惠不惠懋不懋已汝惟小子乃服惟弘。**今文已作熙。國語引周書曰怨不在大亦不在小韋昭注怨不在大或大而不爲從亦不在小或禍難起小怨左昭八年傳曰周書曰惠不惠茂不茂康叔所以服宏大也當於宏字絕句蔡邕文烈侯楊公碑曰祗服宏業巳今文作熙見大誥

**王應保殷民亦惟助王宅天命作新民王曰嗚呼封敬明乃罰。**今

文嗚呼作於戲。潛夫論引作於戲見下禮記大學引作新民緇衣引敬明乃罰

**人有小罪非眚乃惟終自作不典式爾有厥罪小乃不可不殺。**今文非眚作匪省式作戒。潛夫論述赦篇云尚書康誥王曰於戲敬明乃罰人有小罪匪省乃惟終自作不典戒爾有厥罪小乃不可不殺言恐段云當是惡字人有罪雖小然非以過差爲之也乃欲終身行之故雖小不可不殺也何則是本頑凶思惡而爲之者也後漢書陳忠傳忠上疏曰明者慎微智者識幾書曰小不可不殺

**乃有大罪非終乃惟眚災適爾既道極厥辜時乃不可殺。**今文非終作匪終眚災作省哉辜作罪時乃作時亦。潛夫論又曰乃有大罪匪終乃惟省哉適爾既道極厥罪時亦不可殺言殺段云誤字人雖有大罪非欲以終身爲惡乃過誤爾是不段云當有可字殺也若此者雖曰赦之可也

**王曰嗚呼封有敘時乃大明服惟民其勑懋和若有疾**左僖二十三年傳引周書曰乃大明服荀子富國篇曰誠乎上則下應之如景嚮雖欲無明達得乎哉書曰乃大明服惟民其力懋和而有疾此之謂也

楊倞注曰懋勉也言君大明以服下則民勉力爲和調而疾速以明效上之急也今本力作勑而作若宋本不誤江聲說觀左氏荀卿所引知時字不下屬

**惟民其畢棄咎若保赤子惟民其康乂**孟子墨者夷之曰儒者之道古之人若保赤子此言何謂也孟子曰彼有取爾也赤子匍匐將入井非赤子之罪也趙生曰以赤子無知故救之王鳴盛說康誥若保赤子須用孟子趙乃始允合蓋此主用刑而言言民犯法如赤子無知觸陷於死地吾保救之民自安治後漢書順帝紀詔曰儉以恤民政致康乂又梁商傳商疏曰賞不僭濫刑不淫濫五帝三王所以同致康乂也蔡邕和熹鄧后謚議曰以迄康乂薦皇甫規曰迄用康乂○今文若保一作如保乂一作艾○禮大學康誥曰如保赤子心誠求之雖不中不遠矣鄭注曰養子者推心求之而中於赤子之嗜欲也樊毅修華嶽碑云康艾室宇

**非汝封刑人殺人無或刑人殺人非汝封又曰劓刵人無或劓刵人**○今文刵作刖○王引之說刵當作刖字形相似而誤也困九五劓刖虞翻注曰割鼻曰劓斷足曰刖正與康誥劓刖同義揚

雄廷尉箴曰有國者無云何謂是刖是劓即本於康誥也鄭注康誥曰臣從君坐之刑則字當作刖蓋僖公二十八年左傳刖鍼莊子正是臣從君坐之刑也呂刑刵劓亦刖劓之譌說文㓷字引書曰刖劓㓷黥是許氏所見本正作刖也夏侯等今文尚書作臏劓宮[illegible]上本[illegible]在割頭庶剠案臏爲去膝蓋與刖同類故今文作臏古文作刖猶剕辟之剕今文作臏周官作刖也若作刵字而訓斷耳則與臏義不相當矣錫瑞謹案王說是也據廷尉箴則子雲所據今文尚書正作刖王鳴盛段玉裁陳喬樅說皆非

**王曰外事汝陳時臬司師茲殷罰有倫**大傳曰茲殷罰有倫今也反是諸侯不同聽每君異法聽無有倫是故知法難也荀子正名篇曰刑名從商爵名從周楊倞注曰商之刑法未聞康誥曰殷罰有倫言殷刑之允當也

**又曰要囚服念五六日至于旬時丕蔽要囚王曰汝陳時臬事罰蔽殷彝用其義刑義殺勿庸以次汝封乃汝盡遜曰時敘惟曰未有遜事**荀子致士篇云書曰義刑義殺勿庸以即句女惟曰未有順事言先教也注曰當先教後刑躬自厚而薄責於人也又宥坐篇云不教而責成功虐也書曰義刑義殺勿庸以即予維曰未有順事言先教也家語始誅篇書云義刑義殺勿庸以即汝

心惟曰未有慎事王肅注曰庸用也卽就也刑殺皆當以義勿用以就汝心之所安當謹自謂未有順事且陳道德以服之以無刑殺而後爲順段玉裁說據注文則引經愼字亦當同孫卿作順轉寫之誤也案王肅引經略同荀子其注則與僞孔傳合

**已汝惟小子未其有若汝封之心朕心朕德惟乃知凡民自得罪**○今文已作熙○荀子君子篇曰聖王在上分義行乎下刑罰綦省而威行如流治世曉然皆知夫爲姦則雖隱竄逃亾之由不足以免也故莫不服罪而請書曰凡人自得罪此之謂也注曰與今康誥義不同或斷章取義與王鳴盛說此以自作服罪解蓋殺人取貨惡之大者有誅無赦必服其罪荀義得之僞傳非也案荀子引書作凡人與下凡民罔不譈作凡民不合人字蓋楊倞唐人避諱改之

**寇攘姦宄殺越人于貨暋不畏死罔弗憝**○今文暋作閔罔弗憝上多凡民二字弗憝作不譈○孟子曰康誥曰殺越人于貨閔不畏死凡民罔不譈是不待教而誅者也殷受夏周受殷所不辭也趙注曰康誥尙書篇名周公戒成王康叔封越于皆於也殺於人取於貨閔然不知畏死者譈殺也凡民無不得殺之者若此之惡不待君之教命遭人得

討之三代相傳以此法不須辭問也案臺卿治今文學者所據孟子本當同今文故與說文引周書曰敯不畏死凡民罔不憝異訓譈爲殺亦與說文作憝訓怨不同蓋今文說也

王曰封元惡大憝矧惟不孝不友子弗祗服厥父事大傷厥考心于父不能字厥子乃疾厥子于弟弗念天顯乃弗克恭厥兄兄亦不念鞠子哀大不友于弟惟弔兹不于我政人得罪天惟與我民彝大泯亂曰乃其速由文王作罰刑兹無赦左僖三十三年傳引康誥曰父不慈子不祗兄不友弟不恭不相及也又昭二十年傳在康誥曰父子兄弟罪不相及後漢書肅宗紀鄭志趙商問引同僖三十三年傳後漢書楊彪傳謝弼傳三國崔季珪傳注引孔融曰潛夫論榮辱篇引同昭二十年傳蓋左氏櫽括經義漢人即本左傳所謂不相及者謂不以父不慈罪其子不以子不祗罪其父兄弟亦然其義皆本經文非今文有此佚句也潛夫論述赦篇曰養稊稗者傷禾稼惠姦軌者賊良民書曰文王作罰刑兹無赦先王制刑非好傷人肌膚斷人壽命乃以威姦懲惡除民害也漢書宣帝紀風俗通皇霸

篇皆引書文王作罰刑茲無赦不速乃其速由四字孫星衍說速者釋言云徵也徵義同召由同訧廣雅釋詁云罪也乃其自召罪訧酒誥曰惟民自速辜多方曰乃惟爾自速辜語意正同或以乃其速由下屬文王作罰爲句不然也

不率大戛矧惟外庶子訓人惟厥正人越小臣諸節乃別播敷造民大譽弗念弗庸瘝厥君時乃引惡惟朕憝已汝乃其速由茲義率殺。今文已作熙。孫星衍說漢書王尊傳尊曰律無妻母之法聖人所不忍書此經所謂造獄者也注晉灼曰歐陽尙書有此造獄事也造獄者不循常法遇非常之事不得已而用之今或別爲傳播以陷有名之人同惡相引是可誅也歐陽造獄別無可附疑今文說此條之義也

亦惟君惟長不能厥家人越厥小臣外正惟威惟虐大放王命乃非德用乂汝亦罔不克敬典乃由裕民惟文王之敬忌乃裕民曰我惟有及則予一人以懌荀子君道篇曰有治人無治法法不得獨立得其人則存故明主急得其人急

得其人則身佚而國治功大而名美故君人勞於索之而休於使之書曰惟文王之敬忌一人以擇此之謂也說苑君道篇曰虞芮質其成於文王入文王之境未見文王之身而讓其所爭以爲閒田而反孔子曰大哉文王之道乎其不可加矣不動而變無爲而成敬慎恭已而虞芮自平故書曰惟文王之敬忌此之謂也段玉裁說古擇澤釋懌通用一人以擇擇卽懌也上文所謂身佚而國治也敬忌上文所謂急得其人也陳喬樅說案虞芮之君見文王云人民讓爲士大夫其士大夫讓爲公卿亦化而讓田是所謂得其人則身佚而國治也

王曰封爽惟民迪吉康我時其惟殷先哲王德用康乂民作求矧今民罔迪不適不迪則罔政在厥邦王曰封予惟不可不監告汝德之說于罰之行今惟民不靜未戾厥心迪屢未同爽惟天其罰殛我我其不怨惟厥罪無在大亦無在多矧曰其尚顯聞于天王曰嗚呼封敬哉無作怨勿用非謀非彝蔽時忱丕則敏德○今文無作怨

勿用非謀非彝作毋作怨毋俷德一作毋作棐德。史記三王世家燕王旦策文曰毋作怨毋俷德徐廣曰俷一作菲索隱曰蘇林曰菲廢也本亦作俷俷敗也孔文祥曰菲薄也漢書作棐褚少孫曰無作怨者勿使從俗以怨望也無俷德者勿使上背德也漢書武五子傳燕王旦策文曰毋作怨毋作棐德服虔曰棐薄也師古曰棐古匪字也匪非也段玉裁說毋俷德疑亦用康誥勿用非謀非彝蔽時忱丕則敏德等語今攷褚先生曰無俷德者勿使上背德也則肥俷棐菲皆非正字其字正作非說文非違也从飛省下翄取其相背故褚先生訓非德爲上背德漢人訓故之學皆有依據後人釋爲薄釋爲廢釋爲敗者皆失之古飛字多作蜚易飛遯亦作肥遯皆同音通用陳喬樅說據漢書毋作棐德則知今文尚書勿用非謀非彝勿字亦當作毋字也

**用康乃心顧乃德遠乃猷裕**王引之說當以遠乃猷裕爲句方言曰裕猷道也東齊曰裕或曰猷遠乃猷裕卽遠乃道也君奭曰告君乃猷裕與此同猷由古字通道謂之猷裕道民亦謂之猷裕上文曰乃由裕民錫瑞案王說是也據方言則子雲所用今文義當如此

**乃以民寧不汝瑕殄王曰嗚呼肆汝小子封惟命不于常**左成十六年傳

周書曰惟命不于常有德之謂襄二十三年傳亦引此經禮大學
康誥曰惟命不于常道善則得之不善則失之矣鄭注命天命也
天命不于常言不專佑一家也戰國策卷二十四引周書曰惟命
不于常此言幸之不可數也史記三王世家齊王閎策曰惟命不
于常

汝念哉無我殄享明乃服命高乃聽用康乂民王若曰往哉封勿
替敬典聽朕告汝乃以殷民世享錫瑞謹案周公居攝封康叔兩漢今古文無異義後人乃謂武
王時事又或用宋忠說以爲由康徙封衛臆說無據既明辨之矣
惟史記三王世家云康叔後扞祿父之難後漢書蘇竟曉劉龔書
曰周公之善康叔以不從管蔡之亂也二說似有可疑或據以爲
康叔先封管蔡後亂之證今攷二說亦甚易解管蔡流言作亂之
時京師亦必有從亂者惟康叔不從亂周公東征祿父康叔當有
協贊之功故公深知其能使監殷民於衞是以漢羣臣言扞祿父
之難蘇竟云不從管蔡之亂也或又以云後扞祿父之難似乎受
封在先攷未央宮羣臣奏云伏聞康叔親屬有十武王繼體周公
輔成王其八人皆以祖考之尊建爲大國康叔之年幼周公在三
公之位而伯禽據國於魯蓋爵命之時未至成人康叔後扞祿父

之難伯禽殄淮夷之亂此蓋諸臣約舉其事未及分別其文據管蔡世家云武王同母兄弟十人母曰太姒文王正妃也其長子曰伯邑考次曰武王發次曰管叔鮮讞剡贈歛鷊凋舩覩禫䣭虢䫄上次曰周公旦次曰蔡叔度次曰曹叔振鐸次曰成叔武次曰霍叔處次曰康叔封次曰冄季載武王封叔鮮於管封叔度於蔡封叔旦於魯封叔振鐸於曹封叔武於成封叔處於霍康叔封冄季載皆少未得封序次甚明是武王同母兄弟十人有伯邑考在內史公云伯邑考既已前卒矣不云有後封國則伯邑考無後武王同母兄弟十人去其一矣而諸臣云武王周公之外其八人皆建爲大國不知八人中有伯邑考無後並未封國則已失其實矣又據史記伯禽殄淮夷之亂與康叔扞祿父之難是同時事伯禽當時乃攝國事而未定封其定封爲居攝七年又在封康叔之後康叔當武王時少未得封皆非未至成人而受爵命者諸臣意在早封王子援引古事或失其眞不得以文害辭徒據一時疑似之文反違史公之明說也

今文尚書攷證卷十四

受業熊羅宿袁宗濂校

善化皮錫瑞

## 酒誥第十五　周書六

酒誥史記自序曰申以商亂酒材是告錫瑞謹案據此則史公所云申告康叔乃以告康叔者書非一篇既有康誥又申之以酒誥梓材故曰申告或乃云武王封康叔於康時已作誥成王徙封於衛乃取武王封叔於康之誥以申之故史記云申告不知史公無是說也或又謂康誥作於武王酒誥梓材作於成王故三家與馬本作成王若曰不知史記周本紀曰次康誥酒誥梓材其事在周公之篇衛世家曰故謂之康誥酒誥梓材以命之是三篇皆作自周公乃一時所作此篇獨云成王若曰蓋舊史之文如是非別有異義也揚子法言問神篇曰昔之說書者序以百而酒誥之篇俄空焉今亡夫子雲蓋因酒誥與康誥同一序疑別有序而亡之故有俄空之歎

王若曰。今文作成王若曰。書正義曰馬鄭王本以文涉三家而有成字三家云王年長骨節成立釋文曰馬本作成王若曰注云俗儒以爲成王骨節始成故曰成王或曰以成王爲少成二聖之功生號曰成王沒因爲謚段玉裁說按魯世家曰管叔及羣弟流言於國曰周公將不利於成王周公告太公召公曰武王蚤終成王少誠伯禽曰我文王之子武王之弟成王之叔父尚書大傳荀子堯問篇韓詩外傳卷三皆曰成王之叔父史記又曰周公在豐病將沒曰必葬我成周以明吾不敢離成王尚書大傳曰吾死必葬我成周示天下臣於成王詳玩此等皆實生稱成王如湯生稱武王之比非屬史家誤筆三家之說固可信也錫瑞謹案藝文類聚引春秋元命包曰文王造之而未遂武王遂之而未成周公且抱少主而成之故曰成王亦以成王爲生稱漢書韋元成傳曰成王成二聖之業制禮作樂功德茂盛廟猶不世以行爲謚而已亦卽生號成王沒因爲謚之說大傳云奄君薄姑謂祿父曰成王尚幼矣今本多妄改爲今王不知成王本生號也衞賈馬之本同三家而馬誣爲俗儒不用其說僞孔本乃用馬說刪去成字詩周頌成王不敢康國語明云道成王之德乃成王在時所作毛鄭以爲成是王事其說迂迴難通宋儒乃疑是祀成王詩今文廢而經義不明不得不歸咎於毛公馬鄭之崇尚古文者矣

明大命於妹邦乃穆考文王肇國在西土厥誥毖庶邦庶士　王念孫說

漢碑多用今文衡方碑鑴茂伐祕將來伐功也祕告也言刻石紀功以告來世廣韻曰祕告也酒誥曰厥誥毖庶邦庶士言誥告庶邦庶士也又曰女典聽朕毖言女常聽朕告也車騎將軍馮緄碑曰刊石表續以毖來世祕與毖古字通錫瑞謹案王說是也張遷碑云刊石立表以毖後昆亦同此義廣韻之訓蓋本尙書舊注莽誥云天毖勞我成功所毖亦當訓告孟康訓愼失之

**越少正御事朝夕曰祀茲酒惟天降命肇我民惟元祀**論衡譴告篇云紂爲長夜之飲文王朝夕曰祀茲酒何則非疾之者宜有以改易之也又語增篇云按酒誥之篇朝夕曰祀茲酒此言文王戒愼酒也

**天降威我民用大亂喪德亦罔非酒惟行越小大邦用喪亦罔非酒惟辜文王誥教小子有正有事無彝酒**○今文無作毋○韓非子說林篇康誥曰毋彝酒彝酒者常酒也常酒者天子失天下匹夫失其身段玉裁說按此酒誥而系之康誥者蓋周時通酒誥梓材爲康誥也錫瑞謹案據此則三篇實同一篇韓非在焚書之前其說可據彼執酒誥成王若曰以康誥爲武王作者其謬不待辨矣

**越庶國飲惟祀德將無醉**大傳曰天子有事諸侯皆侍尊卑之義宗室有事族人皆侍終日大宗已侍於

賓奠然後燕私燕私者何也祭已而與族人飲也宗子燕族人於堂宗婦燕族人於房序之以昭穆不醉而出是不親也醉而不出是媟宗也出而不止是不忠也親而甚敬忠而不倦若是則兄弟之道備備者成也成者成於宗室也故曰飲而醉者宗室之意也德將無醉族人之意也是故祀禮有讓德施有復義之至也注事謂祭祀。今文一作德將毋醉。論衡語增篇云世聞德將毋醉之言見聖人有多德之效

**惟曰我民迪小子惟土物愛厥心臧聰聽祖考之彝訓越小大德小子惟一妹土嗣爾股肱純其藝黍稷奔走事厥考厥長肇牽車牛遠服賈用孝養厥父母**。今文孝養二字作欽。白虎通商賈篇曰行曰商止曰賈易曰先王以至日閉關商旅不行后不省方論語曰賈之哉我待賈者也即如是尚書曰肇牽車牛遠服賈用何言遠行可知也方言欽厥父母欲畱供養之也王鳴盛說據此是古商賈本不同今以牽車遠行之商乃不稱商而謂之賈者欲見畱養父母之義故也陳喬樅說爾雅釋言云肇敏也郭璞注引書肇牽車牛爲證其義與孔傳異當亦本爾雅漢注所用今文家尚書說也案今文以賈用二字連文爲

義與詩賈用不售同孝養二字今文作欽

厥父母慶自洗腆致用酒庶士有正越庶伯君子其爾典聽朕教爾大克羞耇惟君爾乃飲食醉飽丕惟曰爾克永觀省作稽中德爾尚克羞饋祀爾乃自介用逸大傳曰古者聖帝之治天下也五十以下非烝社不敢遊飲六十以上遊飲也此傳釋經羞耇之義陳喬樅說羞耇即養老之謂古者天子諸侯皆有養老之禮百官與執事焉惟老成有德者始得用酒以養爾庶士助君養老乃亦得醉酒而飽德故云爾克永觀省作稽中德也江聲說逸旅酬也詩賓之初筵曰舉酬逸逸傳云逸逸往來次敘也

茲乃允惟王正事之臣茲亦惟天若元德永不忘在王家王曰封我西土棐徂邦君御事小子尚克用文王教不腆于酒故我至于今克受殷之命王曰封我聞惟曰在昔殷先哲王大傳引酒誥王曰封惟曰若圭

壁今無此句劉向以中古文挍歐陽大小夏侯三家經文酒誥脫簡一不知脫何文也豈若圭壁即在脫簡中乎陳壽祺說酒誥篇有王曰封我聞惟曰在昔殷先哲王之語大傳所引疑或此句之異文

**迪畏天顯小民經德秉哲自成湯咸至于帝乙**錫瑞謹案禮檀弓正義曰帝乙先儒注皆以為紂父鄭注引易說曰易之帝乙為成湯書之帝乙六世王則鄭君不以帝乙為紂父先儒蓋賈馬等說也易緯乾鑿度云孔子曰自成湯至帝乙帝乙湯之元孫之孫也此帝乙謂湯也殷錄質以生日為名順天性也元孫之孫外絕恩矣同以乙日生疏可同名白虎通姓名篇曰易曰帝乙謂成湯書曰帝乙謂六代孫也六代孫即六世王亦即元孫之孫緯書多同今文今文不以帝乙為紂父也史記殷本紀曰湯子太丁太丁子太甲太甲子沃丁沃丁弟子小甲小甲弟子仲丁仲丁弟子帝祖乙立殷復興不數兄弟相及則祖乙正湯之六世孫本紀又曰帝乙立殷益衰是帝乙非令主書不應稱其人又與六世之說不合賈馬古文說非是鄭同今文用易說是也

**成王畏相惟御事厥棐有恭不敢自暇自逸**○今文成王作成正厥棐作厥職○中論

譴交篇曰自王公至於列士莫不成正畏相厥職有恭不敢自暇自逸偉長所引當是今文尚書酒誥篇文江段孫陳皆未及引

**矧曰其敢崇飲越在外服矦甸男衞邦伯。**今文作矦甸任衞作國伯。白虎通爵篇曰爵有五等以法五行也或三等者法三光也或法三光或法五行何質家者據天故法三光文家者據地故法五行含文嘉曰殷爵三等周爵五等各有宜也王制曰王者之制祿爵凡五等謂公矦伯子男也此周制也所以名之爲公矦者何公者通也公正無私之意也矦者候也候逆順也伯者白也子者孳也孳孳無已也男者任也殷爵三等謂公矦伯也所以合子男從伯者何王者受命改文從質無虛退人之義故上就伯也尚書曰矦甸任衞作國伯謂殷也盧文弨說白虎通引以證子男從伯之義似作字亦非衍文錫瑞謹案周禮職方氏有矦甸男釆衞之服則矦甸任衞周制也今文說以爲殷者蓋殷以前已有此名禹貢有甸矦任(男邦今文作任)國之名惟無衞耳或郎以奮武衞爲衞服歟

**越在內服百僚庶尹惟亞惟服宗工越百姓里居罔敢湎于酒**韓詩說曰飲酒閉門不出客曰湎鄭注飲酒齊色曰湎以湎字從面耳

不惟不敢亦不暇惟助成王德顯越尹人祗辟我聞亦惟曰在今後嗣王酣身厥命罔顯于民祗保越怨不易誕惟厥縱淫泆于非彝用燕喪威儀民罔不盡傷心惟荒腆于酒史記殷本紀曰紂大最樂戲於沙邱以酒爲池懸肉爲林使男女倮相逐其間爲長夜之飲論衡語增篇云傳語曰紂沈湎於酒以糟爲邱以酒爲池牛飲者三千人爲長夜之飲亾其甲子又言紂懸肉以爲林令男女裸而相逐其間是謂醉樂淫戲無節度也周公封康叔告以紂用酒期於悉極欲以戒之也而不言糟邱酒池肉林長夜之飲亾其甲子聖人不言殆非實也傳書家欲惡紂故言增其實也高誘呂氏春秋注云飲酒合樂曰酣案紂作淫聲以悅婦人蓋飲酒亦作樂故史公云酒之失婦人是用紂之亂自此始也

不惟自息乃逸厥心疾很不克畏死辜在商邑白虎通京師篇夏曰夏邑殷曰商邑周曰京師尚書曰率割夏邑謂桀也在商邑謂殷也案據此則今文家以辜字上屬爲句

越殷國滅無罹弗惟德馨香祀登聞于天誕惟民怨庶羣自酒腥

聞在上故天降喪于殷罔愛于殷惟逸天非虐惟民自速辜王曰封予不惟若茲多誥古人有言曰人無於水監當於民監。今文無作毋監作鑒。中論貴驗篇曰周書有言人毋鑒於水鑒於人也鑒也者可以察形言也者可以知德案據此則今文作毋作鑒國語申胥諫吳王曰王盍亦監於人毋監於水戰國策蔡澤說應侯曰監於水者見面之容監於人者知吉與凶史記載湯征曰人視水見形視民知治不

今惟殷墜厥命我其可不大監撫于時予惟曰汝劼毖殷獻臣侯甸男衛矧太史友內史友。今文男作任。今文尚書男作任見上大戴禮記盛德篇曰內史太史左右手也盧辨注曰太史爲左史內史爲右史

越獻臣百宗工矧惟爾事服休服采矧惟若疇圻父薄違農父詩圻父箋引書曰若疇圻父謂司馬也正義曰若疇圻父酒誥文也彼注云順壽萬民之圻父鄭本作順壽未知今文異同何如羣經音

辨引書薄韋蔑爻蓋今古文同今本衞包改也

若保宏父定辟矧汝剛制于酒厥或誥曰羣飲汝勿佚。今文汝勿佚作女無失。王應麟漢蓺文志攷云漢人引此句作羣飲女無失

盡執拘以歸于周予其殺。今文作盡執抲獻。說文繫傳抲撝也从手可聲周書曰盡執抲獻段玉裁說抲作拘此如許君所言苛之字止句也而獻字不可通恐是齊語義字沙字儀字皆以獻爲之獻音在歌戈部抲獻合二字疊韻成文蓋齊語如是蓋伏生今文尚書如是

又惟殷之迪諸臣惟工乃湎于酒勿庸殺之姑惟教之有斯明享乃不用我教辭惟我一人弗恤弗蠲乃事時同于殺王曰封汝典聽朕毖勿辯乃司民湎于酒

受業熊羅宿
袁宗濂挍

# 今文尚書攷證卷十六

善化皮錫瑞

## 梓材弟十八　周書七

梓材　大傳曰伯禽與康叔見周公三見而三笞之康叔有駭色謂伯禽曰有商子者賢人也與子見之乃見商子而問焉商子曰南山之陽有木焉名喬二三子往觀之見喬實高高然而上反以告商子商子曰喬者父道也南山之陰有木焉名梓二三子復往觀之見梓實晉晉然而俯反以告商子商子曰梓者子道也二三子明日見周公入門而趨登堂而跪周公迎拂其首勞而食之曰爾安見君子乎亦見說苑建本篇論衡譴告篇金履祥說梓材之書伏生大傳以爲周公命伯禽之書今文當有周公曰而無封字鄒漢勛說古文王曰封今文當是王曰予才也予古文或借㞢爲之才又近土古文以㞢土二字合爲𡉚字遂成康叔之名此古文說之疏也今文曰王曰予才者予謂伯禽爲魯子也才蓋伯禽之名蓋取有材能則可禽獲醜虜也魏源說大傳以梓材爲誥伯禽之書其今文之序亦當曰成王既伐管叔蔡叔以殷餘民封康叔伯禽作康誥酒誥梓材與古文序本不同矣祝鮀述此書不名

魯誥而名伯禽後世又名爲梓材者伯禽代父之國父前子名故不敢曰魯誥伯禽以字行後又無謚魯人止稱曰魯公既不敢斥先君伯禽之名故别取書中梓材二字名篇也康叔於周公不得爲父子康叔疑唐叔之誤兄弟之子猶子也故可稱父子引文選陰康氏之舞今誤作陶唐爲證錫瑞謹案此皆鄭壁虛造之說非今文義也左氏傳云命以伯禽本不在尚書百篇中不可攷大傳言梓材之義似與經不相符然今古文違異甚多據論衡引彊人有王開賢厥率化民可證今三家尚書皆亾佚未可專據今本遂詆大傳爲謬史記於此篇不載其文而云爲梓材示君子可法則亦同大傳之義則今文說無梓材命伯禽之事金仁山說非是魏引申金說又謂今文之序當與古文序不同不知史記所載書序與馬鄭古文書序多異即今文之序也而史記亦以康誥酒誥梓材三篇同屬康叔與馬鄭書序同又自序云申以商亂酒材是告自序用韻之文非後人所能改竄是今古文皆以梓材爲誥康叔之書矣大傳雖以康叔伯禽竝言實當以康叔爲主若以周公於康叔不當云父子爲疑則古者臣子一例尊者弟兄不得以其屬通封康叔在居攝四年周公方攝王故康叔與伯禽同在臣子之列論衡譴告篇曰是故康叔伯禽失子弟之道見於周公拜起驕悖三見三笞往見商子商子令觀橋梓之樹二子見橋梓心感覺悟以知父子之禮仲任用今文說康叔於周公可稱父子其義甚

明是梓材告康叔古經傳無異義無緣妄以唐叔易之而以梓材爲命伯禽也鄒以才爲伯禽名尤傅會無據

王曰封以厥庶民暨厥臣達大家以厥臣達王惟邦君汝若恒越曰我有師師司徒司馬司空尹旅曰予罔厲殺人亦厥君先敬勞肆徂厥敬勞肆往姦宄殺人歷人宥肆亦見厥君事戕敗人宥王啟監厥亂爲民。今文作彊人有王開賢厥率化民。論衡效力篇曰博達疏通儒生之力也舉重拔堅壯士之力也梓材曰彊人有王開賢厥率化民此言賢人亦壯彊於禮義故能開賢其率化民化民須禮義禮義須文章行有餘力則以學文能學文有力之驗也段玉裁說今文尚書之乖異如此蓋彊戕音同有宥音同啟開音同爲化音同率古讀如律與亂雙聲且古文亂作𤔲與率相似而敗字則古有今無賢與監則形略相似漢舊儀丞相御史大夫初拜策皆曰往悉乃心和裕開賢此用今文尚書開賢字錫瑞案鄭注尚書大傳云天於不中之人恒耆其味厚其毒增以爲病將以開賢代之也亦用今文開賢字

曰無胥戕無胥虐至于敬寡至于屬婦。今文作至于鰥寡至于嫋婦。大傳曰老而無妻

謂之鰥，老而無夫謂之寡，幼而無父謂之孤，老而無子謂之獨，行而無資謂之乏，居而無食謂之困，此皆天下之至悲哀而無告者，故聖人在上，君子在位，能者在職，必先施此，使無失職。段玉裁說此釋至于矜寡而推廣言之也。蓋古文尚書作敬，今文尚書作矜，而矜亦作鰥。呂刑古文哀敬折獄，尚書大傳作哀矜，漢書于定國傳作哀鰥，正其比例。說文曰：嫋，婦人妊身也。周書曰：至于嫋婦。說文蓋存壁中故書原文，孔子國讀嫋爲屬，屬婦與敬寡儷句，則爲存恤聯屬之誼。若今文尚書與鰥寡儷句，則小爾雅所說是也。小爾雅云：妾婦之賤者謂之屬婦。屬，逮也。逮婦之名，言其微也。小爾雅雖非孔鮒之書，其說必有所本，蓋今文家說也。今文尚書作屬，故孔讀嫋爲屬。崔子玉清河王誄曰：惠於嫋孀。崔蓋見古文故書者。孀卽寡也。錫瑞謹案：此與呂刑哀敬折獄皆當從今文作鰥，作矜。此爲鰥寡之鰥，亦可作矜；彼爲矜憐之矜，亦可作鰥。古鰥、矜通用。僞孔本皆作敬，或卽僞孔改之，或古文以聲近假借，要其義必非恭敬之敬也。段過信僞孔本，云屬婦與敬寡儷句，失之。又云孔子國讀嫋爲屬，今文說當如小爾雅，其說尤謬。崔子玉非習古文者，未必見壁中故書，其所據必是今文。據崔所撰百官箴多同今文可證。說文作嫋，與崔所引書合，是今古文皆作嫋。廣雅曰：嫋，媰也。玉篇曰：嫋，婦姙媰也。廣韻曰：嫋，姙娠。其義皆同說文。張稚讓亦習今文者，而與崔子玉皆同說文之義，則說文非必用壁中字也。

小爾雅與僞孔傳同出王肅其解金縢未可以戚我先王卽比附僞孔之說足徵同出一手皆不可據朱子疑孔傳之僞云訓詁皆出小爾雅最爲卓見以段氏之精識豈不知孔傳小爾雅皆是僞書乃信小爾雅爲今文說僞孔本必是孔安國原本云孔子國讀媰爲屬一似今古文皆不作媰者豈許叔重崔子玉所據乃不如王子雍之可信乎且如其說孔子國讀媰爲屬則說文訓爲妊身而引周書者當是假借媰與屬非一字矣崔子玉何以用經義云惠於媰孀子玉豈不識文義者若媰非妊身當讀爲屬而訓以聯屬屬逮試易其文曰惠於屬孀豈可通乎亦傎甚矣

**合由以容王其效邦君越御事厥命曷以引養引恬自古王若茲監罔攸辟惟曰若稽田既勤敷菑惟其陳修爲厥疆畎若作室家既勤垣墉惟其塗塈茨**釋名釋宮室曰塗杜也杜塞孔穴也塈猶煟煟細澤貌也屋以草蓋曰茨茨次也草爲之也陳喬樅說說文土部墍仰涂也玉篇土部塈仰塗也漢書揚雄傳曰獿人亾則匠石輟斤而不敢斵服虔注曰獿古之善塗塈者也施廣領大袖以仰塗而領袖不汙師古曰塈卽今之仰泥也說文作涂塈釋名作塗塈皆據三家今文尚書也古文尚書作

斁正義曰二文皆言斁卽古塗字是古文作斁塈茨斁丹雘也

**若作梓材既勤樸斲惟其塗丹雘**中論治學篇引書曰若作梓材既勤樸斲惟其塗丹雘錫瑞謹案偉長所引今文尚書也古文作敷亦作斁說文引周書曰惟其敷丹雘集韻引斁丹雘敷訓閉與塗訓杜義近疑斁爲敷之譌今所傳古文尚書乃改從今文作塗或疑中論作塗爲後人用今本尚書改之非也又案上云稽田作室兩腧與大誥云若考作室厥父菑兩腧正同蓋皆周公之辭其說相合惟此以梓材作腧則大誥所未及篇名梓材其以是與

**今王惟曰先王既勤用明德懷爲夾庶邦享作兄弟方來亦既用明德后式典集庶邦丕享**王鳴盛說自此以下乃周公因誥康叔而並戒成王之詞與康誥敘首相爲起結實三篇之大收束也錫瑞謹案以此爲周公戒成王則康誥篇首呼成王爲孟侯於此又呼爲王首尾兩歧似非塙詁康誥篇首王若曰鄭注云總告諸侯此以下當是總告諸侯之詞蓋封康叔時侯甸任國采衞諸侯皆在故云庶邦享作兄弟方來今王周公自謂所謂命大事則權代王也公若以此自儆而戒成王之意卽在其中若以王屬成王則成王於時尚爲太子未得稱王也孔廣

森以日無胥戕以下爲康叔戒王之詞與今文義不合

皇天旣付中國民。今文付作附。王應麟藝文志攷曰漢人引皇天旣附中國民

越厥疆土于先王肆王惟德用和懌先後迷民用懌先王受命已若茲監惟曰欲至于萬年惟王子子孫孫永保民。今文已作熙趙岐注孟子云梓材曰欲至於萬年又曰子子孫孫永保民案臺卿用今文說以康誥爲周公戒成王康叔封此所引經亦與古文尚書無異

今文尚書攷證卷十六

受業熊羅宿袁宗濂挍

# 今文尚書攷證卷十七

善化皮錫瑞

## 召誥第十七　周書八

召誥大傳曰五年營成周六年制禮作樂七年致政成王史記周本紀曰周公行政七年成王長周公反政成王北面就羣臣之位成王在豐使召公復營洛邑如武王之意周公復卜申視卒營築居九鼎焉曰此天下之中四方入貢道里均作召誥洛誥魯世家曰成王七年二月乙未王朝步自周至豐使太保召公先之雒相土其三月周公往營成周雒邑卜居焉曰吉遂國之周禮疏引鄭注曰是時周公居攝五年二月三月當爲一月二月不云正月者蓋待治定制禮乃正言正月故也王鳴盛說鄭以此篇爲居攝五年事者伏生大傳云周公居攝五年營成周召誥正是營成周事故鄭以爲居攝五年是本諸伏生也史記魯世家作七年劉歆三統厤以召誥洛誥爲一年內事洛誥是七年致政時事故亦以召誥爲七年皆不如伏生爲可信孫星衍說史公以營洛邑作召誥爲在七年反政之時者據經文云王朝步自周下文云周公朝至于洛周公至是不稱王經文又云錫周公曰又有旦曰故知

在反政之後也此蓋孔安國古文說大傳以爲在攝政五年者今文異說也鄭從大傳錫瑞謹案鄭從大傳以作召誥在五年洛誥在七年史公劉歆以作召誥洛誥皆在七年以經攷之當以史記與劉歆之說爲合然大傳之說亦自不誤大傳云四年建侯衞五年營成周封康叔在四年而康誥篇首已云周公初基作新大邑于東國雒者蓋三監既平遷邶鄘之民於洛邑以殷餘民封康叔於衞皆一時之事故建侯衞營成周於四五年連言之基謀也營亦謀也公於四五年定其謀七年乃成其事而作召誥洛誥營洛大事非一時所能辦大傳言其始史記要其終兩說可互相明本無違異伏生云五年營成周不云五年作召誥召誥與洛誥文勢相接不得以爲相隔二年鄭君過求分析失之拘泥雖用伏生之說而非伏生之意伏生初無五年作召誥之文王從鄭駁史記固非孫從史公駁大傳亦非也史記本紀以爲復政乃營洛世家以爲營洛乃復政據大傳營成周在致政之前當以世家之說爲正蓋洛邑未成制作未定公必不遽復政也

**惟二月既望越六日乙未。**今文惟作維越作粵。漢書律厤志曰三統厤周公攝政五年正月丁巳朔旦冬至後二歲得周公七年復子明辟之歲是歲二月乙亥朔庚寅望後六日得乙未故召誥曰惟二月既望粵六日乙未又粵若來三月既死霸粤五日甲子粤六日庚戌粤五日乙卯皆作粤師古日今文尚書之辭是今文作粤也釋名釋天曰望月滿之名月大十六日小十五日日在東月在西遥相望也

**王朝步自周則至于豐** 史記集解馬融曰周鎬京也豐文王廟所在朝者舉事上朝將即土中易都大事故告文王武王廟鄭元曰步行也堂下謂之步豐鎬異邑而言步者告武王廟即行出廟入廟不以遠爲父恭也

**惟太保先周公相宅** ○今文惟太作維大○大傳曰成王在豐欲宅洛邑使召公先相宅六日乙未王朝步自周至於豐惟太保先周公相宅注太保召公先周公視洛邑也段玉裁說按洛惟太當作維維大錫瑞謹案宅疑亦當作度今文尚書宅爲度史記漢石經可證漢人引三家尚書三家詩宅皆爲度逸周書有度邑篇言營洛之事詩靈臺篇云經之營之毛傳經度之也箋云度始靈臺之基趾營表其位是度與營義同大傳云營成周是其義當爲度此云宅疑後人用古文尚書改之如洛惟太當作維維大之比

**越若來三月惟丙午朏** ○今文越作粤○漢書律厤志云其三月甲辰朔三日丙午召誥曰惟三月丙午朏

孟康曰朏月出也○今文一作維丙午蠢○王應麟藝文志攷漢儒引經異字維丙午蠢段玉裁說此蓋惟丙午朏之異文今文尚書也惟作維朏作蠢朏從月出蠢與出雙聲方言蠢作也廣雅載出也疑漢書本作丙午蠢孟康注有古文蠢爲朏之語而或刪改之錫瑞謹案三家尚書異文不同漢儒所引自屬今文未必卽出漢書也王伯厚不云出漢書漢志又引畢命豐刑曰惟十有二年六月庚午朏王命作策豐刑則漢志自作朏非後人改之

越三日戊申太保朝至于洛卜宅厥既得卜則經營越三日庚戌太保乃以庶殷攻位于洛汭越五日甲寅位成○今文越作粵洛作雒○大傳曰於是四方諸侯率其羣黨各攻位於其庭周書作雒解曰乃作大邑成周於土中城方千七百二十丈郛方七十里南繫于雒水北因于郟山以爲天下之大湊乃位五宮太廟宗宮考宮路寢明堂此攻位之事七十里本作七百里今從江聲王鳴盛攷定

若翼日乙卯周公朝至于洛則達觀于新邑營○今文翼作翌洛作雒達作通○段玉裁說達觀如今俗語云通看一徧達通也今文尚書達作通石經顧命史漢禹貢可證也

越三日丁巳用牲于郊牛二○今文越作粵○漢書郊祀志丞相衡御史大夫譚奏言祭天於南郊就陽之義也瘞地於北郊卽陰之象也天之於天子也因其所都而各饗焉昔者周文武郊於豐鄗成王郊於雒邑由此觀之天隨王者所居而饗之可見也又王商等以爲禮記曰燔柴於太壇祭天也瘞薶於大折祭地也兆於南郊所目定天位也祭地於大折在北郊就陰位也郊處各在聖王所都之南北書曰越三日丁巳用牲于郊牛二周公加牲告徙新邑定郊禮於雒明王聖主事天明事地察天地明察神明章矣天地目王者爲主故聖王制祭天地之禮必於國郊白虎通郊祀篇曰祭日用丁與辛何先甲三日辛也後甲三日丁也皆可以接事昊天之日故春秋傳郊以正月上辛日尙書曰丁巳用牲于郊牛二五經異義曰春秋公羊說禮郊及日皆不卜常以正月上丁也魯於天子竝事變禮今成王命魯使卜從乃郊不從卽巳下天子也魯以上辛郊不敢與天子同也五經通義曰祭日以丁與辛何丁者反覆丁寧也辛者自克辛也漢郊祀志元始五年王莽改祭禮曰目孟春正月上辛若丁天子親合祀天墜于南郊後漢禮儀志曰上丁祠南郊蓋漢人用今文家說據此經爲郊日用丁之證今據漢志匡衡王商等奏古皆南北郊分祭天地周書作雒解但云設丘兆於南郊以祀上帝配以后稷不及北郊者文不備耳後人乃用王莽謬說以爲天地當

合祭又謂古無北郊北郊即社皆非是又據王商等議牛二乃加牲告徙新邑故用二牛或兼稷牲言之亦非也

越翼日戊午乃社于新邑牛一羊一豕一○今文作粤翌○白虎通社稷篇曰王者所以有社稷何爲天下求福報功人非土不立非穀不食土地廣博不可偏敬也五穀衆多不可一一祭也故封土立社示有土尊稷五穀之長故封稷而祭之也尚書曰乃社于新邑又曰祭社稷以三牲何重功故也尚書曰乃社于新邑牛一羊一豕一曰王者自親祭社稷何社者土地之神也土生萬物天下之所主也尊重之故自祭也錫瑞謹案白虎通所引今文義皆出今孝經說周禮疏引孝經援神契曰社者五土之總神稷者原隰之神五穀稷爲長五穀不可偏敬故立稷以表名又通典引曰稷乃原隰之中能生五穀之祇書疏引曰社爲社神稷爲穀神玉海郊祀引曰勾龍柱棄是配食者也風俗通祀典篇引曰社土地之主也土地闊不可盡敬故封土爲社以報功也稷五穀之長也穀衆不可偏祭故立稷神以祭之禮郊特牲疏引曰社者土地之主土地廣博不可偏敬故封五土以爲社稷者五穀之長穀衆多不可偏敬故立稷而祭之五經異義引今孝經說與郊特牲疏所引同是援神契即今孝經說今尚書說與今孝經說同故白虎通引之足以見漢時諸經今文說家說無不相通故諸經今文說皆可以證今文尚書也鄭

駁與義亦用今文之說王肅好與鄭異乃以社稷爲勾龍柱棄而聖證論馬昭已駁之僞孔傳同肅義此僞孔傳出於肅之一證論衡祭意篇曰社稷報生萬物之功社報萬物稷報五穀亦同今文之說而又引左傳禮記勾龍柱棄之文並云傳或曰炎帝作火死而爲竈禹勞力天下水死而爲社是漢人異說有以禹爲社者漢平帝元始五年用王莽議於官社後立官稷以夏禹配食官社后稷配食官稷淮南子曰禹勞力天下死而爲社要皆不若今文之義塙也續漢祭祀志注引鄧義難社土神云再特于郊牛犢[illegible][illegible]牛者后稷配故也社于新邑牛一羊一豕一所以用三牲者立社位祀勾龍緣人事之也如此非祀地明矣以宮室新成故立社耳義以牛二爲后稷配與王商等議不合以用三牲爲立社祀勾龍乃古文義仲長統荅鄧義難以爲社祭土神用今文說作雒解曰乃建大社於國中其壝東青土南赤土西白土北驪土中央疊以黃土與白虎通義合獨斷曰天子社稷二壇方廣五丈社稷二神功同故同堂別壇俱在未位土地廣博不可徧覆故封社稷

**越七日甲子周公乃朝用書命庶殷侯甸男邦伯厥既命殷庶庶殷丕作。**今文越作粵男邦作任國。今文尙書男邦作任國見禹貢酒誥漢書王莽傳公以八月載生魄庚子奉使朝用書臨賦營築越若翊辛丑諸生庶民大和會十萬衆竝集平作二旬大功畢成師古曰平作謂不促遽也平字或作丕丕亦大也王念孫說用雒誥文也隸書丕字或作平與平字相近因譌而爲平。

**大保乃以庶邦冢君出取幣乃復入錫周公**後漢書宋意傳曰昔周公懷聖人之德有致太平之功然後王曰叔父加以賜幣又何敞傳奏記宋由曰明君賜賚宜有品制忠臣受賞亦應有度是以夏禹元圭周公束帛書正義引鄭注云召公見衆殷之民大作周公德隆功成有反政之期而欲顯之因大戒天下故與諸侯出取幣使戒成王立於位以其命賜周公所賜幣蓋璋以皮及寶玉大弓陳喬樅說鄭君此注是用今文家說攷何休公羊傳注云半圭曰璋白藏天子青藏諸侯魯得郊天故錫以白何休亦用今文家說故以白璋與寶玉大弓爲成王特賜周公與鄭君同也錫瑞謹案陳說非也公羊傳曰璋判白弓繡質龜青純蓋公羊以寶玉大弓爲三物璋判白玉也弓繡質大弓也龜青純寶也禮記禮器曰天子以龜爲寶樂記曰青黑緣者天子之寶龜也是龜青純稱寶之明證此三物皆周所以封魯公者非所以錫周公左氏定四年傳祝鮀曰分魯公以大路大旂夏后氏之璜封父之繁弱封父龜名繁弱弓名封父之繁弱之當訓與若皇父之二子之義謂封父龜與繁弱弓也禮記

明堂位曰崇鼎貫鼎大璜封父龜天子之器也越棘大弓天子之戎器也是封魯公有大璜封父龜大弓與祝鮀說同公羊傳不言璜而言璋其說稍異何氏解詁曰不言璋言玉者起圭璧琮璜璋五玉盡亾之也傳獨言璋者所以郊事天尤重也劭公以圭璧琮璜璋爲五玉與白虎通以珪璧琮璋璜爲五瑞說同辯䚍又以當時爲五玉盡亾則魯之分器若夏后氏之璜亦當在內傳不言璜而言璋者以郊天之物故特舉之然則公羊與左傳禮記本無不合公羊亦非謂魯之寶玉大弓內無璜也鄭注禮記誤以封父爲國名故不知左氏傳之封父繁弱即公羊傳之弓繡質龜青純遂疑寶玉大弓非封魯之分器旣非封魯之分器則當是特賜周公此致誤之所由來也然鄭云蓋則亦以無明文爲疑辭陳氏曲意阿鄭乃援何劭公以佐其說然何劭公之說具在何嘗以爲成王特賜周公乎何敞六世祖比干學尙書於晁錯則敞當亦治今文家說者以幣爲束帛今文說不誤也

曰拜手稽首旅王若公誥告庶殷越自乃御事詩思齊鄭箋引書曰越乃御事無自字自蓋衍文

嗚呼皇天上帝改厥元子茲大國殷之命惟王受命無疆惟休亦

無疆惟恤嗚呼曷其奈何弗敬據論衡引下文作於戲例之今文嗚呼當作於戲以大誥例之曷字當作害害其奈何四字重複或疑當無奈何二字陳喬樅說據北海相景君碑故民吳仲山碑童子逢盛碑已皆作奈則奈字出今文尚書可知矣

天既遐終大邦殷之命茲殷多先哲王在天越厥後王後民茲服厥命厥終智藏瘝在爾雅鰥病也郭注引書曰智藏鰥在今作瘝俗字當作鰥夫知保抱攜持厥婦子以哀籲天徂厥亡出執嗚呼天亦哀于四方民其眷命用懋王其疾敬德相古先民有夏天迪從子保面稽天若今時既墜厥命今相有殷天迪格保面稽天若今時既墜厥命今沖子嗣則無遺壽耇○今文嗚呼作於戲壽耇作耇老○漢書孔光傳太后詔曰俊乂大臣惟國之重其猶不可以闕焉書曰無遺耇老師古曰言不遺老成之人也

曰其稽我古人之德矧曰其有能稽謀自天嗚呼有王雖小元子哉其丕能諴于小民今休王不敢後用顧畏于民碞○今文嗚呼作於戲○說文言部諴和也周書曰丕能諴于小民石部碞磛嵒也周書曰畏于民碞讀與巖同據說文引書丕上無其字畏上不連顧字當上屬爲句今文或亦當同

王來紹上帝自服于土中史記曰此天下之中四方入貢道里均白虎通京師篇曰王者京師必擇土中何所以均教道平往來使善易以聞爲惡易以聞明當懼慎損於善惡倚書曰王來紹上帝自服于土中漢書地理志曰昔周公營洛邑以爲在於土中諸侯蕃屏四方故立京師婁敬傳曰成王乃營成周都洛以爲此天下中諸侯四方納貢職道里均矣有德易以王無德易以亾凡居此者欲令務以德致人不欲險阻令後世驕奢以虐民也新序善謀篇引同孝經援神契曰八方之廣周洛爲中謂之洛邑新書屬遠篇曰古者天子地方千里中之而爲都輸將繇使其遠者不在五百里而至公侯地百里中之而爲都輸將繇使其遠者不在五十里而至輸將者不苦其勞繇使者不傷其費故遠方人安其居士民皆有歡樂其土此天下所以能長久

也說苑至公篇南宮邊子曰昔周成王之卜居成周也其命龜曰予一人兼有天下辟就百姓敢無中土乎使予有罪則四方伐之無難得也論衡難歲篇曰儒者論天下九州以爲東西南北盡地廣長九州之內五千里竟三河土中周公卜宅經曰王來紹上帝自服于土中雒則土之中也此皆今文說以土中爲道里均兼有懼慎易亾之意也仲任以爲九州之內五千里與歐陽說同

旦曰其作大邑其自時配皇天毖祀于上下其自時中乂王厥有成命治民今休王先服殷御事比介于我有周御事足利古本介作迩段玉裁說按孔傳凡介皆訓大不應此獨訓近疑本作迩而譌介字之誤也

節性惟日其邁王敬作所不可不敬德我不可不監于有夏亦不可不監于有殷。今文監作鑒。後漢書崔駰傳駰獻書戒竇憲曰書曰鑒于有殷可不慎哉

我不敢知曰有夏服天命惟有歷年我不敢知曰不其延惟不敬厥德乃早墜厥命我不敢知曰有殷受天命惟有歷年我不敢知

曰不其延惟不敬厥德乃早墜厥命今王嗣受厥命我亦惟茲二國命嗣若功王乃初服嗚呼若生子罔不在厥初生○今文嗚呼作於戲○論衡率性篇曰人性有善惡善則養育勸率無令近惡近惡則輔保禁防令漸於善召公戒成王曰今王初服厥命於戲若生子罔不在厥初生生子謂十五子初生意於善終以善初生意於惡終以惡傳言譬猶練絲染之藍則青染之丹則赤十五之子其猶絲也孫星衍說案云十五子者學記云大學之法禁於未發之謂豫注云未發情慾未生謂年十五時白虎通辟雍篇曰古者所以年十五入大學何以爲八歲毀齒始有識知入學學書計七八十五陰陽備故十五成童志明入大學學經術案十五爲太子入學之年故王氏以釋經若生子謂若養子教之初生謂情欲初生也王乃初服論衡作今王初服厥命者疑竝上今王嗣受厥命變其詞非經文異字錫瑞謹案左氏傳曰國君十五而生子故仲任以十五爲生子之時周公攝王抗世子法於伯禽蓋奉成王爲太子故召公舉太子入學之年以爲戒不以生子爲嬰孩之時者以自貽哲命非嬰孩所能也

自貽哲命今天其命哲命吉凶命歷年知今我初服宅新邑肆惟

王其疾敬德王其德之用祈天永命其惟王勿以小民淫用非彝亦敢殄戮用乂民若有功其惟王位在德元小民乃惟刑用于天下越王顯上下勤恤其曰我受天命丕若有夏歷年式勿替有殷歷年欲王以小民受天永命潛夫論正列篇曰人君身修正賞罰明者國治而民安民安樂者天悅喜而增厤數故書曰王以小民受天永命蓋以上下勤恤則國治民安民安則天悅而受永命今文義也

拜手稽首曰予小臣敢以王之讎民百君子越友民○今文友民作有民○續漢律厤志曰冀百君子越有民同心敬授蓋今文尚書作有民如牧誓友邦史記作有國不作朋友解也

保受王威命明德王末有成命王亦顯我非敢勤惟恭奉幣用供王能祈天永命

受業龍鍾沵
袁宗濂校

# 今文尚書攷證卷十八

善化皮錫瑞

## 洛誥第十八　周書九

洛誥○今文作雒誥○大傳見於諸書稱引者皆作洛誥史記漢書亦作洛誥而他處用雒邑字又作雒疑洛誥字作洛乃後人改之石經多士篇洛字作雒

周公拜手稽首　白虎通姓名篇曰所以先拜手後稽首何名順其文質也尚書曰周公拜手稽首段玉裁說按白虎通此條殘闕名當作各當云殷所以先稽首後拜手何周所以先拜手後稽首何各順其文質也蓋殷之禮拜先稽首後拜手其喪拜則拜手而後稽顙周之禮拜先拜手後稽首其喪拜則稽顙而後拜手

曰朕復子明辟　漢書王莽傳羣臣奏言書逸嘉禾篇曰周公奉鬯立于阼階延登贊曰假王涖政勤和天下此周公攝政贊者所稱成王加元服周公則致政書曰朕復子明辟周公常稱王命專行不報故言我復子明君也俞樾說漢儒亦以復爲

逆復之復平時周公稱王命專行無須復命至是成王已長周公將歸政退從臣禮故須復命也蓋復命成王卽是明己將歸政而初非以歸政爲復子明辟也錫瑞謹案漢羣臣引逸書之奏必出於劉歆漢書律厤志引劉歆三統厤云後二歲得周公七年復子明辟之歲凡以事紀歲必屬當時大事則羣臣奏所云必指復政成王不專指甞雒復命一節且以復爲復命於此文猶可通而王莽傳又曰孺子加元服復子明辟如周公故事又策命孺子曰昔周公攝政終得復子明辟今予獨迫皇天威命不得如意後漢書桓帝紀順烈梁后歸政詔曰遠覽復子明辟之義李賢注云復還也子謂成王也辟君也謂周公攝政已久故復還明君之政於成王也魏志注引魏王丕令曰公旦履天子之籍聽天下之斷然復子明辟書美其人凡此諸文皆當解爲復政而不可以復命解之不得曲徇宋人謬說反易漢儒古義也

王如弗敢及天基命定命予乃胤保大相東土其基作民明辟文選沈休文宋書謝靈運傳論注引弗作不案下文皆云不敢以作不爲長

予惟乙卯朝至于洛師我卜河朔黎水我乃卜澗水東瀍水西惟

洛食我又卜瀍水東亦惟洛食漢書王莽傳莽下書曰予乃卜波水之北郎池之南惟玉食予又卜金水之南明堂之西亦惟玉食師古曰玉食謂龜爲玉兆之文而墨食也孫星衍說洪範云惟辟玉食則知食爲玉食此土也師古注玉爲玉兆非是

伻來以圖及獻卜漢書劉向傳引書曰伻來以圖孟康曰伻使也使人以圖來示成王明口說不了指圖乃了也段玉裁說按伻字疑本作平轉寫俗加人旁羣經音辨曰平使也人作也書平來以圖錫瑞案古文作平子政引今文或作伻也今文不盡同於古文不得以說文所無之字疑之

王拜手稽首曰公不敢不敬天之休來相宅白虎通京師篇云聖人承天而制作尚書曰公不敢不敬天之休來相宅

其作周匹休公既定宅伻來來視予卜休恒吉○今文伻作辨視作示○王應麟埶文志攷漢人引經異字辨來來示予卜休恒吉錫瑞謹案伻平一字平辨一聲之轉平與辨蓋古今文之異以堯典平秩今文作辨

秩平章今文作辨章例之作辨者當是今文尚書鄭注云伻來來者使二人也未知今文義同否

**我二人共貞公其以予萬億年敬天之休拜手稽首誨言周公曰王肇稱殷禮祀于新邑。**今文王肇下有修字新邑上無于字。白虎通禮樂篇曰太平乃制禮作樂何夫禮樂所以防奢淫天下人民饑寒何樂之乎功成作樂治定制禮王者始起何用正民以爲且用先代之禮樂天下太平乃更制作焉書曰肇修稱殷禮祀新邑此言太平去殷禮必復更制者示不襲也書正義引鄭注云王者未制禮樂恆用先王之禮樂伐紂以來皆用殷之禮樂非始成王用之也周公制禮樂既成不使成王卽用周禮仍令用殷禮者欲待明年卽政告神受職然後班行周禮班訖始得用周禮故告神且用殷禮也鄭說與今文義合

**咸秩無文**漢書郊祀志曰天子祭天下名山大川懷柔百神咸秩無文師古曰秩序也舊無禮文者皆以秩序而祭之翟方進傳曰正天地之位昭郊宗之禮定五時廟祧咸秩無文注孟康曰諸廢祀無文籍皆祭之風俗通山澤篇曰傳曰五嶽視三公四瀆視諸侯其餘或伯或子或男大小爲差尚書咸秩無文王者報功以次秩之無有文也王引之說文當讀爲紊紊亂也盤庚曰

有條而不紊釋文紊徐音文是紊與文古同音故借文爲紊咸秩無紊者謂自上帝以至羣神循其尊卑大小之次而祀之無有殺亂也翟方進傳亾文亦當作無紊統上天地郊宗五時廟祧言之非謂諸廢祀也孟說非風俗通無有文也亦當作無有紊也謂所視者公矦伯子男大小之差不紊也案王說攷之漢書風俗通皆合魏封孔羨碑秩羣祀于無文漢人今文義當如是陳喬樅以無文爲從殷之質非也

予齊百工伻從王于周予惟曰庶有事今王卽命曰記功宗釋文曰記上音越一音入實反陸氏不載石經同異未可據爲今文以功作元祀惟命曰汝受命篤弼丕視功載乃汝其悉自教工。今文教工作學功。大傳曰書曰乃汝其悉自學功悉盡也學效也傳曰當其效功也於卜洛邑營成周改正朔立宗廟序祭祀易犧牲制禮樂一統天下合和四海而致諸矦皆莫不依紳端冕以奉祭祀者其下莫不自悉以奉其上者莫不自悉以奉其祭祀者此之謂也盡其天下諸矦之志而效天下諸矦之功也矦康說按此篇上言祀于新邑咸秩無文以功作元祀下言女其敬識百辟享惇宗將禮稱秩元祀則謂諸侯奉祭祀而效功與前後義合又後案云康誥云侯甸男邦采衞播民和見士于周效功正此時情事然則實勝古文教百工之說矣

**孺子其朋孺子其朋其往**傳。今文其往上有慎字。後漢書爰延傳延上封事曰臣聞之帝左右者所以咨政德也故周公戒成王曰其朋其朋言慎所與也李賢注云尙書周公戒成王曰孺子其朋孺子其朋慎其往段玉裁說較今本多慎字足利古本同此疑妄增也揚雄尙書箴曰書稱其朋用雒誥與爰延說同錫瑞謹案李注引書多慎字於義爲長據爰延說爲慎所與今文尙書當有慎字三國魏志何晏奏曰周公戒成王曰其朋其朋言慎所與也又蔣濟傳濟上疏曰周公輔政慎於其朋皆有慎字

**無若火始餤餤**。今文作毋若火始庸庸。漢書梅福傳福上書曰書曰毋若火始庸庸勢陵於君權隆於主然後防之亦亡及矣師古曰庸庸微小貌也言火始微小不早撲滅之則至熾盛矣侯康說按庸餤聲相近左傳文十八年閻職史記齊世家作庸職說苑復恩篇作庸織閻古讀如餤小雅豔妻煽方處漢書谷永傳對策作閻妻是也

厥攸灼敘弗其絶厥若彝及撫事如予惟以在周工往新邑伻嚮即有僚明作有功惇大成裕汝永有辭公曰已汝惟沖子惟終汝其敬識百辟享亦識其有不享享多儀儀不及物惟曰不享○今文已作熙曰不享上無惟字○鹽鐵論散不足篇云書曰享多儀儀不及物曰不享故聖人非仁義不載於已非正道不禦於前漢書郊祀志谷永說上曰經曰享多儀儀不及物惟曰不享師古曰言祭享之道惟以絜誠若多其容儀而不及禮物則不爲神所享也又谷永傳永對曰絶卻不享之義義古儀字蓋引此經師古曰卻退也享當也言所爲不善不當天心也一曰天不祐之不歆享其祀也後一說與郊祀志義同趙岐孟子注曰享多儀謂享見之禮多儀法也物事也儀不及事謂有闕也故曰不成享案孟子與鹽鐵論引經皆無惟字疑本無之谷永引有惟字或併下文凡民惟曰不享引之耳據孟子與桓寬引經則亦不專以享爲享祀書正義引鄭注曰朝聘之禮至大其禮之儀不及物所謂貢篚多而威儀簡也威儀既簡亦是不享也解與趙岐合

惟不役志于享凡民惟曰不享惟事其爽侮乃惟孺子頒說文放分也周

書曰乃惟孺子攽疑今古文同書正義引鄭注曰成王之才周公倍之猶未而言分者誘掖之言也與說文合當於頒字絕句

**朕不暇聽朕教汝于棐民彝汝乃是不蘉乃時惟不永哉篤敘乃正父罔不若予不敢廢乃命汝往敬哉茲予其明農哉**

大傳曰大夫士七十而致仕老於鄉里大夫爲父師士爲少師耰鉏已藏祈樂已入歲事已畢餘子皆入學十五始入小學見小節踐小義十八入大學見大節踐大義焉距冬至四十五日始出學傳農事上老平明坐於右塾庶老坐於左塾餘子畢出然後皆歸夕亦如之餘子皆入父之齒隨行兄之齒雁行朋友不相踰輕任并重任分頒白者不提攜出入皆如之書正義引此傳而釋之曰是教農人以義也以爲其明農哉之證孫星衍說此大學小學造士之法周公致仕則爲上老稱父師故欲明農錫瑞謹案孫說過泥大傳所云父師少師乃大夫士之事非周公所當爲也周禮鄉老二鄉公一人蓋以三公退老者爲之屬大司徒掌教農人之事周公致政當爲鄉老故曰明農大傳所云乃推廣言之耳公卽致政豈得歸鄉里坐門塾爲大夫士之事哉

**彼裕我民無遠用戾王若曰公明保予沖子公稱丕顯德以予小**

子揚文武烈奉答天命和恒四方民○今文答作對揚文武下有之德字和恒下有萬邦字○

大傳曰廟者貌也以其貌言之也宮室中度衣服中制犧牲中辟殺者中死割者中理搏弁者爲文爨竈者有容椓杙者有數太廟之中繽乎其猶模繡也天下諸侯之悉來進受命於周而退見文武之尸者千七百七十三諸侯皆莫不磬折玉音金聲玉色然後周公與升歌而弦文武諸侯在廟中者伋然淵其志和其情愀然若復見文武之身然後曰嗟子乎此蓋吾先君文武之風也夫及執俎抗鼎執刀執匕者負廧而歌憤於其情發於中而樂節文故周人追祖文王而宗武王也是故周書自大誓就召誥而盛於洛誥也故其書曰揚文武之德烈奉對天命和恒萬邦四方民是以見之也鄭注辟法也搏弁或作振非當言拚帚杙者繫牲者也模繡言文章之可觀也模所椓文章之範八州州二百一十國畿內九十三國此周所因於殷九州諸侯之數玉音金聲言宏殺之調也與諸侯升歌文王武王之德又以琴瑟播之伋讀曰播播然變動貌子成王也執鼎俎刀匕卑賤者尚然而況尊貴者乎漢書王莽傳曰周公居攝郊祀后稷以配天宗祀文王於明堂以配上帝是以四海之內各以其職來助祭蓋諸侯千八百矣陳喬樅說周公治定制禮追祖文王而宗武王而王莽傳仍言宗文王者蓋公雖已制禮於時未用俟成王即政而後始行之觀此經下文王曰

四方迪亂未定于宗禮謂四方雖進於治而尚未定宗祀之禮也篇末云王在新邑烝祭歲文王騂牛一武王騂牛一乃是攺殷禮而行周禮周尚赤故用騂牛此與召誥用牲于郊牛二社于新邑牛一羊一豕一牛不言騂者文異然則祖文王而宗武王在成王卽政後舉行此禮益明矣錫瑞謹案陳說與大傳易犧牲之義合爾雅揚訓續祖文宗武是繼續文武之德烈也三國魏志潘勖作策命魏公曰奉對天命後漢書蔡邕傳注引靈帝制曰將何以奉答天意對亦作答蓋三家文異

**居師惇宗將禮稱秩元祀咸秩無文**漢東觀書章帝議增修羣祀詔曰經稱秩元祀咸秩無文

**惟公德明光于上下勤施于四方旁作穆穆**。今文作光明于上下四方上無于字。

大傳曰孔子曰吾於洛誥見周公之德光明于上下勤施四方旁作穆穆至於海表莫敢不來服莫敢不來享以勤文王之鮮光以揚武王之大訓而天下大治故曰聖之與聖也猶規之相周矩之相襲也鄭注聖言太祖段玉裁說凡今文尚書例用㫄字凡古文尚書例用方字古文尚書勤施于四方方作穆穆尚書大傳勤施四㫄㫄作穆穆今本大傳勤施四方淺人依古文尚書改也揚雄劇秦美新旁作穆穆此用今文尚書也李善注劇秦已引勤施于四方㫄作穆穆似擅改者不始於衞包也然安知善注非系淺人

所改耶錫瑞謹案段說非也四方者方面之方自應作方旁作者旁溥之旁自應作旁非可以古文作方今文作旁例之謂一皆作方一皆作旁也且四方字屢見經傳無有作四旁者豈皆古文無今文亦豈皆後人改之耶段改旁作爲方作以爲古文失之專輒茲未敢依其說改四方爲四旁以爲今文也蔡邕東鼎銘曰勤施八方旁作穆穆伯喈用今文者是今文方旁字分別甚晰又楊公碑曰旁施四方維明旁方字亦分別甚晰大傳畧說載東郊迎日辭曰明光于上下勤施于四方旁作穆穆大戴禮公冠篇同陳喬樅云此三句古有是語而成王以之贊美周公謂公德如日月之照臨也

**迓衡不迷**○今文迓作御○魏志文帝紀裴注引延康元年詔曰御衡不迷今文於迷字絕句案此或以舜在旋機玉衡烈風雷雨不迷比之公之攝猶舜之攝也

**文武勤教予沖子夙夜毖祀王曰公功棐迪篤罔不若時王曰公予小子其退卽辟于周命公後**錫瑞謹案命公後卽下文王命周公後王爲公立後而留公自輔也公羊文十三年傳曰封魯公以爲周公也周公拜乎前魯公拜乎後曰生以養周公死以爲周公主然則周公之魯乎曰不之魯也

封魯公以爲周公主然則周公曷爲不之魯欲天下之一乎周也何休解詁曰拜謂始受封時拜於文王廟也尙書曰用命賞于祖是也父子俱拜者明以周公之功封魯公也生以魯國供養周公如周公死當以魯公爲祭祀主加曰者成王始授其茅土之辭禮記明堂位曰封周公於曲阜地方七百里革車千乘蓋以爲有王功故半天子也周公聖人德至重功至大東征則西國怨西征則東國怨嫌之魯恐天下迴心趣鄉之故封伯禽命使遥供養死則奔喪爲主所以一天下之心於周室說苑敬愼篇曰昔成王封周公周公辭不受乃封周公子伯禽於魯後漢書申屠剛傳剛對策曰昔周公先遣伯禽守封於魯以義割恩寵不加後東觀記曰昔周公豫防禍首先遣伯禽受封於魯離斷至親以義割恩使已尊寵不加其後此皆今文之義而其說不同蓋兩義皆有之公聽伯禽就國一則使天下一心乎周二則不使伯禽更襲其尊寵也宋人乃以命公後爲命公留後治雒史記云周公在豐病將没是公没於豐漢書杜欽傳曰昔周公雖老猶在京師皆不言公留後治雒且留後乃唐宋以後官號三代無此官名毛奇齡已辨之

**四方迪亂未定于宗禮亦未克敉公功迪將其後監我士師工誕保文武受民亂爲四輔**大傳曰古者天子必有四鄰前曰疑後曰丞左曰輔右曰弼天子有問無以對責之

疑可志而不志責之丞可正而不正責之輔可揚而不揚責之弼其爵視卿其祿視次國之君也大戴禮千乘篇云國有四輔輔卿也卿設如四體又保傅篇云明堂之位曰篤仁而好學多聞而道順天子疑則問應而不窮者謂之道道者導天子以道者也常立於前是周公也誠立而敢斷輔善而相義者謂之充充者充天子之志者也常立於左是太公也絜廉而切直匡過而諫邪者謂之弼弼者拂天子之過者也常立於右是召公也博聞彊記接給而善對者謂之承承者承天子之遺忘者也常立於後是史佚也故成王中立而聽朝則四聖維之是以慮無失計而舉無過事漢書谷永傳永對曰四輔既備成王靡有過舉師古曰四輔謂左輔右弼前疑後丞也下引此經是四輔卽虞之四鄰故文王世子曰虞夏商周有師保有疑丞設四輔也王莽爲漢設四輔官自爲太傅幹四輔之事孔光爲太師與四輔之政王舜爲太保甄豐爲少傅皆授四輔之職漢策莽曰四輔之職三公之任而公幹之蓋用今文之說莽爲太傅自比周公孔光爲太師比太公王舜爲太保比召公甄豐比史佚也後漢書桓郁傳竇憲疏曰昔成王幼少越在繈保周公在前史佚在後太公在左召公在右中立聽朝四聖維之是以慮無遺計舉無過事

王曰公定予往已公功肅將祗歡公無困哉○今文無作毋哉作我○漢書元后傳王

鳳乞骸骨上報鳳曰書不云乎公毋困我師古曰言公必須留京師毋得遠去而令我困杜欽傳欽說王鳳曰周公雖老猶在京師明不離成周示不忘王室也書稱公無困我續漢祭祀志注引東觀書曰章帝賜東平憲王蒼書曰宜勿隱思有所承公無困我逸周書祭公解王曰公無困我哉我下有哉字僞孔本用哉刪我文義不完

**我惟無斁其康事公勿替刑四方其世享周公拜手稽首曰王命予來承保乃文祖受命民**詩正義引鄭注云文祖者周曰明堂以稱文王是文王德稱文祖也鄭注堯典亦云文祖者五府之大名猶周之明堂也錫瑞謹案鄭以文祖即是明堂本尚書帝命驗緯書雖與今文義合然可以解堯典之文祖不可以解雒誥之文祖唐虞曰文祖周曰明堂公不應近舍周名而遠陳古制祖文宗武雖在明堂然以此文經義論之與明堂無涉此云文祖下云烈考武王則文祖即是文王似不必牽引明堂文文祖之解此處今文說無可攷恐不同於鄭義也

**越乃光烈考武王弘朕恭孺子來相宅其大惇典殷獻民**今本尚書作弘朕恭莊寶琛說朕當作訓說文人部云佚古文以爲訓字尚書當是本作佚後改作朕字耳作雒本武王之意見逸周書故曰宏訓

共也錫瑞謹案大傳云以揚武王之大訓莊說與今文義合當於宏伏絶句共字屬下讀共奉也共孺子來相宅謂奉孺子來相宅也段玉裁云僞孔釋恭爲奉則恭本是共字

**亂爲四方新辟作周恭先曰其自時中乂萬邦咸休惟王有成績予旦以多子越御事篤前人成烈答其師作周孚先考朕昭子刑乃單文祖德**詩正義引鄭注云成我所用明子之法度者乃盡明堂之德明堂者祀五帝太皞之屬爲用其法度也周公制禮六典就其法度而損益用之案鄭以文祖爲明堂陳喬樅以爲今文說恐未可據說見前

**伻來毖殷乃命寧**詩正義引鄭云周公謂文王爲寧王成王亦謂武王爲寧王此一名二人兼之江聲說此寧王謂武王也蓋營雒邑栖殷民皆武王之意故言使我來治洛者愼教殷民者乃受命於武王也陳喬樅謂江說於誼爲長攷史記周本紀稱武王謂周公曰自雒汭延於伊汭居易毋固其有夏之居我南望三塗北望嶽鄙顧詹有河粵詹雒伊毋遠天室營周居於雒邑而後去是營雒實武王之意周公乃受命於武王而爲之此今文尚書說也逸周書度邑解與周本紀所載同

予以秬鬯二卣曰明禋拜手稽首休享予不敢宿則禋于文王武王正義引鄭注曰禋芬芳之祭曰明禋者六典成祭於明堂告五帝太皞之屬也既告明堂則復禋於文武之廟告成雒邑案鄭注與僞孔說異未知與今文合否

惠篤敘無有遘自疾萬年厭于乃德殷乃引考王伻殷乃承敘萬年其永觀朕子懷德戊辰王在新邑烝祭歲文王騂牛一武王騂牛一王命作冊逸祝冊○今文冊作策○漢書律厤志曰是歲十二月戊辰晦周公以反政故洛誥曰戊辰王在新邑烝祭歲命作策惟周公誕保文武受命惟七年又曰成王元年正月己巳朔此命伯禽俾侯于魯之歲也錫瑞謹案班志所引乃劉歆三統術劉以烝祭歲命作策爲一時之事在攝政七年十二月戊辰晦伯禽於十二月晦始受策則是年不得就國故俾侯于魯在成王元年劉云成王元年正月己巳朔者乃厤家推朔之文又云伯禽侯魯者乃舉是年大事以紀歲之法故云伯禽俾侯于魯之歲非以元年正月己巳朔爲命伯禽俾侯于魯之日也鄭君誤會劉旨以命伯禽卽爲元年正月朔日之事故以烝祭

上屬云歲文王騂牛一者歲是成王元年正月朔日特告文武封周公也茲以經文攷之經云戊辰有日無月在十有二月有月無年於末結之日惟七年則當爲七年十二月戊辰日無疑古人文法多倒裝故先日次月又次年王命周公後四句文法一氣命後作策文已見前然封周公乃大事故又複舉其文云王命周公後作策逸誥在十有二月謂命後作策在十二月之戊辰日也而十二月爲七年之十二月故又總結之曰惟周公誕保文武受命惟七年據此文足知此篇以上皆周公居攝時事以下則周公致政後事故下多士篇首即變其文云周公告商王士王若曰異於前之周公稱王此古史之文所以簡而明也若以今人文法例之則當以十有二月列戊辰之上而以七年冠於篇首然尙書二十九篇惟洪範金縢篇首冠以年而年月日不悉具則古史書事與今人異十有二月惟七年其爲倒裝文法無疑矣鄭以烝祭與歲分爲兩時兩事作策既屬元年正月下文何以云王命周公後作策逸告在十有二月惟七年也即以十有二月惟七年屬戊辰烝祭言之然年月日文氣隔絕而以次年正月封周公一事橫亙於中首尾決裂且作策命後已見於前而王命周公後二句既不連在十有二月言之無故複舉其文毫無意義古史書事當不若是之拙如鄭說非將經文顚倒移易其義萬不可通凡解經當論其是非不可徒爭門戶江聲王鳴盛陳喬樅皆曲通鄭說然以經文案

之無一通者釋文云王在新邑馬孔絕句是馬同劉歆說今文義當如是僞孔以烝祭與告文武爲一事其說較鄭爲優而以烝祭歲爲十二月之明月與漢志不合則亦失之

**惟告周公其後王賓殺禋咸格王入太室祼**大傳曰祭者察也至也言人事至於神也又曰祭之爲言察也察者至也至者人事至也人事至然後祭祭者薦也薦之爲言在也在也者在其道也錫瑞謹案此經今文義無攷據大傳虞傳曰尙考大室之義唐爲虞賓此言禹受舜禪舜爲賓客而禹爲主人上考舜受堯禪唐爲虞賓之故事也受終在文祖文祖卽周之明堂中有大室故曰大室之義周公攝王律以兄終弟及之義本可卽眞逸周書武王有兄弟相後之命公不受而復致政成王其義同於禪讓故用禪讓之禮公居賓位成王爲主人王賓卽屬周公受終在明堂故云王入大室祼正與尙考大室之義唐爲虞賓義同

**王命周公後作冊逸誥在十有二月惟周公誕保文武受命惟七年**。今文冊作策。大傳曰七年致政禮記明堂位周書明堂解史記魯世家漢書律厤志韓非子說難淮南齊俗訓皆云周公居攝七年韓詩外傳曰周公踐天子之位七年說苑尊賢篇曰周公攝天子位七年漢書王莽傳曰昔周公奉繼體之嗣據上公之尊然猶七年制度乃定鄭注云文王得赤雀武王俯取白魚受命皆七年而崩及周公攝政不敢過其數也錫瑞謹案文王得赤雀見於尙書中候我應武王俯取白魚見於中候合符后春秋璇璣鈐大傳五行傳史記周本紀漢書董仲舒終軍傳王逸楚辭注其說畧同論衡初稟篇曰文王得赤雀武王得白魚赤烏儒者論之以爲雀則文王受命魚烏則武王受命文武受命於天天用雀與魚烏命授之也天用赤雀命文王文王不受天復用魚烏命武王也仲任所引乃今文家博士之說雖仲任不取其義然可以見今文家說與鄭說同緯書多同今文之義鄭注據緯書故同今文說也尙書中候擿洛戒曰若稽古周公旦欽惟皇天順踐阼卽攝七年歸政于成王太平制禮作樂而治鸞鳳見蓂莢生

受業龍鍾洢　袁宗濂校

# 今文尚書攷證卷十九

善化皮錫瑞

## 多士第十九　周書十

**多士** 史記周本紀曰成王既遷殷遺民周公以王命告作多士魯世家曰初成王少時病周公乃自揃其蚤沈之河以祝於神曰王少未有識奸神命者乃旦也亦藏其策於府成王病有瘳及成王用事人或譖周公周公奔楚成王發府見周公禱書乃泣反周公周公歸恐成王壯治有所淫佚乃作多士作毋逸孫星衍說是此篇作於周公被譖奔楚成王迎歸之後蒙恬傳亦與魯世家同所謂賊臣即奄君也故經文有云昔朕來自奄錫瑞謹案昔朕來自奄乃周公追述伐奄之事孫說非是謂賊臣即奄君亦無據論衡載金縢有二說古文家說周公奔楚與史記同而史公以奔楚在致政後又與論衡說異蓋皆古文異說俞正燮據左氏傳魯襄公適楚夢周公祖而行以證周公有奔楚之事甚塙然左氏傳亦古文說也周本紀所云與魯世家不同乃今文家說

**惟三月周公初于新邑洛用告商王士**○今文洛作雒○正義引鄭注云成王元年三月周

公自王城初往成周之邑用成王命告殷王之衆士以撫安之錫瑞謹案據魯世家云周公奔楚迎歸之後乃作多士則惟三月不得在成王元年周本紀用今文說云成王遷殷遺民周公以王命告作多士正在召誥洛誥之後當爲成王即政元年之事鄭注用今文說其義是也

王若曰爾殷遺多士弗弔旻天大降喪于殷異義今尚書歐陽說秋曰旻天與爾雅釋天白虎通四時篇同說文曰旻秋天也虞書曰仁覆閔下則稱旻天所引虞書蓋即尚書大傳之說釋名釋天曰秋曰旻天旻閔也物就枯落可閔傷也是今文說訓旻爲閔馬注云秋爲旻天秋氣殺也方言降喪故稱旻天也馬亦用今文義惟李巡注爾雅云秋萬物成就皆有文章故曰旻天其說不同

我有周佑命將天明威致王罰勑殷命終于帝肆爾多士非我小國敢弋殷命馬鄭王皆作翼或今文亦同鄭云翼猶驅也非我周敢驅取汝殷之王命

惟天不畀允罔固亂弼我我其敢求位惟帝不畀惟我下民秉爲

惟天明畏我聞曰上帝引逸有夏不適逸則今文逸作佚。論衡自然篇曰天地無爲至德純渥之人稟天氣多故能則天自然無爲周公曰上帝引佚上帝謂舜禹也舜禹承安繼治任賢使能恭己無爲而天下治又語增篇曰經曰上帝引逸謂虞舜也下同自然篇文江聲説上帝天也引佚謂引進遺佚之賢言天欲人君任賢也此周公述所聞之語也有夏謂桀也不適言不進賢也大傳一不適謂之過再不適謂之敖三不適謂之誣佚則引佚之則也則讀如五命賜則之則謂規頟也錫瑞謹案仲任以上帝爲古帝引佚爲任賢使能蓋今文家説據此則今文説於經文帝字不必皆詁爲天上云惟天不畀惟帝不畀兩文竝列帝與天當有別或帝當爲古帝也江引大傳以不適爲不貢士似與仲任以引佚爲進賢能義合以上帝爲天與仲任所引今文説不合

惟帝降格嚮于時夏弗克庸帝大淫泆有辭惟時天罔念聞厥惟廢元命降致罰乃命爾先祖成湯革夏俊民甸四方釋文云馬以時字絶句佚又作佾馬本作屑云屑過也案今文不可攷論衡今文義以上帝引佚爲舜禹進賢能則有夏不適佚當言夏桀不能進賢故此言

天命成湯革夏用俊民以治四方也

**自成湯至于帝乙罔不明德恤祀亦惟天丕建保乂有殷殷王亦罔敢失帝罔不配天其澤** 史記魯世家多士稱曰自湯至於帝乙無不率祀明德帝無不配天者案帝乙今文說以爲祖乙見酒誥篇詩文王鄭箋云殷自紂父之前未喪天下之時皆能配天而行故不亾也以帝乙爲紂父與今文說異

**在今後嗣王誕罔顯于天矧曰其有聽念于先王勤家誕淫厥泆罔顧于天顯民祇**。今文泆作佚。史記曰在今後嗣王紂誕淫厥佚不顧天及民之從也集解徐廣曰一作敬之也馬融曰紂大淫樂其逸無所能顧念于天施顯道于民而敬之也案此當以天顯民祇相對爲義史公云及明非一事焉以民屬天顯爲義非是

**惟時上帝不保降若茲大喪惟天不畀不明厥德凡四方小大邦喪罔非有辭于罰** 史記曰其民皆可誅周多士段玉裁說其民皆可誅卽凡四方小大邦喪罔非有辭于罰也周

多士三字譌賸史記此節當移乃作多士作毋逸之下錫瑞謹案史公於周多士下云文王日中昃不暇食饗國五十年作此以戒成王以毋佚篇之文并入多士篇上增周多士句則周多士言周朝多士不屬商王士說疑史公所據今文尚書與古文本不同周多士上又有其民皆可誅句古文尚書無之疑今文尚書有之文選七命注四子講德論勸進今上牋奏彈王源文諸篇注皆引大傳周人可比屋而封陳壽祺輯本未審爲何篇之句以史記周多士證之疑卽多士篇文周多士卽所謂可比屋而封也上言紂民皆可誅下言周人可比屋而封言民之善惡無常惟上所化論衡率性篇傳曰堯舜之民可比屋而封桀紂之民可比屋而誅卽其義也否則史記周字之下多士之上或有脫文與詩文王有聲正義周禮典命疏（疏誤作無逸篇）禮記王制正義明堂位正義左隱元年正義通典御覽禮書儀禮經傳通解皆引多士篇大傳古者百里之國與天子之堂兩條其說皆與古文尚書多士篇無涉則伏生所傳尚書多士篇當與古文不同史公蓋用其說今文與古文多異未可專據古文以史公爲誤也

王若曰爾殷多士今惟我周王丕靈承帝事有命曰割殷告敕于帝惟我事不貳適惟爾王家我適予其曰惟爾洪無度我不爾動

**自乃邑**白虎通京師篇曰天子所都夏商曰邑周曰京師春秋繁露三代改制質文篇曰周公輔成王受命作宮邑于雒陽成文武之制作汋樂以奉天殷湯之後稱邑示天之變反命案此言自乃邑下言天邑商是殷後稱邑之證也王鳴盛說孟子引書臣附于大邑周康誥作新大邑于東國雒時未制禮用先代禮故仍舊稱也此篇首言新邑雒下文朕作大邑于茲雒對商士而言如洪範因箕子而稱祀也

**予亦念天卽于殷大戾肆不正王曰猷告爾多士予惟時其遷居西爾非我一人奉德不康寧時惟天命無違朕不敢有**○今文時惟天命無違作維天命元○石經維天命元朕不敢有下闕段玉裁說此今文尚書然也王氏鳳喈云无字誤為元脫違字其說非也漢石經無不作无錫瑞謹案天命元謂天之元命上云厥惟廢元命元命卽命元也蓋今文尚書少無違二字多一元字有疑當讀為宥言我遷爾非我奉德不康寧維天命元如此故我不敢宥也下云非予罪時維天命正申明此意

**後無我怨惟爾知惟殷先人有冊有典殷革夏命今爾又曰夏迪**

簡在王庭有服在百僚予一人惟聽用德肆予敢求爾于天邑商

予惟率肆矜爾。今文肆矜作夷憐。班固典引曰革滅天邑蔡邕注曰天邑天子邑也論衡雷虛篇曰人君罪惡初聞之時怒以非之及其誅之哀以憐之故論語曰如得其情則哀憐而勿喜紂至惡也武王將誅哀而憐之尙書予惟率夷憐爾孫星衍說此今文書說也以夷爲誅者易雜卦傳云明夷誅也憐爲矜者引論語哀憐亦哀矜異文憐矜聲相近段玉裁說夷肆古音同第十五部憐矜古音同第十二部

非予罪時惟天命王曰多士。今文惟作維王曰下有告爾二字。石經□□罪時維天命王曰告爾多下闕

昔朕來自奄予大降爾四國民命孫星衍說經言昔朕來自奄者書序云成王東伐淮夷遂踐奄作成王征成王既踐奄遷其君于薄姑周公告召公作將薄姑成王歸自奄在宗周作多方書疏引鄭注云此伐淮夷與踐奄是攝政三年伐管蔡時事其編篇于此未聞謂編在多士無逸君奭之後也案周本紀召公爲保周公爲師東伐淮夷踐奄亦在多士無

逸之後與上文周公奉成王命伐誅武庚管叔放蔡叔不同時誅管叔在攝政時踐奄在七年歸政後蓋史公所用孔安國古文說管蔡流言周公不避居而以成王命伐誅武庚及三監及七年反政有譖公者成王疑之公乃奔楚成王開金縢悟迎周公歸乃作多士毋逸故此篇述昔朕來自奄也管蔡流言時奄君亦與知尚書大傳載其事其時未及誅奄君也及反政後又有譖公者當卽奄君故蒙恬云殺言之者而反周公旦當謂成王踐奄也若大傳則云二年克殷三年踐奄則踐奄者周公與書序所云成王征及成王歸自奄不合此今文異說不可附合古文且大傳有揜誥在君奭之後百篇之序所無疑揜卽奄也王氏應麟以爲卽成王征案奄旣滅於攝政三年此時又何誥俱不可解宜以史公所序爲是經言予大降爾四國民命疑卽大傳揜誥錫瑞謹案孫說非也伐奄本非一次一是周公踐奄見大傳一是成王踐奄見史記伏生與史公各載其一大傳不及成王踐奄史公不言周公踐奄文不備耳非因一事而訛傳重見也此云昔朕來自奄乃公自言三年踐奄之事周公雖代王言亦可自述巳事史記引書序說多士在成王踐奄前若屬成王踐奄公不應豫言後來之事又不當云昔朕來自奄也僞孔傳云奄再叛再征攷之經文其說不誤帝王世紀曰王旣營都洛邑復居酆鎬淮夷徐戎及商奄又叛王乃大蒐於岐陽東伐淮夷云奄又叛與僞孔義同僞孔傳卽王肅與皇

甫謚爲之而此條實有據蓋本今文家說知奄實有再叛之事者大傳洛誥篇云三年踐奄與孟子曰三年討其君合成王踐奄無三年知非一事而鄭君誤合爲一故云編篇未聞孫疑大傳云周公踐奄與書序所云成王征成王歸自奄不合又疑奄既滅於攝政三年此時又何誥皆由偏執鄭義不攷今文家說故必不信僞孔再叛再征之解而解經遂不可通經云昔朕來自奄爲公追述三年踐奄予大降爾四國民命四國爲管蔡商奄詩破斧毛傳云四國管蔡商奄是毛公亦謂東征曾踐奄與大傳今文合足見今文並非異說若史公所云譖周公者不知其人爲誰孫乃傅會以爲卽奄君又謂降爾四國民命卽揜誥說皆無據且大傳明云踐奄謂殺其身孫既引大傳云管蔡流言奄君與知又云其時未及誅奄君明背大傳之文以曲證其譖公卽奄君之說安得反以大傳爲異說乎大傳曰奄君薄姑史記曰遷其君薄姑疑前之奄君名薄姑後之奄君遷於薄姑其地卽蒲姑左氏傳所謂蒲姑商奄者人名地名不妨相同鄭君疑薄姑非奄君名江聲疑書序將遷其君于蒲姑于字當爲衍文皆未知其一爲人名一爲地名也周公誅奄君薄姑蓋不滅其國誅君之子不立後之君奄者或亦薄姑之族今見周遷殷士疑懼再叛故成王再踐奄而遷其君多士與將蒲姑篇次相連此時蓋奄已有叛志故公言昔朕來自奄舉前事以警之也

我乃明致天罰移爾遐逖比事臣我宗多遜王曰告爾殷多士今予惟不爾殺予惟時命有申今朕作大邑于茲洛予惟四方罔攸賓亦惟爾多士攸服奔走臣我多遜。○今文惟作維洛作雒。○石經上闕茲雒予維四方罔攸賓亦維爾下闕賓字今鈔本刻本皆誤作責顧廣圻據漢隸字原作賓

爾乃尚有爾土爾乃尚寧幹止爾克敬天惟畀矜爾爾不克敬爾不啻不有爾土予亦致天之罰于爾躬今爾惟時宅爾邑繼爾居爾厥有幹有年于茲洛爾小子乃興從爾遷。○今文洛作雒。○石經上闕有年于茲雒爾小子乃興從爾遷王下闕

王曰又曰時予乃或言爾攸居

受業龍鍾洢　袁宗濂校

# 清善化皮氏本今文尚書攷證

第三册

清　皮錫瑞撰

天津圖書館藏清光緒二十三年善化皮氏師伏堂刻本

山東人民出版社·濟南

# 今文尚書攷證卷二十

善化皮錫瑞

## 無逸第二十　周書十一

無逸○今文作毋佚○史記周本紀曰成王既遷殷遺民周公以王命告作多士無佚魯世家曰周公歸恐成王壯治有所淫佚乃作多士作毋逸段玉裁說按本紀言作多士而兼舉無逸世家言作無逸而兼舉多士無今文尚書作毋逸今文尚書作劮亦作佚漢石經殘碑本篇毋劮于遊田毋兄曰可證史記周本紀作無佚魯世家作毋逸其字參錯不一以世家作毋爲不誤魯世家云乃作毋逸蒙上文淫佚而言則逸字之本作佚可知也錫瑞謹案魯世家云周公奔楚與論衡引古文家說相近則周本紀當爲今文說史公竝列今古文義然文字當依今文作毋佚其或作無或作逸疑後人改之也漢人引書多作佚惟石經作劮廣雅釋詁曰劮戲也釋言曰劮豫也與石經合蓋用夏侯說也漢書梅福傳福上書曰留意亡逸之戒亦三家尚書之異文

周公曰嗚呼君子所其無逸先知稼穡之艱難乃逸○今文嗚呼作於戲無逸

作毋佚稽作嗇乃逸作乃佚○論衡儒增篇云尚書毋佚曰君子所其毋佚先知稼嗇之艱難乃佚人之筋骨非木非石不能不解故張而不弛文王不爲弛而不張文王不行一弛一張文王以爲當錫瑞謹案王引之說乃逸二字因下文而衍據論衡所引則今文尚書有乃佚二字王說非也石經於篇末公曰於戲作於戲則此文當同正義引鄭云嗚呼者將戒成王欲求以深感動之君子謂在官長者所猶處也君子處位爲政其無自逸豫也鄭本作嗚呼據古文其說解當無異張謂勤勞弛謂逸豫也

**則知小人之依相小人厥父母勤勞稼穡厥子乃不知稼穡之艱難乃逸乃諺既誕否則侮厥父母曰昔之人無聞知**○今文穡作嗇逸作佚諺作憲誕作延否作丕○漢石經上闕嗇之艱難乃劮乃憲既延丕則侮厥下闕錫瑞謹案石經今文義當以乃劮二字屬上讀與上文先知稼穡之艱難乃佚反正相對成文乃憲既延四字爲句丕即丕字與下云丕則有愆義同非否字也史記魯世家曰毋逸稱爲人父母爲業至長久子孫驕奢忘之以亾其家爲人子可不愼乎正釋此經之義憲訓法與業義近延即長久之義故史公以爲業至長久釋乃憲既延以子孫驕奢忘之以亾其家釋丕則侮厥父母曰昔之人無聞知也

**周公曰嗚呼我聞曰昔在殷王中宗**○今文嗚呼作於戲下接昔在殷王太宗云云昔在殷王中宗作其在中宗在肆太宗饗國三十三年句後○昔在殷王中宗據今文說當作其在中宗次於太宗之後說見下史記魯世家曰故昔在殷王中宗疑後人用古文尚書改之殷本紀曰帝大戊立殷復興諸侯歸之故稱中宗異義詩魯說丞相匡衡以爲殷中宗周成宣王皆以時毀古文尚書說經稱中宗明其廟宗而不毀許君案春秋公羊御史大夫貢禹說王者宗有德廟不毀宗而復毀非尊德之義鄭從而不駁錫瑞謹案古文尚書說中宗不毀則今文尚書說當爲中宗亦以時毀可知匡稚圭治齊詩異義引作魯說蓋齊魯義同三家詩多與今文尚書合也漢書韋元成傳王舜劉歆議曰又說中宗高宗者宗其道而毀其廟名與實異非尊德貴功之意也古文尚書說蓋即出於劉歆劉歆又本於貢禹

**嚴恭寅畏天命自度治民祗懼不敢荒寧肆中宗之享國七十有五年**○今文祗作震享作饗中宗下無之字七十下無有字○史記魯世家曰嚴恭敬畏天命自度治民震懼不敢荒寧故中宗饗國七十五年寅作敬故訓字如寅賓寅餞寅皆作敬之例肆作故亦故訓字祗作震則歐陽尚書異文集解馬融曰知民之勞

苦不敢荒廢自安也段玉裁說祇震異部而音轉最近如咎繇謩祇敬夏本紀作振殷庚震動漢石經作祇祡誓祇復之魯世家作振皆是也○一作天命自亮以民祇懼○漢石經中宗嚴恭寅畏天命自亮以民祇懼段玉裁說度與亮音不相涉亮與量音同自量猶自度也治曰同在古音第一部馮登府說詩涼彼武王韓作亮爾疋釋詁亮相導也漢諸葛名亮亮之傳已久石經必據今文作亮而書之耳釋詁亮右也天命自亮言天命佑助也此今文義

**其在高宗時舊勞于外爰暨小人**○今文高宗下無時字舊作久爰作爲○史記曰其在高宗久勞于外爲與小人高宗下無時字舊作久爰作爲爲與爰字形相近今文尚書蓋作爲暨作與則故訓字也集解馬融曰武丁爲太子時其父小乙使行役有所勞役於外與小人從事知小人艱難勞苦也鄭元曰爲父小乙將師役於外也殷本紀曰武丁修政行德天下咸驩殷道復興帝武丁崩帝祖庚立祖己嘉武丁之以祥雉爲德立其廟爲高宗續漢祭祀志注引東觀書云高宗久勞猶爲中興敦煌長史武斑碑云久勞于外與史記合中論曰其在高宗寔舊勞于外蓋古文尚書時字與寔字義同本虛字屬下讀史公所據今文尚書無之鄭君詩譜云後有高宗者舊勞于外亦無時字

作其卽位乃或亮陰。今文作乃有亮闇。史記曰作其卽位乃有亮闇蓋今文尙書或作有集解鄭元曰楣謂之梁闇謂廬也。一作梁闇。大傳曰書曰高宗梁闇三年不言何謂梁闇也傳曰高宗居倚廬三年不言百官總已聽於冢宰而莫之違此之謂梁闇又曰高宗有親喪居廬三年然未嘗言國事而天下無背叛之心者何也及其爲太子之時盡以知天下人民之所好惡是以雖不言國事也知天下無背叛之心鄭注尙書毋佚云諒闇轉作梁闇楣謂之梁闇廬也小乙崩武丁立憂喪三年之禮居倚廬柱楣不言政事鄭讀諒爲梁用伏生義也鄭又注禮記云諒古作梁楣謂之梁闇讀如鶉鵪之鵪謂廬也其義亦同。一作諒闇。春秋繁露曰先王之制有大喪者三年不呼其門順其志之不在事也書曰高宗諒闇三年不言居喪之義也禮記喪服四制篇曰書曰高宗諒闇三年不言善之也漢書王吉傳曰臣聞高宗諒闇三年不言白虎通爵篇曰尙書曰高宗諒闇三年是也論語曰君薨百官總已聽於冢宰三年緣孝子之心則三年不忍當故三年除喪乃卽位統事卽位踐阼爲主南面朝臣下稱王以發號令也故天子諸侯凡三年卽位終始之義乃備所以諒闇三年卒孝子之道也又四時篇尙書曰諒闇三年公羊文九年傳注子張曰書云高宗諒闇後漢書濟北惠王傳曰諒闇已來二十八月景君碑云諒闇沈思鄭君詩譜亦作諒闇。一作諒陰。

論語子張曰書云高宗諒陰論衡儒增篇曰高宗諒陰三年後漢書魯恭傳曰諒陰三年○一作涼陰○漢書五行志曰殷道旣衰高宗承敝而起盡涼陰之哀天下應之師古曰涼讀曰諒一說涼陰謂居喪之廬也謂三年處於廬中不言段玉裁說諒涼亮梁古四字同音不分平仄也闇陰古二字同音在侵韻不分侵覃也大傳釋梁闇爲居廬鄭注闇讀如鶉鵪之鵪謂廬也其注禮記尚書皆用大傳說上字讀爲梁讀爲者易其字也下字讀如鵪讀如者釋其音也大雅涼彼武王韓詩作亮白虎通釋禪於梁甫之義云梁信也然則古同音通用之法可見矣錫瑞謹案同聲通用段說得之而尚書之義則當本作梁闇伏生大傳用其本字其或作諒涼亮或作陰者皆字之叚借也喪服傳云居倚廬寢苫枕塊又云旣虞翦屏柱楣鄭君云楣謂之梁是梁闇者倚廬而柱楣者也父母之喪無貴賤一也蓋古天子至士喪禮皆同其制漢人舊說皆以梁闇爲居喪惟馬注解爲信默蓋誤認叚借之字爲本字鄭不從馬而從伏最爲卓見僞孔傳與論語孔注皆王肅所爲故皆用信默也

**三年不言其惟不言**○今文無其惟不言句○史記曰三年不言言乃讙無其惟不言句尚書大傳亦無之論語憲問禮檀弓喪服四制論衡儒增篇引書皆云三年不言無其惟不言四字是今文尚書本無之以文義論古文尚書亦不當有

惟禮坊記引高宗云三年其惟不言言乃讙鄭注高宗殷王武丁也名篇在尚書案書序有高宗之訓高宗卽高宗之訓也據鄭君說是三年其惟不言在逸書高宗篇並非毋佚篇文蓋毋佚篇云三年不言言乃讙高宗篇云三年其惟不言言乃讙皆不作三年不言其惟不言也作僞古文者蓋據坊記所引增竄經文以示異於史公鄭君所據之本而不顧其文義複沓難通

**言乃雍**○今文作言乃讙○史記與檀弓坊記引皆作讙段玉裁說史記作讙今文尚書也記與今文尚書合然則今文不盡非古文不皆是於此可見王肅私定家語亦作讙注云尚書作雍蓋以古文尚書正今文尚書也錫瑞謹案史記集解引鄭元曰讙喜悅也言乃喜悅則民臣望其言久矣鄭注檀弓同又注坊記云讙當爲歡聲之誤也其既言天下皆歡喜樂其政教也據此疑鄭所據本亦作讙而鄭詩譜作雍書疏引鄭尚書注云有所言則羣臣皆和諧是古文尚書自作雍字鄭注戴記乃用今文不用古文者以戴記本今文學故從今文解之也集解引鄭注與書疏所引注異集解所引或卽檀弓注也今古文多不合若謂古文爲王肅改竄肅何不並家語正文改之乎鄭詩譜云三年不言言乃雍中論天壽篇云三年不言惟言乃雍從古文作雍而亦無其惟不言句孔融薦謝該疏曰三年乃讙用今文尚書

**不敢荒寧嘉靖殷邦至于小大無時或怨**。今文嘉作密邦作國怨上無時或二字。史記曰不敢荒寧密靖殷國至于小大無怨御覽引東觀漢記序曰密靜天下容於小大高宗之極至也段玉裁說密靜天下容於小大櫽栝無逸篇文也與史記密靖殷國正合是可證今文尚書作密古文尚書作嘉司馬子長劉珍等皆用今文尚書原文非以密訓嘉也錫瑞案段說是也鄭詩譜中論皆作嘉用古文與今文不合光武封禪刻石文曰乾乾日昃不敢荒寧

**肆高宗之享國五十有九年**。今文作肆高宗饗國五十五年。史記曰故高宗饗國五十五年錫瑞謹案史記此文與兩漢人所引今文尚書不合周本紀曰穆王立五十五年崩亦與論衡氣壽篇所云不同疑皆後人改之如改太宗爲祖甲以合於古文尚書不知其與殷本紀云帝甲淫亂不符也。一作肆高宗之饗國百年。漢石經上闕或怨肆高宗之饗國百年是今文尚書一本有或字饗國百年與漢書五行志劉向傳杜欽傳論衡氣壽篇合矦康說古文單舉在位之歲今文統舉壽數言之太平御覽皇王部引帝王世紀云武丁享國五十有九年年百歲正參用古今文世紀一書不可盡信此則其可信者若論衡氣壽篇云高宗享國百年周穆王享國百年並未享國之時皆出百三十四十歲矣是以百年爲單舉在位然仲任說實誤考

呂刑王享國百年傳疏謂從生年數按周本紀云穆王即位春秋已五十矣立五十五年崩與傳疏合傳疏在仲任後或未足據司馬固足據也以呂刑例之高宗百年亦必從生年數享國二字不必以文害辭漢書五行志中下云高宗攘木鳥之妖致百年之壽杜欽傳高宗享百年之壽百年下系以壽字必是兼舉生年至論衡則云傳稱高宗有桑穀之異悔過反政享福百年又云殷高宗遂享百年之福不言壽而言福意謂壽不止此也錫瑞謹案疾說非也王仲任以百年爲單舉在位之年其說不誤故無形篇異虛篇皆不言壽而言福而劉向論星孛山崩疏已云故高宗有百年之福則不言壽而言福亦不始於仲任周公舉三宗饗國之年一云三十三年一云七十五年一云百年皆舉在位之年故云饗國若高宗並數生年則與上太宗中宗不一例若謂太宗中宗亦數生年則太甲壽止三十三年何云克壽僞古文云五十有九年與石經及劉子政杜子夏班孟堅王仲任所云百年皆不合皇甫謐即僞造古文者故世紀獨與之同豈可爲據且世紀又云太甲一名祖甲享國三十三年年百歲夫同一享國也太甲則單舉在位高宗則並數生年皇甫之言一何紕繆下文云文王受命維中身厥饗國五十年文王九十七乃終饗國五十年明是單舉在位三宗文王義當一例何獨異於高宗漢書禮樂志王吉疏云壽何以不若高宗王吉習齊詩蓋亦用今文家說以高宗爲在位百年師

古注乃用僞古文說云高宗享國五十九年故云壽信如其說則中宗七十五年享國視高宗爲久何乃舍中宗而舉高宗乎

**其在祖甲**○今文作昔在殷王太宗從此句至三十有三年句在周公曰於戲句下其在中宗句上○段玉裁說漢石經高宗之饗國百年自時厥後隸釋所載殘碑緊接不隔一字洪氏云此碑獨闕祖甲計其字當在中宗之上以傳序爲次也是今文尚書與古文尚書大異考殷本紀太甲稱太宗太戊稱中宗武丁廟爲高宗漢書王舜劉歆曰於殷太甲曰太宗太戊曰中宗武丁曰高宗周公爲毋逸之戒舉殷三宗以勸戒成王儻非尚書有太宗二字司馬王劉不能肊造賈誼曰顧成之廟稱爲太宗景帝元年申屠嘉等議曰高皇帝廟宜爲太祖之廟孝文皇帝廟宜爲太宗之廟實本尚書據此今文尚書祖甲二字作太宗二字其文之次當云昔在殷王太宗其在中宗其在高宗不則今文家未由倒易其次序也錫瑞謹案段說是也史記殷本紀曰帝太甲修德諸侯咸歸殷百姓以寧伊尹嘉之迺作太甲訓三篇襃帝太甲稱太宗白虎通姓名篇曰殷以生日名子何殷家質故直以生日名子也以尚書道殷家太甲帝乙武丁也白虎通引尚書皆今文今文無太甲三篇疑亦指毋佚篇太宗高宗言之非引書序文也漢書平帝紀四年二月尊孝宣廟爲中宗孝元廟爲高宗王莽大誥曰尊中宗高宗之號服虔注曰宣帝元帝也蓋莽用今文尚書說尊

宣帝爲中宗元帝爲高宗以倣殷之三宗東觀書章帝賜東平王蒼書曰比放三宗誠有其美亦據今文尚書比放三宗疑是比殷三宗之誤史記作其在祖甲後人改之

**不義惟王舊爲小人**○今文惟作維舊作久○史記曰不義維王甲賢武丁欲立之祖甲以王廢長立少不義逃亡民間故曰不義惟王久爲小人也王肅曰祖甲湯孫太甲也先中宗後祖甲先盛德後有過也錫瑞謹案馬說不知所據與西漢今文說不合書正義引鄭說與馬畧同孔氏已駮之矣若王肅兼用今文之義傳合古文之次序以祖甲爲大甲而又置之高宗之後作僞孔傳解不義惟王爲爲王不義倒易經文以就已說又造僞古文太甲篇茲乃不義以實之不知此篇屢言小人皆謂小民不應於此獨以不義爲小人與下于外知小人之依顯然不合且古君子小人皆以位言無有以小人之行爲小人者周公舉殷三宗以勸戒成王當舉其美不當舉其顛覆典刑之惡是王說尤非也經云不義維王者義古儀字擬也不義維王謂不擬居王位孟子曰湯崩太丁未立外丙二年仲壬四年殷法兄終弟及立子不立孫使外丙仲壬或有一人永年則太甲無次立之勢故太甲不自擬維王殷時王子多在民閒太甲未立之時或亦在外故云久爲小人于外知小

人之依也

作其即位爰知小人之依能保惠于庶民不敢侮鰥寡肆祖甲之享國三十有三年○今文無作其即位句爰字作于外二字惠作施下無于字庶民作小民不敢侮作不侮享作饗上無之字祖甲當作太宗○史記曰于外知小人之依能保施小民不侮鰥寡故祖甲饗國三十三年太宗作祖甲後人以古文尚書改之肆作故故訓字中論夭壽篇云能保惠庶民不侮鰥寡亦無于字敢字帝王世紀曰太甲脩政殷道中興號曰太宗一名祖甲享國三十三年年百歲皇甫謐謂一名祖甲乃騎牆之見其所云年或有據也

自時厥後立王生則逸生則逸不知稼穡之艱難不聞小人之勞惟耽樂之從自時厥後亦罔或克壽或十年或七八年或五六年或四三年○今文逸作佚不重生則佚三字穡作嗇不聞小人作不知小人勞下有苦字惟作唯之從作是從四三作三四○漢石經自時厥後下闕中論夭壽篇曰自時厥後立王生則逸不知稼穡之艱難不知小人之勞苦唯耽樂是從自時厥後亦

罔或克壽或十年或七八年或五六年或三四年據此則今文尚書不重生則逸三字逸從今文當作佚或四三年以上文或七八年或五六年文法例之當從中論作或三四年是也漢書杜欽傳欽說王鳳曰女德不厭則壽命不究於高年書云或四三年言失欲之生害也師古曰周書亾逸篇失讀曰佚佚與逸同四三年疑傳寫誤倒○今文作唯耽樂是從時亦罔有克壽○漢書鄭崇傳崇諫哀帝曰周公著戒曰惟王不知艱難唯耽樂是從時亦罔有克壽故衰世之君夭折蚤沒此皆犯陰陽之害也論衡語增篇經曰惟湛樂是從時亦罔有克壽長夜之飲糟邱酒池不舍晝夜是必病病則不甘飲食困毒而死雖未死宜羸臞矣○一作不聞小人之勞惟耽樂之從時亦罔或克壽○後漢書荀爽傳爽引周公之戒曰不知稼穡之艱難不聞小人之勞惟耽樂之從時亦罔或克壽是其明戒段玉裁說自時厥後四字作時一字或作有三家相合此今文尚書也古或有二字音義皆同如不或亂政史記作不有治政乃或亮陰史記作乃有亮闇皆古文作或今文作有之證後漢書作罔或恐有改之者

周公曰嗚呼厥亦惟我周○今文嗚呼作於戲惟作維○今本尚書大傳云書曰厥兆天子爵系毋佚篇白虎通爵篇云書亾逸篇曰厥兆天子爵段玉裁說攷之於經漢人以亾爲無蓋古文尚書厥亦惟我周五字今文尚書駁異如此

兆天子爵者卽兆基王迹之謂也顧廣圻說經云厥亦惟我周亦與兆相似故誤作亦實當爲兆天子爵惟我周太王王季克自抑畏言其兆起天子之爵者惟我周先世太王王季能抑畏故也錫瑞謹案二說皆傅會失之大傳今無完書或卽取之於白虎通小字本元本白虎通皆無亾字亾字當是衍文漢人以孔壁古文逸無師說者爲逸篇白虎通蓋引書逸篇文其爵篇之說曰何以知帝亦稱天子以法天下也中候曰天子臣放勛書逸篇曰厥兆天子爵毋佚篇乃周書白虎通引以證帝亦稱天子之義則非周書可知輯大傳者以此文入毋佚篇蓋未詳攷茲故不取其說以爲今文尚書

**大王王季克自抑畏文王卑服卽康功田功徽柔懿恭懷保小民惠鮮鰥寡**

○今文柔作杲恭作共民作人惠鮮鰥寡作惠于矜寡○漢石經上闕功田功徽杲懿共懷保小人惠于矜下闕段玉裁說按隸釋載石經嚴恭寅畏作恭維正之共作共分別如是而徽柔懿共亦作共則漢時不作懿美恭敬解也錫瑞謹案共恭古通用段說亦過拘盧江太守范式碑云徽柔懿恭正作恭不作共不得謂漢時不作懿美恭敬解也大傳畧說曰矜寡孤獨天民之窮而無告者皆有常餼又曰文王施政而物皆聽是釋此經之義○一作徽柔懿恭○范式碑作恭○一作惠于鰥寡○漢

書景十三王傳曰惠于鰥寡谷永傳引經曰懷保小人惠于鰥寡班固典引曰懷保鰥寡之惠浹後漢書明帝紀中元二年詔引惠於鰥寡皆不作惠鮮惟漢紀谷永對策引經曰懷保小民惠鮮鰥寡人作民于作鮮與漢書谷永傳不合乃後人改之段玉裁說惠鮮恐是惠于之誤于字與羊字畧相似又因下文鰥字魚旁誤增之也

**自朝至于日中昃不遑暇食用咸和萬民**史記曰文王日中昃不暇食墨子曰文王至日昃不暇飲食漢書董仲舒傳冊曰周文王至于日昃不暇食對曰當此之時紂尙在上尊卑昏亂百姓散亾故文王悼痛而欲安之是以日昃而不暇食也後漢書黃瓊傳曰詩咏成湯之不怠遑書美文王之不暇食風俗通過譽篇曰文王日昃不暇食○今文昃一作稷暇一作夏○錫瑞謹案漢今文家昃一作稷暇一作夏成湯靈臺碑云日稷不夏正用此經之文費鳳別碑云乾乾日稷鄗閣頌云劬勞日稷辛通達李仲曾造橋碑亦以日稷爲日昃惟樊毅碑云勞神日昃作昃易豐日中則昃孟喜作稷穀梁春秋經戊午日下稷左氏公羊經皆作昃中候握河紀云昒明禮備至于日稷孝經鉤命決曰堯禪舜沈書日稷而赤光起此昃稷古通用之證暇夏古亦通用多方須夏之子孫是其證也

**文王不敢盤于遊田以庶邦惟正之供。**今文遊田作游畋惟正之供作維正之共上無以庶邦三字。張衡西京賦曰盤于游畋李善注尚書曰不敢盤于游畋楚語左史倚相引周書曰文王至於日中昃不皇暇食惠于小民唯政之恭段玉裁說正國語作政漢書谷永傳引下文惟正之共亦作正按古政正通用此作正爲長供國語作恭當是本作共後人改之陳喬樅說惠于小民即上文懷保小民惠于鰥寡也唯政之恭即此文不敢盤于游田維正之共也倚相蓋櫽栝毋佚之文耳政正古相通用谷永傳引下文惟正之共作正字是作正者今文尚書作政者古文尚書也周禮凌人注曰故書正作政是其驗已錫瑞謹案二說是也石經與谷永傳引下文皆無以萬民三字楚語引此文亦無以庶邦三字蓋今文尚書本無之楚語與今文合石經於下文作維作共此亦當同石經與谷永傳於下文皆作毋劮于游田則游田二字連文晏子諫下篇作盤遊於田疑後人妄改之。一作槃于游田。後漢書郅惲傳惲上書諫帝曰昔文王不敢槃于游田以萬人爲憂李賢注引尚書云以萬人惟政之共也錫瑞謹案君章云以萬人爲憂者乃釋經言文王不敢盤游之意非謂經有以萬人爲憂之文也若注所引乃下文周公戒嗣王語非謂文王且君章所據是今文今文尚書並下文亦無以萬民三字東觀漢記惲上書曰昔文王不敢盤于遊田以萬民爲憂與後漢書同蓋後漢書又改民爲人以避唐諱也後漢紀郅惲諫曰昔文王不敢盤游于田以萬民惟正則其文尤誤游于二字上下互易與晏子春秋合與漢人引經皆不合以萬民惟正之共乃下文戒嗣王語又去其之共二字則文義不完蓋由淺人據古文尙書之下文改君章憂字爲正字以合之而不知君章乃釋經意非引經文也陳蕃傳諫幸廣城校獵疏曰周公戒成王無槃于遊田亦作槃作田

文王受命惟中身厥享國五十年○今文享作饗○史記曰文王日中昃不暇食饗國五十年作此以誠成王白虎通壽命篇曰壽命者上命也若言文王受命惟中身享國五十年詩文王篇正義引鄭注云中身謂中年受命謂受殷王嗣立之命陳喬樅說彼謂文王爲諸侯受天子命也今攷吕氏春秋制樂篇云文王立國八年歲六月地動改行重善無幾何疾乃止文王卽位八年而地動已動之後四十三年凡文王立國五十一年而終韓詩外傳說亦與此同韓詩外傳是今文家說然則知鄭君此注亦用今文尙書說也

周公曰嗚呼繼自今嗣王則其無淫于觀于逸于遊于田以萬民

惟正之供無皇曰今日耽樂。今文作周公曰於戲繼自今嗣王其毋淫于酒毋劮于遊田維正之共毋兄曰今日耽樂。漢石經上闕酒毋劮于遊田維口口共毋兄曰今日下闕漢書谷永傳曰放去淫溺之樂罷歸倡優之笑絕却不享之義愼節游田之虞引經曰繼自今嗣王其毋淫于酒毋逸于遊田惟正之共說之曰未有身治正而臣下邪者也與石經合石經維下共上所闕必正之二字段玉裁說今文尙書作毋兄古文尙書作無皇也下文則皇自敬德石經殘碑作則兄曰敬德鄭注皇暇也言寬暇自敬王肅本皇作況注曰況滋益用敬德王盖據今文以改古文也此皇字鄭亦當訓暇王亦當作況訓滋益詩小雅常棣況也永歎況或作兄兄是古字況是今字大雅桑柔倉兄塡兮召旻職兄斯引毛傳皆云兄滋也韋昭國語注云況益也毋兄曰者毋益曰云云也

乃非民攸訓非天攸若時人丕則有愆無若殷王受之迷亂酗于酒德哉。今文無作毋受作紂酗作酒。漢書劉向傳向上奏曰周公戒成王毋若殷王紂又翼奉傳奉上疏曰周至成王有上賢之材因文武之業以周召爲輔有司各敬其事在位莫非其人天下甫二世耳然周公猶作詩書深戒成王以恐失天下書

則曰王毋若殷王紂後漢書梁冀傳袁箸上書曰周公戒成王無如殷王紂論衡譴告篇云周公勑成王曰毋若殷王紂毋者禁之也殷紂至惡故曰毋以禁之漢人所引無作毋受作紂皆據今文尙書師古翼奉傳注云周書亾逸之篇曰周公曰烏虖毋若殷王紂之迷亂酗於酒德哉與今本尙書不同陳喬樅說師古每襲取漢魏人音義舊文以爲已注此注引書有周公曰烏虖蓋舊注約舉此節首尾之詞其受字作紂者所引據今文尙書也於戲作烏虖者三家之本容有不同如漢書翟義傳王莽仿大誥文皆作烏虖亦其明證也錫瑞謹案陳說是也酗今文尙書當作湎知者史記漢書引微子篇沈酗于酒皆作沈湎于酒則此文亦當同鄺炎遺令書汝無逸于邛無湎于酒是引此經作湎之明證

**周公曰嗚呼我聞曰古之人猶胥訓告胥保惠胥教誨民無或胥譸張爲幻**。今文嗚呼作於戲教誨下無民字無或譸張爲幻中無胥字譸一作舟一作侜一作輈。說文兩引無或譸張爲幻爾雅釋訓侜張誑也郭注云書曰無或侜張爲幻皆無胥字段玉裁說按此句無胥字爲是上文三胥字皆君臣相與之詞此胥字不倫下文人乃或譸張爲幻亦無胥字蓋因僞孔傳有相字而增之也陳喬樅說許兩引書皆據古文尙書也爾雅及郭注引書作侜張此今文尚書也郭蓋襲用樊李舊注之語攷尚書釋文云譸馬本作輈後漢書皇后紀董皇后詈何后曰汝今輈張怙汝兄揚雄國三老箴曰姦寇侏張李善云輈與侏古字通善卽據馬本尚書讀侏爲輈字詩陳風曰誰侜予美鄭箋云誰侜張誑欺我所美之人乎是鄭以今文尚書侜張釋詩之誼然則知作侜作輈皆三家之異文馬本亦讀從今文輈字也錫瑞謹案大傳云舟張辟雍舟卽侜之省字蓋伏生本作舟三家作侜或作輈也說文侜有壅蔽也是壅蔽爲侜之本義雍卽壅字辟雍蓋以有壅蔽得名舟張辟雍者謂其有壅蔽而張大也凡有壅蔽則多欺誑故侜張引申爲誑爲與僞通漢書王莽傳引堯典作南僞史記索隱本作南爲是其證侜張爲幻蓋卽侜張僞幻四字平列爲義與上訓告保惠教誨皆二字平列義同

**此厥不聽人乃訓之乃變亂先王之正刑至于小大民否則厥心違怨否則厥口詛祝**○今文作此厥不聖人乃訓變亂正刑○漢石經闕厥不聖人乃訓變亂正刑至于下闕聽作聖無之乃二字無先王之三字段玉裁說聽聖字古音同部又泰山碑皇帝躬聽史記作躬聖見廣川書跋兩否則字恐皆丕則之誤上文丕則有愆康誥篇丕則敏德此處文理當上直下恐不似今人俗語云否則也古然否字則祗作然不馮登府說案樂

記小人以聽過釋文云聽本作聖風俗通義云聖者聲也聲亦有聽義故字得通錫瑞謹案段說否則皆丕則之誤是也今文作不聖其義當爲不容洪範五行傳曰思心之不容是謂不聖然則不聖即不容之義東觀漢記序曰密靜天下容於小大乃隱括經文密靖殷國至于小大無怨二句文義蓋能容則小大無怨不能容則至于小大民丕則厥心違怨丕則厥口詛祝也石經作不聖與五行傳不聖義同東觀漢記容于小大之容字即容作聖之容以經文前後合而觀之能容之效與不能容之弊乃正相反可以攷見兩漢今文家遺說其義最精

**周公曰嗚呼自殷王中宗及高宗及祖甲及我周文王茲四人迪哲**。今文嗚呼作於戲中宗作大宗高宗作中宗祖甲作高宗。段玉裁說自殷王中宗及高宗及祖甲今文尚書必云自殷王大宗及中宗及高宗此無可疑者

**厥或告之曰小人怨汝詈汝則皇自敬德厥愆曰朕之愆允若時不啻不敢含怒**。今文皇自作兄曰。漢石經則兄曰敬德厥愆曰朕之愆允下闕王鳴盛說蔡以自作曰蓋自或

省作㫖故誤錫瑞謹案王說非也此與上文毋兄曰今日耽樂文法正同韋注國語云兄益也兄曰敬德卽益曰敬德也後漢書楊震傳震上疏曰殷周哲王小人怨詈則還自敬德所以達聰明開不諱博采負薪極盡下情也楊氏傳歐陽尚書引經作自字與今文不合還字亦不可通蓋㠯字之誤疑皆後人所改

此厥不聽。今文聽作聖。○石經於上文作不聖此亦當同不聖者不容也下云不寬綽厥心亂罰無罪殺無辜正不容之義

人乃或譸張爲幻曰小人怨汝詈汝則信之則若時不永念厥辟不寬綽厥心亂罰無罪殺無辜怨有同是叢于厥身周公曰嗚呼嗣王其監于茲。今文嗚呼作於戲監上無其字。○漢石經闕公曰於戲嗣王監于茲

今文尚書攷證卷二十

受業熊羅宿
晏鼎升校

# 今文尚書攷證卷二十一

善化皮錫瑞

## 君奭第二十一　周書十二

君奭史記燕世家曰其在成王時召公爲三公自陝以西召公主之自陝以東周公主之成王既幼周公攝政當國踐祚召公疑之作君奭君奭不說周公周公乃稱湯時有伊尹云云於是召公乃說孫星衍說史公以召公不說在周公踐阼之時太子賢以爲在還政之後或今古文異說也編篇在多士之後疑非踐祚時矣錫瑞謹案孫說非也列子楊朱篇曰武王既終成王幼弱周公攝天子之政召公不說四國流言列子六國時人與史公說正同是今文說遠有所本漢書孫寶傳曰周公上聖召公大賢尚猶有不相說著於經典兩不相損王莽傳羣臣奏言臣聞周成王幼少周道未成成王不能共事天地修文武之烈周公權而居攝則周道成王室安不居攝則恐周隊失天命書曰我嗣事子孫大不克共上下遏失前人光在家不知命不易天應棐諶乃亾隊命說曰周公服天子之冕南面而朝羣臣發號施令常稱王命召公賢人不知聖人之意故不說也又引禮記明堂位曰周公朝諸侯於明

堂天子負斧依南面而立謂周公踐天子位六年朝諸侯制禮作樂而天下大服也召公不說時武王崩繦鱻未除由是言之周公始攝則居天子之位非乃六年而踐祚也後漢書申屠剛傳剛對策曰臣聞成王幼少周公攝政聽言下賢均權布寵無舊無新惟仁是親動順天地舉措不失然近則召公不說遠則四國流言是西漢今文家皆以周公作君奭在攝政當國時與史記合稽康集卷六管蔡論云周公居攝召公不說叔夜生三國時今文尚書猶存故得引其說也伏生傳尚書二十九篇次序先後不盡可攷今之書序出於馬鄭乃古文說史記所載書序與今本書序多異乃今文說史公載君奭篇於燕世家而周本紀魯世家不著其說然史公既以爲踐阼之時則其所據今文篇次必與馬鄭不同不得專據馬鄭書序編篇在多士之後以駮今文也太子賢生於古文盛行之後不知申屠劉用今文說與古文說不同乃云言周公既還政成王宜其自退今復爲相故不說也其注顯與申屠背違豈足依據孫寶以明經爲郡吏亦非治古文者其所引經典當是今文博士說與申屠策羣臣奏不異王鳴盛乃引孫寶說謂與馬鄭合陳喬樅又引鄭注謂與孫寶傳所言畧同豈知西漢人自據今文以爲攝政之初馬鄭自據古文以爲反政之後卽不敢駮馬鄭聽其各自爲說可矣何必牽引西漢今文家說以強合於馬鄭使今古文糾紛莫辨哉史公云召公疑周公者周公踐阼本聖人之

權道觀金縢篇公告二公以弗避義則二公亦未盡知其心蓋以公處嫌疑之地欲其遠避召公不說之意當是如此公作君奭郎在此時蓋公既以弗避之義兼告二公又作此篇專告君奭大傳云周公盛養成王使召公奭爲傅然則當時召公爲傅較太公之任更重故公專告召公也

**周公若曰君奭**白虎通不臣篇曰召公文王子也論衡氣壽篇以召公爲周公之兄穀梁莊三十年傳曰燕周之分子也惠棟說分子猶別子禮大傳云別子爲祖注云別子爲公子然則繼體者爲世子別於世子者爲別子則召公其文王長庶歟錫瑞謹案白虎通論衡皆今文家說蓋今文家有以召公爲文王子者而史記云召公奭與周同姓古今人表亦云周同姓不以爲文王子其說不同蓋亦三家之異

**弗弔天降喪于殷殷既墜厥命我有周既受我不敢知曰厥基永孚于休若天棐忱我亦不敢知曰其終出于不祥嗚呼君已曰時我**○今文終作道祥作詳嗚呼作於戲○漢石經上闕道出于丕詳於戲君闕曰時我馮登府說詳古祥字易視履考祥鄭荀作

詳大壯不祥也鄭王本作不詳呂刑告爾祥刑後漢書作詳引祥刑以詰四方竝同孟子申詳檀弓作申祥穀梁昭十一年盟于侵羊作祲祥服注作詳荀子修身則可謂不詳少者矣注詳當爲祥左成十六年傳德刑祥義禮信疏祥詳古字同

**我亦不敢寧于上帝命弗永遠念天威**陳喬樅說此追述召公㬥時之語言君巳謂輔成周道是我之責我亦不敢弗任其責而不永念天威

**越我民罔尤違惟人在**江聲說僞孔以惟人在屬下讀漢書所引此下文我嗣事子孫云云不聯引惟人在則漢人於在字讀絕也越當爲曰聲之誤也公謂己意竊計曰我民無有愆尤違倍者惟人在故也亦言巳不可去之意

**我後嗣子孫大弗克恭上下遏佚前人光在家不知天命不易天難諶乃其墜命**。今文後嗣作嗣事弗克恭作不克共遏佚作遏失天命不易天難諶作命不易天應棐諶乃其作乃亾。漢書王莽傳羣臣奏引經作我嗣事子孫大不克共上下遏失前人光在家不知命不易天應棐諶乃亾隊命師古曰言我恐後嗣子孫大不能恭承天地絕失先王光大之道不知受命之難天所應輔唯在有誠所以亾失其命也孫星衍說案漢書釋後嗣子孫爲成王大弗克恭上下爲共事天地白虎通以大誓上天下地爲上下是也釋遏佚前人光爲修文武之烈前人謂文武佚同失釋在家爲不居攝言退老也以天應棐諶爲天難諶者釋詁云諶信也詩大明云天難忱斯不易維王傳云忱信也天之意難信矣不可改易者天子也是天命不易爲不可改易師古注不易爲難非也經言在家不知天命有不易之道委之以天難信乃其隊失天命也錫瑞謹案王莽傳又云遭孺子幼少未能共上下師古曰上下謂天地是共上下卽共天地之證

**弗克經歷嗣前人恭明德在今予小子旦非克有正迪惟前人光施于我沖子**

陳喬樅說言予小子非敢曰能有改正亦維道揚前人光美施於我沖子而已周公以成王爲沖子自是幼少之時若在復辟之後則成王年逾二十早有成人之道豈得稱爲沖子哉尙書篇次或亦不無錯出故成王政將蒲姑二篇事本在前而編於後未可以君奭編次在雒誥多士後而遂以爲作於致政之後也錫瑞謹案陳云篇次錯出是也而以成王政將蒲姑爲在攝政踐奄之時則又誤引鄭君古文之說不知史記用今文書序殘奄遷薄姑篇次正在無佚之後多方之前是二篇實在致政後竝無錯誤不與君奭篇之錯誤相同未可以古文說汨今文義也陳氏於此等處猶半明半昧

又曰天不可信我道惟寧王德延天不庸釋于文王受命○今文道作迪○釋文曰我道馬本作我迪案馬本是也此與上迪維義同因傳訓迪爲道遂誤作道耳

公曰君奭我聞在昔成湯既受命時則有若伊尹格于皇天孔彪碑云伊尹之休格于皇天論衡感類篇曰伊尹相湯伐夏爲民興利除害致天下太平湯死復相太甲太甲佚豫放之桐宮攝政三年乃退復位周公曰伊尹格于皇天天所宜彰也三國志潘勖作策命魏公曰伊尹格于皇天亦皆作格是兩漢今文家亦假格並用非皆傳寫之譌孔彪碑今尚存乃搨實可據者段玉裁云今文尚書無作格者亦未盡然○今文一作假于皇天○史記曰周公乃稱湯時有伊尹假于皇天漢書王莽傳曰伊尹爲阿衡周公爲太宰又曰咸有聖德假于皇天蔡邕文烈侯楊公碑云勛假皇天皆作假

在太甲時則有若保衡史記無此句或今文尚書本無之或史公省文疑不能明殷本紀曰帝太甲元年伊尹作伊訓作肆命作徂后帝太甲既立三年不明暴虐不遵湯法亂德于是伊尹放之於桐宮三年伊尹攝行政當國以朝諸侯帝

太甲居桐宫三年悔過自責反善於是伊尹迺迎帝太甲而授之政帝太甲修德諸侯咸歸殷百姓以寧伊尹嘉之迺作太甲訓三篇褒帝太甲稱太宗陳喬樅說案史記所載皆本之今文尚書序也春秋繁露三代改制質文篇云湯受命變夏作殷作宮於洛之陽名相官曰尹說文人部云伊殷聖人阿衡尹治天下者从人从尹詩商頌長發實維阿衡實左右商王毛傳云阿衡伊尹也鄭箋云阿倚衡平也伊尹湯所依倚而取平故以爲官名商王湯也此經鄭云伊尹名摯湯以爲阿衡以尹天下故曰伊尹至太甲改曰保衡保安衡平也言天下所取安所取平也此皆三公之官當時爲之號也攷尚書大傳言古者天子三公注云坐而論道謂之三公通職名無正官名然則阿衡保衡皆三公之號所謂職名者非正官名也鄭注尚書是用今文家說案陳說是也廣韻通志引風俗通曰阿氏阿衡伊尹號其後氏焉又曰衡氏伊尹爲湯阿衡子孫以衡爲氏說與鄭合

**在太戊時則有若伊陟臣扈格于上帝**○今文格作假○史記曰在太戊時則有若伊陟臣扈假于上帝殷本紀曰帝太戊立伊陟爲相亳有祥桑穀共生于朝一暮大拱帝太戊懼問伊陟伊陟曰臣聞妖不勝德帝之政其有闕與帝其修德太戊從之而祥桑枯死而去伊陟贊言於巫咸巫咸治王家有成作咸艾作太戊帝太戊贊伊陟于廟言弗臣伊

陟讓作原命陳喬樅說鄭君注尚書於上文假于皇天釋云皇天北極大帝也於此文假于上帝釋云上帝太微中其所統也案爾疋云北極謂之北辰鄭君月令注云皇天北辰耀魄寶冬至所祭於圜丘也上帝太微之帝正義云上帝太微之帝者春秋緯文太微爲天庭中有五帝座蒼曰靈威仰赤曰赤熛怒黃曰含樞紐白曰白招拒黑曰汁光紀郊天各祭所感生神殷祭汁光紀周祭靈威仰以其不定故總云太微之帝若迎春前帝後王皆祭靈威仰夏秋冬仿此然則此云太微中其所統者是即太微所統之五帝也何休公羊宣三年傳注云上帝五帝在太微之中迭生子孫更王天下何於上帝亦指感生帝言之與鄭君合皆用今文家尚書說也

巫咸乂王家

史記曰巫咸治王家乂作治故訓字封禪書曰伊陟贊巫咸巫咸之與自此始論衡言毒篇曰巫咸能以祝延人之疾愈人之禍者王逸注離騷云巫咸古神巫也後漢書張衡傳曰咎單巫咸實守王家○今文一作巫戊○白虎通姓名篇曰于民臣亦得以甲乙生日名子何不使亦不止也以尚書道殷臣有巫咸有祖己也王引之說巫咸今文蓋作巫戊白虎通用今文尚書故與古文不同後人但知古文之作咸而不知今文之作戊故改戊爲咸耳不然則咸非十日之名何白虎通引以爲生

日名子之證乎案王說甚有理而史記諸書皆作咸者蓋
三家之文不同古今人表亦作巫咸與白虎通之說不合

**在祖乙時則有若巫賢在武丁時則有若甘盤**。今文作甘般。史記曰在祖乙時
則有若巫賢在武丁時則有若甘般殷本紀曰帝祖乙立殷復興
巫賢任職古今人表有甘般又有傅說或疑甘般卽傅說於古無
徵

**率惟茲有陳保乂有殷**。今文惟作維。史記曰率維茲有陳保乂有殷集解徐廣曰一無此九字駰案王
肅曰循此數臣有陳列之功安治有殷也錫瑞謹案今文乂作艾
史公用故訓以治字代之史記引書艾皆作治而此獨作乂者蓋
此九字後人增竄
非史公本文也

**故殷禮陟配天多歷年所天惟純佑**。今文純作醇。錫瑞謹案漢樊毅修西嶽廟碑云天惟
醇佑萬國以康今文尙書當於佑字絕句下
文以命則商實爲句則訓法商非殷商之商

**命則商實百姓王人罔不秉德明恤小臣屏侯甸矧咸奔走**。今文作

奔輳。詩緜正義引大傳奔輳字作輳則今文尚書當爲輳

**惟茲惟德稱用乂厥辟故一人有事于四方若卜筮罔不是孚。**今文作迪一人使四方若卜筮。王褒四子講德論曰書云迪一人使四方若卜筮段玉裁説此蓋今文尚書之文事使二字篆體相似而李善注引尚書曰迪一人有事四方若卜筮無不是孚孔安國曰迪道也孚信也今孔本經文迪作故事下有于無作罔傳文無迪道也孚信也似今本與李善所據不同

**公曰君奭天壽平格保乂有殷有殷嗣天滅威今汝永念則有固命厥亂明我新造邦公曰君奭在昔上帝割申勸寧王之德其集大命于厥躬。**今文在昔作昔在割申作厥亂。禮記緇衣篇君奭曰昔在段玉裁云今本在昔宋本昔在疏云往昔之時在上天則宜从昔在上帝周田觀文王之德其集大命于厥躬鄭注云古文周田觀文王之德爲割申勸寧王之德今博士讀爲厥亂勸寧王之德三者皆異古文似近之割之言蓋也天蓋申勸之集大命于其身謂命之使王天下也正義曰伏生所傳歐陽夏侯所注者爲今文尚書衛賈馬

所注者元從壁中所出之古文即鄭注尚書是也此周古文作割田古文作申觀古文作勸皆字體相涉今古錯亂此文尚書爲寧亦義相涉也云今博士讀謂今文尚書也禮記及古文尚書並今博士讀三者其文各異而古文近於義理段玉裁說今博士讀者謂歐陽夏矦尚書也讀猶習也謂博士所習也此於讀字逗與他注言讀爲者不同不云今文尚書而云今博士讀者漢時謂伏生本爲尚書謂孔壁本爲古文尚書無今文尚書名目也錫瑞謹案鄭從古文故以古文爲近然割申勸三字之義殊不可通鄭君讀割爲蓋而尚書二十九篇無用蓋字爲語辭者則鄭說亦未可據當從今博士讀爲厥亂勸厥亂二字與上文厥亂明我新造邦義同王引之云率詞也字通作亂梓材厥亂爲民論衡效力篇引作厥率化民亂者率之借字也厥亂勸寧王德者厥率勸寧王德也

**惟文王尚克修和我有夏亦惟有若虢叔有若閎夭有若散宜生有若泰顛有若南宮括**○今文泰作大○史記作大顛古今人表亦作大顛大傳曰散宜生南宮括閎夭三子相與學訟於太公遂與三子見文王於美里獻寶以免文王又曰文王以閎夭太公望南宮括散宜生爲四友又曰周文王胥附奔輳先後禦侮謂之四鄰以免於美里之害錫瑞謹案此經言四人有大顛無太公大傳言四鄰四友則有太公望無大顛疑今文

今文尚書攷證卷二十一　六

家說以爲大顛即是太公望太公之功在閎散南宮之上不應周公舉文王四友獨不及太公伏生所言當得其實漢書古今人表有大顛又有師尚父師古曰大顛以下文王之四友也吳仁傑兩漢刊誤補遺曰表於四友後又列師尚父此誤也大顛與師尚父豈異人乎書大傳曰散宜生南宮适閎天學於太公望遂見西伯昌於羑里故孔子曰文王得四臣丘亦得四友鄭康成謂周公作君奭舉虢叔以下五人而不及太公者太公教文王以大德周公謙不可以自比課與表同吳氏引大傳以太公與太顛爲一人其說蓋非無據案詩緜毛傳曰率下親上曰疏附相道前後曰先後喻德宣譽曰奔走武臣折衝曰禦侮正義曰直總言臣有四行而已不指其臣云某爲疏附某爲禦侮故君奭云惟文王尚克修和我有夏亦惟有若虢叔有若閎夭有若散宜生有若泰顛有若南宮括注云詩傳說有疏附奔走先後禦侮之人而曰文王有四臣以受命此之謂引此四行以證五臣明非一臣有一行也彼注云不及呂望太師也教文王以大德謙不以自比焉周公謙不自比詩人不當代謙明周召之輩亦在其中所言四行無定人矣引書傳說宜生南宮括閎天三子學訟於太公遂與三子見文王於羑里獻寶以免文王乃云孔子曰文王得四臣吾亦得四友自吾得回也門人加親是非疏附與自吾得賜也遠方之士至是非奔走與自吾得師也前有輝後有光是非先後與自吾得由也惡言不

至於門是非禦侮與文王有四臣以免虎口丘亦有四友以禦侮如此言則四人人有一行與前說乖者書傳因有四人爲之說耳孔子以己弟子四人擬彼四行其於文王之臣亦不言人爲一行縱彼四人各乃爲一行此詩所言不獨指彼四人也據孔疏引鄭注所云詩傳說乃魯齊韓三家詩三家皆今文與伏生義多合楚辭離騷經忽奔走以先後兮王逸注曰奔走先後四輔之職也詩曰予聿有奔走予聿有先後此之謂也太公一在四輔之職王師所引詩亦三家詩此今文說以太公太顛爲一人之證蓋言文王有四臣以受命必無不及太公之理鄭君用古文說不從今文乃謂周公謙不自比殊屬强詞周公舉伊尹諸人何獨不謙乎孔沖遠不知太公即是太顛大傳四臣即此經之四人故謂非四人人有一行據大傳說四行實當分屬四臣但未知如何分屬耳太公所以亦稱太顛者史記齊世家曰太公望呂尚者東海上人西伯出獵得之稱曰吾太公望子久矣故號之曰太公望尚書中候雒師謀曰呂尚釣其崖王下趨拜曰望公七年矣乃今見光景於斯尚立變名荅曰望釣於渭濱魚腹得玉璜刻曰姬受命呂佐旌德合昌來提撰爾雒鈐報在齊注曰尚名也變名爲望據此是太公本名尚後更名望方言六廣雅釋詁一皆云顛上也古人名字相配尚與上通疑太公本名尚而字顛後因文王之言乃更名望改名或竝改字故太公又字牙君奭所稱乃其本字後人不知誤分太

公大顛爲二人惟今文家尙知其義耳

**又曰無能往來**風俗通十反篇杜密曰劉勝位故大夫見禮上賓俯伏甚於鼂蛸冷澁比如寒蜓無能往來此罪人也又曰若能納而不能出能言而不能行講誦而已無能往來比俗儒也○今文一作亾能往來○漢書朱雲傳雲疏言丞相韋玄成容身保位亾能往來注李奇曰不能有所前却孫星衍說前却謂進退也是無能往來爲無能進賢退不肖錫瑞謹案據朱雲應劭之說可以攷兩漢人解無能往來之義又曰之又當讀爲猶謂此五臣猶自謂無能往來也

**兹迪彝教文王蔑德降于國人亦惟純佑秉德**○今文純作醇○今文作醇佑見前引樊毅碑

**迪知天威乃惟時昭文王迪見冒聞于上帝**○今文冒作勖○崔瑗侍中箴曰昔在周文創德西鄰勖聞上帝賴兹四臣錫瑞謹案大傳云四友云四鄰亦云四臣詩緜正義引大傳云孔子曰文王得四臣是也子玉蓋用大傳四臣之說冒作勖與馬本同下屬爲句與論衡引康誥冒聞于上帝義合疑古勖冒本是一字子玉用今文作勖其義仍同

冒闇于上帝之冒乃上進之義不當如馬訓勉也段玉裁說勖今音許玉切古音勖與冒皆音懋江聲說此經讀當以乃維時昭爲句文王迪見爲句冒聞于上帝爲句冒者自下達上之言

**惟時受有殷命哉武王惟茲四人尚迪有祿**鄭注云至武王時虢叔等有死者餘四人也錫瑞謹案古者稱死爲不祿爲無祿則生者爲有祿云四人尚迪有祿則有一人無祿先死可知史記周本紀曰武王克紂其明日除道修社散宜生大顛閎夭皆執劍以衞武王命南宮适散鹿臺之財發鉅橋之粟以振貧弱萌隸命閎夭封比干之墓五人中獨不見虢叔是虢叔先死之證

**後暨武王誕將天威咸劉厥敵**逸周書世俘解及漢書律歷志引武成篇竝云咸劉商王紂揚子方言曰秦晉宋衞之間謂殺曰劉晉之北鄙亦曰劉王引之說咸者滅絕之名說文曰伐絕也讀若咸聲同而義亦相近咸劉皆滅也猶言過劉虔劉也

**惟茲四人昭武王惟冒**○今文冒作睸○說文目部曰睸低目視也从目冒聲周書曰武王惟睸陳喬樅說

案此䁈字之訓疑據今文尚書說也僞孔本作冒是據王肅本肅所注亦卽馬鄭古文本釋文於冒字不言馬鄭文異僞孔傳訓冒爲布冒天下正義亦不言馬鄭誼異則䁈字出今文尚書可知矣錫瑞謹案據說文引經則昭字當上屬爲句與上文乃維時昭義同皆不連文王武王爲義

**丕單稱德今在予小子旦若游大川予往曁汝奭其濟小子同未在位**

錫瑞謹案今文家以爲周公踐阼時作則小子當是周公自稱曲禮云天子未除喪曰予小子周公攝天子位在武王新喪時故得自稱曰予小子召公疑周公攝王位恐有兄終弟及之事故公言已攝非正在位亦與未在位同所以釋召公之疑也小子同未在位與子小子同義解者誤以此篇爲反政後作而周公自稱予小子遂失其義解曲禮者皆不知引此經爲證又以小子同未在位小子當屬成王不知一簡之中不應兩小子前後異義且成王在位而謂其同於未在位似有鞅鞅非少主臣之意非所以爲周公此由馬鄭古文家不知周公作書在攝位時故說解多謬宜其爲後人攻駁也

**誕無我責收罔勖不及耇造德不降我則鳴鳥不聞矧曰其有能**

格　三國管寧傳明帝下詔曰夫以姬公之聖而耇德不降則鳴鳥弗聞裴松之注尚書君奭曰耇造德不降我則鳴鳥不聞矧曰其有能格鄭元曰耇老也造成也詩云小子有造老成有德之人不降志與我竝位則鳴鳥之聲不得聞況乃曰有能德格于天者乎言必無也鳴鳥謂鳳也陳喬樅說據裴引尚書經文及鄭注知古文尚書作鳴鳥不聞此傳載明帝詔作弗聞蓋用今文尚書也上文假於皇天鄭注云假謂至於天也此文當亦同作假而裴引經及鄭注乃皆作格字者疑是後人依梅賾本改之也周公作君奭以鳳至期召公其後果致此祥尚書中候擿雒戒云曰若稽古周公旦欽惟皇天順踐祚卽攝七年鸞鳳見然則鳳鳥之至卷阿之作蓋攝政七年事也錫瑞謹案古文尚書多作弗今文尚書多作不陳云明帝詔作弗聞用今文尚書恐非是今文尚書假格竝用說見上陳云後人依梅本改格亦未必然

公曰嗚呼君肆其監于茲我受命無疆惟休亦大惟艱告君乃猷裕　方言曰裕猷道也東齊曰裕或曰猷告君乃猷裕謂此告君者乃道也書正義引鄭注云召公不說似隘急故令謀於寬裕失之

我不以後人迷公曰前人敷乃心乃悉命汝作汝民極曰汝明勗偶王在亶乘茲大命惟文王德丕承無疆之恤江聲說惟文王德丕承作一句讀僞孔傳以丕承屬下句讀非是案江說是也據史記周召分陝爲二伯故曰偶王公曰君告汝朕允保奭其汝克敬以予監于殷喪大否肆念我天威予不允惟若茲誥予惟曰襄我二人汝有合哉言曰在時二人天休滋至惟時二人弗戡二人卽二伯說見後墨子非命中於召公之執令於然且敬哉無天命惟予二人而無造言不自天降之哉其汝克敬德明我俊民在讓後人于丕時嗚呼篤棐時二人我式克至于今日休我咸成文王功于不怠丕冒海隅出日罔不率俾三國魏志裴注引鄭注曰率循也俾使也四海之隅日出所照無不循度而可使也

公曰君子不惠若茲多誥予惟用閔于天越民公曰嗚呼君惟乃知民德亦罔不能厥初惟其終祗若茲往敬用治書正義引鄭注曰召公是時意說周公恐其復不說故依違託言民德以剴切之孫星衍說往者謂述職治自陝以西也白虎通巡守篇曰傳云周公入爲三公出爲二伯中分天下出黜陟詩曰周公東征四國是皇言東征述職又曰蔽芾甘棠勿翦勿伐召伯所茇言邵公述職親說舍於野棠之下也僞傳以此經二人爲文王武王失之鄭注以海隅爲四海之隅不據陝東言之亦未爲得也錫瑞謹案孫說以海隅二句爲使東海率職是周公之任與史公云自陝以東周公主之義合史公云周公爲三公大傳云周公盛養成王使召公奭爲傳周公身居位聽天下爲政是召公爲太傅亦是三公周公則以東伯攝王位也

今文尚書攷證卷二十一

受業熊羅宿
婁鼎升校

# 今文尚書攷證卷二十二

善化皮錫瑞

## 多方弟二十二　周書十三

**多方**　史記周本紀曰召公爲保周公爲師東伐淮夷殘奄遷其君薄姑成王自奄歸在宗周作多方孫星衍說此篇書序列在無逸君奭之後前尚有成王征將薄姑二佚篇史記周本紀召誥洛誥多士無佚及此多方俱在周公行政七年成王長周公反政之後與伐誅管蔡非一時事大傳則云周公攝政一年救亂二年克殷三年踐奄四年建侯衛五年營成周六年制禮作樂七年致政于成王則此是攝政三年事當在召誥洛誥諸篇之前故書序疏引鄭注云此伐淮夷與踐奄是攝政三年伐管蔡時事其編篇於此未聞案古今文說書本不同史公問故孔安國又與書序編篇之次相合未可非也大傳云周公以成王之命殺祿父此時不言誅奄君蒙恬傳則云殺言之者而反周公旦此賊臣流言在成王能治國之後是反政後譖周公與管蔡流言俱非一時事蓋卽奄君疑卽此時踐奄也蒙恬親見百篇之書說當不謬伏生亦見全書而大傳則夏侯歐陽所記或不必出自伏生耳錫瑞謹案史

公所載書序與馬鄭書序多異蓋今文說而此文以成王踐奄在七年反政後則與馬鄭書序同是今古文並無異說若大傳云周公攝政三年踐奄別是一事不得傅會爲一謂此成王踐奄即是周公踐奄遂疑此篇當在召誥洛誥之前盡易今古文之次序而妄詆大傳不出自伏生也蒙恬傳所云周公奔楚其說甚異史記魯世家所載與恬說合蓋即本之於恬戰國時處士橫議所言多誣恬非經師說未必盡可據東漢古文家又造爲管蔡流言周公避居之說其說絕不見於西漢以前蓋亦比附蒙恬之說爲之因疑其言周公反政而復避讒爲不近事情乃移易其年月以爲在流言之時也以今文說斷之兩說皆不足憑孫氏傅會之文更不足信陳喬樅誤以大傳云攝政踐奄爲此時事而引大傳之文又引江聲說成王政將蒲姑多方等篇皆當在康誥前其說悉舛謬無取

**惟五月丁亥王來自奄至于宗周**

孫星衍說此五月史公以爲在七年反政之後大傳以爲攝政三年不能推其甲子也王來自奄據多士云昔朕來自奄此篇應與多士相連在前故鄭疑其編篇於此也錫瑞謹案史公之說是也大傳所云並非此時之事鄭君誤合兩事爲一故其注云奄國在淮夷之旁周公居攝之時亦叛王與周公征之三年滅之自此

而來歸不知周公踐奄王不親行多士周公曰昔朕來自奄明是周公追述三年踐奄之事此篇史臣序其事云王來自奄明是成王踐奄之事鄭君偶不照耳江王孫陳皆沿鄭誤故其解此經多不可通又案趙岐注孟子曰奄東方無道國武王伐紂至于孟津還歸二年復伐前後三年滅與紂共爲亂政者五十國也奄大國故特伐之尚書多方曰王來自奄攷趙氏引此文乃以爲奄大國之證非以王來自奄爲彼時之事也蓋奄凡三見伐武王誅紂伐奄是其一周公克殷踐奄是其一成王親政奄復叛而成王踐奄又是其一解者併爲一談故多牽引之失武王伐奄不但非此時事並非周公攝政時事臺卿通今文學何至謬解如此耶故知引經爲奄大國證也

周公曰王若曰猷告爾四國多方惟爾殷侯尹民我惟大降爾命爾罔不知洪惟圖天之命弗永寅念于祀王鳴盛說王肅曰周公攝政稱成王命以告及還政稱王曰嫌自成王辭故加周公以明之王肅以多方作在歸政後則僞傳謂再叛再征與王肅合僞傳疑卽肅撰或皇甫謐依仿肅注爲之然再叛之事無據惟此周公曰王若曰之文稍似足據蓋大誥王若曰鄭謂王卽周公王肅謂周公稱成王命今此以

周公冠王之上與攝政前之大誥異與歸政後之多士同似有可疑孫星衍說王肅雖亂經之人此說多方在周公反政後實本於史記未爲無據錫瑞謹案多方在反政後奄實有再叛事說已見上王肅雖善賈馬之學其父朗師楊賜楊氏世傳歐陽尚書則肅亦嘗習今文者洪亮吉傳經表以肅爲伏生十七傳弟子故肅僞撰孔傳其書名爲古文實參合今古文爲之蓋肅意在攻鄭故陰用今文說以駁鄭之古文說如謂羲和卽仲叔四子虞時日月星辰卽畫於旌旗不在衣祖甲爲湯孫太甲奄再叛再征多方在歸政後其說皆與今文家合遠勝馬鄭古文學者當分別觀之據馬鄭以駁僞孔可也據馬鄭以駁伏生史公不可也近儒偏執鄭義以駁孔傳不知以古義爲折衷殊爲失之僞古文孔傳實王肅撰丁晏尚書餘論攷之最詳西莊云皇甫謐依仿肅注爲之說猶未塙

惟帝降格于夏有夏誕厥逸不肯慼言于民乃大淫昏不克終日勸于帝之迪乃爾攸聞釋文曰迪馬本作攸云攸所也與僞孔本作迪不合未審今文異同陳喬樅以爲今文作攸其說無據

厥圖帝之命不克開于民之麗乃大降罰崇亂有夏因甲于內亂不克靈承于旅罔丕惟進之恭洪舒于民亦惟有夏之民叨懫說文引周書曰有夏氏之民叨𧩙許君引古文未審今文同否不敢據爲今文日欽劓割夏邑天惟時求民主乃大降顯休命于成湯刑殄有夏史記夏本紀曰夏桀不務德而武傷百姓百姓弗堪迺召湯而囚之夏臺已而釋之湯修德諸侯皆歸湯湯遂率兵以伐夏桀桀走鳴條遂放而死湯乃踐天子位代夏朝天下惟天不畀純乃惟以爾多方之義民江聲說義民猶民儀謂賢者大誥民獻大傳作民儀是也不克永于多享惟夏之恭多士大不克明保享于民乃胥惟虐于民至于百爲大不克開史記龜策列傳曰桀有諛臣名曰趙梁漢書古今人表曰桀干莘與之爲惡則行師古曰干莘桀之勇人也人表干莘推侈在第八格墨子當染篇云夏桀染於干莘推哆明鬼篇云推哆大戲主別虎兕指畫殺人韓

非子說疑篇云桀有侯侈亾國之臣也呂氏春秋當染篇云夏桀染於羊辛岐踵戎高誘注云羊辛岐踵戎桀之邪臣愼大篇云干辛任威凌轢諸侯以及兆民簡選篇云殷湯遂禽移大犧說苑云桀用干莘案諸書所云卽夏多士虐民之事列女夏桀末喜傳曰桀既棄禮義收倡優侏儒狎徒能爲奇偉戲者聚之於旁造爛漫之樂亦其事也干莘羊辛當是一人推哆侯侈推哆大戲移大犧亦當是一人高誘云桀多力能推大犧因以爲號非也

乃惟成湯克以爾多方簡代夏作民主班固典引曰肇命民主五德初起蔡邕注曰民主天子也尚書曰成湯簡代夏作民主五德五行之德自伏羲以下帝王相代各據其一行始于木終于水則復始也案此今文尚書與古文同孫星衍云經既云簡又云代疑後人增代字非也

愼厥麗乃勸厥民刑用勸以至于帝乙帝乙卽祖乙湯六世孫說見酒誥

罔不明德愼罰亦克用勸要囚殄戮多罪亦克用勸開釋無辜亦克用勸今至于爾辟弗克以爾多方享天之命嗚呼王若曰誥告

爾多方非天庸釋有夏非天庸釋有殷乃惟爾辟以爾多方大淫圖天之命屑有辭乃惟有夏圖厥政不集于享天降時喪有邦間之乃惟爾商後王逸厥逸圖厥政不蠲烝天惟降時喪惟聖罔念作狂惟狂克念作聖

中論法象篇曰墮其威儀恍其瞻視忽其辭令而望民則我未之有也莫之則則慢之者至矣小人皆慢也致怨乎人患己之卑而不知其所以然哀哉故書曰維聖罔念作狂維狂克念作聖王鳴盛說洪範貌之不恭厥咎狂說文引孔子說洪範義謂聖兼包五事貌居五事之首能去其狂則進於聖故徐幹以威儀言之此古義也劉向新序言桀爲酒池糟隄縱靡靡之樂微子言紂沈酗于酒亂敗厥德酒誥言紂燕喪威儀是桀紂皆以狂亾也

天惟五年須暇之子孫誕作民主罔可念聽

詩皇矣上帝耆之箋云天須假此二國養之至老正義引鄭尚書注云夏之言暇天覬紂能改故待暇其終至五年欲使復傳子孫五年者文王八年至十三年也多方及此箋以爲天須暇之我應云作靈臺緩優暇紂以爲文王須暇之者文王知天未喪殷故不伐紂據人事而爲說亦是文王須暇之也

周頌武篇者定爾功箋云武王年老乃定女之此功言不汲汲於誅紂須暇五年正義引鄭尚書注云天待假其終至五年欲使傳子孫五年者文王受命八年至十三年是須暇五年之事也如尚書之言是天須暇紂此箋意以爲武王須暇紂者武王知天未喪故亦順天不伐據人事而言亦是武王須暇之也思文正義引大誓鄭注云禮說曰天意若曰須暇紂五年乃可誅之孫星衍說此云五年當從文王七年數至武王十一年伐紂也鄭注云夏之言假鄭用大傳義是鄭本作夏也自八年數至十三年是匝五年鄭用十三年伐紂之說與史記十一年異也錫瑞謹案史記以爲文王受命七年其後五年武王伐紂爲十一年劉歆以爲文王受命九年其後五年武王伐紂爲十三年今古文說不同而先後五年之數則一鄭既用今文受命七年之說又用古文十三年伐紂之說則首尾凡七年與須暇五年之數不合矣緯書多同今文禮說與我應所云五年當同史記今文之義鄭君兼用今古兩說與史記不同陳喬樅引之而不爲別白非也

天惟求爾多方大動以威開厥顧天惟爾多方罔堪顧之惟我周王靈承于旅克堪用德惟典神天詩譜序正義引鄭注曰顧由視念也其意言天下災異之威動

天下之心開其能爲天以視念者衆國無堪爲之惟我周能堪之

**天惟式教我用休簡畀殷命尹爾多方今我曷敢多誥我惟大降爾四國民命**僞孔傳以四國爲管蔡商奄案白虎通諫諍篇云父爲子隱子爲父隱兄弟相爲隱與父子同義故周公誅四國常以祿甫爲主也據此則今文尚書亦以管蔡商奄爲四國詩破斧四國是皇毛傳以爲管蔡商奄是今古文無異義也

**爾曷不忱裕之于爾多方爾曷不夾介乂我周王享天之命**○今文曷作害○匡謬正俗曰多方篇爾害弗夾介乂我周王享天之命段玉裁說按今本害作曷此衞包改也此篇曷字凡四見皆當由舊作害王莽依大誥多作害是今文尚書亦皆作害也

**今爾尚宅爾宅畋爾田爾曷不惠王熙天之命**說文引周書曰畋尒田與詩齊風正義引多方田爾田不同陳喬樅說一本有作田者此當是馬鄭古文本說文引周書作畋蓋據今文尚書矣錫瑞案光武封禪刻石文曰黎庶得居爾田安爾宅蓋用此經之義

爾乃迪屢不靜爾心未愛爾乃不大宅天命爾乃屑播天命爾乃自作不典圖忱于正我惟時其教告之我惟時其戰要囚之大傳曰戰者憚警之也

至于再至于三乃有不用我降爾命我乃其大罰殛之○今文再下無至于字三下無乃字○漢書文三王傳廷尉賞大鴻臚由移書梁王傅相中尉曰書曰至于再三有不用我降爾命師古曰此周書多方篇之辭也言我教汝至于再三汝不能用則我下罰黜汝命也段玉裁說按此少至于字乃字蓋今文尚書本然錫瑞案論衡譴告篇曰管蔡篡畔周公告教之至于再三與漢書合

非我有周秉德不康寧乃惟爾自速辜王曰嗚呼猷告爾有方多士暨殷多士今爾奔走臣我監五祀江聲說武王命三叔監殷殷民皆臣服于玆十年矣言五祀者本其未叛時言也孫星衍說監謂三監五祀五年也錫瑞謹案江孫二說皆非也據史記今文說多方在周公歸政後與馬鄭

古文書序同是今古文皆無異說此時三監已滅不應追述前事且從三監監殷數起又不止五祀是五祀不當從監殷數起而監亦非三監之監也大傳云周公攝政一年救亂二年克殷三年踐奄四年建矦衞建矦衞即封康叔之事監當讀如王啟監之監指康叔中旄父言之臣我監五祀當從建矦衞之年數起多方之作蓋在歸政一二年後距四年建矦衞適得五祀商奄之屬既叛而服服而再叛經云今爾奔走臣我監五祀當從既叛而服數之不當追數未叛以前之事也

**越惟有胥伯小大多正**○今文作越維有胥賦小大多政○大傳曰古者十稅一多于十稅一謂之大桀小桀少于十稅一謂之大貊小貊王者十一而稅而頌聲作矣故書曰越維有胥賦小大多政孫星衍說大傳惟作維伯作賦正作政者今文也胥者周禮天官序官云胥十有二人徒百有二十人注云此民給繇役者是給繇役者有胥名賦者周禮大司馬云凡令賦以地與民制之上地食者三之二其民可用者家三人中地食者半其民可用者二家五人下地食者三之一其民可用者家二人是繇役亦賦也今文言于維有繇賦之事小大多得中之政令也

**爾罔不克臬自作不和爾惟和哉爾室不睦爾惟和哉爾邑克明**

爾惟克勤乃事爾尙不忌于凶德說文言部諅忌也引周書曰上不諅于凶德未知今文同否

亦則以穆穆在乃位克閱于乃邑謀介爾乃自時洛邑陳喬樅說大傳周公攝政五年營成周此誥多方在攝政三年而云自時雒邑者蓋成周之營本爲安集所遷之殷民多方作於克殷踐奄以後此時將遷殷民於雒故先誥之召誥云厥既命殷庶庶殷丕作是殷民早已先集雒邑知遷殷在封衞之前而非在營雒之後也錫瑞謹案陳說非也大傳云五年營成周如此篇作於攝政三年成周未營何故先有雒邑經云自時雒邑明是已營成周之後史記與書序皆以多方列成王親政後無誥多方在攝政三年之說僞孔傳以爲奄再叛再征按之史記書序摘不可易當是王肅襲用今文家言近人必欲執鄭誤解移易經文篇次而以奄再叛再征爲不可信故其解多士多方二篇皆不可通陳氏治今文必以鄭君古文說汨之可謂大惑不解

尙永力畋爾田天惟畀矜爾我有周惟其大介賚爾迪簡在王庭

尙爾事有服在大僚王曰嗚呼多士爾不克勸忱我命爾亦則惟

不克享凡民惟曰不享爾乃惟逸惟頗大遠王命則惟爾多方探天之威我則致天之罰離逖爾土王曰我不惟多誥我惟祗告爾命又曰時惟爾初不克敬于和則無我怨漢石經我則致天之下闕

今文尚書攷證卷二十二

受業熊羅宿
袁宗濂校

# 今文尚書攷證卷二十三

善化皮錫瑞

## 立政第二十三　周書十四

立政史記魯世家曰周之官政未次序於是周公作周官官別其宜作立政以便百姓百姓說孫星衍說便猶辨也百姓百官也

周公若曰拜手稽首告嗣天子王矣史記周本紀曰周公行政七年成王長周公反政成王北面就羣臣之位魯世家曰成王長能聽政於是周公乃還政於成王王北面就臣位匔匔如畏然是說此經拜手稽首之義

用咸戒于王曰周公就羣臣之位故與羣臣同進戒於王

王左右常伯常任王鳴盛說據揚雄侍中箴光光常伯應劭漢官儀侍中周成王常伯任侍中殿下稱制以常伯爲漢侍中又據胡廣侍中箴亦惟先正克愼左右常伯常任實爲政首箴中備引籍孺閎孺鄧通石顯弘恭董賢爲戒則並常任亦

爲侍中之職錢大昕說據漢書谷永對策執常伯之職師古云常伯侍中也後漢書楊賜傳樂松處常伯松時爲侍中也錫瑞謹案谷永云治遠自近始習善在左右誠敕正左右齋栗之臣戴金貂之飾執常伯之職者則左右肅艾兩稱左右與經云王左右相合胡廣亦云克慎左右皆其明證攷漢人今文說王氏錢氏所引之外如漢書王莽傳張竦爲陳崇艸奏曰霍光即席常任之重揚雄羽獵賦曰羣公常伯楊朱墨翟之徒李善注曰常伯侍中也後漢書李固傳固疏曰光祿大夫周舉才謨高正宜在常伯訪以言議朱穆傳穆疏曰案漢故事中常侍參選士人建武以後乃悉用宦者假貂蟬之飾處常伯之任襄楷傳楷疏曰黃門常侍天刑之人今乃反處常伯之位泱謀於中李賢注曰常伯侍中也尚書曰常伯常任蔡邕司空文烈侯楊公碑曰帝以機密齋栗常伯劇任陳留太守胡公碑曰乃位常伯恪處左右陳太邱碑曰便可入踐常伯超補三事漢官儀曰侍中周官號曰常伯選於諸伯言其道德可常尊也續漢書百官志云侍中比二千石注引蔡質漢儀曰侍中常伯蔡質即蔡邕諸父當亦習今文者隋書經籍志漢官典職儀式選用二卷漢衛尉蔡質撰續漢志注所引蔡質漢儀即隋志之漢官典職儀式選用也杜佑通典曰侍中者周公戒成王立政之篇所云常伯常任以爲左右即其任也又云直侍左右分掌乘輿服物下至褻器虎子之屬據此則常伯常任正與贅衣虎賁同

列故進戒首及之或疑常伯常任明分二職何以皆爲侍中不知漢書百官表云侍中中常侍皆加官亡員多至數十人得入禁中應劭注曰入侍天子故曰侍中攷侍中在漢時分爲左右曹或又爲散騎或又爲中常侍後又合爲散騎常侍安知周成王時不分大小二職師古注谷永傳執常伯之職云一曰常任使之人此其長也言常伯爲常任之長正足爲大小二職之證衞覬受禪碑曰延公侯卿士常伯常任納言諸節岳牧邦君以常伯常任別出於公侯卿士岳牧邦君之外亦必以爲侍中常侍之官也

**準人**○今文作辟人○漢石經常伯常任辟下闕孫星衍說辟亦法也辟人謂法官也錫瑞謹案王出入必有執法之官周禮有朝士屬秋官司寇故辟人與贅衣虎奔同列

**綴衣**○今文作贅衣○揚雄雍州牧箴班固西都賦崔瑗北軍中候箴皆作贅衣李善文選注引公羊傳曰贅猶綴也案古贅綴通用公羊傳贅旒張衡傳引作綴旒顧命篇綴路鄭司農周禮注引作贅路是其證漢書王莽傳云又置大贅官主乘輿服御物莽蓋用今文說仿古贅衣之官

**虎賁**○今文賁作奔○續漢書百官志注引蔡質漢儀曰主虎賁千五百人無常員多至千人戴鶡冠次右將府又虎賁舊作

虎奔言如虎之奔也王莽以古有勇士孟賁故名焉漢官儀曰言其猛怒如虎之奔赴也平帝元始元年更名虎賁郎古有勇士孟賁改奔爲賁錫瑞謹案據此則古當作虎奔今經典皆作賁者乃東漢以後人所改又案風俗通十反篇曰周公將沒戒成王以左右常伯常任準人綴衣虎賁言此五官存亾之機不可不謹也是漢人以此爲周公將沒之言而準不作辟綴不作贅者應仲遠兼通今古文或自用古文尚書字或後人以古文改之

**周公曰嗚呼休茲知恤鮮哉**○今文嗚呼作於戲○石經於下文作於戲此亦當同書正義引王肅曰於時周公會羣臣共戒成王其言曰拜手稽首者是周公讚羣臣之辭休美也此五官美哉錫瑞謹案蔡邕太尉楊公碑曰庶尹知恤司空文烈侯楊公碑曰帝以機密齋栗常伯劇任鮮克知臧以釐其采乃用知恤鮮哉之義近人訓鮮爲斯雖可通而非古義

**古之人迪惟有夏乃有室大競籲俊尊上帝迪知忱恂于九德之行**錫瑞謹案論衡語增篇以多士上帝引逸爲虞舜是今文家有以上帝爲古帝之義此云上帝義亦當爲虞舜九德即咎繇謨所云九德尊當讀爲遵言有夏籲俊乃遵虞帝故事迪知誠信于九德之行也

乃敢告教厥后曰拜手稽首后矣曰宅乃事宅乃牧宅乃準茲惟后矣。今文宅作度準作辟。石經於下文維厥度心作度則宅皆當爲度石經於上文準人作辟則準皆當爲辟

謀面用丕訓德則乃宅人茲乃三宅無義民。今文謀上有亂字宅作度。漢石經亂

謀面用下闕江聲說丕讀曰不古者丕與不通下文云用僉人不訓德此云亂謀面用丕訓德丕之誼爲大既言亂謀則不得言向用大順之德自當如下文所云不訓德乃始允當也訓順廣雅文周頌烈文四方其訓之箋云天下諸侯順其所爲是訓爲順也義讀如儀此言若惑亂其謀向用不順之德居其人於位如此則三宅之官無以儀型於民矣錫瑞謹案江說是也而以亂爲惑亂義爲儀型則猶未當亂語詞與率通梓材厥亂爲民論衡作厥率化民是其證亂謀面用不訓德謂率謀向用不順德也不順德謂不賢之人義民猶民儀謂賢者義讀爲儀儀訓爲賢非儀型於民之謂經意蓋謂向用不賢之人此乃三度無賢者矣立政一篇篇首文法與他篇迥異而與此上文云乃敢告教厥后曰拜手稽首后矣文法大同蓋夏臣本有此告君之詞周公法之以戒成王公所以法夏者夏與周同尚文見於春秋繁露白虎通諸書可據殷人尚質或無此詞故公舉夏臣告君之詞不及殷也於夏舉其告君

之詞於殷舉其用人之政亦詳畧互見之法此經自曰度乃事以下皆引夏臣告君之詞夏臣蓋謂能度乃任事者度乃牧民者度乃執法者此維君之道矣若率謀向用不賢之人則乃度人此乃所度之任事者牧民者執法者皆無賢者矣蓋反復言之以盡意周公舉之爲後法也今文說雖不傳經義似當如此解者不知此三句有夏臣告君之詞故多不可通江說近之而其義有未盡者茲存鄙說以俟考焉

桀德惟乃弗作往任是惟暴德罔後亦越成湯陟丕釐上帝之耿命乃用三有宅克即宅曰三有俊克即俊○○今文宅作度俊作會下文灼見三有俊心石經俊作會則此三有俊克即俊今文尚書當作三有會克即會

嚴惟丕式克用三宅三俊其在商邑○今文宅作度俊作會○說見上文白虎通京師篇曰尚書曰在商邑謂殷也

用協于厥邑其在四方用丕式見德嗚呼其在受德暋○今文嗚呼作於戲

受作紂○漢石經上闕于厥邑其在下闕錫瑞謹案今文尚書受作紂牧誓毋佚諸篇可證陳喬樅本作受非也紂德言紂之德與上桀德義同馬注受所爲德也馬從古文作受亦不連受德二字爲義說文引作在受德忞乃古文若今文不作受亦不必作忞

惟羞刑暴德之人同于厥邦乃惟庶習逸德之人同于厥政帝欽罰之乃伻我有夏式商受命奄甸萬姓亦越文王武王克知三有宅心灼見三有俊心以敬事上帝○今文宅作度俊作會○漢石經上闕有會心以敬事下闕俊字作會與說文引周書曰焯見三有俊心不同是古文作俊今文作會陳喬樅說度讀如圖度之度度猶制也左傳所謂心能制義曰度是也會讀如計會之會會猶最也胡廣所謂課第長吏其有治能者爲最是也

立民長伯立政任人準夫牧作三事虎賁綴衣趣馬小尹○今文準作辟賁作奔綴作贅○趙岐注孟子曰虎賁武士爲小臣者也書云虎賁贅衣趣馬小尹綴作贅與揚雄班固崔瑗所引今文合

左右攜僕百司庶府大都小伯藝人表臣百司太史尹伯庶常吉

士司徒司馬司空孫星衍說司徒司馬司空則周禮六卿之三也曲禮云天子之五官曰司徒司馬司空司士司寇鄭注以爲殷制然則殷紂時天子五官文武時爲諸侯降於天子故三官錫瑞謹案今尚書說天子三公曰司馬公司徒公司空公則古天子亦止有三公無六卿詳見甘誓

亞旅夷微盧烝三亳阪尹○今文盧作纑○史記錄牧誓文微纑彭濮人纑字從糸此亦當同書正義引鄭注曰三亳者湯舊都之民服文王者分爲三邑其長居險故曰阪尹蓋東成皋南轘轅西降谷也今文與鄭義同異無可攷

文王惟克厥宅心乃克立茲常事司牧人以克俊有德○今文惟作維厥上無克字宅作度俊作會○漢石經上闕維厥度心乃下闕錫瑞謹案據此則篇中宅字皆當作度石經於上文三有俊心作有會心此文俊字亦當作會會者會合之義今文作克會有德較古文作克俊有德於義爲長

文王罔攸兼于庶言庶獄庶愼惟有司之牧夫是訓用違庶獄庶愼文王罔敢知于茲亦越武王率惟敉功不敢替厥義德率惟謀

從容德以竝受此丕丕基嗚呼。今文惟作維此作茲基作其嗚呼作於戲。漢石經上闕受茲丕丕其於戲下闕段玉裁說此今文尚書也此作茲基作其烏呼作於戲大誥亦有丕丕基而漢書翟方進傳王莽作大大矣以矣訓基者蓋今文尚書大誥亦作丕丕其與立政同其者語詞讀如姬故莽以語詞訓之今文尚書說也錫瑞謹案段說非也莽作大誥云始而大大矣明是以始訓基石經此文作其卽基字渻文竝非語詞江聲云今文基爲其其基之渻是也

孺子王矣繼自今我其立政立事準人牧夫我其克灼知厥若丕乃俾亂相我受民和我庶獄庶愼時則勿有間之自一話一言我則末惟成德之彥以乂我受民。今文準作辟勿作物惟作維。論衡明雩篇曰周公爲成王陳立政之言曰時則物有間之自一話一言我則末維成德之彥以乂我受民周公立政可謂得矣知非常之物不賑不至故敕成王自一話一言政事無非毋敢變易然則非常之變無妄之氣間而至也水氣間堯旱氣間湯周宣以賢遭遇久旱政無細非旱猶有氣間之聖主知之不改政行轉穀賑贍損酆濟耗斯見之審明所以救赴之者得宜也王鳴盛說據此則勿當作物謂灾物也易无妄

鄭讀妟爲望言无所望劉逵吳都賦注引易无妄曰災氣有九陽阨五陰阨四合爲九一元之中四千六百一十七歲各以數至王充據此以說此經爲災物閒至不宜改政此必晚周學者相傳古訓當從之段玉裁說詳仲任意於末字句絕末無也謂無非也不賑不至當作不賑不去謂去非常之災異也矦康說按周禮司常雜帛爲物而說文勿部首云勿州里所建旗象其柄有三游雜帛幅半異所以趣民是勿即物又勿無也而物故之物高堂隆答魏朝訪亦訓爲無劉熙釋名劉昭續漢志注同蓋二字非獨音近義亦本通矣但仲任釋此經與古文絕殊蓋以物爲災物考信公四年左傳必書雲物注雲物氣色災變也又史記留矦世家然言有物漢書東平王宇傳或明鬼神信物怪仲任以物爲災怪義同於此

**嗚呼予旦已受人之徽言**○今文嗚呼作於戲已作以受作前徽作徽○漢石經上闕旦以前人之徽言下闕孫星衍說漢書蓺文志云孔子沒而微言絕文選注引論語崇爵讖曰子夏等六十四人共撰仲尼微言微與媺聲義相近媺言亦美言也錫瑞謹案漢丹楊太守郭文碑云微言絕矣漢人常用微言字當訓精微之微師古注漢書云精微要妙之言是也與徽言訓美言不同義

咸告孺子王矣繼自今文子文孫其勿誤于庶獄庶慎後漢書陳寵傳寵上疏曰周公作戒勿誤庶獄

惟正是乂之自古商人亦越我周文王立政立事牧夫準人則克宅之克由繹之。今文惟作維準作辟宅作度由作猶。王應麟藝文志攷漢儒所引尚書異字有則克度之克猶繹之段玉裁說宅作度由作猶今文尚書也

茲乃俾乂國則罔有立政用憸人案般庚相時憸民石經憸作散疑此憸字今文亦當作散然無塙據姑具其說俟攷釋文云憸本又作㥶㥶與散音近

不訓于德是罔顯在厥世。今文訓下無于字在作哉。漢石經上闕訓德是罔顯哉厥世下闕王鳴盛說作哉則當句絕下厥世不成文義未詳侯康說云厥世以下石經闕或與古文不同無嫌哉字句絕然考經典中戠多通載詩文王陳錫哉周昭十年左傳作陳錫載周孟子朕載自亳僞古文伊訓作朕哉自亳禮記中庸注裁讀如文王初載之載釋文載之載

竝音災本或作哉然則破哉爲載可仍於厥世句絶矣又考州輔碑我貴不濡我貴卽在貴也與哉字形尤近疑因此致訛

**繼自今立政其勿以憸人其惟吉士用勱相我國家**○今文惟作維○說文引周書曰用勱相我邦家蓋古文作邦今文作國僞孔用今文本也說文又引周書勿以譣人蓋亦古文○一作用勛相我國家○三國志孫權傳魏文帝策命權曰以勛相我國家勱字說文云勉力也勛亦訓勉曹丕引書勱作勛當是三家尚書異文

**今文子文孫孺子王矣其勿誤于庶獄惟有司之牧夫其克詰爾戎兵以陟禹之迹方行天下**○今文惟作維方作旁○錫瑞謹案古文作方今文作旁漢書地理志曰昔在黃帝作舟車以濟不通旁行天下師古曰旁行謂四出而行之是今文尚書作旁之明證張衡東巡誥曰旁行海表正合用此經上下二句文晉書地理志曰昔黃帝旁行天下亦本漢志之文皆與今文相合此江孫段陳所未及引者江云方當爲旁但未引見他書無所依據故不敢於經文直改作旁猶考之未詳耳

**至于海表罔有不服以覲文王之耿光以揚武王之大烈**○今文覲作勤

耿作鮮烈作訓○漢石經上闕王之鮮光以揚武王下闕陳喬樅說尚書大傳雒誥篇以勤文王之鮮光以揚武王之大訓此二語疑即引用立政篇耿光作鮮光與蔡邕書石經合覲作勤烈作訓疑是今文尚書本如是也鮮之訓爲明此言鮮光猶雒誥之言明光也詩出車旂旐央央毛傳云央央鮮明也大明檀車煌煌鄭箋云兵車鮮明漢書辛慶忌傳云慶忌性好輿馬號爲鮮明是鮮本有明誼又瓠葉箋云今俗語斯白之字作鮮白亦與明義近矦康說覲作勤者周禮大宗伯注覲之言勤也欲其勤王之事是覲有勤義也蔡中郎筆賦紀三王之功伐兮表八百國之肆覲傳六經而綴百代兮建皇極而敘彝倫是覲有勤音也耿作鮮者耿字訓明見廣雅釋詁鮮亦訓明見周易說卦傳爲蕃鮮疏是耿鮮義同也錫瑞謹案今文作勤當與下句揚字同義爾雅勤與庸皆訓勞是勤與庸義近庸從庚有賡續之義凡勤勞者必賡續用力而不絕也勤與庸同訓當亦有賡續之義爾雅云賡揚續也是揚字訓續此經勤字亦當訓續上言勤下言揚皆謂賡續前人之功也

**嗚呼繼自今後王立政其惟克用常人**○今文嗚呼作於戲惟作維○案風俗通以此篇爲周公將沒之言故於繼自今後王反復申之以垂戒也史記魯世家於作立政後即云周公在豐病將沒則立政爲公臨沒之言應

仲遠說可信

周公若曰太史司寇蘇公式敬爾由獄以長我王國茲式有慎以列用中罰左氏成公十一年傳昔周克商使諸侯撫封蘇忿生以溫爲司寇又隱公十一年杜預注云蘇忿生周武王司寇蘇公也後漢書云律謝臯蘇注以蘇爲忿生是蘇公長於刑法

今文尚書攷證卷二十三

受業熊羅宿文承譽校

善化皮錫瑞

## 顧命第二十四　周書十五

**顧命**史記周本紀曰成王將崩懼太子釗之不任乃命召公畢公率諸侯以相太子而立之成王既崩二公率諸侯以太子釗見於先王廟申告以文王武王之所以爲王業之不易務在節儉毋多欲以篤信臨之作顧命集解鄭元曰臨終出命故謂之顧顧將去之意也

**惟四月哉生魄王不懌**。今文作哉生霸王有疾不豫。漢書律厤志引劉歆三統厤曰成王元年正月己巳朔此命伯禽俾侯于魯之歲也後三十年四月庚戌朔十五日甲子哉生霸故顧命曰惟四月哉生霸王有疾不豫甲子王乃洮沬水作顧命孫星衍說成王在位年數史記無文劉歆說以哉生霸爲十五日亦不可信錫瑞謹案白虎通日月篇曰三日成魄是以月明生爲生霸則明盡爲死霸晦日爲死霸故朔日爲既死霸二日爲旁死霸死盡則復生故三日爲哉生霸禮記說文緯書推度災援神契之說皆同詳見康誥篇首是今古文家無異說惟劉歆以爲十五日甲子哉生霸則與古義大異與經義亦不相符經云維四月哉生霸王有疾不豫甲子王乃洮沬水則甲子與哉生霸之日必非一日若甲子卽是哉生霸之日則於是日得疾卽於是日作顧命無此急遽之事若謂成王以暴疾猝崩又何云病日臻旣彌留乎然則劉歆所引經雖爲今文尚書而其自爲之說殆不可據以爲成王三十年亦與鄭注云成王二十八年居攝六年爲年端之說不合鄭注康王之誥云周公居攝六年制禮作樂至此積三十年居攝終於七年加二十八年故三十年也又注金縢據大傳大戴禮記武王崩成王年十歲三年喪畢年十三將踐阼稱已小求攝管蔡流言周公避居東都三年感風雷迎公歸時成王年十五卽居攝元年五年營成周六年制禮作樂七年致政明年成王卽政年二十二卽政二十八年崩年四十九也鄭所推多居東三年故謂武王崩成王十歲周公居攝成王十五今文家說雖不可攷然據大傳云居攝四年建矦衞成王年十八稱孟矦則武王崩周公居攝時年當十四五與鄭說不相遠其後或當如鄭所推通鑑外紀引王肅注亦云成王二十八年崩說與鄭同疑今文說本如是也若劉歆以爲文王受命九年而崩武王十一年觀兵十三年伐紂與史記文王受命七年而崩武王九年觀兵十一年伐紂始終皆差二年故以成王卽位爲三十年亦較鄭注二十

八年差二年則劉說爲古文異說與今文不同也皇甫謐帝王世紀曰八年王始躬親王事七年王崩年十六矣太子釗代立以成王崩年止十六其說尤不可通如其說則康王當在襁褓中豈能冕服見諸侯作誥哉乃世紀又曰康王元年釋喪冕作誥申諸侯何其自相矛盾

**甲子王乃洮頮水**。○今文頮作沬。○漢志引作沬說文水部云沬洒面也从水未聲重文湏云古文沬从頁段玉裁說說文小篆作沬古文作頮頮从水廾頁會意兩手匊水洒面也今說文作湏乃是誤字尙書音義文選報任少卿書注所引皆所誤案據此則古文作頮今文作沬

**相被冕服憑玉几**。○今文憑作馮。○周禮司几筵注鄭司農云書顧命曰成王將崩命太保芮伯畢公等被冕服馮玉几孫星衍說先鄭以相爲太保等也此或今文說與後鄭異案書正義引鄭注云相正王服位之臣謂太僕故孫氏以爲先鄭說異或今文說也又案說文几部云凭依几也从任几周書曰凭玉几讀若馮蓋古文作凭先鄭用今文尙書作馮淮南王安上書曰負黼扆馮玉几亦用今文作馮字中論法象篇云顚沛而不可亂者則成王其人也將崩體被冕服然後發顧命之辭夫以崩亾

之矦猶不忘敬況於游宴乎是說此經之義也

**乃同召太保奭芮伯** 漢石經乃闕召大保下闕漢書古今人表第三等有芮伯與師伯同列師古曰周司徒也第六等又有芮伯師古曰當武王時作旅巢命案據此則成王所召芮伯與作旅巢命之芮伯是二人非一人師古知爲周司徒者以周禮六卿之序推之召公繼周公爲冢宰芮伯當爲司徒

**彤伯**○今文作師伯○古今人表第三等有師伯師古曰周宗伯也尙書作彤伯師古知爲周宗伯者亦以六卿之序推之

**畢公衞侯** 錫瑞謹案衞矦今文尙書當作衞伯史記衞康叔世家云康叔卒子康伯代立康伯卒子孝伯立孝伯卒子嗣伯立嗣伯卒子疌伯立疌伯卒子靖伯立靖伯卒子貞伯立貞伯卒子頃矦立頃矦厚賂周夷王夷王命衞爲矦據此則頃矦以前衞皆稱伯不當稱矦大傳孟矦指成王不指康叔史公蓋同伏生說也稱矦乃古文家說漢書地理志謂周封康叔號曰孟矦蓋班氏用大夏矦說與古文說同而與大傳史記皆不合此云衞矦依大傳史記當作衞伯姑具其說以俟識者攷焉

**毛公** 古今人表第三等有毛叔鄭注曰文王子又有毛公師古曰周司空也案據此則毛公與文王子毛叔鄭亦非一人師古

知爲周司空者亦以六卿之序推之孫星衍說大傳天子三公司徒公司馬公司空公鄭注云周禮天子六卿與太宰司徒同職者謂之司徒公與宗伯司馬同職者謂之司馬公與司寇司空同職者謂之司空公一公兼二卿舉下以爲稱鄭注君奭序答趙商問皆謂三公兼師保則得師保之稱今此經六人中有三人爲三公自是以三公兼六卿者錫瑞謹案三公兼六卿自是周制若周公未制禮以前祇有三公並無六卿曲禮以太宰與宗祝史卜士並列白虎通以太宰爲天子之大夫皆今文家說曲禮列六太於五官之前以其爲司天之官故耳其實太宰秩卑必非同周之冢宰也若宗伯司寇其名亦不見於周以前尚書云秩宗即宗伯之職士即司寇之職在周以前此二官與太宰皆當爲三公之屬官不得與三公並列故牧誓立政與古大誓皆祇有司徒司馬司空之官今文家說信而有徵若此經所列六人則是周公制禮以後周有六卿之明證召公與畢公毛公爲三公即在六卿之中鄭君云一公兼二卿惟可以解此經與大傳所云天子祇有三公其義判然不合且如鄭說畢公入爲司馬則召公當爲司徒毛公當爲司空畢毛爲司馬司空或當如鄭君說若召公爲司徒則當時冢宰何人周公既薨豈復有位於召公之上者若謂一公兼二卿召公以司徒兼冢宰當時六卿何以實有六人是知今尚書說天子三公乃周以前之制古周禮說天子六卿乃周公制禮以後之制鄭

合今古文說傳會爲一其注大傳實與大傳之義不符孫氏引之不加別白非也

師氏虎臣○今文虎作龍○古今人表第三等有師氏師古曰周大夫也又有龍臣師古曰周武賁氏也尚書作武臣段玉裁說唐人諱虎爲武師伯龍臣此今文尚書也而班氏以師氏龍臣爲人名僞孔則以師氏虎臣爲官其說亦異師古用孔傳以虎注龍誤矣

百尹御事王曰嗚呼疾大漸蔡邕陳留太守胡公碑曰是日疾遂大漸議郎胡公夫人哀讚曰疾大漸以危亟兮胡公夫人靈表曰疾大漸兮速流

惟幾病日臻既彌留○今文一作彌流○蘇順漢和帝誄曰彌留不豫蔡邕濟北相崔君夫人誄曰寢疾彌留孔彪碑云而疾彌流是今文一作彌流也

恐不獲誓言嗣茲予審訓命汝昔君文王武王宣重光錫瑞謹案洪範五行傳曰明王踐阼則日儷其精重光以見吉祥漢書兒寬傳寬奉觴上壽曰癸亥宗祀日宣重光李奇注云太平之世日裒重光謂日

有重日也孝經說曰德及于天斗極明日月光春秋元命包曰文
王之時五星以聚房也桓譚新論曰二年甲子日日月若連璧五
星若連珠昧爽武王至于商郊牧野荀悅漢紀後序曰至于有周
對日重光崔豹古今注音樂篇曰漢明帝爲太子樂人作歌詩四
章以贊太子之德一曰重光天子之德光明如日太子比德焉故
云重爾釋文引馬注云重光日月星也太極上元十一月朔旦冬
至日月如疊璧五星如連珠故曰重光據此諸說則今文家以重
光爲日或兼月與星言謂文武時有此重光之瑞見寬傳今文故
同五行傳義馬治古文亦用今文義不異也而後漢和帝紀永元
二年詔曰豈非祖宗迪哲重光之鴻烈歟班固典引曰然後宣二
祖之重光蔡邕胡公碑曰人倫輯睦日月重光陳留索昏庫上里
社碑曰爰我虞宗乃世重光張表碑銘曰令德攸兮宣重光祝睦
後碑曰領二郡曜重光鍾會檄蜀文曰奕世重光魏受禪碑宣重
光以照下邯鄲子禮魏受命述曰聖嗣承統爰宣重光諸說則以
重光爲重熙累洽即大傳云光華復旦之意若孟堅以漢之二祖
比文武子禮以曹操比文王曹丕比武王其義尤明是今文家亦
不盡以重光爲文武時有疊璧連珠之瑞蓋三家今文不同也又
案李善注文選陸士衡宴元圃詩作昔先君注鍾士季檄蜀文作
昔我君今本作昔君文義未完疑脫一
字然李善注亦參差不一未敢意增

奠麗陳教則肄肄不違用克達殷集大命。○今文達作通集作就漢石經上闕通殷就大命在下闕段玉裁說古文達字今文皆作通如禹貢達于河達于沸達于淮泗史記皆作通是也集就古通用韓詩是用不就毛詩作不集是也皆雙聲字

在後之侗。○今文作在后之詞○僞孔本作在後之侗釋文云侗馬本作詞云共也說文言部詞共也引周書在后之詞段玉裁說侗作詞與馬本合後作后者古字通用徐鼎臣李仁甫本皆作在夏后之詞誤衍夏字不可通徐楚金本無夏字玉海藝文志考引在夏后之詞此用徐鼎臣誤本也黃公紹韻會引在后之詞用小徐本無夏字錫瑞謹案段說是也大徐說文衍一夏字江聲王鳴盛孫星衍曲爲之說皆不可通陳喬樅以有夏字爲今文亦無據

敬迓天威嗣守文武大訓無敢昏逾今天降疾殆弗興弗悟。○今文弗作不○費鳳碑曰不悟奄忽又曰終則不悟是今文尚書作不悟以例推之弗興亦當作不興也

爾尚明時朕言用敬保元子釗弘濟于艱難柔遠能邇安勸小大

庶邦思夫人自亂于威儀爾無以釗冒貢于非幾孫星衍說冒者春秋左氏文十八年傳云冒于貨賄注冒亦貪也貢者廣雅釋言云獻也幾與機通淮南主術訓云治亂之機高誘注云機理也言汝衆國無以釗爲貪而進奉以非法之財賄史記云務在節儉毋多欲此篇惟冒貢非幾爲多欲之義釋文冒一音墨是古說亦有以爲貪墨之義者知史公即解此文蓋孔安國古文說也錫瑞謹案孫說是也而以爲孔安國古文說則未必然史記引經皆今文說班孟堅云遷書載堯典禹貢洪範微子金縢多古文說則餘篇非古文說可知孫以爲史記皆從古文殊失考

茲既受命還出綴衣于庭○今文既作即綴作贅○漢石經上闕非幾茲即下闕段玉裁說既作即此今文尚書也案立政篇綴衣揚雄班固崔瑗趙岐引皆作贅則依今文此綴衣亦當作贅也

越翼日乙丑王崩○今文翼作昱王上有成字○漢書律麻志云顧命曰昱日乙丑成王崩白虎通崩薨云書曰成王崩天子稱崩何別尊卑異生死也天子曰崩大尊像崩之爲言崩壞也春秋說題辭曰天子曰崩崩之爲言隕也釋名釋喪制曰天子曰崩崩壞之形也崩硼聲也周禮司几筵注鄭司農云書顧命曰昱日乙丑成王崩釋文云馬本作成王崩云安民立政曰

成段玉裁說馬蓋謂成爲死謚非生稱與酒誥注相表裏而不知初崩未有謚春秋之例曰薨至葬而後曰葬我君某公案段說是也酒誥成王三家說以成王爲少成二聖之功生號曰成王沒因爲謚其義最塙

**太保命仲桓南宮毛**。今文仲作中毛作髦。古今人表第三等有中桓南宮髦

**俾爰齊侯呂伋以二千戈虎賁百人逆子釗於南門之外**。今文賁作奔逆作迎。虎賁當作奔見立政白虎通爵篇曰何以知不從死後加王也以上迎子釗不言迎王也錫瑞謹案今文逆爲迎上云元子釗元子太子也又云爾無以釗不云子釗此云迎子釗則子非康王名時成王新崩故稱子與春秋未殯稱子某之義同孫星衍說南門者廟門史記所云二公率諸侯以太子釗見於先王廟是也

**延入翼室恤宅宗**。今文翼作翌宅作度。後漢書袁紹傳注引此文作翌段玉裁說傳訓翌爲明疏引釋言翌明也則其字必本作翌明室即明堂也明堂即路寢也班固典引曰正位度宗李賢注云尚書曰延入翼室恤度宗度居也宗尊也孫星衍說此本蔡邕典引注李賢襲之今文宅爲度

丁卯命作册度越七日癸酉伯相命士須材狄設黼扆綴衣○今文扆作衣綴作贅○漢石經上闕黼衣下闕馮登府說案扆通依明堂位天子負斧依釋文本作扆依亦作衣學記不學博依注或爲衣衣卽依省也李富孫說說文衣依也釋名訓同依與扆通故石經從省作衣

牖間南嚮敷重篾席黼純華玉仍几西序東嚮敷重底席綴純文貝仍几東序西嚮敷重豐席畫純雕玉仍几西夾南嚮敷重筍席玄紛純漆仍几○今文嚮作鄉敷作布篾作莧○周禮司几筵凶事仍几注云故書仍爲乃鄭司農云乃讀爲仍仍因也因其質謂無飾也爾雅曰儴仍因也書顧命曰翌日乙丑成王崩癸酉牖間南鄉西序東鄉東序西鄉皆仍几說文苜部云莧火不明也从苜火苜亦聲周書曰布重莧席纖蒻席也讀與篾同案史記用今文敷多作布說文所引當是今文下文亦當以例改爲布

越玉五重陳寶赤刀大訓弘璧琬琰在西序大玉夷玉天球河圖

**在東序**　周禮天府凡國之玉鎮大寶器藏焉若有大祭大喪則出而陳之注曰鄭司農云書顧命曰翌日乙丑王崩丁卯命作冊度越七日癸酉陳寶赤刀大訓弘璧琬琰在西序大玉夷玉天球河圖在東序允之舞衣大貝鼖鼓在西房兌之戈和之弓垂之竹矢在東房此其行事見於經賈疏引鄭顧命注曰赤刀者武王誅紂時刀赤爲飾周正色也大訓者謂禮法先王德教宏大也大璧琬琰皆度尺二寸者大玉華山之玉夷玉東北之珣玗琪也天球雍州所貢之玉色如天者三者皆璞未見琢治故不以禮器名之河圖圖出於河水帝王聖者所受大貝者書傳曰散宜生之河淮之浦取大貝如車渠是也鼖鼓大鼓也允也兌也和也垂也皆古人造此物者之名案仲師引陳寶與說文異大玉夷玉天球與蔡注異蓋亦三家之不同○今文一作陳宲赤刀○說文宀部宲藏也从古文保周書曰陳宲赤刀案史記用今文寶皆作葆葆與宲相近說文所引疑亦今文非必壁中故書正義引鄭注云陳寶者方有大事以華國與先鄭所引皆作寶或反屬古文與○一作天球河圖在東杼○王儉褚淵碑文曰餐東野之秘寶李善注云雒書天准聽曰顧命云天球河圖在東杼天球寶器也河圖本紀圖帝王終始存亾之期典引曰御東序之秘寶然野當爲杼古序字也段玉裁說尚書大傳天子賁庸諸侯疏杼鄭注杼亦廧也是杼爲序之假借今文尚書蓋如是大傳屬今文漢時緯書亦皆

用今文○一作顓頊河圖雒書在東序○班固典引曰御東序之
秘寶以流其占蔡邕注曰東序牆也尚書曰顓頊河圖雒書在東
序流演也河圖據二段字讖增脫雒書皆存亾之事尚覽之以演禍福之
驗也陳喬樅說蔡所引尚書當是尚書說古帝王受河圖者非獨
顓頊前有伏羲受河圖見漢書五行志後有堯受河圖元龜負書
止壇舜受河圖黃龍負卷出水見尚書中候握河紀禹受河圖見
博物志引尸子是蔡邕特約舉尚書之說所引文句或更有脫佚
不得以爲即今文尚書也觀鄭司農天府注引顧命陳寶云云與
馬鄭本同則知今文尚書經無顓頊雒書等字也錫瑞謹案陳說
非也典引曰御東序之秘寶以流其占夫圖書亮章天哲也上言
東序下言圖書是班氏以東序兼有圖書塙然可據顓頊河圖雒
書蓋見緯候今緯書亾佚不可攷蔡書石經據小夏侯尚書其注
典引當亦用小夏侯本三家今文各異故蔡注所引與雒書天准
聽鄭司農注不同陳氏知有三家之分而於此獨不信蔡說所謂
知二五而不知十也尚書中候握河紀堯乃沈璧於河禮備至於
日稷榮光出河休氣四塞白雲起回風搖龍馬銜甲赤文綠色自
河而出臨壇止霽吐甲圖而蹵甲似龜背袤廣九尺平上五色上
有列宿斗正之度帝王籙紀興亾之數言虞夏商周秦漢之事帝
乃寫其文藏之東序此
河圖在東序之明證

胤之舞衣大貝大傳曰散宜生之江淮之浦取大貝如車渠陳于紂之庭即此大貝鼖鼓在西房兌之戈和之弓垂之竹矢在東房大輅在賓階面綴輅在阼階面先輅在左塾之前次輅在右塾之前〇今文輅作路綴作贅〇白虎通云所以必有塾何欲以飾門因取其名也明臣下當見於君必先孰思其事也周禮典路注鄭司農說以書顧命曰成王崩康王既陳先王寶器又曰大路在賓階面贅路在阼階面先路在左塾之前次路在右塾之前陳喬樅說案賈疏引鄭顧命云大路玉路贅路次在玉路後謂玉路之貳也先路象路門側之堂謂之塾謂在路門內之西北面與玉路相對也象路之貳與玉路之貳相對在門內之東北面尚書正義引馬融王肅皆云不陳戎路兵事非常故不陳之又引鄭元以綴次是從後之言二者皆爲副貳之車先路是象路也[illegible]鈴不陳金路[illegible]軨木路革路者主於朝祀而已據此是馬融王肅以贅路爲金路以次路爲木路與鄭說異馬用古文說則鄭注爲今文說可知矣鄭司農典路注既引書顧命云云即言漢朝上計律陳屬車於庭屬車即所謂貳車者續漢書與服志云古者諸侯貳車九乘秦滅九國兼其車服故大駕屬車八十一乘法駕半之漢因秦制大駕屬車八十一乘法駕屬車四十

六乘周制大路貳車十二乘先路當同據鄭司農說是今文尚書家說以贄路次路皆爲大路先路之貳車非金路木路之謂也

**二人雀弁執惠立于畢門之內**。今文雀作爵。白虎通紼冕篇曰爵弁者何謂也其色如爵頭周人宗廟士之冠也禮郊特牲曰周弁士冠經曰周弁殷冔夏收爵何以知指謂其色又作言爵弁作但言弁周之冠色所以爵何爲周尚赤所以不純赤但如爵頭何以本制冠者法天天色元者不失其質故周加赤獨斷曰冕冠周曰爵弁殷曰冔夏曰收皆以三十升漆布爲殼廣八寸長尺二寸加爵冕其上周黑而赤如爵頭之色前小後大釋名釋衣服曰弁如兩手相合抃時也以爵韋爲之謂之爵弁錫瑞謹案此皆今文家說而釋名所云與獨斷云漆布爲殼異者蓋爵弁有布韋二種凡兵事韋弁服此執兵者宜韋也又案今文作爵弁詩正義引鄭本亦作爵僞孔作雀非是金榜說康王受冊命在祖廟畢門者祖廟門也先儒以下經王出在應門之內因釋畢門爲路門蓋失考天子七廟太祖廟居中兩廂各有三廟每廟之前有南北隔牆牆皆有閤門見賈氏禮疏祖廟以西凡有四閤門司儀每門止一相聘禮每門每曲揖是也入門者至祖廟門而終畢故曰畢門出則云廟門者出入異詞

**四人綦弁執戈上刃夾兩階戺**。今文綦作騏。正義曰王肅云綦赤黑色釋文曰馬本作騏云青

黑色正義引鄭注青黑曰綦詩正義引顧命曰四人騏弁注云青黑曰騏注蓋鄭注鄭本作騏與馬本合案爵爲赤黑則騏當爲青黑馬鄭本是王說非也

**一人冕執劉立於東堂一人冕執鉞立於西堂一人冕執戣立於東垂一人冕執瞿立于西垂一人冕執鋭立于側階**說文戈部戣周書侍臣執戣立於東垂兵也又金部曰鈗侍臣所執兵周書曰冕執鈗讀若允段玉裁謂當依尚書作鋭鋭譌爲鈗

**王麻冕**白虎通紼冕篇曰麻冕者何周宗廟之冠也禮曰周冕而祭十一月之時陽氣俛仰黃泉之下萬物被施如冕前俛而後仰故謂之冕也冕所以用麻爲之者女功之始示不忘本也即不忘本不用皮何皮乃太古未有禮文之服故論語曰麻冕禮也尚書曰王麻冕冕所以前後邃延者何示進賢退不能也垂旒者示不視邪纊塞耳示不聽讒也故水清無魚人察無徒明不尚極知下故禮玉藻曰十有二旒前後邃延禮器云天子麻冕朱綠藻垂十有二旒法四時十二月也諸侯九旒大夫七旒士爵弁無旒錫瑞謹案白虎通未分別吉凶之異則以麻冕仍同吉服魏尚書奏王侯在喪襲爵云按周禮天子公卿諸侯吉服皆元冕朱裏

元衣纁裳有喪凶則變之麻冕黼裳邦君麻冕蟻裳云麻冕者則素冕麻不加采色又變其裳亦非純吉亦不純凶其説與孔傳異與白虎通説亦不同疑亦三家尚書之異説也又案續漢書輿服志孝明皇帝永平二年初詔有司采周官禮記尚書臯陶篇乘輿服從歐陽氏説公卿以下從大小夏矦氏説冕皆廣七寸長尺二寸前圓後方朱綠裏元上前垂四寸後垂三寸係白玉珠爲十二旒以其綬采色爲組纓三公諸矦七旒青玉爲珠卿大夫五旒黑玉爲珠皆有前無後是三家尚書有二説歐陽説前後皆有旒大小夏矦説有前無後明王應電近儒江永金鶚張惠言皆謂當從夏矦説以爲玉藻云前後邃延者乃指其延非指其旒不知漢志云前垂四寸後垂三寸垂邃聲相近劉昭注訓邃爲垂是卽玉藻之邃延矣獨斷云周禮天子冕前後垂延朱綠藻十有二旒釋名云冕前後垂珠有文飾也亦直以邃爲垂是卽訓邃爲深邃亦宜指旒而言不宜指延而言蓋延之長周制尺六寸漢制尺二寸古者一尺今尺僅六寸强古尺尺六寸今尺僅九寸强以覆於首前後所餘纔二寸强耳不得謂之深邃惟前後十二旒垂於延端旒長各尺二寸俛仰逶迤如水之流望之乃邃然而深耳且前後有旒其勢乃平若無後旒延既前俛後仰俛者其勢易傾更偏綴以一百四十四玉之重拜跪之間一俛首而前墜矣是當從歐陽説爲長獨斷釋名皆從歐陽白虎通無明文恐亦不當如夏矦説

**黼裳由賓階隮**白虎通爵篇曰天子大斂之後稱王者明民臣不可一日無君也故尚書曰王麻冕黼裳此大斂之後也錫瑞謹案曲禮生與來日死與往日往死數也死數往日謂殯斂以死日數也此士禮貶於大夫者大夫以上皆以來日數然則天子必以來日數矣計成王以乙丑崩自丙寅至壬申爲大斂之期故書疏引鄭注以癸酉爲大斂之明日王麻冕以下皆承癸酉之文是稱王在大斂後也若即位後當升阼階文王世子云成王幼不能涖阼此經下曰由賓階隮是猶未忍當王禮故知在大斂後也春秋繁露玉英篇曰天子三年然後稱王經禮也有故則未三年而稱王變禮也康王以子繼父非有他故而稱王者史臣之詞也以稱王爲史臣詞與白虎通說稍異

**卿士邦君麻冕蟻裳入即位太保太史太宗皆麻冕彤裳太保承介圭上宗奉同瑁由阼階隮**○今文同作銅○白虎通爵篇曰王者既殯而即繼體之位何緣臣民之心不可一日無君也故先君不可得見則後君繼體矣故尚書曰王再拜興對乃受銅瑁明爲繼體君也緣終始之義一年不可有二君故尚書曰王釋冕喪服吉冕服受銅稱王以接諸侯明已繼體爲君也釋冕藏銅反喪服明未稱王以統事也三國志虞翻傳

裴松之注引翻別傳奏鄭元解尚書違失事因以顧命康王執瑁古月似同從誤作同既不覺定復訓爲杯玉人職曰天子執瑁以朝諸侯謂之酒杯誤莫大焉又馬融訓注亦以爲同者大同天下今經益金就作銅字詁訓言天子副璽雖皆不得猶愈於元陳喬樅說訓同爲酒器亦是今文家說何以驗之翻稱馬融訓注以同爲大同天下馬用古文尚書說故不從今文家之訓此王所受同許鄭均解爲爵名自是圭瓚之器用銅爲之者故三家今文字或作銅也攷工記言大璋中璋邊璋之制皆黃金勺青金外杜子春云勺謂酒尊勺也鄭康成云三璋之勺形如圭瓚三璋之勺皆以黃金爲之則圭瓚亦以黃金爲勺可知也飲器以梓爲質飾以金玉此鬯瓚爲傳重之器觀白虎通言既事藏之則非祭祀常用之瓚當必用銅爲之取其永遠世守之意觀商周彝器皆以銅爲之金飾其外大可概見矣易震卦不喪匕鬯彖曰不喪匕鬯出可以守宗廟社稷以爲祭主也在易帝出乎震震長子也主器者莫若長子故以不喪匕鬯言之此銅瑁所以爲傳重之器也馬融訓此經同字以大同天下言之卽漢書所云用銅者名自名也所以同天下之義古文與今文家說亦相通惟虞翻云今經益金就作銅字詁訓言爲天子副璽者義獨別異此小夏侯尚書之說也案禮記月令曰固封璽春秋左氏傳曰魯襄公在楚季武子使公冶問璽書追而與之蔡邕曰璽者印也印者信也天子璽以玉螭虎紐

古者尊卑共之月令左傳所云此諸侯大夫印稱璽者也衛宏曰秦以前民皆以金玉爲印龍虎紐惟其所好然則秦以來天子獨以印稱璽又獨以玉羣臣莫敢用也蔡邕亦習小夏侯尙書者今文家以同字作銅遂以銅訓爲天子之副璽蓋據秦制天子玉璽其副璽當用金故爲此說然以璽爲傳重之器秦漢以前無此說未可據以解此經之銅瑁不如許鄭之訓於義爲長錫瑞謹案陳說未塙尙書大傳曰湯伐桀而歸于亳三千諸侯大會湯取天子之璽置之於天子之坐左復而再拜從諸侯之位此今文家說以爲三代以前已以璽爲傳重之器之明證也大傳又曰古者圭必有冒言不敢專達之義也天子執冒以朝諸侯白虎通瑞贄篇曰瑁之爲言冒也上有所覆下有所冒義取覆天下故爲大同也白虎通以爲瑁爲天下大同與馬注大同天下之說正合疑馬注云大同天下者亦卽以瑁言之蓋馬本作同與白虎通作銅不合而以同爲大同天下卽白虎通之以瑁爲大同天下馬以同瑁爲一物卽虞氏之所本特虞以爲經文當作上宗奉冃瑁言冃珪者瑁以冃訓瑁與馬小異而以爲一物則同故虞以爲馬猶愈鄭虞以鄭訓酒杯爲誤則酒杯之訓當創於鄭鄭以前無訓酒杯者可知若如陳說訓銅爲酒器亦本今文尙書虞氏非不見今文者何獨以訓酒杯爲鄭誤乎惟說文云同爵名也與鄭義合然說文多據古文而非今文虞氏未嘗引說文當時或未見其書也漢時今文尙

書與古文多違異白虎通於太保受同以下無明文不知其說云何或其本文與古文異未可偏執古文以詆今文馬鄭治尚書初無一定之說或馬從今鄭從古或馬從古鄭從今又或自立新說其說多可考見陳氏治今文必欲引鄭爲助遂概謂馬從古文鄭從今文大都傅會無據此經分別今古文尤不塙故具辨之

**太史秉書由賓階隮御王册命曰皇后憑玉几**。今文憑作馮。孫星衍說后者說文云繼體君也謂康王也此太史傳述成王之命命康王馮玉几以聽道揚緒餘之命即白虎通爵篇云即繼體之位也

**道揚末命** 漢書敘傳曰博陸堂堂受遺武皇擁毓孝昭末命導揚劉德曰武帝臨終之命也光能導達顯揚也蘇順和帝誄曰彌留不豫道揚末命

**命汝嗣訓臨君周邦**。今文君在臨上。文選責躬詩李善注引作君臨周邦君在臨上文義爲順賈公彦序周禮廢興引鄭君周禮序曰斯道也文武所以綱紀周國君臨天下是鄭本作君臨也通典天子敬父晉何琦議曰君臨率土其所據本亦作君臨

率循大卞燮和天下用答揚文武之光訓王再拜興答○今文答作對○白虎通引作對見上古文尚書答字今文皆作對上句答揚依今文當作對揚

曰耿耿予未小子其能而亂四方以敬忌天威乃受同瑁○今文同作銅○後漢書明帝紀永平二年詔曰耿耿小子屬當聖業同瑁白虎通引作銅見上

王三宿三祭三咤○今文咤作度○僞孔本作咤釋文曰咤陟嫁反字亦作宅又音妬徐又音託又豬夜反說文作詫丁故反奠爵也馬本作詫與說文音義同段玉裁說許所據蓋壁中古文原本馬本作詫者字之誤也孔本作咤者又詫之字誤也其作宅者別本也旣釋爲奠爵則有居義故其字無妨作宅錫瑞謹案古文尚書訓居者字皆作宅今文尚書訓居者字皆作度史記漢書及兩漢人引經之例皆然此文旣有居義古文作宅則今文必作度可知古無四聲虛實之分量度之度與度量之度不妨同音釋文曰又音妬正今文作度之證今據釋文與段玉裁說定作度若說文作詫自是壁中古文詫咤皆詫之誤陳喬樅謂說文據今文尚書作詫非也

上宗曰饗太保受同降盥以異同秉璋以酢授宗人同拜王答拜

太保受同祭嚌宅○今文同作銅答作對宅作度○僞孔本作宅釋文曰宅如字馬同徐殆故反段玉裁說按徐音則宅同度古宅度二字通用皆訓居也宅古音如鐸亦音徒故切集韻十一暮曰度或作庑宅二十陌曰宅或作度是也錫瑞謹案據段說足爲上文三詫詫字與此宅字今文皆當作度之證上文釋文曰又音妬與此文徐殆故反相近則音妬疑亦徐音徐仙民多古音猶及見今文遺說也陳喬樅不改經文作度失之同作銅答作對當以例改

授宗人同拜王答拜太保降收諸侯出廟門俟○今文同作銅答作對○錫瑞謹案史記云成王乃命召公畢公率諸侯以相太子而立之成王既崩二公率諸侯以太子釗見於先王廟據此則今文說以此諸侯即成王所命之諸侯廟門即先王廟門解者以諸侯爲來奔喪見新君者又以廟爲殯宮皆非是金榜說不誤見前

今文尚書攷證卷二十四

受業晏鼎升 文永譽 校

# 今文尚書攷證卷二十五

善化皮錫瑞

## 康王之誥第二十五　周書十六

康王之誥　伏生今文尚書當從王若曰分篇與馬鄭本同與僞孔本異史記周本紀曰太子釗遂立是爲康王康王卽位徧告諸侯宣告以文武之業以申之作康誥僞孔安國尙書序曰伏生康王之誥合於顧命正義曰伏生以此篇合於顧命共爲一篇後人知其不可分而爲二馬鄭王本此篇自高祖寡命已上內於顧命之篇王若曰已下始爲康王之誥釋文於王若曰云馬本從此以下爲康王之誥又云與顧命差異敘歐陽大小夏侯同爲顧命錫瑞謹案史公云作康誥與上文云作顧命分別其辭蓋以顧命康誥各爲一篇與馬鄭書序同未嘗以康王之誥合於顧命史公本受伏生尙書雖從安國問古文而史記所載多今文說其所載書序與馬鄭書序不同者乃今文家所傳之本而此引書序以作康誥別爲一篇則史公所受伏生尙書亦必不以康王之誥合於顧命矣蓋伏生傳書二十九篇有康王之誥而無大誓史公云伏生獨得二十九篇亦當不數大誓其後歐陽夏侯三家併

入大誓遂與二十九篇之數不符乃以康王之誥合於顧命僞孔序詞不別自因以三家之本爲伏生之本耳據史記所引今文書序猶可攷見伏生之舊史公用今文說以爲康王卽位徧告諸侯則亦當從王若曰以下分篇與馬鄭同蓋馬季長以大誓爲僞故用伏生史公舊說不用歐陽夏侯之本仍以康王之誥別於顧命而不數大誓也又案今文尚書二十九篇見於史記漢書論衡諸書其詳史記儒林傳曰伏生求其書亡數十篇獨得二十九篇漢書藝文志曰伏生求得二十九篇又曰孔氏得古文以考二十九篇得多十六篇儒林傳曰伏生求其書獨得二十九篇又曰張霸分析合二十九篇爲數十論衡正說篇引說尚書者曰秦燔詩書遺在者二十九篇又曰傳者或知尚書爲秦所燔而謂二十九篇其遺脫不燒者也又曰或說尚書二十九篇者法斗四七宿也四七二十八宿其一曰斗矣故二十九又引或說曰孔子更選二十九篇二十九篇獨有法也據此諸書是兩漢人言今文尚書者皆以爲二十九篇無二十八篇之說也然史公所謂二十九篇者當分顧命康誥爲二篇數之班孟堅王仲任所謂二十九篇者在三家增入大誓之後當合顧命康王之誥爲一篇數之其後僞孔書出別撰泰誓三篇不數漢之大誓又當顧命康王之誥二篇合併之後於是尚書止有二十八篇而僞孔叢子及臣瓚漢書劉歆傳注遂有今文尚書二十八篇之說矣僞孔古文雖分顧命康王之

誥爲二而以王出在應門之內以下屬之康王之誥欲示異於馬鄭而與史公之說亦不合則其非伏生尚書之舊斷斷然也魏晉閒僞古文已出見其不數大誓又見三家今文已合顧命康王之誥爲一乃以合爲一篇者爲伏生今文而斷王出在應門之內以下爲康王之誥者爲眞古文不知史公所傳於伏生者初非合爲一篇馬鄭古文與史公合者亦非斷自王出在應門之內也若近儒皆知二十八篇之說爲不然矣然猶未知二十九篇當分顧命康王之誥爲二乃以後出之大誓當之不知大誓之文體近緯書與二十九篇文體不類史記周本紀白魚躍入王舟中索隱曰此以下至火復王屋皆見周書及今文大誓文選注引周書曰武王將渡河中流白魚入于王舟王俯取出涘以祭藝文類聚引尚書中候說赤烏白魚事其文多同大誓然則大傳史記董仲舒策所引蓋出自逸周書及緯候之書後出之大誓亦取逸周書緯候爲之而三家併入之伏生書中若伏生大傳所載之文雖與大誓文同而其所傳二十九篇實不當有大誓也又或以爲二十九篇不數大誓當以百篇之序居其一而攷漢書儒林傳云張霸分析合二十九篇爲數十又采左氏傳書序爲作首尾則今文書序亦當在二十九篇之外是二說皆未爲塙也惟據史公所引今文書序分顧命康王之誥爲二篇以合伏生二十九篇之數而不數大誓與書序則其辭直而二十九篇之數亦定矣

王出在應門之內太保率西方諸侯入應門左論衡氣壽篇曰武王九十三而崩周公武王之弟也兄弟相差不過十年武王崩周公居攝七年復政退老出入百歲矣邵公周公之兄也至康王之時尚爲太保出入百有餘歲矣又曰邵公百八十風俗通曰燕召公奭與周同姓壽百九十餘乃卒案召公之年二說略異史記燕世家曰自陝以西召公主之自陝以東周公主之召公此時尚爲西伯而東伯則周公薨後以畢公代之也

畢公率東方諸侯入應門右皆布乘黃朱○今文作黼黻衣黃朱紼○白虎通紼冕篇曰紼者何謂也紼者蔽也行以蔽前者爾有事因以別尊卑彰有德也天子朱紼諸侯赤紼詩曰朱紼斯皇室家君王謂天子也又云赤紼金舄會同有繹又云赤紼在股皆謂諸侯也書曰黼黻衣黃朱紼亦謂諸侯也並見衣服之制故遠別之謂黃朱亦赤矣緞二云之句黃當朱作黃別朱於赤夭赤予矣謂段玉裁說按此今文尚書也古文尚書布乘黃朱之異文也漢書韋孟諷諫詩黼衣朱黻此正用今文尚書黼衣謂畫黼於衣也黻同市亦作韍蔽膝也假借作紼芾茀黻朱黻與詩斯干易困卦訓同李善注文選不誤師古注漢書云畫爲亞文故謂之黻誤矣毛傳於采芑曰朱芾黃朱芾也於斯干曰芾者天子純朱諸侯黃朱說與今文尚書合錫瑞謹案布黼聲近乘市

形近因市轉韍卽轉韍成黻祭衣稱韍故黼黻之衣用朱紼也天子諸侯同用朱韍但天子純朱諸侯黃朱不同黃朱次於朱則稱赤故斯干采芑竝云赤芾易乾鑿度曰困六五文王爲紂三公故言困于赤紱也至于九二周將王故言朱紱方來不易之法也又曰天子三公九卿朱紱諸侯赤紱朱紱者賜大夫之紱也文王方困而有九二大人之行將賜之朱紱其位在二故以大人言之據此則天子與其臣皆純朱諸侯與其臣皆黃朱爲異也

**賓稱奉圭兼幣曰一二臣衛敢執壤奠皆再拜稽首**說文引周書曰稱奉玠圭陳喬樅以爲今文無據白虎通姓名篇曰人所以相拜者何所以表情見意屈節卑體尊事之者也拜之言服也所以必再拜何法陰陽也尚書曰再拜稽首也必稽首何敬之至也頭至地何以言首首謂頭也

**王義嗣德答拜太保暨芮伯咸進相揖皆再拜稽首曰敢敬告天子皇天改大邦殷之命惟周文武誕受美若克恤西土惟新陟王畢協賞罰**說苑政理篇曰夫誅賞者所以別賢不肖而列有功與無功也故誅賞不可以繆誅賞繆則美惡亂矣夫有功

而不賞則善不勸有過而不誅則惡不懼善不勸惡不懼而能以行化乎天下者未嘗聞也書曰畢協賞罰此之謂也

**戡定厥功用敷遺後人休今王敬之哉張皇六師無壞我高祖寡命**

錫瑞謹案自此以上今文皆當爲顧命文續漢書禮儀志曰三公奏尚書顧命太子即日即天子位于柩前據此則今文說以越七日癸酉以下皆此一日之事即國不可一日無君之義不得如顧炎武說以狄設黼扆綴衣以下爲異時事也說文引周書曰用敷遺後人無休字未知今文同否

**王若曰庶邦侯甸男衞惟予一人釗報誥**。今文男作任。今文男作任詩譜正義引鄭注云獨舉侯甸男衞四服者周公居攝六年制禮頒度量至此積三十年再巡狩餘六年侯甸男要服正朝要服國遠既事遣之衞服前冬來以王有疾留之陳喬樅說鄭之此注皆依伏生大傳爲說亦用今文家言也

**昔君文武丕平富不務咎底至齊信用昭明于天下則亦有熊羆之士不二心之臣保乂王家**。今文二作貳。蔡邕司空文烈侯楊公碑曰總其熊羆之士不貳心之

臣保乂帝家今文尚書二當作貳東鼎銘亦曰保乂帝家夏勤策文曰保乂皇家

用端命于上帝皇天用訓厥道付畀四方乃命建侯樹屏在我後之人今予一二伯父尚胥暨顧綏爾先公之臣服于先王雖爾身在外乃心罔不在王室。今文罔作無。漢書谷永傳永對曰忠臣之於上志在過厚是故遠不違居死不忘國經曰雖爾身在外乃心無不在王室後漢書張酺傳肅宗詔報曰經云身雖在外乃心不離王室典城臨民益所以報効也荀或傳或勸操曰雖禦難於外乃心無不在王室

用奉恤厥若無遺鞠子羞羣公旣皆聽命相揖趨出王釋冕反喪服段玉裁說白虎通爵篇尚書曰王釋冕喪服無反字蓋今文尚書也錫瑞謹案白虎通下句明云釋冕藏銅反喪服是今文亦有反字經不言藏銅而白虎通云藏銅者蓋今文說銅爲副璽旣未稱王統事則受璽當仍藏之公羊桓元年傳解詁曰先謁宗廟以繼祖也還之朝正君臣之位也事畢而反凶服焉亦與此經義合通典載王肅王侯在喪襲爵議曰按尚書康王受策命吉服而

受之事畢又以吉服出應門内以命諸侯皆出然後王釋冕反喪服故臣以爲諸侯受天子之命宜以吉服王肅通今文尚書此引尚書策命不作册與今文合疑亦今文説也書正義引鄭注曰羣公謂諸侯及王之三公諸臣亦在焉王釋冕反喪服朝臣諸侯亦反喪服禮喪服篇臣爲君諸侯爲天子皆斬縗其説亦與白虎通合

今文尚書攷證卷二十五

受業熊羅宿 晏鼎升 校

# 今文尚書攷證卷二十六

善化皮錫瑞

## 呂刑第二十六　周書十七

**呂刑**。今文呂作甫。馬鄭古文書序列費誓後今文不可攷大傳曰甫刑可以觀誡禮記孝經皆引甫刑漢人引經亦多作甫惟墨子書引呂刑爲異蓋今古文在列國時已有異本矣正義曰揚之水爲平王之詩云不與我戍甫明子孫改封爲甫侯穆王時未有甫名稱甫刑者後人以子孫國號名之猶叔虞初封唐子孫封晉而史記稱晉世家錫瑞謹案詩崧高云生甫及申毛傳云於周則有甫有申是甫之爲國舊矣甫其國也呂其氏也今文作甫於義爲長史記匈奴傳曰周道衰而穆王伐犬戎得四白狼四白鹿以歸自是之後荒服不至於是周遂作甫刑之辟鹽鐵論詔聖篇御史曰故姦萌而甫刑作王道衰而詩刺彰諸侯暴而春秋譏

**惟呂命王**。今文呂作甫。史記周本紀曰甫侯言於王作修刑辟集解鄭元曰書說周穆王以甫侯爲相論衡非韓篇

曰周穆王之世可謂衰矣任刑治政亂而無功甫侯諫之穆王存德享國久長功傳於世夫穆王之世始亂終治非知昏於前才妙於後也前任蚩尤之刑後用甫侯之言也錫瑞謹案據此則今文家當以惟甫命王爲句甫命王者甫侯言於王諫王任刑也鄭引書說出書緯刑德放文鄭云甫侯爲相又云呂侯受王命入爲三公者公羊隱五年傳曰自陝以東者周公主之自陝以西者召公主之一相處乎內是相卽在三公之中大傳云天子三公司徒公司馬公司空公鄭注云一公兼二卿舉下以爲稱是甫侯於六卿當爲司寇於三公爲司空公司寇掌刑典故得諫王任刑也

**享國百年**○今文享作饗○石經毋劮與史記載毋佚文饗國字皆作饗此亦當同論衡氣壽篇曰傳稱老子二百餘歲邵公百八十高宗享國百年周穆王享國百年並未享國之時皆出百三十八四十歲矣段玉裁說此用今文尚書毋佚甫刑也以連老子邵公言之故曰傳稱後儒說穆王享國百年謂其壽數與仲任說異矣錫瑞謹案史記周本紀曰穆王卽位春秋已五十矣又云周穆王立五十五年崩是史公已以百年爲壽數非始後儒皇甫謐帝王世紀曰穆王修德教會諸侯於塗山命呂侯爲相或謂之甫侯五十一年王已百歲老耄以呂侯有賢能之德於是乃命呂侯作呂刑之書五十五年王年百歲崩于祇宮亦同史記之文

然據毋佚篇言般三宗周文王饗國年數皆數即位以後不兼數未即位以前此云饗國百年與毋佚高宗饗國百年之文正同則其義亦當不異王仲任之說似可信仲任非不見史記者而說與之異必別有據史公與仲任皆用歐陽尚書不知何以不同豈史記此文與毋佚高宗饗國五十五年之文皆古文說歟抑後人改之歟

**耄荒度作刑以詰四方**楊雄廷尉箴曰穆王耄荒甫侯伊謀五刑訓天周以阜基訓與順通謂順天道以制刑也又法言曰周穆王少不好學至於耄長據此則今文亦作耄荒○今文一作眊荒度時作刑以詰四方○漢書刑法志曰周道既衰穆王眊荒命甫侯度時作刑以詰四方又匈奴傳曰周道衰而穆王伐畎戎得四白狼四白鹿以歸自是之後荒服不至於是作呂刑之辟說本史記而甫作呂與刑法志不符古今人表亦作呂侯疑皆後人改之古耄眊通用漢書武帝紀哀夫老眊平帝紀眊悼之人彭宣傳年齒老眊皆以眊爲耄是其證孫星衍說大傳度作鮮度釋詁云鮮善也漢志度時作刑詩傳云時善也則今文鮮度度時俱言度善也或以度時爲相度時宜非也史記以命王爲言度於王則享國二語是告王之詞呂侯告王言王享國日久老而治事當度善作刑以詰四方也錫瑞謹案大傳無鮮度作刑之文困學紀聞云費誓說文作粊誓史記作肹大傳作鮮句度作刑

以誥四方周禮注云度作詳刑以詰四方王伯厚謂大傳作鮮者乃鮮誓之鮮惠氏輯本大傳誤連鮮度爲文孫氏沿其誤非是漢志云度時正相度時宜之謂孫氏傳會鮮時云皆訓善失之孫又云詰作誥今文尚書也蓋卽以困學紀聞引書作誥與周禮鄭注不同故斷爲今文然尚書不見有作誥之本紀聞恐傳寫之誤未可爲據且紀聞本不連大誓作鮮爲句尤不得謂之今文也又案史記云甫侯言於王作修刑辟漢志以爲穆王命甫侯作刑者蓋甫侯諫王任刑王乃命甫侯修刑辟史漢二說可互相備非有違異後漢紀崔實論世事曰昔盤庚遷都以易殷民之弊周穆改刑以正天下之失是度時作刑之證也

**王曰若古有訓蚩尤惟始作亂**史記五帝紀曰神農氏世衰諸侯相侵伐暴虐百姓而神農氏弗能征於是軒轅乃習用干戈以征不享諸侯咸來賓從而蚩尤最爲暴莫能伐又曰蚩尤作亂不用帝命於是黃帝乃徵師諸侯與蚩尤戰於涿鹿之野遂禽殺蚩尤

**延及于平民罔不寇賊鴟義姦宄**○今文鴟作消○後漢書殤帝紀曰貪苛慘毒延及平民潛夫論述赦篇曰古者唯始受命之君承大亂之極被前王之惡乃並爲敵讎罔不寇賊消義姦宄奪攘以革命受祚爲之父母故得一

敔孫星衍說今文鴟義爲消義廣雅釋詁云消滅也則消義姦軌或爲消義善而干軌法也錫瑞案書正義引鄭注曰鴟義盜賊狀如鴟梟未免望文生義陳喬樅傳會其說疑消義乃梟義之譌非是

**奪攘矯虔**。今文奪作敓矯作撟。大傳曰降畔寇賊劫畧敓攘矯虔者其刑死漢書武帝元狩六年詔曰撟虔吏因乘勢以侵蒸庶孟康注曰虔固也撟稱上命以貨賄用爲固尚書曰敓攘撟虔韋昭曰凡稱詐曰撟强取曰虔據孟康所引則奪當作敓矯當作撟大傳作矯疑淺人改之也方言曰秦晉之北鄙燕之北郊翟縣之郊謂賊爲虔

**苗民弗用靈制以刑惟作五虐之刑曰法**。今文弗作匪靈作命。禮記緇衣引甫刑曰苗民匪用命制以刑惟作五虐之刑曰法是以民有惡德而遂絕其世也鄭注云甫刑尚書篇名匪非也命謂政令也高辛氏之末諸侯有三苗者作亂其治民不用政令專制御之以嚴刑乃作五虐蚩尤之刑以是爲法於是民皆惡起倍畔也三苗由此見滅無後世由不任德正義引鄭注呂刑云苗民謂九黎之君也九黎之君於少昊氏衰而棄善道上效蚩尤重刑必變九黎言苗民者有苗九黎之後顓頊代少昊誅九黎分流其子孫居於西裔者爲三苗至高辛氏衰又復九黎之君惡堯興又誅之堯末又在朝舜時

又竄之禹攝位又在洞庭逆命禹又誅之穆王深惡此族三生凶惡故著其氏而謂之民民者冥也言未見仁道段玉裁說據禮記鄭注民有惡德卽泯泯棼棼以覆詛盟之云也遂絕其世卽罔有馨香之云也墨子尙同篇云是以先王之書呂刑道之曰苗民否用練折則刑唯作五殺之刑曰法則此言善用刑者以治民不善用刑者以爲五殺按墨子云呂刑則古文尙書也緇衣云甫刑則今文尙書也靈作練者雙聲也依墨子上下文觀之練亦訓善與孔正同緇衣作命者古靈令通用皆訓善令之爲命字之歧誤也錫瑞謹案揚雄廷尉箴曰昔在蚩尤爰作淫刑延於苗民夏氏不寍子雲蓋用今文家說以爲作淫刑之苗民卽是蚩尤夏氏不寍蓋謂夏后氏以苗民作淫刑爲之不寍乃制贖刑易之書序云訓夏贖刑謂穆王順夏后贖刑之義以制罰也論衡以苗民之刑爲蚩尤之刑民興胥漸爲蚩尤之民亦與子雲義同蓋今文說以蚩尤苗民爲一非如鄭義以爲苗民效蚩尤然則緇衣所云苗民匪用命卽史記云蚩尤不用帝命也古者謂天爲帝趙歧注孟子引帝清問下民以帝爲天史公云不用帝命蓋謂不用天命今文作匪用命其義亦當如是不必傅合古文靈字以命爲令之誤如段氏說也鄭以命爲政令亦古文說與今文不同論語魯讀折爲制魯論是今文此今文作制古文作折之證故緇衣引甫刑作制墨子引呂刑作折也鄭解苗民爲穆王惡之而謂之民亦非古義蓋

子繁露三代改制質文篇曰聖王生則稱天子崩遷則存爲三王絀滅則爲五帝下至附庸絀爲九皇下極其爲民先後鄭注周禮皆有九皇六十四民之文賈疏云並是上古無名號之君然則民乃上古之君名非謂無仁道也如鄭君言則詩言民之初生厥初生民豈亦惡之而謂之民乎

殺戮無辜爰始淫爲劓刵椓黥○今文作臏宮割劓頭庶剠○虞書正義曰夏侯歐陽等書劓刵劅黥云臏宮劓割頭庶剠王引之說宮劓割當作宮割劓太平御覽刑法部宮割下引尚書刑德放曰宮者女子淫亂執置宮中不得出割者丈夫淫割其勢也此引訓釋甫刑之詞蓋宮割皆是淫刑割字即在宮字下故書緯隨宮字解之若在劓字之下則與宮字不相連屬不得如此訓釋矣白虎通義說五刑曰割宮在其中刑者也割宮當爲宮割亦本甫刑也其下文曰宮者女子淫執置宮中不得出也此下亦當割者二字有丈夫淫割去其勢也先言宮而後言割亦依甫刑宮割之文而解之也列女傳貞順篇曰士庶人外淫者割宮割鄭注文王世子曰宮割臏墨劓刖皆以刀鋸刺割人體也又曰宮割淫刑也又注孝經曰科條三千謂劓墨宮割臏大辟男女不與禮交者宮割皆本甫刑也或曰安知經文不作劓宮割乎曰不然尚書大傳曰決關梁踰城郭而略盜者其刑臏男女不以義

交者其刑宮觸易君命革輿服制度姦軌盜攘傷人者其刑劓亦即依甫刑臏宮割劓之文爲先後之次是臏字當在宮割之上劓字當在宮割之下大傳不言割者言宮可以統割故甫刑前言宮割後則但言宮辟宮罰也王氏尙書後案曰臏宮劓割頭庶剠者臏即刵割頭即大辟庶剠即墨庶煮也秋官庶氏以藥物熏攻毒蠱故以名官彼注庶讀如藥煮之煮司刑注墨黥也先劓其面以墨窒之言刻額爲瘡以墨塞瘡孔令變色則墨須煮故云庶剠也案王氏不知割字本在宮字下而誤以割頭二字連讀其說庶字之義尤爲穿鑿今考御覽刑法部黥下引尙書刑德放曰涿鹿者笮人顙也黥者馬羈笮人面也又引鄭注曰涿鹿黥皆先以刀笮傷人墨布其中故後世謂之刀墨之民也然則墨刑在面謂之黥在額謂之涿鹿涿古讀若獨涿鹿疊韻字也頭庶剠即涿鹿黥頭涿古同聲庶即鹿之譌耳錫瑞謹案王說甚塙夏侯等書之臏宮割劓頭庶剠即說文之刖劓斀黥也臏即刖宮割即斀頭庶剠即黥劓今古文同合上文殺戮無辜凡五刑若以割頭爲大辟則上文殺戮已言之重複無義矣王鳴盛說失之侯康陳喬樅皆沿其失非也

越茲麗刑并制罔差有辭民興胥漸大傳曰苗民用刑而民興犯漸王引之說漸詐也言小民

方興相爲詐欺故下文曰罔中于信以覆詛盟也引莊子胠篋篇知詐漸毒荀子不苟篇小人知則攫盜而漸議兵篇招近募選隆埶詐尙功利是漸之也正論篇上幽險則下漸詐矣爲證案王說甚塙然則民與胥漸卽民起相詐耳

**泯泯棼棼**○今文作湎湎紛紛○漢書敘傳曰風流民化湎湎紛紛論衡寒溫篇曰前世用刑者蚩尤亾秦甚矣蚩尤之民湎湎紛紛亾秦之民赤衣比肩

**罔中于信以覆詛盟虐威庶戮方告無辜于上**○今文戮作僇方作旁于上作于天帝○論衡變動篇曰甫刑曰庶僇旁告無辜于天帝此言蚩尤之民被冤旁告無罪於上天也錫瑞謹案仲任引書無虐威二字疑今文尙書本無之或後人據下文報虐以威增之也

**上帝監民罔有馨香德刑發聞惟腥皇帝哀矜庶戮之不辜**僞孔本作皇帝釋文作君帝云君宜作皇字帝堯也錫瑞謹案據此則古文尙書有皇帝君帝二本之不同若今文尙書帝字上當無皇字君字趙岐孟子注引帝清問下民謂帝爲天則此經今文家疑亦當訓爲天直作帝字也論衡三引蚩尤皆謂苗民卽是蚩尤則下文

遏絕苗民今文家必謂天絕蚩尤此云帝哀矜庶僇之不辜今文家必謂天哀庶僇不辜天哀不辜故遏絕蚩尤卽史記五帝本紀所云蚩尤作亂不用帝命黃帝禽殺蚩尤殷本紀所云昔蚩尤與其大夫作亂百姓帝乃弗予有狀之事也僞孔傳以帝爲堯失之鄭君以帝爲顓頊亦與今文說異

**報虐以威** 漢書敘傳述酷吏曰報虐以威殃亦凶終師古曰尚書呂刑曰皇帝哀矜庶戮之不辜報虐以威言哀閔不辜之人橫被殺戮乃報答爲虐者以威而誅絕也○今文一作報虐用威○論衡譴告篇曰周繆王任刑甫刑篇曰報虐用威威虐皆惡也用惡報惡亂莫甚焉段玉裁說此今文尚書說也謂蚩尤報虐用威而皇帝哀矜之也庶僇之不辜報虐用威當上文虐威庶戮旁告無辜于天帝言之錫瑞謹案段說是矣而未盡也以與用同義故今文亦作用仲任以報虐用威爲用惡報惡則今文家說以此文承上文庶僇不辜言之用惡報惡卽淫刑之事非謂帝報淫刑之虐以誅絕之威也孟堅敘傳意亦當然報虐以威指酷吏之虐威殃亦凶終乃言其後受殃之事師古所注蓋非班氏之旨用惡報惡乃苗民之事仲任以爲周繆王任刑者論衡非韓篇云繆王任蚩尤之刑今文說以爲苗民卽蚩尤故以爲苗民之刑卽周繆王所任之刑也

遏絕苗民無世在下揚雄梁州牧箴曰帝有桀紂湎沈頗僻遏絕苗民滅夏殷績錫瑞謹案子雲此文蓋借用苗民爲梁州之苗借用古時之遏絕苗民以言桀紂時之梁州聲教中絕非今文本義也

乃命重黎絕地天通罔有降格楚語觀射父曰顓頊受之乃命南正重司天以屬神火正黎司地以屬民使復舊常無相侵瀆是謂絕地天通潛夫論志姓氏篇全引楚語之文張衡應閒曰重黎又相顓頊而申理之日月卽次則重黎之爲也中論厤數篇亦云顓頊命重黎皆與鄭注義同惟春秋緯文耀鉤曰高辛受命重黎說天文以重黎爲高辛時人其說不同疑亦三家之異說也韋昭國語注曰顓頊高辛氏作絕地天通絕地民與天神相通之道也並言顓頊高辛蓋兼用二家之說法言重黎篇曰羲近重和近黎亦謂重黎非卽羲和與鄭義合也觀射父又言少皞之衰九黎亂德民瀆齊盟無有嚴威神狎民則不蠲其爲與上文以覆詛盟罔有馨香德之意相合是觀射父以苗民卽九黎鄭注云苗民謂九黎之君上效蚩尤重刑蓋本於觀射父國語爲古文家說故與今文家以爲苗民卽蚩尤之義不同也

羣后之逮在下明明棐常鰥寡無蓋墨子尙賢中引羣后之肆在下十四字在有辭有苗之下

德威維威之上逮在下作肆在下棐常作不常無蓋作不蓋江聲據以移易經文云正義言鄭以皇帝哀矜至罔有降假說顓頊之事皇帝清問以下乃說堯事然則鄭君之本降假下即接皇帝清問云云與墨子所引適合自是古文如此錫瑞謹案墨子引呂刑不云甫刑蓋古文故作皇帝與趙注孟子不合哲民維刑與大傳不合惟德威維威與表記引甫刑合耳德威維威蓋今古文同鄭本亦古文不知今文同否未敢據墨子爲今文

**皇帝清問下民鰥寡有辭于苗**○今文帝上無皇字○趙岐注孟子引甫刑曰帝清問下民謂帝爲天云天不能問民孫星衍說皇帝今文以爲堯魏志鍾繇傳繇上疏引此經說之云此言堯當除蚩尤有苗之刑先審問於下民之有辭者也鄭說與鍾繇說同者今文義也趙謂帝爲天云天不能問民此今文夏侯歐陽異說也于苗墨子作有苗古文也錫瑞謹案孫說非也鄭說與王仲任趙臺卿皆不同引經帝上有皇字與墨子引呂刑合是古文非今文蓋今文無皇字其說以帝爲天古文有皇字其說以皇帝爲堯趙注所引乃今文說也孫以鄭爲今文趙爲今文異說失之鍾在鄭後所用即鄭義尤不足取證

**德威惟畏德明惟明**○今文作德威惟威○禮記表記引甫刑曰德威惟威德明惟明非虞帝其孰能如此乎

鄭注曰德所威則人皆畏之言服罪也德所明則人皆尊之言得人也錫瑞謹案德威惟威上下皆作威蓋今古文同表記引以爲虞帝所能者下云三后乃虞帝時人故以爲虞帝事然古人引經多斷章取義不盡與本旨合依今文義則乃命重黎乃命三后皆當爲天帝命之知然者趙岐用今文義於帝清問下民訓帝爲天也鄭注亦古文義今文恐未必然或今文說以遏絕苗民爲德威惟威清問下民爲德明惟明也

**乃命三后恤功于民伯夷降典折民惟刑**○今文典下有禮字惟作以○大傳曰孔子曰古之刑者省之今之刑者繇之其教古者有禮然後有刑是以刑省也今也反是無禮而齊之以刑是以繇也書曰伯夷降典禮折民以刑謂有禮然後有刑也陳喬樅說大傳引此經典下有禮字此當是歐陽尚書本也漢書刑法志引書無禮字折民以刑作悊民惟刑當爲夏侯尚書本此三家今文之本有不同也攷皋陶謨以天命有典與天命有禮並舉此有禮字於誼尤備伏生於甫刑傳屢屢言禮曰吳越之俗其刑重而不勝由無禮也中國之教其刑重而勝由有禮也又曰有罪者懼無罪者耻民近禮矣非以經文本有禮字故言之如是其詳歟錫瑞謹案陳說是也或云大傳本作降禮後人以尚書典字旁注誤入正文如大誥民獻儀之比

恐非是世本曰伯夷作五刑是伯夷有作刑之事伯夷典禮而兼作刑所謂出於禮者入於刑也又案白虎通王者不臣篇以伯夷爲老臣則伯夷作五刑或在臯陶之先甫刑所以言伯夷不及臯陶歟○一作伯夷降典悊民惟刑○漢書刑法志曰書云伯夷降典悊民惟刑言制禮以止刑猶隄之防溢水也師古曰悊知也言伯夷下禮法以道民民習知禮然後用刑也段玉裁說按悊當作折伯夷意以制止訓折正同大傳說淺人用馬鄭本改折作悊小顏又取班馬鄭說注之殊失班意潛夫論氏族篇伯夷爲堯典禮折民惟刑四八目曰伯夷降典制民惟刑陶引書作制此正如論語曾讀折爲制也陳喬樅說班志引書雖無禮字然詳其說經之辭曰言制禮以止刑疑所引經文本作降典禮故師古注亦以伯夷下禮法民習知禮爲解

**禹平水土主名山川**○今文名作命○潛夫論五德志篇曰主平水土命山川是今文尚書名一作命

**稷降播種農殖嘉穀三后成功惟殷于民**○後漢書楊賜傳賜言曰三后成功惟殷于民臯陶不與焉蓋吝之也蔡邕司空臨晉侯楊公碑亦引楊賜之言楊氏世習歐陽尚書蓋歐陽說也淮南子人閒訓曰夫有陰德者必有陽報有陰行者必有昭名古者溝防不修水爲民害禹鑿龍門闢伊闕平治水土使民得陸處百姓不親五品不慎契教以君臣

之義父子之親夫妻之辨長幼之序田野不修民食不足后稷乃教之辟地墾草糞土種穀令百姓家給人足故三后之後無不王者有險德也其言三后有契無伯夷亦無皋陶

**士制百姓于刑之中**

對。今文士作爰中作衷。後漢書梁統傳統對狀曰經曰爰制百姓于刑之衷孔子曰刑罰不衷則人無所厝手足衷之爲言不輕不重之謂也僞孔本爰作士釋爲皋陶此未知是僞孔改之亦未知馬鄭古文本如是否而以今文之義斷之此篇始終不及皋陶

**以教祇德**

大傳曰夏后氏主教以忠又曰周人之教以文上教以文君子其失也小人薄白虎通三教篇曰王者設三教者何承衰救弊欲民反正道也三正之有失故立三教以相指受夏人之王教以忠其失野救野之失莫如敬殷人之王教以敬其失鬼救鬼之失莫如文周人之王教以文其失薄救薄之失莫如忠三者如順循環周則復始窮則反本教所以三者何法天地人內忠外敬文飾之故三而備也即法天地人各何施忠法人敬法地文法天人道主忠人以至道教人忠之至也人以忠教故忠爲人教也地道謙卑天之所生地敬養之以敬爲地教也教者何謂也教者效也上爲之下效之民有質樸不教不成故尚書曰以教

祇德陳壽祺說周人之教以文當與夏后氏句相連屬中間尚有脫文及說殷人之教耳觀白虎通三教篇自明白虎通正本書大傳也

穆穆在上明明在下灼于四方罔不惟德之勤故乃明于刑之中率乂于民棐彝。今文中作衷。梁統引今文爰制百姓于刑之衷此亦當同作衷

典獄非訖于威惟訖于富敬忌罔有擇言在身。今文罔上有而字身作躬。禮記表記甫刑曰敬忌而罔有擇言在躬注云敬之言戒也外敬而心戒慎則無有可擇之言在于身也王引之說擇讀爲斁洪範彝倫攸斁鄭注訓斁爲敗說文殬敗也引商書曰彝倫攸殬殬斁擇古音並同敬忌罔有擇言在身言必敬必戒罔或有敗言出乎身也表記引作敬忌而罔有擇言在躬而女也言女罔或有敗言出乎身也太元元掜曰言正則無擇行正則無爽水順則無敗無敗故久也無爽故可觀也無擇故可聽也法言吾子篇君子言也無擇聽也無淫擇則亂淫則辟述正道而稍邪哆者有矣未有述邪哆而稍正也然則邪哆之言謂之擇言故孝經曰非法不言非道不行口無擇言身無擇行也蔡邕司空楊公碑曰用罔有擇言失行

在於其躬擇言與失行竝言蓋訓擇爲敗也此又一證矣錫瑞謹案王說是也子雲伯喈皆今文家說伯喈引作躬與表記合鄭注以擇言爲可擇之言失之

**惟克天德自作元命配享在下**元命苞曰年者天之命也又曰所受於帝行正不過得壽命壽命者正命也起九九八十一白虎通壽命篇曰命者何謂也人之壽也天命已使生者也論衡骨相篇曰命謂初所稟得而生者也命義篇曰傳曰說命有三一曰正命正命謂本稟己自得吉也性善習善故不假操行以求福而吉自至故曰正命

**王曰嗟四方司政典獄非爾惟作天牧今爾何監非時伯夷播刑之迪**。今文迪上有不字。禮記緇衣子曰政之不行也教之不成也爵祿不足勸也刑罰不足恥也故上不可以褻刑而輕爵甫刑曰播刑之不迪鄭注云播猶施也不衍字耳迪道也言施行之道錫瑞謹案緇衣引甫刑播刑之不迪爲政不行教不成之證則今文尚書當有不字非衍文也今文尚書當以非時伯夷斷句播刑之不迪連下句其今爾何懲爲義謂今爾當何所監視非是伯夷乎若播刑之不迪其今爾將何以懲惡也鄭據古文無不字故以爲衍文

其今爾何懲惟時苗民匪察于獄之麗罔擇吉人觀于五刑之中

惟時庶威奪貨斷制五刑以亂無辜。今文中作衷。五刑之衷據梁統引今文亦當作衷

上帝不蠲降咎于苗苗民無辭于罰乃絕厥世。錫瑞謹案今文說以帝哀矜庶僇之不辜帝爲天帝遏絕苗民爲天遏絕苗民據此經文足見今文說極精塙可爲切證崔實諫議大夫箴曰虐及於天慢德不蠲書正義引鄭注曰天以苗民所行腥臊不潔下禍誅之

王曰嗚呼念之哉伯父伯兄仲叔季弟幼子童孫皆聽朕言庶有格命今爾罔不由慰日勤釋文作日月字云人實反唐石經亦作日案作日是也說見下

爾罔或戒不勤天齊于民俾我一日。今文于民作乎人俾作假後漢書楊賜傳賜上封事曰臣聞和氣致祥乖氣致灾休徵則五福應咎徵則六極至夫善不妄來灾不空發王者心有所惟意有所想雖未形顏色而五星以之推移陰陽爲其變度以此而觀天之與人豈不符哉尙書曰天齊乎人假我一日是其明徵也李賢注云我君也天意欲整齊

乎人必假於君也江聲說假當讀爲天假之年之假終謂考終命也據楊賜引書之意則此非終謂不邀天眷而短折不終維終謂邀天眷而考終也天中乎人而假我一日之命其有修短實在乎人之能敬德與否耳下文卽承之以爾尙敬逆天命則可知此經誼然矣錫瑞謹案楊賜意以天符乎人感應甚速天齊乎人卽天與人符之謂假我一日卽未形顏色五星推移陰陽變易之義上文日勤字釋文作日言爾無不用安日勤謂日日當勤如大學日日新之意日不可亂天不可褻天齊乎人假我一日卽日勤之義

**非終惟終在人爾尙敬逆天命以奉我一人**○今文逆作迎○今文逆爲迎見前禹貢顧命等篇

**雖畏勿畏雖休勿休惟敬五刑以成三德**漢書宣帝紀五鳳三年詔曰書不云乎雖休勿休祇事不怠又外戚傳報許皇后書曰雖休勿休惟敬五刑以成三德後漢書陳寵傳寵上疏曰伯夷之典惟敬五刑以成三德三國志陳羣傳羣對曰書曰惟敬五刑以成三德書緯刑德放亦引惟敬五刑以成三德緯書多同今文是今文尙書有此八字與古文不異宣帝詔蓋以祇事不怠訓勿休也江聲於此經增祇事不怠四字以惟敬五刑爲衍文非是

**一人有慶兆民賴之其寍惟永**禮記緇衣篇孝經天子篇說苑君道篇引甫刑漢書賈誼傳荀子君子篇引書曰皆作一人有慶兆民賴之左傳襄十三年云書曰一人有慶兆民賴之其寍惟永蓋今古文同蔡邕上始加元服與羣臣上壽表曰一人有慶兆民賴之三國志王朗傳朗上疏曰易稱敕法書著祥刑一人有慶兆民賴之愼法獄之謂也○今文一作萬民賴之○大戴禮保傅篇淮南主術訓引書曰後漢書安帝紀延光元年策曰皆作一人有慶萬民賴之漢書刑法志曰所謂一人有慶萬民賴之者也張衡東巡誥曰一人有躃萬民賴之蓋三家異文左氏傳云天子曰兆民諸侯曰萬民對文則別散文則通也

**王曰吁來有邦有土**○今文邦作國○史記曰王曰吁來有國有土今文邦作國王鳴盛所據史記作有土云土史記作土周禮其附于刑者歸于士注云士謂主斷刑之官或謂歸于圜土鄭以古土字有作士者故復以圜土釋之詩周頌云保有厥土作士世本作篇云相土作乘馬郎相土也呂覽任地云后稷曰子能使吾士靖而甽浴士乎高誘曰士當爲土周牧敦亦以士爲土是也案漢隸字土士不別韓勑禮器俾四方土仁作土仁可證墨子引書亦作有國有土

**告爾祥刑在今**○今文爾下有女字祥作詳○史記曰告爾女祥刑在今史公用今文多爾字當以告爾爲句女詳刑在今爲句潛夫論引爾安百姓不連在今二字可證也祥刑祥字後人改之尚書今古文皆作詳周禮大宰大司寇注引度作詳刑正義皆云詳審漢書敘傳曰季世不詳師古曰不詳謂不盡用刑之理周書呂刑曰告爾詳刑後漢書明帝紀永平三年詔曰詳刑愼罰又十三年制曰詳刑理寃又劉愷傳曰非先王詳刑之意也章懷注曰尚書曰有邦有土告汝詳刑鄭元注云詳審察之也文選王粲從軍詩司典告詳刑李善注引尚書王曰有邦有土告爾詳刑史記亦當作詳不作祥也

**爾安百姓何擇非人何敬非刑何度非及**史記曰爾安百姓何擇非其人何敬非其刑何居非其宜與潛夫論本政篇曰是故將致太平者先調陰陽調陰陽者先順天心順天心者先安其人安其人者在審擇其人故國家存亾之本治亂之機在明選而已矣書曰爾安百姓何擇非人此先王致太平而發頌聲也段玉裁說史記何居非其宜此恐今文尚書之駁異非以宜訓及也朱駿聲說說文疊字引揚雄說以爲古理官决罪三日得其宜乃行之从晶从宜會意疊者審愼得宜之意史記作宜蓋以故訓代之經文及字當叚借作疊疊及一聲之轉案段朱二說未知孰是墨子引呂刑作何度不及云能擇

人而敬爲刑堯舜禹湯文武之道可及也是何也則以尙賢及之此古文義恐與今文不同史記作居卽度之故訓多三其字蓋亦足成其義

兩造具備師聽五辭。今文造作遭。史記曰兩造具備師聽五辭徐廣曰造一作遭段玉裁說按作遭者今文尙書也以大誥造天役王莽作遭證之史記當本作遭淺人用古文尙書改爲造而徐中散不憭耳錫瑞謹案今文作遭蓋叚借爲曹說文云䡴獄之兩曹也在廷東从棘治事者小徐曰以言詞治獄者故從曰然則兩遭蓋卽獄之兩曹漢人謂官名爲曹當本於今文尙書陳喬樅據漢書王尊傳尊曰此經所謂造獄者也晉灼注曰歐陽尙書有此造獄事也以爲歐陽尙書作造字史記當從歐陽本同作造其作遭者蓋大小夏侯之本也然史記既從歐陽作造何以有一作遭之本陳說恐未可據

五辭簡孚正于五刑五刑不簡正于五罰五罰不服正于五過五過之疵惟官惟反惟內惟貨惟來其罪惟均。今文來作求均作鈞。史記云五辭簡信正于五刑五刑不簡正于五罰五罰不服正于五過五過之疵官獄內獄閱實其罪惟鈞其過集解馬融曰以此五過出入人罪

與犯法者等段玉裁說官者畏其高明也反者不畏而矯枉過正也內者女謁行也貨者苞苴行也來者謂雖非女謁苞苴而行請託於其間也來求字異訓同錫瑞謹案史公予作信故訓字來馬本作求云請賕也今古文蓋同作求漢人隸字求或作来與來字相似故譌作來來求字異不得同訓也惟官十字史記作官獄內獄蓋以官內二者括經文五事如段氏說則官與反爲一類故史公括以官獄有內卽有貨有求謂或藉女謁之勢或因女謁而行苞苴行請託也三者亦爲一類故史公括以內獄

其審克之。今文克作核。漢書刑法志元帝詔曰書不云乎其審核之段玉裁說克核同在古音弟一部蓋古文尚書作克今文尚書作核也克當爲核之叚借僞孔訓能非

五刑之疑有赦五罰之疑有赦其審克之。今文克作核。大傳曰古之聽民者察貧窮哀孤獨矜寡宥老幼不肖無告有過必赦小過勿增大罪勿纍老弱不受刑有過不受罰是故老而受刑謂之悖弱而受刑謂之暴不赦小過謂之賊卒過以小謂之枳故與其殺不辜寧失有罪與其增以有罪寧失過以有赦

簡孚有衆惟貌有稽無簡不聽具嚴天威。今文貌作訊聽作疑具作共。史記曰簡信

有衆惟訊有稽無簡不疑共嚴天威說文糸部緢字次細下云緢旄絲也从糸苗聲周書曰惟緢有稽陳喬樅說緢訓爲細謂當細訊其情故史記以詁訓代之云維訊有稽也簡字作簡信亦以詁訓字代之聽作疑則今文之異者無簡不疑謂既細訊之而無可信之情則不在疑赦之列也共具古相通用具訓俱俱訓共也

**墨辟疑赦其罰百鍰閱實其罪**。今文墨作黥鍰作率。史記曰黥辟疑赦其罰百率閱實其罪徐廣曰率卽鍰也音刷索隱曰舊本率亦作選。鍰一作饌。大傳曰禹之君民也罰弗及强而天下治一饌六兩古文尚書作其罰百鍰僞孔傳云六兩曰鍰鍰黃鐵也釋文云鍰戶關反六兩也鄭及爾雅同說文云亦⿰氏從⿰言段鋝也鋝十三銖二十五分銖之十三也馬同又云賈逵說俗儒以鋝重六兩周官劍重九鋝俗儒近是王鳴盛說馬既不從古文家而於俗儒六兩亦但云近是引周禮劍重九鋝爲證攷工記桃氏爲劍上制重九鋝中制七鋝下制五鋝彼注以九鋝爲三觔十二兩七鋝爲二觔十四兩三分兩之二五鋝爲二觔一兩三分兩之一十六兩爲一觔則鄭意以一鋝爲六兩又半兩攷工記又有冶氏戈戟重三鋝彼注云許叔重說文解字云鋝鍰也今東萊稱或以大半兩爲鈞十鈞爲鍰鍰重六兩大半兩鍰鋝似同矣則三鋝爲一觔四兩又弓人膠三鋝彼注云鋝鍰也彼疏云尙書其罰百鍰等言鍰此與冶氏言鋝鋝與鍰爲一物皆是六兩大半兩也據此諸文知鄭意以鍰即是鋝其數當爲六兩大半兩必與馬合也說文金部云鋝十一銖二十五分銖之十三也从金寽聲周禮曰重三鋝北方以二十兩爲鋝又云鍰鋝也从金爰聲周書曰罰百鍰說文編字以類相從鋝與鍰文雖異而義則同故連比編之鋝見周禮故於鋝下引周禮爲證鍰見周書故於鍰下引周書爲證雖分兩經其義是一故云鍰鋝也鄭旣從之以解攷工記馬注尙書又與之同則其說不可易也十一銖二十五分銖之十三此本尙書古文家說鍰字之義非鋝字之訓今乃入之鋝字聊存古義其下即繼以二十兩爲三鋝然後次以鍰字則許意以鍰即是鋝俱爲六兩大半兩明矣今文家說雖脫去大半兩但云六兩猶爲近之較古文家言一鍰十一銖二十五分銖之十三百鍰僅爲銅三觔可贖黥面之罪推之大辟亦只用銅三十觔可贖死罪有是理乎案王說是也此古文說不及今文說之一證今文但言六兩舉成數耳。鍰一作選。漢書蕭望之傳張敞曰甫刑之罰小過赦薄罪贖有金選之品應劭曰選音刷金銖兩名也師古曰音刷是也字本作鋝鋝即鍰也其重十一銖二十五分銖之十三一曰重六兩王鳴盛說史記平準書有白選蘇林音選擇之選包愷及劉氏音息戀反尙書大傳死罪罰千饌漢書食貨志作撰音同或作率或作選饌撰皆鋝之異文音近而假借也。一作墨罰疑赦其罰百率。夏侯歐陽說墨罰疑赦其罰百率古以六兩爲率大傳曰非事而事之出入不以道義而誦不詳之辭者其刑墨白虎通曰墨者法火之勝金墨者墨其額也刑德放曰墨象斗度錫瑞謹案墨辟夏侯歐陽作墨罰則三家今文於下文剕臏宮大辟等句辟字皆當作罰不以爲五刑而以爲五罰也今文家所以作罰者蓋肉刑始於苗民堯舜之時未可盡廢乃以畫象代之所謂象以典刑是也至夏后始正用肉刑然亦未嘗輕用乃制罰以贖罪大傳云語曰夏后氏不殺不刑罰有罪而民不輕犯揚子雲云延于苗民夏氏不盥書序以此篇爲訓夏贖刑蓋五刑不輕用而但用罰故今文家不云墨辟而云墨罰若罪可疑則並不罰赦之而已故云墨罰疑赦其不可赦者乃罰之六百兩故云其罰百率推之下文剕臏宮大辟其說當同夏侯歐陽作罰較古文家作辟爲長史記作黥辟或所據本異或後人以古文改之也

**劓辟疑赦其罰惟倍閲實其罪。**今文辟作罰其罰惟倍作其罰倍灑。辟作罰見上史記曰劓辟疑赦其罰倍灑閲實其罪徐廣曰一作蓰五倍曰蓰大傳曰觸易君命革輿服制度姦軌盜攘傷人者其刑劓白虎通曰劓者法木之穿土劓墨者何其下刑者也劓者劓其鼻也刑德放曰劓象七政日月五星應象變易也陳喬樅說案蓰灑聲相近故纚字亦作

縱此倍灑以下文倍差例之則於倍爲二百之數又加十之五二百五十鍰也徐廣以蓰爲五倍則比剕辟有加輕重失倫非其誼矣

**剕辟疑赦其罰倍差閱實其罪**○今文剕作臏辟作罰○辟作罰見上史記曰臏辟疑赦其罰倍差閱實其罪集解馬融曰倍二百爲四百鍰也差者又加四百之三分一凡五百三十三三分一也大傳曰決關梁踰城郭而略盜者其刑臏白虎通曰臏者法金之刻木臏者脫其臏也刑德放曰臏象七精宿變易卽氣色生也風俗通曰謹案尚書夏禹始作肉刑則天象而愼其過故穿窬盜竊者臏臏者去膝蓋骨也段玉裁說凡古文尚書剕字今文尚書作臏攷周禮司刑注及尚書大傳注皆云周改臏作刖而駁異義云皐陶改臏爲剕呂刑有剕周改剕爲刖鄭云皐陶改臏爲剕呂刑有剕者此據古文尚書言之云周改剕爲刖者此據周禮司刑言之臏者白虎通云脫其臏也剕說文作跳云跀也刖說文作跀許鄭皆云斷足也然則臏與剕異制剕與刖制同而異字耳鄭云皐陶改臏爲剕謂改其制云周改剕爲刖謂改其名但皐陶旣改臏爲剕夏刑用之不識今文何以作臏字蓋賓聲非聲相關通如玭蠙同字之比伏生教於齊魯之間誤作臏字失其實也又云周禮司刑注云周改臏作刖夏刑臏辟三

百按鄭君此注獨從今文尚書作臏鄭意謂夏刑實用臏至周乃改刵今文得其實古文乃用周制說夏政耳與駁異義不符錫瑞謹案唐虞象刑雖有臏名以菲屨象之而已皋陶無緣改臏爲刵至夏始正用肉刑然亦多不用刑而用罰此經今文尚書蓋作臏罰疑赦與書序訓夏贖刑相應至周始改用刵不去其臏而斷其足耳段云今文得其實然則鄭周禮注是也駁異義蓋未定之說

**宮辟疑赦其罰六百鍰閱實其罪**亦作饌亦作選。今文辟作罰六作五鍰作率辟作罰見上

史記曰宮辟疑赦其罰五百率閱實其罪徐廣曰一作六大傳曰男女不以義交者其刑宮白虎通曰宮者法土之壅水宮者女子淫執置宮中不得出也丈夫淫割其勢也段玉裁說周本紀作五百率而張守節正義從之此今文尚書之別本也

**大辟疑赦其罰千鍰閱實其罪**亦作饌亦作選。今文大辟作大辟之罰鍰作率大辟當作大辟之罰見上史記曰大辟疑赦其罰千率閱實其罪大傳曰降畔寇賊劫略奪攘撟虔者其刑死又曰夏后氏不殺不刑死罪罰二千饌鄭注曰饌所出金鐵死罪出三百七十五觔用財少爾白虎通曰大辟法水之滅火大辟者謂死也陳喬樅說鄭注云三百七十五觔通合千饌六千兩之數此用今文家說也如以鍰重六兩大半兩計之當爲四百十六觔十兩大半兩今文經云大辟疑赦其

罰千率史記索隱引大傳死罪罰二千饌二字衍文也

墨罰之屬千，劓罰之屬千，剕罰之屬五百，宮罰之屬三百，大辟之罰其屬二百。五刑之屬三千。

今文剕作臏。大傳曰：夏刑三千條。史記曰：墨罰之屬千，劓罰之屬千，臏罰之屬五百，宮罰之屬三百，大辟之罰其屬二百，五刑之屬三千。命曰甫刑。漢書刑法志曰：昔周之法，建三典以刑邦國，詰四方：一曰刑新邦用輕典，二曰刑平邦用中典，三曰刑亂邦用重典。五刑：墨罪五百，劓罪五百，宮罪五百，刖罪五百，殺罪五百，所謂刑平邦用中典也。甫刑墨罰之屬千，劓罰之屬千，髕罰之屬五百，宮罰之屬三百，大辟之罰其屬二百，五刑之屬三千，蓋多於平邦中典五百章，所謂刑亂邦用重典者也。錫瑞謹案：班志之義，蓋以周禮比尚書，而甫刑多出五百章，故以為用重典。然其說殊非是。周禮一書與諸經多不相通。書序云「穆王訓夏贖刑」，大傳云「夏刑三千條」，是甫刑之五刑三千，乃用古法，非穆王自造，何得傅會周禮，比較其數，以為亂邦用重典乎？如甫刑為亂邦之制，孔子刪書必刪之矣。刑法志又云：宜刪定律令，纂二百章以應大辟，其餘罪次，皆復古刑，為三千章。如此則法可畏而民易避。則班氏亦不盡以三千章為重典也。孝經孔子曰：五刑之屬三千。漢書成帝河平中詔

曰甫刑云五刑之屬三千大辟之罰其屬二百鹽鐵論刑德篇曰
親服之屬甚衆上附下附而服不過五五刑之屬三千上殺下殺
而罪不過五論衡謝短篇曰古禮三百威儀三千刑亦正刑三百
科條三千出於禮入於刑禮之所去刑之所取故其多少同一數
也後漢書陳寵傳寵疏曰臣聞禮經三百威儀三千故甫刑大辟
二百五刑之屬三千禮之所去刑之所取失禮則入刑相爲表裏
者也○一作墨辟之屬千劓辟之屬千臏辟之屬五百宮辟之屬
三百大辟之屬二百○白虎通五刑篇曰刑所以五何法五行也
科條三千者應天地人情也五刑之屬三千大辟之屬二百宮辟
之屬三百臏辟之屬五百劓墨辟之屬各千刑德放曰大辟之屬
二百象天之刑公羊疏引元命包曰墨劓辟之屬各千臏辟之屬
五百宮辟之屬三百大辟之屬二百列爲五刑罪次三千周禮司
刑鄭注曰周改臏作刖夏刑大辟二百臏辟三百宮辟五百劓墨
各千周則變焉所謂刑罰世輕世重也正義曰臏辟三百宮辟五
百此乃轉寫之誤當以呂刑爲正錫瑞謹案今文尚書蓋皆作辟
與古文尚書作罰不同白虎通用今文刑德放元命包緯書多同
今文鄭注周禮引臏辟與今文合則亦必同今文今文所以皆作
辟者上云五刑不簡正于五罰則穆王雖訓夏贖刑而五刑亦未
廢但於罪之輕者用五罰贖之耳夏后氏雖云不殺不刑然旣有
肉刑則五刑不能不垂爲令甲蓋刑與罰並用而刑爲重五罰不

能包五刑，五刑可以包五罰。下云五刑之屬三千，則上五句皆當據五刑言。若上五句皆作罰字，則下當云五罰之屬三千，不當云五刑之屬三千矣。且上五句皆作罰字，豈五刑三千條皆中罰，無中刑者乎？今文尚書於上文墨辟疑赦等句辟字皆作罰，此文墨罰之屬千等句罰字皆作辟，與古文尚書辟罰二字互易，其義皆視古文爲勝。史記、漢志引經皆作罰不作辟，或所據本異，或後人以古文尚書改之也。

上下比罪，無僭亂辭，勿用不行，惟察惟法，其審克之。○今文克作核。○大傳曰：聽獄之術大略有三，治必寛，寛之術歸於察，察之術歸於義。是故聽而不寛是亂也，寛而不察是慢也。古之聽訟者，言不越情，情不越義。是故聽民之術，怒必畏，畏思義，小罪勿兼。錫瑞謹案：大傳蓋釋此經，義與法相近，察之術歸於義，即經云惟察惟法也。此當以上下比句，罪無僭亂句，辭勿用不行句。上下比者，禮王制：凡聽五刑，必察小大之比以成之。注云：小大猶輕重，已行故事曰比。疏云：比，例也。此云上下比，即王制云小大之比。漢有決事比，蓋取義於此。

上刑適輕下服，下刑適重上服。○今文適作挾。○後漢書劉愷傳：愷議曰：尚書上刑挾輕，下刑挾重，如今使臧吏禁錮子孫以輕從重懼及善人非先王詳刑之義也注云今尚書呂刑篇曰上刑適輕下服下刑適重上服謂二罪俱發原其本情須有虧減故言適輕適重此言挾輕挾重意亦不殊與今尚書不同耳段玉裁說按豈所用今文尚書也以策字隸多爲筴例之適之爲挾恐亦類此

**輕重諸罰有權刑罰世輕世重** 荀子正論篇曰刑稱罪則治不稱罪則亂故治則刑重亂則刑輕犯治之罪固重犯亂之罪固輕也書曰刑罰世輕世重此之謂也漢書刑法志引荀子文同後漢書應劭傳劭議曰夫時化則刑重時亂則刑輕書曰刑法時輕時重此之謂也錫瑞謹案應說亦本荀子應引書作時蓋亦本是世字時化之化本是治字唐人作注時避唐諱改治爲化世爲時耳非關今文之異

**惟齊非齊**。今文惟作維。荀子王制篇曰勢位齊而欲惡同物則必爭爭則亂先王惡其亂也故制禮義以分之使有貧富貴賤之等足以相兼臨者是養天下之本也書曰維齊非齊此之謂也

**有倫有要** 大傳曰書曰茲殷罰有倫今也反是諸侯不同聽每君異法聽無有倫是故知法難也注云聽議獄也

**罰懲非死人極于病**○今文人作佞○玉海藝文志攷漢儒引尚書異字曰罰懲非死佞極于病段玉裁說佞與人古同部同音如國語佞之見佞果喪其田佞田爲韵大戴禮公冠篇祝雍辭曰使王近於民遠於佞民佞爲韵左氏春秋佞夫公羊作年夫此蓋漢人所引今文尚書也今未撿得出何書錫瑞謹案今文說蓋以佞極于病卽非佞折獄之佞

**非佞折獄惟良折獄罔非在中察辭于差**○中論賞罰篇曰賞罰數則所及者多疏則所漏者多賞罰不可以重亦不可以輕賞輕則民不勸罰輕則民亾懼賞重則民徼倖罰重則民無聊故先王明庶以得之思中以平之而不失其節故書曰罔非在中察辭于差

**非從惟從**大傳曰君子之於人也有其語也無不聽者皇於聽獄乎必盡其辭矣聽獄者或從其辭或從其情注云皇猶況也江聲說據大傳言聽獄者或從其辭或從其情則此經兩從字有從辭從情兩誼而斷獄必以情當以非從貼辭惟從貼情言也大傳文見孔叢子引尚有辭不可從必斷以情二語

**哀矜折獄**○今文折作哲○大傳引孔子曰古之聽民者察貧窮哀孤獨矜寡宥老幼不肖無告又引子曰聽訟者雖得

其情必哀矜之死者不可復生斷者不可復續也書曰哀矜哲獄孫星衍說今文作矜哲卽折假音字大傳說哀矜爲察貧窮哀孤獨矜寡宥老幼不肖無告洪範無虐煢獨之指也○一作哀鰥哲獄○漢書于定國傳贊曰于定國父子哀鰥哲獄爲任職臣段玉裁說矜鰥古同音互借借矜爲鰥亦借鰥爲矜班書字作鰥而訓哀矜顏注非也錫瑞謹案漢書於明悊字作悊而此引哲獄字作哲其義當與明悊之悊不同蓋班氏意以明悊字當從心哲斷字當從口應劭注哲知也失之又案鹽鐵論詔聖篇曰甫刑制獄疑今文有作制獄者與古文作折獄不同如墨子引呂刑作折以刑緇衣引甫刑作制以刑之例

**明啓刑書胥占咸庶中正其刑其罰其審克之**○今文啟作開克作核○今文啟爲開如開明開呱呱而泣開籥見書可證

**獄成而孚輸而孚其刑上備有并兩刑**大傳曰子張曰堯舜之王一人不刑而天下治何則教誠而愛深也今一夫而被此五刑子龍子曰未可謂能爲書孔子曰不然也五刑有此教注云二人俱罪甫侯之說刑也被此五刑喻犯數罪也五刑有此教教然耳犯數罪猶以上一罪刑之錫瑞謹案鄭注之意蓋以五刑雖並列爲教而犯罪則惟科其重罪

之一而輕罪不更科如墨劓並犯則惟劓而不墨臏宮並犯則惟宮而不臏大辟與墨劓臏宮並犯則惟大辟而不墨劓臏宮此之謂并兩刑若一夫被五刑此秦漢時具五刑之事如刑法志所云當三族皆先黥劓斬左右止笞殺之梟其首菹其骨肉於市其誹謗詈詛者又先斷舌故謂之具五刑非古并兩刑之法也

**王曰嗚呼敬之哉官伯族姓朕言多懼朕敬于刑有德惟刑今天相民作配在下明清于單辭**後漢書明帝紀永平三年詔曰詳刑慎罰明察單辭注云單辭猶偏聽也又朱浮傳有人單辭告浮事者注云單辭謂無證據也書曰明清于單辭

**民之亂罔不中聽獄之兩辭無或私家于獄之兩辭獄貨非寶惟府辜功**大傳曰獄貨非可寶也然後寶之者未能行其法者也貪人之寶受人之財未有不受命以矯其上者也親下以矯其上者未有能成其功者也孫星衍說大傳云未有不受命以矯其上者今文讀府爲誣聲相近也字亦或作誣周語云其刑矯誣注云以詐用法曰矯加謀無罪曰誣受人之財則親下以矯誣其上也以辜功爲未能成其功者漢書律厤志注孟康曰辜必也一

切經音義引漢書音義云辜固也謂規固販鬻以求利也則辜功謂取必規固以求功也案孫說迂迴恐非大傳之旨姑存以俟攷潛夫論班祿篇曰三府制法未聞赦彼有罪獄貨爲寶者也

**報以庶尤**○今文尤作訧○玉海藝文志攷漢儒引尚書異字報以庶訧與說文引周書合或說文所引亦今文也

**永畏惟罰**孫星衍引大傳說是故聽民之術怒必畏畏思意小罪勿兼以擇此經案孫氏所據大傳乃吳中本吳中本作畏思義案陳本大傳作怒必思兼兼思意小罪勿兼

**非天不中惟人在命天罰不極庶民罔有令政在于天下王曰嗚呼嗣孫今往何監非德于民之中尚明聽之哉哲人惟刑無疆之辭屬于五極咸中有慶受王嘉師監于茲祥刑**後漢書仲長統傳曰續呂侯之祥刑三國吳志步隲傳隲上疏曰昔之獄官惟賢是任故皋陶作士呂侯贖刑又曰哲人惟刑書傳所美案仲長引作呂侯或用古文祥刑則後人所改今古文皆作詳

受業夏敬觀袁宗濂校

# 今文尚書攷證卷二十七

善化皮錫瑞

## 文侯之命第二十七　周書十八

**文侯之命**史記晉世家曰晉文公五年五月丁未獻楚俘于周駟介百乘徒兵千天子使王子虎命晉侯爲伯賜大路彤弓矢百旅弓矢千秬鬯一卣珪瓚虎賁三百人晉侯三辭然後稽首受之作晉文侯命又自序曰嘉文公錫珪鬯作晉世家第九新序善謀篇曰晉文公時周襄王有弟太叔之難出亡居鄭晉侯以師逆王入于王城取太叔于溫殺之晉侯朝王王享醴命之侑其後三年文公再會諸侯以朝天子天子錫之弓矢秬鬯以爲方伯晉文公之命是也書序云平王錫晉文侯命釋文云馬本無平字是馬季長不以爲平王錫文侯命亦同史記之說小司馬索隱不知古義乃云尚書文侯之命是平王命晉文侯之語今此乃襄王命文公重耳代數懸隔學者合討論之劉伯莊以爲天子命晉同此一詞尤非也後漢書丁鴻傳云永平十年召見說文侯之命篇丁孝公所說義亦當同史記新序李賢注曰平王東遷洛邑晉文侯仇有功平王賜以車馬弓矢而策命之因以名篇亦非是

**王若曰父義和丕顯文武克愼明德**史記曰王若曰父義和丕顯文武能愼明德集解馬融曰義和能以義和諸侯也按史公克作能用故訓字馬注不同鄭說以義和爲文侯仇字蓋用今文義也鄭君讀義爲儀儀仇皆訓匹也故名仇字儀其說迂回又於和字無解

**昭升于上敷聞在下惟時上帝集厥命于文王**○今文升作登敷作布惟作維文王作文武○史記曰昭登于上布聞在下維時上帝集厥命于文武集解馬融曰昭明也上謂天下謂人班固典引曰昭登之績蔡邕注云尚書曰昭登于上段玉裁說此今文尚書也如升鼎耳而雒史記漢書皆作登鼎耳凡古文作升凡今文作登也錫瑞謹案蔡邕太尉汝南李公碑曰懿鑠之美昭登于上伯喈用今文作登與典引注合史公敷作布蓋用今文如禹貢竹箭既布之例○一作鋪聞在下○班固典引曰昭登之績匪堯不興鋪聞遺策在下之訓匪漢不宏段玉裁說今文尚書作登鋪古文尚書作升敷鋪聞卽敷聞也書以文武爲上平王爲下班以堯爲上漢爲下此今文尚書說也興宏爲韻厥道下屬李善絶句誤也按段說與馬融注異馬所據或非今文義段云平王爲下據古文義而言若今文義當以襄王爲下蔡邕太尉楊公碑曰敷聞于下昭升于上作升敷

與伯喈引用今文不合乃後人以古文尚書改之○一作傳聞在下○後漢書東平憲王傳曰傳聞在下矦康說考古文敷字今文多作傅禹貢禹敷土洪範用敷錫厥庶民皇極之敷言史記俱作傅堯典敷奏以言皋陶謨敷納以言漢書文帝宣帝成帝紀俱作傅可證則傳聞在下乃今文也

**亦惟先正克左右昭事厥辟越小大謀猷罔不率從肆先祖懷在位**漢書谷永傳永待詔公車對曰經曰亦惟先正克左右未有左右正而百官枉者也師古曰周書君牙之辭也段玉裁說按僞古文君牙永所不見正引文矦之命耳陳喬樅說三國志注引鄭元曰先正先臣謂卿大夫也是先正指臣言鄭義與谷永同

**嗚呼閔予小子嗣造天丕愆**○今文造作遭○僞孔傳曰我小子遭天大罪過疏引王曰遭天之大愆段玉裁說造字王孔皆訓遭此必今文尚書作遭故用以注古文也於大誥呂刑知之

**殄資澤于下民侵戎我國家純**孫星衍說侵戎猶戎侵純者釋詁云大也歎言傷悼予小子嗣位遭天大過咎絕財祿于下民寇兵大侵犯我國家謂王子帶以翟人入周也

**卽我御事罔或耆壽俊在厥服**躬○今文或作克俊下有咎字服作躬○漢書成帝紀鴻嘉元年詔書曰書不云乎卽我御事罔克耆壽咎在厥躬文穎曰此尚書文矦之命篇中辭也言我周家用事者無有能者老賢者使國之危亾罪咎在其用事者也師古曰咎在厥躬平王自謂故帝引之以自責耳文氏乃云咎在用事斯失之矣段玉裁說此今文尚書也或作克俊在厥服作咎在厥躬爲異按文穎注云者老賢者疑漢書耆壽下咎在上本有俊字陳喬樅謂段說是也隸古定本脫去咎字漢書谷永傳引脫去俊字僞孔傳云無有耆宿壽考俊德在其服位解與文穎合是古文今文並同據文穎注補俊字爲允矦康說按咎在厥躬以下未知今文云何如同古文則下予則罔克方自責之辭又不云朕躬而云厥躬文氏之說似合文氏生於漢末此必三家舊訓故采取之以注史小顏非之過矣

**予則罔克曰惟祖惟父其伊恤朕躬嗚呼有績予一人永綏在位**○今文綏作其○史記曰恤朕身繼予一人永其在位史公躬作身績作繼用故訓字釋詁云績繼也

**父義和汝克昭乃顯祖汝肇刑文武用會紹乃辟追孝于前文人**

汝多修扞我于艱若汝予嘉。今文扞作捍。三國魏志引獻帝詔曰捍朕于艱難與說文引周書曰敤我于艱文異蓋古文作敤今文作捍

王曰父義和其歸視爾師寧爾邦儀禮覲禮曰伯父無事歸寧乃邦

用賚爾秬鬯一卣彤弓一彤矢百盧弓一盧矢百馬四匹。今文盧弓一盧矢百作玈弓矢千。史記曰賜大輅彤弓矢百旅弓矢千秬鬯一卣珪瓚虎賁三百人集解賈逵曰大輅金輅彤弓赤旅弓黑也秬黑黍鬯香酒也卣器名陳喬樅說按隸古定本作玈弓一玈矢百馬四匹據史記言賜大輅輅駕四馬則馬四匹者即大輅之服也左傳僖公二十八年云王賜晉文公彤弓一彤矢百旅弓矢千與晉世家此文合則作玈弓一玈矢百者非也禮記曲禮正義引含文嘉曰九賜一曰車馬二曰衣服三曰樂則四曰絑戶五曰納陛六曰虎賁七曰斧戉八曰弓矢九曰秬鬯宋均注云進退有節行步有度賜以車馬以代其勞言成文章行成法則賜以衣服以表其德動作有禮賜以納陛以安其體長於教誨內懷至仁賜以樂則以化其民居處修理房內不泄賜以絑戶以明其別勇猛勁疾執誼堅彊賜以虎賁以備非常抗揚威武志在宿衞賜以斧戉

使得專殺內懷仁德執誼不傾賜以弓矢使得專征慈孝父母賜以秬鬯以歸祭祀此賜大輅是一曰車馬也虎賁三百人是六曰虎賁也彤弓矢玈弓矢是八曰弓矢也秬鬯一卣珪瓚是九曰秬鬯也蓋九賜之中有其四焉詩小雅彤弓序云天子錫有功諸侯也左傳文四年甯俞言敵王所愾而獻其功於是賜之彤弓一彤矢百玈弓矢千以覺報宴文公此時獻楚俘於王是敵愾獻功之事毛詩左傳所云與此篇誼正合也案陳說是也集解引賈逵說蓋卽左傳注大傳曰諸侯賜弓矢者得專征賜圭瓚者得為鬯以祭又略說曰諸侯有德者一命以車服弓矢再命以虎賁三百人三命以秬鬯諸侯三命者皆受天子之樂以祀其宗廟與禮緯文合○一作盧弓矢千一作驢弓矢千○漢書王莽傳何休公羊解詁盧弓字皆作盧法言五百篇云彤弓驢矢司馬光曰驢落胡切與玈同皆謂黑色也

**父往哉柔遠能邇惠康小民無荒寧簡恤爾都用成爾顯德** 三國魏志武帝紀曰簡恤爾眾時亮庶功用修爾顯德案魏三體石經越作粵閔作愍嗣作祠紹作昭盧作旅簡作柬皆用古文非今文異字

今文尚書攷證卷二十七

受業 夏敬觀 袁宗濂 校

# 今文尚書攷證卷二十八

善化皮錫瑞

## 費誓第二十八　周書十九

費誓。今文費作肸。馬鄭古文書序列呂刑文矦之命前今文不可攷史記魯世家曰伯禽卽位之後有管蔡等反也淮夷徐戎亦並興反於是伯禽率師伐之於肸作肸誓集解徐廣曰肸亦作鮮一作獮索隱曰尚書作粊誓今尚書大傳作鮮誓鮮誓卽肸誓古今字異義亦變也鮮獮也言於肸地誓眾因行獮田之禮以取鮮獸而祭故字或作鮮或作獮段玉裁說按鮮音一讀如斯獮古音如徙故與肸音近又按肸鮮獮三字雙聲尚書大傳作鮮史記作肸今文也史記多從今文。一作鮮亦作獮。大傳曰已有三牲必田狩者孝子之意以爲己之所養不如天地自然之性逸豫肥美禽獸多則傷五穀因習兵事又不空設故因以捕禽獸所以共承宗廟示不忘武備又因以爲田除害鮮者何也秋取嘗也秋取嘗何以也習鬥也習鬥也者男子之事也然而戰鬥不可空習故於蒐狩閑之也閑之者貫之也貫之者習之也已祭取餘獲陳於澤然後卿大夫相與射命中者雖不中也取命不中者雖中也不取何以也所以貴揖讓之取而賤勇力之取也鄉之取也於囿中勇力之取也於澤揖讓之取也鄭注云取禽嘗祭澤射宮也陳壽祺說此條諸書所引不言何篇盧氏本入之略說無所據觀傳文專釋鮮字爲秋取嘗疑是鮮誓之傳也錫瑞謹案索隱曰因行獮田之禮以取鮮獸而祭其說與大傳合蓋卽本之大傳小司馬猶及見大傳全書陳氏以此爲鮮誓傳其說是也

**公曰嗟**釋名曰嗟佐也言之不足以盡意故發此聲以自佐也

**人無譁聽命徂茲淮夷徐戎並興**孫星衍說史公說以淮夷徐戎反爲在與管蔡同時魯世家前文亦云於是卒相成王而使其子伯禽代就封於魯管蔡武庚等果率淮夷而反周公乃奉成王命興師東伐作大誥周本紀云召公爲保周公爲師東伐淮夷殘奄又云既絀殷命襲淮夷在豐作周官是伯禽先伐淮夷在管蔡以殷畔之時周公伐淮夷在歸政踐奄之後也但伯禽封魯據洛誥經文命公後及惟告周公其後則在七年歸政之時此云卽位之後有管蔡淮夷等反殊不可解史公從安國問故又用伏生所傳今文故說有歧異後漢書東夷傳云康王之時肅愼復至後徐戎僭號乃率九夷以伐宗周西至河上穆王畏其方熾乃分東方諸侯命徐偃王征之此疑今文說以魯公征徐戎在穆王時故編篇於顧命後呂刑前也錫瑞謹案

孫說大謬此篇伏生今文雖不可攷而史記作肸一作鮮與伏生大傳合則史公以淮夷徐戎反爲與管蔡同時卽伏生今文說也論衡儒增篇曰成王之時四國篡畔淮夷徐戎並爲患害王仲任用歐陽尙書說正與史公說同四國者管蔡商奄也伯禽就封於魯在管蔡流言時史公之說明甚而成王又於七年歸政時封伯禽爲周公後者周本紀云武王封弟周公旦于曲阜曰魯是魯於武王時已受封其時周公在朝使何人守國不可攷至三監畔乃使伯禽就封然其時國猶周公之國伯禽不過代攝國事周禮凡諸侯之子誓於天子則下其君之禮一等伯禽卽位蓋亦如是其制猶後世之監國也及公致政當就國成王留公輔政乃加封伯禽以大國命爲公後於是公不之魯魯爲伯禽之國伯禽爲魯始封祖故伯禽稱魯公史記多用今文則伏生今文亦當如史公說魯之封國在武王初定天下時並不在七年歸政後孫氏讀史記不孰何反以史公說爲歧異乎若後漢書並無魯公征徐戎之事豈可傳會以爲今文孫氏之疑蓋拘於書序編次不知馬鄭書序與史記所載今文書序多不合必非孔子之舊史記引書序作肸與大傳合而與古文作粊不同此史記用今文書序之明證若專據馬鄭書序以定先後之次則蔡仲之命明屬成王封蔡仲時事而馬鄭書序亦列於穆王之世粊誓之前豈亦可傳會爲穆王事乎又案伏生今文尙書二十九篇雖可攷定而其次序則無以定

之近人所定二十九篇之目皆依書序然書序亦有今古文不同史記用今文不與馬鄭古文書序相合則伏生尚書次序必不盡同馬鄭書序矣據史記說君奭當在康誥前據漢書說洪範當在微子前此今文次序之略可攷者史公以肸誓在周公攝政時似亦不應列此惟今文書序編次不可盡曉未敢以意更定仍依今本而具其說以俟攷焉

**善敹乃甲冑敿乃干無敢不弔** 史記曰陳爾甲冑無敢不善孫星衍說史公敹作陳者說文訓敹爲擇夏小正云陳筋革者省兵甲也省亦擇也弔作善者與鄭同案書正義引鄭注曰敹謂穿徹之敿猶繫也訓敹字與史記稍異

**備乃弓矢鍛乃戈矛礪乃鋒刃無敢不善今惟淫舍牿牛馬杜乃擭斂乃穽無敢傷牿牿之傷汝則有常刑** 大傳曰擭捕獸機檻周禮雍氏秋令塞阱杜擭注云阱穿地爲塹所以禦禽獸其或超踰則陷焉世謂之陷阱擭柞鄂也堅地阱淺則設柞鄂於其中書粊誓曰敜乃擭斂乃阱時秋也伯禽以出師征徐戎陳喬樅說是鄭以肸誓在於秋時周禮大司馬職言中秋教治兵遂以獮田爾疋亦云秋獵爲獮知鄭據今文尚書說以此篇爲因秋獮治兵而誓衆也錫瑞謹案鄭說雖與今文合而引書作粊誓則所據之本與今文不同引敜乃擭作

敷與孔本作杜異釋文云杜本又作敷疑古文有此二本未可決其孰爲今文陳氏以爲今文作敷又引鄭易注以爲今文作梏皆無塙據史記曰無敢傷牿正義曰牿牛馬牢也令臣無傷其牢恐牛馬逸說文牛部曰牿牛馬牢也下引此經張守節蓋本說文爲義書正義引鄭注以牿爲桎梏之梏施梏於牛馬之脚使不得走失與史記作牿不同不得據爲今文也

**馬牛其風臣妾逋逃無敢越逐祗復之。**今文無作勿祗作振○史記曰馬牛其風臣妾逋逃勿敢越逐敬復之集解鄭元曰風走逸臣妾厮役之屬也徐廣曰敬一作振段玉裁說作振者蓋今文尚書也般庚篇震動萬民以遷石經作祗動咎繇謨曰嚴祗敬六德夏本紀作振敬無逸篇治民祗懼魯世家作震懼內則記祗見孺子鄭注云祗或作振下曲禮臨諸侯畛於鬼神注云畛或作祗祗振語之轉

**我商賚汝乃越逐不復汝則有常刑無敢寇攘踰垣牆。**今文垣牆作牆垣○史記曰無敢寇攘踰牆垣集解鄭元曰寇劫取也因其失亾曰攘

**竊馬牛誘臣妾汝則有常刑甲戌我惟征徐戎**白虎通誅伐篇曰征者何謂也征猶

正也欲言其正也輕重從辭也尚書曰誕以爾東征誅祿甫也又曰甲戌我惟征徐戎

**峙乃糗糧無敢不逮汝則有大刑魯人三郊三遂。**○今文遂作隧大傳曰古者百里之國三十里之遂二十里之郊七十里之國二十里之遂九里之郊五十里之國九里之遂三里之郊史記作隧孫星衍說史公遂作隧者隧即𨽻省文大傳說見王制疏疏當爲此篇之傳而王制疏引尚書傳云多士傳周禮典命疏云毋逸傳皆誤引也魯國百里則郊當在二十里之外遂又在其外也

**峙乃楨榦甲戌我惟築無敢不供汝則有無餘刑非殺**書正義引鄭注曰無餘刑非殺者謂盡奴其妻子不遺其種類在軍使給厮役反則入於罪隸舂稾不殺之

**魯人三郊三遂峙乃芻茭無敢不多汝則有大刑。**○今文遂作隧多作及○史記曰魯人三郊三隧峙爾芻茭糗糧楨榦無敢不逮我甲戌築而征徐戎無敢不及有大刑作此肸誓遂平徐戎定魯集解王肅曰邑外曰郊郊外曰隧不言四者東郊留守故言三也馬融曰楨榦皆築具楨在前榦在兩旁大刑死刑孫星衍說不及蓋不多之異文

也芻茭不至牛馬不得食不可以戰故有大刑若及而不多不應云大刑也當從史記多字與及似而誤錫瑞謹案禮記曾子問注伯禽周公子封於魯時徐戎作難喪卒哭而征之急王事也正義曰周公致政之後成王即位之時周公猶在則此伯禽卒哭者爲母喪也據史記此篇之作在周公居攝時正義以爲母喪是也而以爲周公致政之後則與史記不合蓋亦惑於周公致政乃封伯禽之文而不知公居攝時伯禽已就封也江聲以爲當次亳姑事在周公薨後尤非是

今文尚書攷證卷二十八

受業熊羅宿袁宗濂校

# 今文尚書攷證卷二十九

善化皮錫瑞

## 秦誓第二十九　周書二十

秦誓史記秦本紀曰三十六年繆公復益厚孟明等使將兵伐晉渡河焚船大敗晉人取王官及鄗以報殽之役晉人皆城守不敢出於是繆公乃自茅津渡河封殽中尸爲發喪哭之三日乃誓於軍史公用今文說與書序以爲在還歸之後左傳以爲在釋歸三帥之時不同公羊文十二年傳曰何賢乎秦繆公以爲能變也荀子大略篇曰春秋賢穆公能變楊倞注云謂不用蹇叔百里之言敗於崤函而自變悔作秦誓詢茲黃髮是也中論修本篇曰人之過在於悔往而不在於懷來故書舉穆公之誓善變也

**公曰嗟我士聽無譁予誓告汝羣言之首**○今文予作余○史記曰日嗟士卒聽無譁余誓告汝白虎通號篇曰伯子男臣子於其國中褒其君爲公何以爲諸侯有會聚之事相朝聘之道或稱公而尊或稱伯子男而卑爲交接之時不私其臣子之義心俱欲尊其君父故皆令臣子得稱其君爲公也何以知諸侯得稱公尚書曰公曰嗟謂秦伯也

古人有言曰民訖自若是多盤責人斯無難惟受責俾如流是惟艱哉我心之憂日月逾邁若弗云來。今文云作員。後漢書傅毅傳迪志詩曰日月逾邁豈云能復員來字今本作云來段玉裁說正義曰員即云也據正義知經文本作員來

惟古之謀人則曰未就予忌說文引周書曰來就惎惎江聲王鳴盛段玉裁解義各殊說文用古文無關今文異同茲不具錄

惟今之謀人姑將以爲親雖則云然尚猶詢茲黃髮。今文云作員。史記曰古之人謀黃髮番番則無所過以申思不用蹇叔百里奚故作此誓令後世以記余過君子聞之皆爲垂涕曰嗟乎秦繆公之與人周也卒得孟明之慶漢書韋賢傳韋孟諷諫詩曰咢咢黃髮又曰追思黃髮秦繆以霸李尋傳尋說王根曰昔秦穆公說諓諓之言任仡仡之勇身受大辱社稷幾亾悔過自責思惟黃髮任用百里奚卒伯西域德列王道論衡狀留篇曰百里奚之知明於黃髮風俗通皇霸篇曰繆公受鄭甘言置戍而去違黃髮之計而遇殽之敗三國魏志管寍傳注引明帝詔曰以秦繆之賢猶思詢於黃髮

蜀志秦宓傳宓薦任定祖曰昔百里蹇叔以耆艾而定策故書美黄髮皆引此經今本員作云據韋賢傳師古注引秦誓曰雖則員然尚猶詢茲黄髮說之曰員與云同是今本爲後人妄改

**則罔所愆。**今文罔作無。新序襍事篇曰秦穆公敗其師曰黄髮之言則無所愆美用老人之言以安國也玉海藝文志攷漢儒引尚書異字亦作無錫瑞謹案今文尚書蓋作無字猶康王之誥乃心罔不在王室今文作無不在王室也史記亦云則無所過漢官儀殤帝策曰張禹三世在上黄髮罔愆則作罔字無罔義同或三家亦有作罔者張超誚青衣賦曰秦繆思諐故獲終吉又案今文尚書黄髮下疑多之言二字故子政引書曰黄髮之言漢書息夫躬傳丞相嘉對曰昔秦繆公不從百里奚蹇叔之言以敗其師悔過自責疾詿誤之臣思黄髮之言名垂於後世所引亦有之言二字

**番番良士旅力既愆我尚有之。**今文一作皤皤良士。史記曰古之人謀黄髮番番正義曰番音婆字當作皤江聲說以番番屬于黄髮則番番爲老人狀貌僞孔傳以番番爲武勇非是錫瑞謹案史記自序曰番番黄髮爰饗營邪漢書敘傳曰營平皤皤立功立論師古曰皤皤白髮貌也後漢書樊準勸崇儒學疏曰故朝多皤皤之良華首之老皤皤之良正

用此經或三家今文有作皤皤者後漢書王梁傳建武七年詔曰旅力既愆

**仡仡勇夫射御不違我尚不欲**漢書李尋傳曰秦穆公任仡仡之勇說文人部曰仡仡勇壯也从人气聲周書曰仡仡勇夫李尋治小夏侯尚書見儒林傳說文用古文義亦與今文同馬本作訖訖云無所省錄之貌與今古文皆不合公羊宣六年傳仡然從乎趙盾以入解詁曰仡然壯勇貌與說文合

**惟截截善諞言**○今文作惟諓諓善竫言○公羊文十二年傳曰惟諓諓善竫言何休解詁曰諓諓淺薄之貌竫猶撰也劉向九歎曰讒人諓諓孰可愬兮王逸注諓諓讒言貌引尚書諓諓竫言鹽鐵論國病篇曰諓諓者賊也論誹篇曰風疾小人諓諓面從以成人之過也注諓諓善言也漢書李尋傳曰昔秦穆公說諓諓之言後漢書樊準勸崇儒學疏曰習諓諓之辭國語范蠡曰又安知是諓諓者乎韋注諓諓巧辯之言賈逵注諓諓巧言也廣雅釋訓曰諓諓善也○一作惟諓諓善竫言○潛夫論救邊篇曰諓諓善竫俾君子怠○一作惟諓諓善靜言○王逸注楚辭九辯曰靜言諓諓而無信○一作戔戔○說文戔賊也周書曰戔戔巧言段玉裁說按歺部殘賊也是戔殘同也周易束帛戔戔子夏傳作殘殘引周書者秦誓今文也今文尚書作戔戔竫言說文無

諓字蓋治經者加言旁於戔耳戔與諓靖與竫古文同音通用周書曰戔戔句絕下當云戔戔巧言也如引商書曰圛下文云圛者升雲半有半無後人轉寫脫去複出之戔戔字併也字非巧言爲竫言之駁文也賈逵外傳注曰諓諓巧言也許用侍中說釋書也戔戔何氏淺薄之訓近是廣雅釋訓曰諓諓善也似緣詞生訓錫瑞謹案堯典共工靖言一作靜言是靖與靜通史記以故訓改爲善言是靖與善同義論語異乎三子者之撰鄭君訓撰爲善何注竫猶撰也與鄭義同然則善靖言卽善言善言卽巧言非善惡之善廣雅諓諓善也賈注諓諓巧言也正善言卽巧言之證巧言者必淺薄何注正與賈逵許慎韋昭張揖意同巧言者多讒譖故諓諓爲讒讒言者多賊害故諓諓又爲賊說文云戔賊也而引周書戔戔巧言亦與本義相近非屬叚借段氏云不盡同本義蓋叚借在其中似失之段又以何氏淺薄之訓近是廣雅善也爲緣詞生訓亦未達善言卽巧言之義而誤解爲善惡之善也

**俾君子易辭**○今文辭作怠○公羊文十二年傳曰俾君子易怠解詁曰俾使也易怠猶輕惰也段玉裁說按易怠疊字也易讀如素問解㑊之㑊疏云易爲怠惰非是史記三王世家齊王策曰義之不圖俾君子怠亦用今文王鳴盛說說文辭字籀文作辝從台因傳寫遂誤爲辭據何休公羊注曰易怠猶輕惰也僞傳乃云使君子回心易辭非也案潛夫論救邊篇曰俾君子怠

用今文義

**我皇多有之**。今文皇作兄。公羊文十二年傳曰而況乎我多有之段玉裁說石經今文尚書無皇曰今日耽樂作毋兄曰則皇自敬德作則兄曰兄卽今況字與我皇多有之作況乎我多有之合然則作皇者古文作況者今文也徐彥疏引戴宏序云子夏傳公羊高高傳子平平傳子地地傳子敢敢傳子壽至漢景帝時壽乃共弟子齊人胡毋子都箸於竹帛然則此傳成於伏生書已出之後戴宏之言可信非公羊高成之也尚書大傳皇於聽獄乎此假皇爲矧況字也公羊傳而況乎我多有之此假況爲皇字也皇與況互相假借也而況乎我多有之猶言而何暇我多有之也孔傳皇訓大非

**昧昧我思之**江聲說秦本紀云以申思不用蹇叔百里奚之言故作此誓則昧昧我思者自謂思此一介臣僞孔以此文屬上讀云我前多有之以我昧昧思之不明故也詳玩經文實不然

**如有一介臣**。今文如作若。禮記大學篇秦誓曰若有一个臣釋文云一个古賀反一讀作介音界尚書釋文曰介音界字又作个音工佐反王鳴盛說說文無个字公羊傳引作介後漢書杜詩傳云一介之才李賢注引書亦作介則作个非也錫

瑞謹案大小戴記傳自夏矦始昌與大夏矦同師則大學所引塙是今文據釋文則一个當讀作介个即介之別體不當讀爲箇公羊傳作一介是今文本作介

斷斷猗無他技其心休休焉其如有容○今文猗作兮其如有容下有焉字○大學曰斷斷兮無他技其心休休焉其如有容焉鄭注斷斷誠一之貌也他技異端之技也東觀漢記建武元年詔曰故密令卓茂束身自修執節惇固斷斷無他其心休休焉後漢書卓茂傳論曰卓茂斷斷小宰無他庸能又謝弼傳弼上封事曰今之四公惟司空劉寵斷斷首善○一作惟一介斷斷焉無他技其心休休能有容○公羊文十二年傳曰惟一介斷斷焉無他技其心休休能有容解詁曰一介猶一槩斷斷猶專一也他技奇巧異端也孔子曰攻乎異端斯害也已休休美大貌能有容能含容賢者逆耳之言孫星衍說釋詁云惟思也能而字通而即如也案公羊所引與大學所引略異或所據本不同或省文也何注與鄭注義同

人之有技若已有之人之彥聖其心好之不啻如自其口出是能容之以保我子孫黎民亦職有利哉○今文如作若是作寔保上有能字職作尙○大學曰人

之有技若己有之人之彥聖其心好之不啻若自其口出寔能容之以能保我子孫黎民尚亦有利哉鄭注有技才藝之技也若己有之不啻若自其口出皆樂人有善之甚也美士爲彥黎衆也尚庶幾也論衡刺孟篇云尚書曰黎民尚亦有利哉安吉之利也行仁義得安吉之利段玉裁說此今文尚書也子孫上屬黎民下屬斷句依此爲長正義非也王引之說大學引秦誓曰尚亦有利哉尚亦當爲亦尚今秦誓作亦職職尚皆主也與亦尚一人之尚正同義案王說是也大學與論衡引經皆當作亦尚作尚亦者傳寫之誤後漢書魯恭傳恭上疏曰所以助仁德順昊天致和氣利黎民者也

**人之有技冒疾以惡之人之彥聖而違之俾不達是不能容以不能保我子孫黎民亦曰殆哉。**今文冒作媢達作通是作寔。大學曰人之有技媢疾以惡之人之彥聖而違之俾不通寔不能容以不能保我子孫黎民亦曰殆哉鄭注媢妒也違猶戾也俾使也拂戾賢人所爲使功不通於君也殆危也案大學作通與今文尚書合據論衡所引則此黎民亦當下屬爲句

**邦之杌隉曰由一人。**今文杌作阢。說文𨸏部曰隉危也从𨸏从毀省徐巡以爲隉凶也賈侍中說隉法度

也班固說不安也周書曰邦之阢隉讀若虹蜺之蜺陳喬樅說案稱徐巡者古文尚書說也稱賈侍中及班固者今文大小夏侯說也隉與臬雙聲音近逵以爲於六書屬假借故訓爲法度如其說則杌字連隉爲文當是法度建立兀然之意班固阢訓不安許及僞孔傳皆本之也

邦之榮懷亦尚一人之慶 白虎通號篇云尚書曰邦之榮懷亦尚一人之慶知秦穆公之霸也孫星衍說班氏據此經文知秦穆公之霸是謂榮懷之言當在敗晉報怨之後則是今文說與史記同義也

今文尚書攷證卷二十九

受業夏承慶
袁宗濂校

善化皮錫瑞

## 書序第三十　周書二十

**書序**　史記三代世表序曰孔子因史文次春秋紀元年正時月日蓋其詳哉至於序尚書則畧無年月或頗有然多闕不可錄故疑則傳疑蓋其愼也孔子世家曰序書傳上紀唐虞之際下至秦繆編次其事漢書藝文志曰書之所起遠矣至孔子篹焉上斷於堯下訖秦凡百篇而爲之序言其作意儒林傳曰孔子干於七十餘君自衛反魯究觀古今篇籍於是序書則斷堯典劉歆移太常博士書曰孔子序書馬鄭皆曰書序孔子所作段玉裁說按書序亦有古文今文之殊漢志曰尚書古文經四十六卷此蓋今文二十八篇爲二十八卷又逸篇十六卷併書序得此數也伏生教於齊魯之間未知即用書序與否而太史公臚舉十取其八九則漢時書序盛行非俟孔安國也假令孔壁有之民間絕無則亦猶逸篇十六卷絕無師說耳馬班安能采錄馬鄭安能作注以及妄人張霸安能竊以成百兩哉孔叢子與連叢子皆僞書也臧與安國書曰聞尚書二十八篇取象二十八宿何圖古文乃有百篇耶

學者因此說疑百篇序至安國乃出然則其所云弟素以爲堯典雜有舜典今果如所論者豈亦可信乎其亦惑矣惟內外皆有之是以史記字時有同異如女房女方登鼎耳升鼎耳飢鼂紂受牧坶行狩歸瞽異母異畝魄禾歸禾魯天子命旅天子命毋逸無逸息慎肅愼伯䮡伯冏胖誓獮誓柴誓甫刑呂刑之類皆今文尚書古文尚書之異也陳喬樅說案尚書釋文云馬鄭之徒百篇之序總爲一卷正義云作敘者不敢厠於正經故謙而聚於下先大夫曰漢書蓺文志云書之所起遠矣至孔子篹焉上斷於堯下訖於秦凡百篇而爲之序秦燔書禁學伏生獨壁藏之是伏生壁中書有序也尚書引序各冠篇首出校讀本古書序皆總爲一篇置卷末今所存逸周書猶可見漢志周書七十一篇今按逸周書篇目自度訓至器服止七十篇其一篇卽卷末之序也桓譚新論云古文尚書舊有四十五卷爲五十八篇而蓺文志載尚書古文經四十六卷新論合二十九卷及逸篇十六卷除序數之蓺文志併序數之著錄從其實也古文如是今文度亦宜然伏生之二十九篇併序數之也伏生本經有序無大誓大誓之合於伏生其始於歐陽氏乎漢武帝建元五年置五經博士書惟有歐陽當時既以大誓付博士讀說立於學官卽合入伏生書矣況歐陽經獨三十二卷今文家顧命不分盤庚亦不異卷其三十二卷是於伏生經文及序二十九篇外增以後出之大誓三篇明矣歐陽既增大誓立

於學官故兩夏侯亦從而增入其書特併大誓爲一篇而除序不數故仍爲二十九篇以合伏生篇數之舊與歐陽小異尚書正義云伏生二十九篇而序在外蓋永嘉之亂三家尚書已亡孔穎達嘗見漢石經拓本所云似據石經即如是要是夏侯之本後增大誓者西漢經師不爲序作訓故歐陽章句仍止三十一卷詩書之序至馬鄭始爲之注毛詩篇首正義云毛傳不訓序是漢初治經者未有爲序作訓者也論衡佚文篇曰東海張霸通左氏春秋案百篇以左氏訓詁造作百二篇漢書儒林傳曰張霸分析合二十九篇以爲數十又采左氏傳書序爲作首尾凡百二篇成帝時求治古文者霸以能爲百兩徵以中書挍之非是霸所采書序即出今文非古文也何言之孔氏古文天漢後獻遂祕於中外不得見霸但見今文有百篇之序而不見古文孔書故竊之作百兩篇以欺世如所采書序出古文是霸見孔壁之本矣甯不知孔氏古文天子自有中書可挍而敢更作之而遽獻之於朝哉且霸見孔壁之本則見其中逸書二十四篇攟拾較易乃不並取以爲百兩篇而轉取左氏傳何哉故知霸所取書序出今文也今文有序此其塙證矣正義嘗引石經其云二十九卷而序在外者必見石經尚書有百篇之序故爲是言耳錫瑞謹案西漢馬班東漢馬鄭皆以書序爲孔子作唐以前尊信無異辭至宋儒始疑之近之治漢學者以疑書序爲宋儒罪案然今之書序出於馬鄭古文實亦不無

可疑若今文書序史記載其大半與馬鄭所注古文書序義多不同周公作君奭史記引書序在踐阼當國時馬鄭書序列於復政之後遂有召公疑周公不當復列臣職之言周公東征攝王成王不親行馬鄭書序於成王既黜殷命成王既伐管蔡皆冠以成王字後人遂誤執爲周公未嘗攝王之證舜典序云歷試諸難鄭注云入麓伐木與堯典納于大麓相混遂開梅姚分愼徽五典以下爲舜典之妄說伊訓序云成湯既沒太甲元年於中失去外丙仲壬兩朝遂啟宋人以孟子所云外丙二年仲壬四年爲年歲不爲卽位紀年之謬論然則書序惟載於史記者塙乎可信若馬鄭古文書序不見於史記者多不可信與今文不合者尤爲可疑蓋書序之有今文古文猶詩序之有今文古文也三家詩序雖亡其僅存可攷者多與毛異三家之序皆有實事毛詩之序多衍空文漢書藝文志云毛詩自謂子夏所傳未得立自謂者甚不然之之辭是謂毛詩序出於子夏乃漢儒所不信而衞宏作毛詩序明見於後漢書說毛詩序者或云首句子夏作以後毛公合作或云首句毛公作以後衞宏續作魏源以爲古文書序亦衞宏作雖無明文可據然古文書序爲後人改竄不必皆孔子之舊亦猶毛詩序不必卽子夏所傳也宋儒一概疑之固非近人一概信之亦未是惟史記所載者乃可信耳段氏分別書序有古今文最爲卓識史記升作登受作紂無作毋呂作甫皆據今文尚書飢卽耆肸卽鮮合

於伏生大傳據此則史記所引書序與古文書序字異者皆今文與古文不同而非史公改竄可知段云二十八篇爲二十八卷當增太誓一卷乃合文不具耳段氏陳氏說今文有序皆引張霸作百兩篇爲證陳氏說尤詳明惟謂伏生二十九篇併序數之顧命不分說尚未塙史記所引書序即伏生今文明分顧命康王之誥爲二分之則二十九篇已具不必併序數之蓋歐陽博士增入大誓之後乃合顧命康王之誥爲一篇以符二十九篇之數耳孔疏云伏生二十九篇而序在外其說甚塙孔氏所見石經爲夏侯尚書蓋歐陽尚書亦然特分大誓之篇爲三故較夏侯之合爲一篇者多出二篇耳

**昔在帝堯聰明文思光宅天下將遜于位讓于虞舜作堯典。**今文聰明作欽明光宅作光度。論衡須頌篇曰問說書者欽明文思以下誰所言也曰篇家也篇家者誰也孔子也陳喬樅說論衡以欽明文思以下爲孔子所言者蓋指堯典序書序實孔子所作也據論衡則今文序聰明作欽明爲異耳錫瑞案後漢書陳寵傳注引尚書考靈耀曰堯聰明文塞晏晏是今文尚書堯典欽明字一作聰明而據論衡此文則今文書序聰明字一作欽明漢時今古文互異如此文思據今文思當作塞仲任所引仍同古文作思或三家之文不同亦有作文思者或後人依古文改之未可知也光宅

天下今文尚書當作光度班固典引曰有不俾而假素罔光度而遺章今其如台而獨闕也孟堅用光度字蓋出今文尚書堯典序今文尚書宅皆作度也

虞舜側微堯聞之聰明將使嗣位歷試諸難作舜典趙岐孟子注曰孟子時尚書凡百二十篇逸書有舜典之敘亡失其文孟子諸所言舜事皆舜典今本作堯典從段氏校正及逸書所載劉逢祿說案漢人多以百篇爲尚書二十篇爲中候孟子所載舜往于田及完廩一篇不稱堯曰又不稱書曰其祗載見瞽瞍稱書曰則逸書大傳之類也又曰不及貢以政接于有庳以猶與也言此之謂也亦傳記書說古今文二典皆合一篇惟東晉梅本始分愼徽以下爲舜典非也太史公親見孔安國所得古文尚書而所作舜本紀亦無出堯典所出之外可知非別有篇矣又馬融書傳序稱逸十六篇絕無師說卽史記云逸書得十餘篇劉歆云逸書有十六篇正義載其目云舜典一汨作二九共九篇十一大禹謨十二棄稷十三五子之歌十四允征十五湯誥十六咸有一德十七典寶十八伊訓十九肆命二十原命二十一武成二十二旅獒二十三冏命二十四九共九篇共卷故十六篇蓋此十六篇亦逸周書之類未必出於孔壁劉歆輩增設之以抑今文博士耳東漢初治古文者衞賈諸子皆不爲注

說故遂亡佚要之据舜典皋陶謨序讀之則典謨皆完備逸書別有舜典大禹謨棄稷等篇必歆等之僞也錫瑞案劉說是也伏生傳書二十九篇漢人以配二十八宿其一曰斗說見王充論衡劉歆移太常博士書云以尙書爲備是漢時今文家說謂尙書止有二十九篇也孔壁古文逸書史記漢書皆不載篇目尙書孔疏載鄭注書序有舜典汨作九共等篇而孔穎達不信以爲張霸僞書穎達以僞孔古文爲眞馬鄭古文爲僞自明以來攻僞孔者則以孔氏古文爲僞馬鄭古文爲眞近之治今文者又謂孔氏古文僞馬鄭古文亦僞逸書十六篇旣亡眞僞固不可辨而據鄭君所引斷句見孔疏者大有可疑劉氏以爲逸周書之類爲得其實劉氏不駁書序以爲典謨皆異序同篇案史記所載今文書序無典謨之序典謨有序獨見於古文古文書序與逸書十六篇同出於東漢以後逸書旣不可信何以書序獨可信乎鄭君親見逸書舜典而注舜典序云入麓伐木入麓卽書納于大麓今文尙書納正作入見史記漢書其文本在堯典篇中而鄭引爲歷試諸難之注是鄭所見逸書舜典已以納于大麓分在舜典篇矣且非獨鄭注可疑也序云昔在帝堯聰明文思光宅天下將遜于位讓于虞舜作堯典虞舜側微堯聞之聰明將使嗣位歷試諸難作舜典以書證序所謂將遜于位讓于虞舜卽書汝能庸命巽朕位至有鰥在下曰虞舜云云也虞舜側微堯聞之聰明將使嗣位歷試諸難卽書

帝曰俞予聞至納于大麓云云也然則據書序之文所謂古文逸篇分堯典舜典爲二者其所分裂已與僞孔本無大異不過虛張篇目以示異於今文僞孔分愼徽五典以下爲舜典正襲書序之說而小變之者也史記於今文典謨之序雖不載而據今文家二十九篇爲備之說必不同於古文所分證以大學帝典一曰之文二帝之典實應合爲一篇禮記出於后蒼與夏侯尙書同一師承今文家說如是較古文爲有據矣劉氏異序同篇之義因不敢駮書序爲調停之說耳自趙臺卿以孟子所言舜事爲舜典逸書閻若璩亦從其說毛奇齡作舜典補亡遂盡摭拾以補舜典且引史記舜本紀爲證錫瑞謂史記所載當卽本於孟子之文非必古文逸篇劉氏以爲孟子引書是逸書不引書者是傳記分別最審魏源尊信劉氏而書古微猶作舜典補亡沿毛氏之誤斯好奇之過也陳喬樅據宋書禮志高堂隆引書粵若稽古帝舜曰重華建皇授政改朔爲古文尙書故曰若作粵若御覽引尙書中候考河命曰曰若稽古帝舜曰重華欽翼皇象授政改朔爲今文尙書謂今文舜典亡此乃其佚句見於書說者今攷宋書禮志實作曰不作粵錢大昕攷異據御覽引中候文李善文選注引尙書中候云建黃授政改朔謂此一十五字皆出中候高堂隆所引偶脫中候二字建皇文選注作建黃皇甫謐謂以土承火色尙黃也此作皇疑誤錢氏攷訂極塙高堂隆所引卽中候之文竝非逸書也朱彝尊欲據

之以代姚方興本二十八字錢巳駁之陳氏復據粤字誤文而分宋書與御覽所引一爲古文一爲今文失之甚矣

**帝釐下土方設居方別生分類作汨作九共九篇稾飫**尚書大傳虞夏傳九共篇九共以諸侯來朝各述其土地所生美惡人民好惡爲之貢賦政教略能記其語曰予辯下土使民平平使民無儌段玉裁說九共在古文爲逸書伏生誦習百篇述其所記憶如此魏源說九共之篇疑即周禮所載職方氏一篇所陳九州左史倚相能讀三墳五典八索九丘孔疏謂三皇之書爲三墳五帝之書爲五典八卦之易爲八索九州之志爲九丘則五行汨作之後使禹治之而辨其風土爲九共九篇錫瑞案魏以九共爲九丘說本宋儒及近儒江聲據大傳是言諸侯來朝述職之事其說非也大傳略說曰天子太子年十八曰孟侯孟侯者於四方諸侯來朝迎於郊者問其所不知也問之人民之所好惡土地所生美珍怪異與九共篇云土地美惡人民好惡正同蓋諸侯來朝述之故太子迎諸侯來朝者得問之也

**臯陶矢厥謨禹成厥功帝舜申之作大禹臯陶謨益稷**正義曰馬鄭王所據書序此篇名爲棄稷又合此篇於臯陶謨皆由不見古文妄爲說耳段玉裁說作僞者割分臯陶謨帝曰來禹之下爲益稷因暨益

曁稷之文易棄爲益閻氏百詩曰法言云或問忠言嘉謨曰言合稷契之謂忠謨合臯陶之謂嘉若稷契無一遺言子雲何以遽立此論於此知棄稷眞篇子雲得見之矣劉逢祿說此即今書一謨三序非三篇同序也其言皆禹臯之言故以謨歸之所述兼益稷之功故復以名繫之例至昭然以是知典謨皆完書也逸書十六篇乃有大禹謨及棄稷然書序孔子所定稷爲配天之祖周人以諱事神故典謨稷獨稱官惟帝命乃名耳據周立法必無以棄稷名篇之理其可信乎其可信乎錫瑞案馬鄭作棄稷僞孔作益稷閻段江王以棄爲是益爲非劉從莊述祖說以棄爲非益爲是惜史記不載今文典謨之序無以定二說之是非而莊劉之說要爲近理又案司馬相如封禪文曰書曰元首明哉股肱良哉因斯以談君莫盛於唐堯臣莫賢於后稷長卿引書在臯陶謨篇而專舉后稷爲言則今文臯陶謨篇中即兼有益稷棄稷篇文矣

**禹別九州隨山濬川任土作貢。**今文濬作浚。史記河渠書夏書曰禹抑鴻水十三年過家不入門陸行載車水行載舟泥行蹈毳山行即橋以別九州隨山浚川任土作貢漢書溝洫志夏書禹堙洪水十三年過家不入門陸行載車水行乘舟泥行乘毳山行則梮以別九州隨山浚川任土作貢陳喬樅說史記漢書引禹別九州云云並冠以夏書是自禹抑共水以下皆稱禹貢篇之序也浚古文尚書作濬史漢均作浚此今文也錫瑞案陳說今文作浚是也陳以史漢所引夏書爲書序蓋因尚書中無此文予嘗攷今古文尚書皆當有陸行載舟十六字說見皋陶謨篇攷證說文木部欙字下引虞書曰予乘四載水行乘舟陸行乘車山行乘欙澤行乘輴閻若璩謂許所據古文尚書多十六字攷夏本紀述皋陶謨無乘四載三字但云予陸行乘車水行乘舟泥行乘橇山行乘檋而河渠書溝洫志皆明引夏書此四句似是皋陶謨經文非禹貢書序也然夏本紀於居外十三年過家門不敢入之下亦綴以陸行乘車水行乘船泥行乘橇山行乘檋四語與述皋陶謨四語複出而與河渠書先云禹抑鴻水十三年過家不入門乃綴四語大同河渠書綴四語下又云以別九州隨山浚川任土作貢與古文書序合則今文禹貢書序或亦有此四句與今文皋陶謨篇不妨兩見也

**啟與有扈戰于甘之野作甘誓。**今文啟作開。史記夏本紀曰有扈氏不服啟伐之大戰於甘將戰作甘誓集解地理志曰扶風鄠縣是扈國馬融曰甘有扈氏南郊地名索隱曰夏啟所伐鄠南有甘亭正義曰括地志云雍州南鄠縣本夏之扈國也地理志云鄠縣古扈國有戶亭訓纂云戶扈鄠三字一也古今字不同耳錫瑞案啟今文尚書作開白虎通論

衡引書皆作開可證也史記作啟疑後人據古文尚書改之

**太康失邦昆弟五人須于洛汭作五子之歌**○今文邦作國○史記夏本紀曰帝太康失國昆弟五人須于洛汭作五子之歌索隱曰皇甫謐云號五觀也段玉裁說按五子之歌惠氏定宇古文尚書考據左氏傳外傳離騷周書嘗麥解王符潛夫論韋昭國語注證校頤書之僞矣竊謂墨子作武觀楚語作五觀武卽五也以左傳斟灌夏本紀作斟戈氏若干或言若柯桓表讀如和表例之歌卽觀也五子之歌卽五觀也之歌蓋謂往觀地觀地卽雒汭韋語最爲明確約之曰五觀詳之曰五子之歌謂五子爲五觀或省五言觀皆以國名之也五子必非五人汲郡古文云放王季子武觀于西河云季子則一人也序言五人猶經言五子也古文又云武觀以西河畔然則觀地不在西河漢東郡觀縣非雒汭觀地也觀之爲歌猶甫之爲呂棐之爲腓作僞者泥於歌字敷衍五章尚書不當以詩歌名篇固不待辨而自明者錫瑞案段說非也尚書篇名如仲虺之誥高宗之訓微子之命蔡仲之命康王之誥文侯之命諸篇皆以之爲助辭是書序於四字篇名例加之字無訓之爲往者段氏以之歌爲往觀說甚鑿而不辭蔡邕述行賦云悼太康之失位兮愍五子之歌聲伯喈用今文說亦以歌爲詩歌不得謂尚書不當以詩歌名

篇也且斟灌臣瓚謂在東郡括地志謂在青州壽光縣段氏謂卽洛汭亦未可據引墨子諸書以證其說皆不甚塙錫瑞謂墨子所引武觀乃書逸篇之名並不在百篇內與墨子上文所引湯之官刑相類而非此五子之歌也離騷云夏康娛以自縱亦非此書太康離騷篇中康娛二字屢見曰日康娛而自忘又曰日康娛以淫遊則此康娛自縱亦當以康娛二字連文爲義其曰夏康娛者卽指夏啟而言啟之康娛自縱略見於墨子竹書紀年山海經楚辭天問諸書墨子非樂引武觀曰啟乃淫溢康樂野于飲食將將銘莧磬以力湛濁于酒渝食于野萬舞翼翼章聞于天天用弗式紀年曰啟巡狩舞九韶於天穆之野山海經海外西經曰大樂之野夏后啟於此舞九代大荒西經曰夏后開上三嬪於天得九辨與九歌以下天問曰啟棘賓天誤作商九辨九歌皆可爲離騷經之證離騷所云啟九辨與九歌兮卽山海經紀年天問所云是也云夏康娛以自縱卽墨子所云啟乃淫溢康樂是也其下文云不顧難以圖後兮五子用失乎家衖蓋推本其禍由於啟之失道猶墨子言武觀之事而推本於啟之淫溢康樂也古者嘉樂不野合啟舞大樂於野故屈子墨子皆以爲譏以古書攷之則啟亦非賢主孟子以爲賢者爲世立教耳王叔師注離騷疑啟賢不應有此失乃以夏康二字連讀傅會爲此序之太康曰夏康啟子太康也不遵禹啟之歌而更作淫聲放縱情欲以自娛樂不顧患難不謀後業

卒以失國兄弟五人家居閭巷失尊位也引此書序云云是誤解離騷而因誤解書序自叔師始不知康娛二字屢見於離騷不得以夏康連讀啟九辨九歌明見於天問夏康娛以自縱緊承上句不得移其過於太康叔師之注殊非屈子之旨惠氏又議改墨子之啟乃爲啟子以就其說更失之武斷矣蓋沿叔師之誤而未能辨正也若墨子所云武觀之事詳見於左氏內外傳周書紀年左傳曰夏有觀扈楚語曰啟有五觀周書嘗麥解曰其在啟之五子忘伯禹之命假國無正用胥興作亂遂凶厥國皇天哀禹賜以彭壽紀年曰帝啟十年放王季子武觀于西河十五年武觀以西河叛彭伯壽帥師征西河武觀來歸注武觀即五觀也據周書紀年所說是武觀者啟之第五子故曰季子亦曰五子亦曰五觀乃一人之名非實有五人而此五子之歌則古文書序及史記所載今文書序皆云昆弟五人是實有五人而別爲一事與內外傳周書紀年墨子所云武觀者迥然不同段云五子必非五人不知其解序之昆弟五人作何說也漢書古今人表曰啟子兄弟五人號五觀王符潛夫論曰夏后啟子太康仲康更立兄弟五人皆有昏德不堪帝事降須洛汭是謂五觀韋昭國語注曰五觀啟子太康昆弟也酈道元水經注曰淇水又北逕頓邱縣故城西古文尚書以爲觀地矣蓋太康弟五君之號爲五觀者也諸說皆以五觀與五子之歌誤合爲一不知書序所云五子之歌在啟崩後太康失國

之際史記所載甚明而紀年所云武觀叛與來歸皆在夏啟在位之時不在太康失國之後明明先後兩事何得强合爲一且以五觀爲一人與序言五人逈異以五觀爲五人必無五人並封一處之理路史云后啟五庶並封於觀其謬蓋不待辨武觀爲啟季子乃太康之弟此五人中或有武觀在內亦未可知若謂五觀即此五人墨子所引武觀之書即此五子之歌則牽引傅會不可信矣魏源書古微又改五子之歌爲五子之過謂啟子五觀隨兄太康失國過即左傳有過氏之過者往邊地逃難臆說無據俞樾羣經平議能辨段氏之失又必牽引墨子以傅合歌字憑空撰出正樂一層更無明證皆由不知武觀與五子之歌不得混爲一也逸篇既亡史記又不詳其事今古文說皆無可徵宜從蓋闕近儒所說不敢附和又案揚雄宗正箴云昔在夏時太康不恭有仍二女五子家降子雲言有仍二女似即左傳所云虞思妻少康之二姚下文接以五子家降則以五子之歌與左傳言少康事相牽並論其詳亦不可攷

**羲和湎淫廢時亂日胤往征之作胤征** 史記夏本紀曰帝中康時羲和湎淫廢時亂日允往征之作允征集解鄭元曰允臣名續漢書律厤志曰夏后之時羲和湎淫廢時亂日允乃征之陳喬樅説案此篇書序不言何時據

史記所載則在仲康時也鄭注以允爲臣名顧命允之舞衣鄭注亦以允爲臣名攷漢書古今人表允列中上次於夏中康時止稱允而不稱允侯是允爲臣名信矣錫瑞案書孔疏引鄭曰允征臣名誤衍一征字毛奇齡作寃詞不知孔疏誤衍痛詆鄭君何不一攷史記集解

**自契至于成湯八遷湯始居亳從先王居作帝告釐沃**○今文告作誥○史記殷本紀曰成湯自契至湯八遷湯始居亳從先王居作帝誥索隱曰一作俈上云從先王居故作帝俈孔安國以爲作誥告先王言已來居亳也錫瑞案索隱之說非也史記本作誥字何得解作帝俈鄭注禮記緇衣云告古文誥是告爲古文誥爲今文馬鄭書序作告用古文史記引書序作誥用今文是史記引今文書序之一證其一本作俈者因僞孔解先王爲帝嚳淺人誤信其說乃改史記誥字作俈以從僞孔帝嚳之說僞孔以爲作誥告先王是其字未誤而解已誤近儒江王孫段陳氏父子皆莫能辨正遂不知亳是商州非偃師先王是契非帝嚳矣其所以致誤者由於亳非一地殷本紀曰契封於商集解鄭元曰商國在太華之陽皇甫謐曰今上洛商是也六國表湯起於亳徐廣曰京兆杜陵有亳亭是湯所起之亳在西方卽契所封之商商頌稱契爲元王故曰從先

王居湯起亳得天下其後遂以亳爲大名故得天下之後遷都偃師偃師與景亳皆稱亳盤庚遷殷亦稱亳殷紂都朝歌而國語曰紂踣于亳周時猶有三亳之稱是商時以亳爲大名猶周起於京遂以京爲大名而豐鎬雒皆稱京也契始封商湯又起於商州之亳故國號曰商必非以相土之商邱得名僞孔乃云湯從相土之商邱遷於偃師之亳而嚳都偃師並無明證何以知湯所居之亳卽是嚳之所都皇覽云帝嚳冢在東郡濮陽是河北非河南與偃師之亳相距甚遠惟括地志分列三亳之名而以偃師爲帝嚳及湯所都云亳邑故城在洛州偃師縣西十四里本帝嚳之墟商湯之都也張守節正義據以爲證不知括地志乃唐初人作其時崇尙僞孔傳會僞孔與皇甫謐之說所攷之地豈足徵信古文書序云作帝告釐沃史記引序無釐沃二字或以是一事故省文古者二王後得郊天詩生民曰以歸肇祀傳曰始歸郊祀也箋云得祀天者二王之後也三國志注引虞喜志林云詩曰以歸肇祀庶無罪悔以迄于今言自后稷以來皆得祭天猶魯人郊祀也此后稷郊天之明證稷契皆帝嚳後同有大功於國稷之後得郊天契之後亦得郊天可知郊天祭感生帝以祖配之湯居亳時未得天下而已得郊祀蓋告黑帝汁光紀以契配之故篇名帝告謂告帝以從先王居之事也大傳帝告篇曰施章乃服明上下此伏生所記帝告逸文湯居亳必施章乃服明上下者蓋如子産使都鄙有章

上下有服之義古者遷都必改制度盤庚遷殷改奢即儉斆于民由乃在位以常舊服正法度湯之遷亳與盤庚遷殷同考工疏文選注引殷傳曰未命爲士者不得乘飾車乘朱軒有飛軨又外紀卷二成湯令未命之爲士者車不得朱軒及有飛軨不得乘飾車騈馬衣文繡命然後得以順有德通志器服略湯令未命之士不得朱軒及飛軨不得飾車騈馬衣文繡命然後得以旌有德此施章乃服明上下之事也江聲說以先王爲俈帝爲黑帝足正僞孔之失惟以亳爲偃師猶爲僞孔所誤以亳近商地爲從先王居尚未知亳在商州也謂亳在商州見俞正燮癸巳類稾魏源書古微書古微辨尤覈其略曰鄭注謂契本封商國在太華之陽爲戰國商於之地今陝西商州故史記六國表序言禹興西戎湯起於亳周以豐鎬秦用雍州漢自蜀漢皆在西方是湯都西亳爲元王契始封商州之地故曰從先王居無緣降嚳稱王且違諸侯不祖天子之誼是元王所都必是始封之商州而非商邱非景亳庶符史記三代皆起西方之誼尚書緯云天乙在亳東觀於洛尙書中候云天乙在亳諸鄰國襁負歸德東觀于洛降三分沈璧水經洛水出京兆上洛縣今商州地是亳爲商州舊名故史記秦本紀甯公三年遣兵伐湯社與亳戰亳王奔戎遂滅湯封禪書雍西亳社有三社主之祠說文亳爲京兆杜陵蓋商之裔孫有世居亳地者故自稱祖號魏引史記緯書義最古足爲今文遺說之證故具錄之

餘文繁不備載

湯征諸侯葛伯不祀湯始征之作湯征史記殷本紀曰湯征諸侯葛伯不祀湯始伐之湯曰予有言人視水見形視民知治不伊尹曰明哉言能聽道乃進君國子民爲善者皆在王官勉哉勉哉湯曰汝不能敬命予大罰殛之無有攸赦作湯征陳喬樅說案孔壁古文尚書增多之篇無湯征史記所載湯征之文乃殘章零句或亦如九共帝告之佚文載於伏生大傳中故太史公據之而錄入殷紀與孟子書所言葛伯放而不祀及仇餉事當亦在此篇中也錫瑞案皇甫謐謂葛伯甯陵之葛據之以證湯都穀熟不在偃師不知湯此時所居在商州之亳非偃師亦非穀熟也葛必近商州之地不可攷

伊尹去亳適夏既醜有夏復歸于亳入自北門乃遇女鳩女方作女鳩女方。今文方作房。史記殷本紀曰伊尹去湯適夏既醜有夏復歸于亳入自北門遇女鳩女房作女鳩女房陳喬樅說案尚書釋文云帝告釐沃湯征女鳩女方此五亡篇舊解是夏書馬鄭之徒以爲商書正義曰鄭序以爲虞夏書二十篇商書四十篇周書四十篇帝告釐沃湯征女鳩女方於鄭元爲商書據此是古文尚書敘房字作方也僞孔本湯字作亳遇上多有乃字是衍文孟子五就湯五就桀者伊尹也趙岐注云伊尹爲湯見貢於桀不用而歸湯案伏生大傳云古者諸侯有貢士於天子之制湯爲夏之諸侯故貢伊尹於夏邠卿注孟子蓋用今文尚書家說錫瑞案伊尹歸亳事亦見於大傳湯誓云夏人飲酒醉者持不醉者不醉者持醉者相和而歌曰盍歸於亳盍歸於亳亳亦大矣故伊尹退而閒居深聽歌聲更曰覺兮較兮吾大命格兮去不善而就善何不樂兮伊尹入告於桀曰大命之亡有日矣桀僩然歎啞然笑曰天之有日猶吾之有民也日有亡哉日亡吾乃亡矣是以伊尹遂去夏適湯此卽醜有夏歸亳之事自夏歸亳自北門則桀都在湯都之北乃桀都在河北不在河南之證若桀都河南不當入北門矣魏源書古微駮金鶚桀都河南攷甚覈未及引此爲證

**伊尹相湯伐桀升自陑遂與桀戰于鳴條之野作湯誓**史記殷本紀曰湯乃興師率諸侯伊尹從湯湯自把鉞以伐昆吾遂伐桀湯曰云云以告令師作湯誓陳喬樅說案尚書正義云孔以湯誓在夏社前於百篇爲第二十六鄭以爲在臣扈後第二十九今文尚書之篇次未知與鄭本古文尚書同否也此篇敘據史記所載有湯把鉞以伐昆吾語與古文尚書敘文異或亦今文三家敘與孔壁古文本不同如詩三家魯齊韓敘與毛傳古文本不同之例未可知也錫

瑞案史記載今文書序與鄭本次序不同此即今文不可古文之明證湯誓在伐桀之先夏社在勝桀之後以先後之次論商書必當以湯誓居首應以今文書序爲正鄭本古文顛倒失次殊不可據僞孔名傳古文其序次乃與史記同與鄭本異者王肅傳其父朗歐陽尙書之學閒引今文說以駮鄭此據史記以正鄭本亦是一證史記載經文與古文不同說見本篇攷證陳氏明知今古文不同猶爲游移之說蓋陳氏不敢駮鄭且欲强引鄭君爲今文張目故不敢據史記之今文顯駮鄭本古文之誤也

**湯既勝夏欲遷其社不可作夏社疑至臣扈**○今文無疑至臣扈篇次在典寶之後○

史記殷本紀曰湯既勝夏欲遷其社不可作夏社封禪書曰湯伐桀欲遷夏社不可作夏社漢書郊祀志與封禪書同下云迺罷烈山子柱而以周棄代爲稷祠應劭曰連大旱七年明德以薦而旱不止故遷柱以棄代爲稷欲遷句龍德莫能繼故作夏社說不可遷之意鄭注云犧牲既成粢盛既潔祭祀以時然而旱乾水溢則變置社稷當湯伐桀之時大旱既致其禮祀明德以薦而猶旱至七年故湯遷柱而以周棄代之欲遷句龍以無可繼之者於是故止也陳喬樅說攷伏生大傳言湯大旱七年禱於桑林之社而雨大至是湯之欲遷社以旱故也僞孔傳以爲湯革夏命遷社妄矣案郊祀志與殷本紀合應劭注亦與鄭康成合是知皆本今文尙

書說也此先後之次依史記先湯誓次典寶次夏社僞孔傳以夏社列湯誓後既與鄭本乖異又與史記不合於今文古文皆無所徵非其舊之篇次也江聲說先後之次湯誓宜先典寶次之此三篇又次之乃後次以仲虺之誥及湯誥知當然者湯誓敘言伐桀遂與桀戰典寶敘言夏師敗績則是既戰而敗故湯誓宜先典寶次之此敘言既勝夏則是既敗夏師之後故此三篇宜次典寶仲虺之誥敘云湯歸自夏是既勝夏而歸也湯誥敘云復歸于亳則歸而至國矣故此三篇之後當次以仲虺之誥及湯誥也故殷本紀錄此諸篇之敘先湯誓次典寶又次夏社而無疑至臣扈篇目次則仲虺之誥次則湯誥是順敘文而爲之次也莊述祖說史記夏社次典寶後中鸓之誥前與鄭篇次異無疑至臣扈篇名東晉書夏社次湯誓後典寶前從史記而小變之案馬鄭王本書序本是一篇其編篇次第鄭往往不得其說此湯既勝夏與武王既勝殷序例不符又臣扈爲大戊臣篇名次此亦當闕疑錫瑞案史記載今文書序次第秩然鄭與僞孔古文書序次第倒亂古文尚書不如今文此其明證史記無疑至臣扈篇目蓋今文本無之莊疑臣扈爲大戊臣不當列此是也

夏師敗績湯遂從之遂伐三朡俘厥寶玉誼伯仲伯作典寶。○今文朡作夒誼作義篇次在夏社之前○史記殷本紀曰夏師敗績湯遂伐三夒俘厥寶玉義伯仲伯作典寶陳喬樅說案僞孔傳本湯下有遂從之三字史記所載無之則僞孔本非也堯典正義稱鄭注書序中逸書二十四之目咸有一德十七典寶十八伊訓十九與史記所紀次序不同蓋今文古文之異尚書釋文云誼本或作義按古今人表有義伯仲伯是今文尚書作義字

**湯歸自夏至于大坰仲虺作誥**○今文大坰作泰卷仲虺作中壨○史記殷本紀曰湯歸至於泰卷陶中壨作誥徐廣曰一無此陶字索隱曰鄒誕生卷作詷又作泂則卷當爲坰與尚書同非衍字也其下陶字是衍耳何以知然解尚書者以大坰今定陶是也舊本或傍記其地名後人轉寫遂衍斯字也正義曰陶古銘反段玉裁說卷坰雙聲不必改字正義云陶古銘反則誤謂卷爲衍字也錫瑞案史記用今文而中壨皆古字者段氏謂伏生書中亦有古文是也

**湯既黜夏命復歸于亳作湯誥**史記殷本紀曰既絀夏命還亳作湯誥維三月王自至于東郊告諸矦羣后毋不有功于民勤力迺事予乃大罰殛女毋予怨曰古禹皐陶久勞于外其有功乎民民乃有安東爲江北爲濟西爲河南爲淮四瀆已修萬民乃有居后稷降播農殖百穀三公咸有功于民故后有立昔蚩尤與其大夫作亂百姓帝乃弗予有狀先王言

不可不勉曰不道毋之在國女毋我怨以令諸侯集解徐廣曰立一作土之一作政索隱曰謂禹皋陶有功於人建立其後故云有立帝天也謂蚩尤作亂上天乃不佑之是爲弗與有狀言其罪大而有形狀故黃帝滅之先王指黃帝帝堯帝舜等言禹皋陶以久勞于外故後有立及蚩尤作亂天不佑之乃致黃帝滅之皆是先王賞有功誅有罪言今汝不可不勉此湯誡其臣不道猶無道也又誡諸侯云汝爲不道我則毋令汝之在國錫瑞案湯告諸侯毋不有功於民後云不道毋之在國蓋言諸侯必有功於民乃得有國也云三公咸有功於民故后有立有立當從徐本作有土則文義尤明皋陶不聞同禹治水據此則皋陶亦有治水之功史記又云契長而佐禹治水有功是舜之五臣皆有治水之功矣此與甫刑言三后不同有皋陶無伯夷魏源云此湯以黃帝征蚩尤譬已之征夏述先王訓典不可不遵其言曰凡不道之人毋使在國此天所命人毋得怨也案魏以不道二句卽是先王之言較索隱所解爲順謂以征蚩尤譬征夏似猶非湯之意湯蓋泛引古事以誡諸侯耳魏又云維三月王至于東郊告諸侯羣后明是自東歸於商亳若景亳在桀都之東則湯當歸至西郊何爲反至於東

咎單作明居○今文篇次在咸有一德後○史記殷本紀曰咎單作明居集解馬融曰咎單湯司空也明居民之法也

**成湯既没太甲元年伊尹作伊訓肆命徂后**史記殷本紀曰湯崩太子太丁未立而卒於是迺立太丁之弟外丙是爲帝外丙帝外丙即位二年崩立外丙之弟中壬是爲帝中壬帝中壬即位四年崩伊尹迺立太丁之子太甲太甲成湯適長孫也是爲帝太甲帝太甲元年伊尹作伊訓作肆命作徂后正義曰尚書孔子序云成湯既没太甲元年不言有外丙仲壬而太史公採世本有外丙仲壬二書不同當是信則傳信疑則傳疑集解鄭元曰肆命者陳政教所當爲也徂后者言湯之法度也漢書律厤志曰商十二月乙丑朔旦冬至故書序曰成湯既没太甲元年使伊尹作伊訓伊訓曰惟太甲元年十有二月乙丑朔伊尹祀于先王誕資有牧方明言雖有成湯太丁外丙仲壬之服以冬至越茀祀先王於方明以配上帝是朔旦冬至之歲也錫瑞案孟子曰湯崩太丁未立外丙二年仲壬四年史記引世本文與孟子合自可信據謂史記世本不可信豈孟子亦不可信乎僞孔傳云湯没而太甲立稱元年孔疏曲傳傳說謂劉歆班固不見古文謬從史記皇甫謐既得此經作帝王世紀乃述馬遷之語是其疎也顧氏亦云止可依經誥大典不可用傳記小說孔穎達信僞孔古文而疑史記所見與張守節相等夫孟子非傳記小說顧氏孔氏張氏皆非未嘗讀孟子者而既以僞孔傳爲信則雖孟子有明文者亦不得不置之不顧凡暖暖姝姝守一先生

之言者其弊必至於此今人於僞孔古文之不可信戸知之矣而於古文書序之不可信猶未必知之也據劉歆所引書序與馬鄭僞孔本不異則此序非僞孔臆造然其文鶻突不明脫誤已甚成湯既没之下即接以太甲元年脫去外丙仲壬兩代僞孔之說誤而解書序之文不誤蓋作古文書序者本謂成湯之後即是太甲並無外丙仲壬兩代也說與孟子不合必非孔子之舊宋人解孟子謂二年四年是年歲之年非謂即位年數亦爲書序所誤其說尤不可通古者植遺腹朝委裘二歲四歲之君豈得謂不可立殷法本兄終弟及故不立太甲而立外丙仲壬若二年四年非即位年數孟子何必贅此二語以疑誤後人乎史記所引今文書序必無成湯既没四字觀其前詳叙外丙仲壬可見古文書序殊不可信劉歆所引伊訓亦未必眞孔壁古文其說解云雖有成湯太丁外丙仲壬之服以冬至越茀祀先王於方明歆雖知有外丙仲壬兩朝而其說亦謬江聲嘗辨之曰孟子云湯崩太丁未立外丙二年仲壬四年太甲顚覆湯之典型然則太甲元年湯與外丙之服皆除之久矣況太丁之没又在其前乎歆言有成湯太丁外丙之服誕妄甚矣江又自爲說曰太甲除喪即位以月朔行吉禘之禮宗祀成湯於明堂以配上帝太丁外丙仲壬亦從而與享焉祀畢乃見諸侯遂率之以祀方明也案江說亦未是太丁未居帝位不得與享明堂若太丁可與享明堂則明興獻王之入廟不得云非

禮矣古文書序已不可信其逸篇偽者偽眞者亦未必不偽皆可一筆抹摋何必强爲之說堯典正義載鄭注典寶序引伊訓曰載孚在亳又曰征是三朡劉逢祿云鄭所引載孚在亳卽朕載自亳征是三朡卽遂伐三朡用是見逸十六篇亳無意義故絕無師說且疑劉歆偽作以厭伏今文博士者

**太甲旣立不明伊尹放諸桐三年復歸于亳思庸伊尹作太甲三篇**

史記殷本紀曰帝太甲旣立三年不明暴虐不遵湯法亂德於是伊尹放之於桐宮三年伊尹攝行政當國以朝諸侯帝太甲居桐宮三年悔過自責反善於是伊尹迺迎帝太甲而授之政帝太甲修德諸侯咸歸殷百姓以寧伊尹嘉之迺作太甲訓三篇褒帝太甲稱太宗集解鄭元曰桐地名也有王離宮焉錫瑞案孟子曰太甲顛覆湯之典刑伊尹放之於桐三年太甲悔過自怨自艾於桐處仁遷義三年以聽伊尹之訓已也復歸于亳史記之說與孟子文略同太甲訓三篇雖亡據史公所載今文家說猶可得其大略古文書序止云太甲放桐三年無太甲旣立三年之文史公以爲太甲旣立三年乃放於桐可補古文書序所不及蓋今文家說如此也據孟子文亦有六年解者合兩三年爲一謂止有三年蓋爲古文所誤太甲雖不明暴虐亦必經歷數年訓之不改乃不

得已而放未有甫立未久即驟然放之者如史公說伊尹攝政六年始歸政猶周公七年致政也此云伊尹攝行政當國以朝諸侯正與周本紀云周公乃攝行政當國之文相同蓋太甲既立三年即屬諒闇三年時事百官聽於伊尹伊尹且攝政且訓王諒闇三年既滿伊尹當歸政矣而太甲仍不明不能聽政故伊尹不得已而放太甲於桐自攝行政當國正與周公攝政當國抗世子法相似漢書王莽傳曰昔成湯既歿而太丁蚤夭其子太甲幼少不明伊尹放諸桐宮而居攝以興殷道周武王既歿周道未成成王幼少周公屏成王而居攝以成周道論衡感類篇曰伊尹相湯伐夏爲民興利除害致太平湯死復相太甲太甲佚豫放之桐宮攝政三年乃退復位周公曰伊尹格於皇天是今文說以爲伊尹與周公同也史記云帝太甲居桐宮則今文說以桐宮爲離宮趙岐孟子注曰放之於桐邑亦以桐爲地名與鄭注不異僞孔務與鄭異乃以桐宮爲湯葬地又造僞古文云王徂桐宮居憂以實其說帝王世紀曰桐宮蓋殷之墓地有離宮可居在鄴西南皇甫謐即造僞書者不知劉向云殷湯無葬地是西漢人並不識湯陵所在哀帝建平元年大司空御史長卿案行水災因行湯冢蓋至此始知有湯陵而皇覽曰湯冢在濟陰亳縣北郭東去州二里與僞孔傳不同括地志曰薄城北郭東三里平地有湯冢又曰洛州偃師縣東六里有湯冢近桐宮前後兩說並存一沿皇覽之說一沿僞孔

之說其眞僞皆不可知劉子政習今文而云湯無葬地是今文家無以桐爲葬地之說也宋人又沿僞孔謬說以居桐爲諒陰居喪伊尹並無放太甲事宋人不信書序豈孟子亦不足信乎據史記說放桐在旣立三年之後又何得以爲諒闇居喪乎

**伊尹作咸有一德。**今文篇次在湯誥後。史記殷本紀曰伊尹作咸有一德在湯誥後咎單作明居前索隱曰

按尚書伊尹作咸有一德在太甲時太史公記之於斯謂成湯之曰其言又失次序堯典正義曰孔以咸有一德次太甲後第四十鄭以爲在湯誥後第三十二禮記緇衣篇尹吉曰惟尹躬及湯咸有一德鄭注曰吉當爲告告古文誥字之誤也尹吉伊尹之誥也書序以爲咸有一德今亡陳喬樅說鄭本之篇次與史記同今文古文次第皆如此自是成湯時所作僞孔氏以爲伊尹訓太甲語次於太甲之後謬矣逸書十六篇絕無師說鄭君釋尹告能訂正其譌誤者蓋本今文家相承之師說也伏生所傳尚書以教於齊魯之間者雖僅存完帙二十八篇然百篇之書序首尾完好當略具其梗概又百篇經文伏生素所誦習篇雖脫佚而其大恉伏生尚能言之故佚文遺說時掇拾而箸之大傳惜大傳一書殘闕過甚故無可稽證耳錫瑞案陳氏云今古文篇次同是也陳以爲逸書無師說鄭說卽本伏傳鄭君所注伏傳全本今不可見陳說亦可備攷江聲謂鄭傳賈馬之學乃孔氏古文司馬遷嘗從孔安國

問故亦以此篇次湯誥後孔氏古文之次如此案江說於今古文分別未晰史記引書序多與馬鄭異自是今文此則今古文不異者也若以史公爲同賈馬古文他篇何以不盡同乎

沃丁既葬伊尹于亳咎單遂訓伊尹事作沃丁史記殷本紀曰帝沃丁之時伊尹卒既葬伊尹於亳咎單遂訓伊尹事作沃丁張守節正義曰帝王世紀伊尹名摯爲湯相號阿衡年百歲卒天霧三日沃丁以天子禮葬之孔傳曰伊尹既致仕老終以三公禮葬孔穎達正義曰皇甫謐云沃丁八年伊尹卒年百有餘歲大霧三日沃丁葬之以天子禮葬祀以大牢親臨喪以報大德晉文請隧襄王不許沃丁不當以天子之禮葬伊尹也孔言三公禮葬未必有文要情事當然也錫瑞案僞孔傳疑皇甫謐作而此傳與皇甫所說不合則謂盡出謐手亦未必然孔傳與王肅之說又不盡同或肅謐二人故爲參差以掩其迹乎沃丁以天子禮葬伊尹自是古義成王葬周公亦然蓋以伊周會攝位當國不嫌於僭作僞傳者不曉古義疑其過分乃易之曰以三公禮葬孔疏以爲情事當然攷古當有實徵若以爲想當然耳豈可信哉伊尹卒大霧三日見論衡感類引百兩篇亦非皇甫謐造張霸百兩僅存此文未知出於今文尚書否而王仲任引之則已見於今文家所稱說矣

伊陟相大戊亳有祥桑穀共生于朝伊陟贊于巫咸作咸乂四篇

○今文乂作艾下有作大戊三字○史記殷本紀曰帝大戊立伊陟爲相亳有祥桑穀共生於朝一暮大拱帝大戊懼問伊陟伊陟曰臣聞妖不勝德帝之政其有闕與帝其修德大戊從之而祥桑枯死而去伊陟贊言于巫咸巫咸治王家有成作咸艾作大戊封禪書曰至帝大戊有桑穀生於廷一暮大拱懼伊陟曰妖不勝德大戊修德桑穀死伊陟贊巫咸巫咸之興自此始索隱曰尚書伊陟贊于巫咸孔安國云贊猶告也巫咸臣名今云巫咸之興起自此始則以巫咸爲巫覡然楚詞亦以巫咸主神蓋太史以巫咸是殷臣以巫接神事大戊使禳桑穀之災所以伊陟贊巫咸故云巫咸之興自此始也漢書五行志書序曰伊陟相大戊亳有祥桑穀共生傳曰俱生乎朝七日而大拱伊陟戒以修德而木枯郊祀志曰帝大戊有桑穀生於庭一暮大拱懼伊陟曰妖不勝德大戊修德桑穀死伊陟贊巫咸說苑君道篇曰殷大戊時有桑穀生于庭昏而生比旦而拱史請卜之湯廟大戊從之卜者曰吾聞之祥者福之先者也見祥而爲不善則福不生殃者禍之先者也見殃而能爲善則禍不至於是乃早朝而晏退問疾弔喪三日而桑穀自亡韓詩外傳亦記此事作湯時問於伊尹尹對曰云云陳喬樅說案論衡感類及帝王世紀亦以桑穀共生爲大戊事攷漢書五行

志又引劉向以爲殷道既衰高宗承敝而起盡諒陰之哀天下應之既獲顯榮怠於政事國將危亡故桑穀之異見桑猶喪也穀猶生也殺生之柄失而在下近草妖也一日野木生朝而暴長小人將暴在大臣之位危亡國家象朝將爲虛之應也寀伏生尚書殷傳亦言武丁之時桑穀俱生於朝七日而大拱是大戊武丁皆有其事故劉向著說苑亦兩載其事劉所錄當卽本之書傳也呂氏春秋又言湯時穀生於廷比旦而大拱然則殷時此祥三見信有之矣錫瑞案陳說是也殷人尚鬼蓋信祥異之事湯與大戊武丁桑穀當是三見傳者各異耳不必疑大傳與書序不合史記引書序是今文而亦載桑穀於大戊時封禪書又載之是今古文說同非古文說桑穀在大戊時今文說桑穀在武丁時也說苑君道篇以桑穀爲大戊又以爲武丁敬愼篇與五行志引劉說亦以爲武丁論衡感類順鼓篇以桑穀爲大戊異虛篇又以爲武丁子政仲任皆習今文而兼言大戊武丁是今古文不異巫咸釋文引馬云巫男巫也名咸殷之巫也正義引鄭云巫咸謂之巫官與史公說同亦今古文不異者僞孔以巫爲氏非也史記引書序多作大戊三字古文書序無之江聲說據史記之文則此敘當云作咸乂四篇大戊如虞夏書敘作汩作九共九篇槀飫之例而下又有大戊之文依古文篆籀之例則必不重出大戊字止于大字戊字下各加二畫而已如是則容有不察而認作單文之誤故云俗儒疏忽

誤作單文以專屬下敘則此遂闕大戊篇目矣

**大戊贊于伊陟作伊陟原命**。今文作伊陟讓作原命。史記殷本紀曰帝大戊贊伊陟于廟言弗臣伊陟讓作原命江聲說史記曰帝大戊贊伊陟于廟言弗臣伊陟讓作原命然則不應有伊陟篇目也蓋俗儒誤闕大戊一篇因而增伊陟之目以足百篇之數爾贊伊陟者命伊陟也伊陟謙讓不敢受命因再命之故曰原命原之言再也馬融以為原臣名也命原以禹湯之道我所修也豈其然乎莊述祖說史記有大戊無伊陟是大戊篇即伊陟篇史公從安國問故因得聞百篇之說曰帝大戊贊伊陟于廟言弗臣伊陟讓作原命是也錫瑞案二說皆從史記是也馬鄭古文書序與史記所載今文書序本不盡合而如康王命作策畢之脫公字王錫晉文侯之增平字又經後人增竄並非馬鄭之舊不如史記可信馬鄭所見逸篇其眞僞亦未可知馬以原為臣名與史記所云不合皆不可信者也段玉裁以為史記脫作伊陟三字殊未必然如其說則史記之與古文書序異者將悉以為脫誤乎陳喬樅從段駁江過信馬鄭之書不守史記今文家說斯顛倒之見

**仲丁遷于囂作仲丁**。今文囂作隞。史記殷本紀曰帝仲丁遷于隞仲丁書闕不具索隱曰蓋太史公知舊

有仲丁書今已遺闕不具也莊述祖說史記云仲丁書闕不具當亦是書序語蓋百篇中卽有錄無書否則漢時亡逸者甚多不應獨舉仲丁一篇也錫瑞案史公不云作仲丁作河亶甲作祖乙但云仲丁書闕不具則似當時河亶甲祖乙之書皆亡而仲丁之書又闕不具也莊氏以爲仲丁書闕不具亦書序語劉逢祿遂據之以入書序之文殊嫌專輒

**河亶甲居相作河亶甲**

史記殷本紀曰河亶甲居相魏源說史記三代世表云帝外壬仲丁弟帝河亶甲外壬弟又殷本紀帝仲丁崩弟外壬立外壬崩弟河亶甲立案此二文絕不可解若河亶甲繼外壬而立不在太甲之前乎豈太甲以前尚有河亶甲一世乎若謂在太甲之後則太甲父丙壬爲二世太甲子沃丁太庚爲三世太甲孫小甲雍己大戊兄弟爲四世共距成湯爲五世共閱此九君其中並無河亶甲史記乃忽以河亶甲插入仲壬之後太甲之前然則書何以在太戊之後在太甲曾孫之列乎其遷相之書何以作于仲丁遷囂之後乎仲丁太戊子不且在元孫之列乎以此觀之則河亶甲斷斷爲仲丁後之君斷斷非仲壬之子明矣斷斷不能在太甲之前明矣史遷之語與編書序者之顛倒何迴出情理外竟至是乎錫瑞案魏說大謬史記明云中宗崩子帝仲丁立帝仲丁崩弟外壬立帝外壬崩弟河亶甲立是河亶甲乃中宗太戊之子仲丁外壬之弟太甲之曾孫湯

之元孫本紀序次甚明魏氏乃誤外壬爲仲壬又誤外壬之弟爲仲壬之子妄詆史記及書序而於史記之文並未入目可謂大惑不解亟當浴以蘭湯者矣

**祖乙圮于耿作祖乙**○今文圮于耿作遷于邢○史記殷本紀曰祖乙遷于邢索隱曰邢音耿近代本亦作耿

今河東皮氏縣有耿鄉古文書序作圮于耿孔傳曰圮於相遷於耿正義曰知非圮毀于耿更遷餘處必云圮於相地遷於耿者明與其上文連上云遷于嚻謂遷來向嚻居於相謂居於相地故知圮於耿謂遷來于耿以文相類故孔爲此解謂古人之言雖尙要約皆使言足其文令人曉解若圮於相遷居於耿經言圮於耿大不辭乎且亶甲居於相祖乙居耿今爲水所毀更遷他處故言毀於耿耳非旣毀乃遷耿也盤庚云不常厥邑于今五邦及其數之惟有亳嚻相耿四處而已知此旣毀於耿更遷一處盤庚又自彼處而遷於殷耳殷本紀云祖乙遷於邢馬遷所爲說耳鄭元云祖乙又去相居耿而國爲水所毀於是修德以禦之不復徙也錄此篇者善其國圮毀改政而不徙如鄭此言稍爲文便但上有仲丁亶甲下有盤庚皆爲遷事作書述其遷意此若毀而不遷序當改文見義不應文類遷居更以不遷爲義汲冢古文云盤庚自奄遷於殷者蓋祖乙圮于耿遷於奄盤庚自奄遷于殷亳嚻相耿與此

奄五邦者此蓋不經之書未可依信也錫瑞案史記引今文書序無作祖乙之文云仲丁書闕不具則仲丁有書河亶甲祖乙亦有書可知史公省其文耳而云祖乙遷于邢則文義甚明承上河亶甲居相言之明是由相遷于邢也古文書序作祖乙圮于耿文義鶻突不明孔傳云圮於相遷於耿其解書義甚是而與序文不甚符合孔疏極祖孔傳於此獨獻疑辭謂是祖乙居耿爲水所毀更遷他處其說與序合矣然祖乙由耿遷何處未能指實疏引史記遷邢不實指爲自耿遷邢邢耿本是一地不能分爲二也又引汲冢古文疑爲自耿遷奄復云不經之書未可依信是祖乙自耿遷於何處實無可證孔疏說不塙矣鄭君云修德禦之不復徙孔疏以爲文便又謂上下皆爲遷事不應此爲不遷錫瑞謂鄭說亦屬强辭非獨如孔疏所疑商人屢遷實由河患仲丁至盤庚其書皆言遷都避水夫子删書取之若此篇獨善其不徙上下諸篇又何以善其徙水患非修德可禦陶唐即有水患堯舜何不修德禦之必使禹治之乎鄭解祖乙云善其改政不徙馬解盤庚云取其徙而立功馬鄭古文說矛盾至此豈復可信其所以牽强難通者皆由書序鶻突不明致誤古文書序不如史記所引今文書序此其一證陳喬樅祖護鄭義謂僞孔傳顯違書序不知僞孔說並不誤古文書序乃鶻突不明耳鄭義於序文似合於經旨實不合也

盤庚五遷將治亳殷民咨胥怨作盤庚三篇史記殷本紀曰帝盤庚之時殷已都河北盤庚渡河南復居成湯之故居迺五遷無定處殷民咨胥皆怨不欲徙盤庚乃告諭諸侯大臣曰昔高后成湯與爾之先祖俱定天下法則可修舍而弗勉何以成德乃遂涉河南治亳行湯之政然後百姓由甯殷道復興諸侯來朝以其遵成湯之德也帝盤庚崩弟小辛立是爲帝小辛帝小辛立殷復衰百姓思盤庚迺作盤庚三篇索隱曰尙書盤庚將治亳殷民咨胥怨作盤庚此以盤庚崩弟小辛立百姓思之乃作盤庚由不見古文也錫瑞案僞孔古文史公固未之見若盤庚三篇今古文皆有之史公非不見盤庚篇亦非不見盤庚序者史記所引今文書序亦與古文不異云五遷無定遂涉河南治亳卽序所云盤庚五遷將治亳殷也云殷民咨胥皆怨不欲徙卽序所云民咨胥怨也惟古文書序無小辛時思盤庚迺作三篇之語蓋古文家省文文省而義不完人遂不知盤庚三篇作於何時而五遷五邦之數亦莫能定矣鄭君以上篇是盤庚爲臣時事又數商亳囂相耿爲五孔傳不用其說以亳囂相耿與我往居亳爲五此當以孔傳之說爲是然孔傳不從史記說而以上篇爲未遷時作不得並數亳殷爲于今五邦陳喬樅引其父左海經辨以傳疏爲非而又用竹書紀年並數庇奄不知祖乙序疏已先駁之謂不經之書未可依信此等新說不得闌入今文

家法當以史記所引今文書序爲斷書作於盤庚崩後正可並數毫殷詳見本篇攷證

## 高宗夢得說使百工營求諸野得諸傅巖作說命三篇

史記殷本紀曰帝武丁即位思復興殷而未得其佐三年不言政事決定於冢宰以觀國風武丁夜夢得聖人名曰說以夢所見視羣臣百吏皆非也於是迺使百工營求之野得說於傅險中是時說爲胥靡築於傅險見於武丁武丁曰是也得而與之語果聖人舉以爲相殷國大治故遂以傅險姓之號曰傅說陳喬樅說案說文旻部云敻營求也从旻从人在穴上商書曰高宗夢得說使百工敻求得之傅巖巖穴也許君所引商書者書序文也營求作敻求此據古文尚書也史記錄尚書作營求是據今文尚書此與古文高宗夢㝵說今文作得說皆一例也陸氏釋文所見馬鄭王本尚書皆作得字營字故無同異之文蓋由魏晉以來改寫者轉從今文耳國語楚語白公子張曰昔殷武丁能聳其德至於神明以入於河自河徂亳於是乎三年默以思道卿士患之曰王言以出令也若不言是無所稟令也武丁於是作書曰以余正四方余恐德之不類茲故不言如是而又使以象夢求四方之賢聖得傅說以來升以爲公而使朝夕規諫曰若金用女作礪若津水用女作舟若天旱用女作霖雨啟乃心沃朕心若藥不瞑眩厥疾不瘳若跣不視地厥足用傷

若武丁之神明也其聖之叡廣也其知之不疚也猶自謂未乂故三年默以思道旣得道猶不敢專制使以象旁求聖人得以爲輔又恐其荒失遺忘故使朝夕規諫箴誨曰必交修無余棄也韋昭注賈唐二君云書說命也昭曰非也此時未得傳說潛夫論五德志篇曰武丁卽位默以不言思道三年而夢獲賢人以爲師乃使以夢象求之四方側陋得傳說方與胥靡築於傳巖升以爲太公而使朝夕規諫恐其有惰怠也則勅曰若金用汝作礪若濟巨川用汝作舟楫若時大旱用汝作霖雨啟乃心沃朕心若藥不瞑眩厥疾不瘳若跣不視地厥足用傷爾交修余無棄故能中興稱號高宗陳喬樅說王符所採當是據伏生大傳所載佚文也魯語武丁於是作書曰云云賈唐二君皆以書爲說命賈治大夏侯尚書其言必有所本說命三篇雖亡然伏生爲秦博士在未焚書之前尚書百篇固所肄業者迨漢興伏生求其壁藏書已亡十七八而百篇之序則固與所存遺書二十八篇同以教授齊魯之間故亡篇之佚文賸句往往綴緝於大傳中賈君之言蓋本於今文家師說相傳如是也而韋昭謂此時未得傳說以賈唐二君言爲非不知殷庚三篇亦係後所追述且非一時之事則說命三篇亦何不可追敘未得說以前事乎韋說泥矣錫瑞案韋說固泥陳說亦無塙證王節信雖治今文者所引未必卽是伏傳其文與楚語大同當是引楚語之文耳賈治古文尚書兼大夏侯尚書而云書是說

命亦未必本之伏傳古文說命三篇雖亡而書序見存賈蓋見楚語所說與說命書序相合故以此書爲說命耳今之伏傳雖殘闕不完然無明文未可增入若以漢儒所引尚書說皆臆決爲出於伏傳則欲扶今文而反汨之矣

**高宗祭成湯有飛雉升鼎耳而雊祖巳訓諸王作高宗肜日高宗之訓**○今文升作登○史記殷本紀曰帝武丁祭成湯明日有飛雉登鼎耳而呴武丁懼祖巳曰王勿憂先修政事祖己乃訓王云云武丁修政行德天下咸驩殷道復興帝武丁崩子帝祖庚立祖巳嘉武丁之以祥雉爲德立其廟爲高宗遂作高宗肜日及訓錫瑞案金履祥以爲祖庚繹祭高宗之廟蓋疑高宗在時不得稱其廟號攷史公說高宗肜日及訓本在高宗立廟稱宗之後追思而作金說非也高宗肜日篇義詳見攷證又禮記坊記篇高宗云三年其惟不言言乃驩注云名篇在尚書陳喬樅說案鄭注尚書序云高宗之訓亡江聲曰坊記所引高宗云當是此高宗之訓也喬樅攷尚書大傳說高宗之訓以桑穀共生事系之武丁故五行傳言野木生朝野鳥入廟皆敗亡之異武丁懼而修德用能攘木鳥之妖致百年之壽蓋今文尚書說如是也錫瑞案大傳說桑穀事當在高宗之訓篇中說苑論衡皆載之詳見尚書大傳疏證

殷始咎周周人乘黎祖伊恐奔告于受作西伯戡黎。○今文黎作耆一作飢受

作紂○史記殷本紀曰西伯伐飢國滅之紂之臣祖伊聞之而咎周恐奔告紂云云周本紀曰西伯受命明年伐犬戎明年伐密須明年敗耆國殷之祖伊聞之懼以告帝紂紂曰不有天命乎是何能爲尚書大傳殷傳曰文王一年質虞芮二年伐于三年伐密須四年伐畎夷紂乃囚之四友獻寶乃得免於虎口出而伐耆江聲說案戰國策魯仲連言紂醢鬼侯脯鄂侯文王聞之歎紂乃拘之于羑里史記殷本紀亦云然然則紂囚文王不爲咎周之故而鄭以爲畏惡之拘于羑里者史記周本紀云崇侯虎譖西伯于殷紂曰西伯積善累德諸侯皆向之將不利于帝帝紂乃囚西伯于羑里據此則紂囚文王不無畏惡之之意蓋史記二文不同者互相備爾非異也據殷本紀言知文王之歎而告紂者崇侯虎也周本紀言譖西伯者亦崇侯虎則告與譖是一時之言矣安知醢鬼侯脯鄂侯不適當文王三伐皆勝之後乎錫瑞案江說非也史記明言紂之臣祖伊聞之而咎周是咎周即祖伊書序云殷始咎周周人乘黎乃古人倒裝文法謂周乘黎而殷始咎周古文書序非必與史記今文異馬云爲周所咎鄭云咎惡也紂聞文王斷虞芮之訟又三伐皆勝而始畏惡之拘於羑里皆與史記不合與書序亦不合其說殊不可據戡者之年史記與大傳說稍異大傳以被囚

在三伐皆勝之後戡耆爲五年事史記以被囚在三伐皆勝之前戡耆爲四年事詳見本篇攷證以理而論文王被囚似不因三伐皆勝若紂以三伐皆勝而惡之何以復有弓矢專征之賜似當以史記說爲是紂雖不無畏忌文王之意而咎周必應指乘黎江氏明知史記與鄭義不同必欲强而同之由於不曉今古文家法非可合一史記云竊歎而四赦出而賜弓矢安得以爲醢鬼侯脯鄂侯適當三伐皆勝之後乎耆黎紂受今文古文之異段玉裁陳喬樅辨之已明

**殷既錯天命微子作誥父師少師**○今文作大師少師○史記殷本紀曰微子數諫不聽乃與大師少師謀遂去宋世家曰微子度紂終不可諫欲死之及去未能自決乃問於大師少師云云錫瑞案史記兩處之文畧異說見本篇攷證今文以大師少師爲樂官與古文作父師少師說爲箕子比干者大異陳喬樅定今文書序仍從古文作父師少師未免童牛角馬矣

**惟十有一年武王伐殷一月戊午師渡孟津作泰誓三篇**○今文孟作盟泰作太○史記周本紀曰十一年十二月戊午師畢渡盟津諸侯咸會曰孳孳無怠武王乃作太誓告于衆庶今殷王紂乃用其婦

人之言自絕于天毀壞其三正離逷其王父母弟乃斷弃其先祖之樂乃爲淫聲用變亂正聲怡說婦人故今予發維共行天罰勉哉夫子不可再不可三齊太公世家曰武王即位九年欲修文王業東伐以觀諸侯集否師行師尙父左杖黃鉞右把白旄以誓曰蒼兕蒼兕總爾衆庶與爾舟楫後至者斬遂至盟津諸侯不期而會者八百諸侯諸侯皆曰紂可伐也武王曰未可還師與太公作此太誓錫瑞案據齊世家說則太誓首篇乃武王與太公共作今略見於史記所載小司馬索隱於周本紀白魚躍入王舟中下曰此已下至火復王屋爲烏皆見周書及今文泰誓又曰按今文泰誓流爲鵰又於齊世家蒼兕蒼兕下曰此文上下並今文泰誓也小司馬及見今文太誓其說當可信周本紀自上祭於畢至白魚赤烏等語皆見尙書大傳與尙書中侯必今文泰誓之文據周本紀說則太誓下篇乃武王作亦畧見於史記所載中篇其文早佚史記亦未多引所云武王徧告諸侯曰殷有重罪不可以不畢伐蓋史公約中篇文也古文書序云一月戊午史記云十二月戊午者殷之十二月周之一月古文書序據周正言史記用今文說仍據殷正其義非有異也太誓三篇首篇言觀兵事中下二篇言居二年再伐紂事蓋三篇本非一時之事而作則一時所作由伐紂追溯觀兵時事而並言之故書序總云作泰誓三篇史記亦未分列三篇之目說者不察乃分十一年爲觀兵一月戊午爲伐紂前

有年無月日後有月日無年文義甚不可通或又以爲序有脫文據史記所引今文書序與古文書序不異則序並無脫誤史記云虞芮質成諸侯聞之曰西伯蓋受命之君明年伐犬戎明年伐密須明年敗耆國明年伐邘明年伐崇侯虎而作豐邑自岐下而徙都豐明年西伯崩與大傳云七年而崩合是史公用今文說也又云詩人道西伯蓋受命之年稱王而斷虞芮之訟後七年而崩七年今誤十年孔疏所引不誤詩人蓋魯詩亦今文說也云武王卽位九年欲修文王業當以位字絕句九年蒙文王受命七年數之乃武王卽位之二年所謂再期觀兵觀兵還師居二年而伐紂蒙文王受命七年爲十一年史記引今文書序云十一年十二月戊午師畢渡盟津與古文書序所云皆文義一氣相承年月日必是一時之事而漢志云書序曰惟十有一年武王伐紂大誓八百諸侯會又云序曰一月戊午師度于孟津是班孟堅始分觀兵爲十一年師渡孟津爲十三年其說本於劉歆歆蓋據逸周書以爲文王受命九年而崩故以再期觀兵爲十一年又二年伐紂爲十三年僞孔傳用歆說較史記皆差二年與今文說不合鄭君兼用今古文說既從大傳史記文王七年而崩又從劉歆十一年觀兵十三年伐紂與再期觀兵年數不符江聲王鳴盛等專信鄭說與史記今文大相枘鑿矣漢書禮樂志曰書序殷紂斷棄先祖之樂乃變淫聲用亂變正聲以悅婦人師古曰今文泰誓之辭案小顏時

太誓見存史記所引乃爲淫聲用變亂正聲云云塙是今文太誓龔自珍劉逢祿力辨太誓爲僞謂伏生傳書無太誓今攷大傳史記所引伏生史公實覩其書史記此文與牧誓相出入未可盡疑其僞也書傳所引太誓佚文江王段孫陳魏諸君掇拾已詳皆有成書茲不備載

**武王戎車三百兩虎賁三百人與受戰于牧野作牧誓。**今文三百人作三千人受作紂。史記周本紀曰武王遂率戎車三百乘虎賁三千人甲士四萬五千人以東伐紂二月甲子昧爽武王朝至于商郊牧野乃誓齊太公世家曰十一年正月甲子誓於牧野魯周公世家曰十一年伐紂至牧野周公佐武王作牧誓錫瑞案虎賁三千人古文書序作三百人孟子盡心篇呂氏春秋簡選貴因二篇淮南子泰族訓風俗通正失篇皆作三千與史記合韓非子戰國策亦云武王將素甲三千領戰一日破紂之國江聲說司馬遷曰革車一乘士十人徒二十人樂記曰虎賁之士說劍然則虎賁士也一乘十人三百兩則三千人矣江說甚塙宜据史記諸書訂正書序之誤字古文書序多譌誤不可信此亦一證又案齊世家十一年徐廣曰一作三年是徐所見史記有作十三年者史記前後文皆作十一年其作十三年者後人據僞孔說妄改之周本紀作二月齊世家作正月蓋周本紀亦後人妄改知者周本紀集解徐廣曰一作正此建丑之月殷之正月周之二月也是古本史記有正月二月兩本不同武王師渡孟津古文書序以爲一月戊午周本紀以爲十二月戊午相去一月殷之十二月爲周之正月史公所用殷正爲十二月戊午戊午至甲子相去僅七日則甲子當爲正月不當爲二月齊世家作正月是也據徐氏說則周本紀亦有作正月者作二月乃誤本耳漢志用古文書序一月戊午之說則當作二月甲子史說用今文書序十二月戊午之說則當作正月甲子自今文之說爲古文所汨淺人多以古文妄改今文乃致前後參差不合猶幸其有參差之迹尚可攷見今文遺說據魯世家說牧誓乃周公佐武王作猶太誓首篇乃太公與武王共作之也

武王伐殷往伐歸獸識其政事作武成○今文獸作狩○史記周本紀曰武王乃罷兵西歸行狩記政事作武成段玉裁說按行狩即歸獸也古獸狩通用淮南覽冥訓云狻蟲死高誘曰蟲狩也漢石門頌云蕙蟲蕼狩即惡蟲弊獸也孫星衍說史公說獸爲狩者詩車攻云搏獸于敖後漢書安帝紀注引作薄狩于敖又漢張遷碑云帝遊上林問禽狩所有以狩爲獸古字通用錫瑞案段孫二說謂獸狩通用是也而謂史記以狩爲獸則大誤獸狩通用可叚狩爲獸亦可叚獸爲狩此

序所云是巡狩之狩非禽獸之獸古文書序云往伐歸獸乃叚獸爲狩字史記引今文書序云西歸行狩正用巡狩本字西歸行狩卽是歸狩非史公叚狩爲獸也所以知史公非叚狩爲獸者周本紀以縱馬放牛偃干戈振兵釋旅之文置於營成周於洛邑之後則史公所據今文說不以歸馬放牛爲罷兵西歸行狩時事卽不得以歸馬放牛之文當歸獸之文矣古文書序作往伐歸獸蓋謂往而伐殷歸而巡狩其義與今文不異史記用今文作西歸行狩則文義尤明解者誤以古文書序爲用本字則往伐歸獸近於不辭矣又誤以史記用狩字爲叚借試易其文爲西歸行獸尤不可通眞由不知古文是叚借今文是本義耳武王行狩古有明徵周頌時邁序曰巡守告祭柴望也左氏傳以爲武王克商作頌是時邁所云巡守塙是武王之事卽在作武成之時樂記引孔子之言曰武始而北出再成而滅商序所謂往伐也三成而南四成而南國是疆序所謂歸狩也樂記亦有散馬牛之語而在濟河而西之後遠不相屬作僞古文武成篇者不知序獸字是叚借乃取史記樂記歸馬牛之文以當之殊不攷史記樂記上下之文皆不以歸馬牛爲此時事其謬固不得言江叚諸君攷證至塙乃徒用顏師古匡謬正俗之說改獸爲嘼斷斷致辨不知引史記改獸爲狩皆由不攷今文之義遂不得歸獸之義矣孔廣森引周書世俘解武王狩禽之事以爲狩是田狩世俘解卽古之武成魏源書古微從

之案世俘解語多誇張不可信據劉歆三統術以世俘解爲武成乃古文家傳會之詞狩在紂都非歸後事不得謂之歸狩與今文序西歸行狩尤不相合如其說必易今文序爲武王行狩乃罷兵西歸始可通也據史記今文義定之即知以世俘當武成非是

**武王勝殷殺受立武庚以箕子歸作洪範**○今文受作紂洪一作鴻篇次在分器之後○

史記周本紀曰武王已克殷後二年問箕子殷所以亡箕子不忍言殷惡以存亡國宜告武王亦醜故問以天道宋世家曰武王封紂子武庚祿父以續殷祀使管叔蔡叔傳相之武王既克殷訪問箕子云云於是武王乃封箕子於朝鮮而不臣也尚書大傳曰武王勝殷繼公子祿父釋箕子囚箕子不忍周之釋走之朝鮮武王聞之因以朝鮮封之箕子既受周之封不得無臣禮故於十三祀來朝錫瑞案史記與大傳不同史記問鴻範乃封朝鮮大傳封朝鮮來朝乃問鴻範史記云十一年伐紂十三祀爲克殷後二年與劉歆及僞孔說異詳見本篇攷證及尚書大傳疏證周本紀不云作鴻範所引實是今文鴻範序說知者鴻範一篇並無問箕子殷所以亡之事蓋今文序說中有之據史記所引猶可得其大畧以存亡國宜告者箕子不忍言殷所以亡故以存亡國所宜有告武王也正義曰以周國之所宜言告武王其說非是徐廣曰存一作前亦非也段玉裁說左傳三引洪範說文五引洪範皆曰商書漢

書儒林傳云堯典禹貢洪範微子金縢諸篇且以洪範先於微子案商書周書各四十篇今若移之則皆非四十矣疑洪範系商書者今文尚書系周書者古文尚書也左氏所據同於今文錫瑞謂說文引洪範五處作商書引微子咈其耇長我與受其退兩處皆作周書若以爲誤不應皆誤疑用今文家說以微子爲周書洪範爲商書則商書周書仍合各四十篇之數故儒林傳以洪範列於微子之前也

**武王既勝殷邦諸侯班宗彝作分器**○今文邦作封篇次在鴻範之前○史記周本紀曰封諸侯班賜宗彝作分殷之器物集解鄭元曰宗彝宗廟樽也作分器著王之命及受物陳喬樅說古文尚書敘封字作邦班下無賜字分下無殷之二字邦古封字也漢書嚴助傳云封內甸服封外侯服是即周語所云先王之制邦內甸服邦外侯服也康誥敘云邦康叔正義曰古字邦封同是已錫瑞案書序列洪範後史記列武成後武王訪問箕子之前武王訪箕子在克殷後二年分器當在初克殷時史公用今文說較古文次序爲合蓋古文家誤以克殷訪範爲一年內事故移其次序耳若知訪範不在克殷之年則分器不當在訪範之後矣

**西旅獻獒大保作旅獒**釋文獒馬云作豪酋豪也正義曰鄭云獒讀曰豪西戎無君名强大有政者爲酋豪國人遣其酋豪來獻見於周陳喬樅說今文尚書本有百篇之序疑作獒者古文尚書用假借字其今文尚書序用豪本字故馬鄭注均讀獒爲豪讀從今文也錫瑞案今文無可攷陳說亦未見其必然姑存之

**巢伯來朝芮伯作旅巢命**正義曰鄭元以爲南方世一見者周禮象胥序官疏引鄭注云巢伯殷之諸侯聞武王克商慕義而來朝錫瑞案鄭君用今文說殷爵三等公侯伯異畿內謂之子是殷時遠夷亦稱伯不稱子男故巢雖九州之外蕃國世一見者亦得稱伯矣

**武王有疾周公作金縢**史記魯周公世家曰武王克殷二年天下未集武王有疾不豫周公於是乃自以爲質令史策告大王王季文王藏其策金縢匱中明日武王有瘳陳喬樅說案尚書釋文云武王有疾馬本作有疾不豫是馬所據古文尚書序亦與史記文同又案三家傳伏生今文二十九篇以金縢次大誥後尚書大傳次序亦然葉夢得云伏生以金縢作於周公歿後故也喬樅謂今文尚書敘百篇先後之次第據史記周本紀云周公奉成王命伐誅武庚以微子開代殷後故初作大誥次

作微子之命是書敘篇次金縢仍在大誥之前也錫瑞案伏生以金縢次大誥之下今文家說如是若史記並無周公作金縢明文其序事之中雜見金縢一篇之文直序至周公薨後此史家記述之體行文不得不然若必據其前引金縢半篇先於大誥遂疑其序列大誥之前則其後引金縢半篇在公薨後且後於周官立政亦將疑其序列周官立政之後乎陳說非是陳解金縢多以古文汩今文說違背伏生史公家法甚爲紕繆辨見本篇攷證

武王崩三監及淮夷叛周公相成王將黜殷作大誥史記周本紀曰管叔蔡叔羣弟疑周公與武王作亂畔周周公奉成王命伐誅武庚管叔放蔡叔以微子開代殷後國於宋初管蔡畔周周公討之三年而畢定故初作大誥次作微子之命魯世家曰管蔡武庚等果率淮夷而反周公乃奉成王命興師東伐作大誥段玉裁說本紀與世家相合惟二年作三年恐是譌字蓋此與世家皆述金縢居東二年罪人斯得也不應世家作二此作三錫瑞案段說是也大傳云周公攝政一年救亂二年克殷卽謂誅武庚及管蔡之事若三年踐奄又在後

成王既黜殷命殺武庚命微子啟代殷後作微子之命○今文啟作開○史

記宋微子世家曰周公既承成王命誅武庚殺管叔放蔡叔乃命微子開代殷後奉其先祀作微子之命以申之國於宋錫瑞案古文書序作啟史記作開此史公用今文之證世家與周本紀皆於作微子之命時云國於宋則其先非封宋可知周本紀言武王封諸侯有焦祝薊陳杞與齊魯燕管蔡而無宋是微子當時未封宋宋世家云於是武王乃釋微子復其位如故武王封紂子武庚祿父以續殷祀使管叔蔡叔傅相之是其先仍復封於微續殷祀乃武庚及武庚誅始封宋也觀周本紀所載祝薊陳杞與樂記同而獨無宋其義可見鄭注樂記云武王投之於宋因命之封為宋公代殷後詞不別白未免混淆白虎通攷黜篇曰二王後不貶黜者何尊賓客重先王也以其當公也罪惡足以絕之卽絕更立其次周公誅祿甫立微子其說與史記合

唐叔得禾異畝同穎獻諸天子王命唐叔歸周公于東作歸禾。今文畝作毋歸作餽。史記周本紀曰晉唐叔得嘉穀獻之成王成王以歸周公于兵所作歸禾徐廣曰歸一作餽魯世家曰唐叔得禾異毋同穎獻之成王王命唐叔以餽周公于東土作餽禾索隱曰尚書作畝此為毋義亦並通陳喬樅說案毋疑是晦之壞字古文尚書序作歸禾歸餽二字古相通用如古論語作饋魯論語讀饋字為歸是其證也歸餽古今文之異史記據今文尚書本用餽字而周本紀餽作歸與魯世家異者疑是後人轉寫依古文尚書改之觀徐廣音義云歸一作餽可見舊書本是餽字也錫瑞案陳云歸當爲餽是也云母爲晦之壞字則非伺書大傳曰成王時有苗異莖而生同爲一穟人有上之者王召周公而問之公曰三苗爲一穗抑天下共和爲一乎果有越裳氏重譯而來大傳所云異莖卽史記所云異母今文序作異母與古文序作異畝其義不同陳氏强改今文以合於古文失之

**周公既得命禾旅天子之命作嘉禾**史記周本紀曰周公受禾東土魯天子之命作嘉禾魯世家曰周公既受命禾嘉天子命作嘉禾徐廣曰嘉一作魯今書序作旅也索隱曰魯字譌史意云周公嘉天子命於文不必作魯陳喬樅說案春秋正義云石經古文魯作表說文云表古文旅古文以爲魯衞之魯蓋古旅字魯字皆作表故旅字亦作魯也魯奏和鐘曰以受毛魯多釐董逌云魯古文旅是已索隱乃云魯字譌史意云周公嘉天子命於文不必作魯此由不知魯卽旅字見篇名嘉禾遂改魯爲嘉耳旅與臚通臚猶傳也旅天子命者謂傳天子之命也又漢書敘傳云大夫臚岱集注引鄭氏曰臚岱季氏旅於泰山是也師古曰旅陳也臚亦陳也臚旅聲相近其義一耳喬樅謂據孫氏瑞應圖言周公受嘉禾有獻之文王之廟語攷史記六

國表云臚於郊祀漢書郊祀志載郊祀歌云殷勤此路臚所求又云遍臚歡騰天歌又云卉汨臚析奚遺則此旅天子命謂奉天子命獻於文王廟於義亦通錫瑞案據陳氏說魯郎旅字嘉是誤文鄭注書序云嘉禾亡漢書王莽傳羣臣奏言書逸嘉禾篇曰周公奉鬯立于阼階延登贊曰假王莅政勤和天下王鳴盛以為壁中書於增多篇外別有殘章陳喬樅以為如九共帝告逸文皆載之伏生傳段玉裁以為取張霸百二篇劉逢祿以為劉歆僞造錫瑞謂尚書自今文二十九篇外其眞僞皆不必深究

**成王既伐管叔蔡叔以殷餘民封康叔作康誥酒誥梓材**史記周本紀曰周公奉成王命伐誅武庚管叔放蔡叔頗收殷餘民以封武王少弟封為衛康叔作康誥酒誥梓材衛康叔世家曰周公以成王命興師伐殷殺武庚祿父管叔放蔡叔以武庚殷餘民封康叔為衛君居河淇間故商墟周公旦懼康叔齒少乃申告康叔謂之康誥酒誥梓材以命之漢書地理志引書序曰武王崩三監畔周公誅之盡以其地封弟康叔號曰孟侯以夾輔周室陳喬樅說案說者以班志引書序云云謂康叔號曰孟侯與伏生大傳言天子太子年十八謂之孟侯詛異疑非用今文家說且所引書序亦與古文尚書序不同喬樅謂地理志所引乃大誥之序非康誥序也據大誥序云武王崩三監及淮夷叛班蓋引之以證三監耳其云周公

誅之盡以其地封弟康叔此是班約大誥序周公相成王將黜殷命及康誥序既伐管叔蔡叔以殷餘民封康叔之語非書序原文也其以康叔號曰孟侯者蓋本小夏侯說固之從祖伯從鄭寬中受小夏侯尙書知其家世是習小夏侯之學也錫瑞案陳說是也夏侯尙書後出間有與古文合者已失伏生之旨據史記康誥酒誥梓材是同時作史記云衞康叔康是號謚甚明詳見本篇攷證

**成王在豐欲宅洛邑使召公先相宅作召誥**

**召公既相宅周公往營成周使來告卜作洛誥**史記周本紀曰成王在豐使召公復營洛邑如武王之意周公復卜申視卒營築居九鼎焉曰此天下之中四方入貢道里均作召誥洛誥錫瑞案據史記今文說召誥洛誥實同時作伏生大傳云五年營成周與史記稍異者蓋周公於五年營之七年始成之耳史公與伏生之說非必違異詳見本篇攷證大傳云五年營成周六年制禮作樂七年致政於成王史公於周本紀云復政乃營洛魯世家云營洛乃復政二說亦稍異以伏生之義斷之當從魯世家爲正蓋洛未營制作未定未能即致政也

**成周既成遷殷頑民周公以王命誥作多士**

**周公作無逸。**今文作毋佚。史記周本紀曰成王既遷殷遺民周公以王命告作多士作無佚魯世家曰周公歸恐成王壯治有所淫佚乃作多士作毋逸段玉裁說按本紀言作多士而兼舉無逸世家言作無逸而兼舉多士本紀作無逸世家作毋逸以世家作毋爲不誤錫瑞案段說可通而推史記之意似不盡然說見本篇攷證世家作毋逸當本是作毋佚上云有所淫佚作佚可證王仲任用歐陽尚書論衡引書正作毋佚本紀世家逸字疑皆後人改之世家云周公奔楚與論衡引古文說同則世家兼采古文說非盡今文說也亦見本篇攷證

**召公爲保周公爲師相成王爲左右召公不說周公作君奭**史記燕召公世家曰成王時召公爲三公自陜以西召公主之自陜以東周公主之成王既幼周公攝政當國踐阼召公疑之作君奭君奭不說周公周公乃稱湯時有伊尹云云於是召公乃說集解馬融曰召公以周公既攝政致太平功配文武不宜復列在臣位故不說以爲周公苟貪寵也錫瑞案史公用今文說甚明召公不說周公卽疑公之攝政當國踐阼也集解引馬氏古文說謂周公不宜復列臣位是在歸政之後不在攝政之時以古文說解史記今文大相枘鑿周本紀魯世家雖不載作君奭事無以攷其篇次而據燕

世家引今文書序以爲踐阼時作是當列於大誥金縢之次不當在多士毋佚之後矣古文書序但云召公不說脫去周公踐阼召公疑之之語遂不知召公不說何事此書作於何時乃列之成王政將蒲姑前馬鄭遂以召公不說周公復列臣位解之由於篇次既淆故事實全誤陳喬樅謂鄭君用今文說不知其與西漢申屠剛孫寶及王莽傳羣臣奏引相去千里辨見本篇攷證

**蔡叔既沒王命蔡仲踐諸侯位作蔡仲之命**史記管蔡世家曰蔡叔度既遷而死其子曰胡胡乃改行率德馴善周公聞之而舉胡以爲魯卿士魯國治於是周公言於成王復封胡於蔡以奉蔡叔之祀是爲蔡仲索隱曰按尚書云蔡仲克庸祗德周公以爲卿士叔卒乃命諸王邦之蔡元無仕魯之文又伯禽居魯乃是七年致政之後此言乃說居攝政之初未知史遷何憑而有斯言也錫瑞謹案周公封魯在武王定天下之初周本紀曰封弟周公旦於曲阜曰魯是也伯禽就國於魯則在周公攝政之初魯世家曰於是卒相成王而使其子伯禽代就封於魯是也史記之說甚明初不待七年致政成王封伯禽爲周公後伯禽始就國也王制曰天子使其大夫爲三監監於方伯之國國三人鄭注以王制爲殷制若周制則大國三卿皆命於天子亦與古制似異而同鄭注儀禮諸公云容牧有三監是其制同之證周公舉胡以爲魯卿士卽魯卿之命於天子者左氏

傳曰周公舉之以爲巳卿士蓋亦以爲魯國卿士與史記說不異作僞古文者不攷史記以爲當時未封伯禽尚無魯國不得有魯卿士於是刪去魯字但云周公以爲卿士若以爲王朝之卿士不知王朝卿士乃執政之最尊者周公之屬不得有卿士之稱也僞古文顯與史記相違索隱據僞古文以駁史記尤謬堯典正義云鄭以爲在費誓前第九十六今文次序無攷

**周公東伐淮夷遂踐奄作成王政**孔傳曰成王即政淮夷奄國又叛王親征之遂滅奄而徙之以其數反覆正義曰洛誥之篇言周公歸政成王多士巳下皆是成王即政初事編篇以先後爲次此篇在成王書內知是成王即政淮夷奄國又叛王親征之又案洛誥成王即政始封伯禽伯禽既爲魯侯乃居曲阜費誓稱魯侯伯禽宅曲阜淮夷徐戎並興魯侯征之作費誓彼言淮夷並興即此伐淮夷王伐淮夷魯伐徐戎是同時伐明是成王即政之年復重叛也鄭元謂此伐淮夷與踐奄是攝政三年伐管蔡時事其編篇於此未聞費誓之篇言淮夷之叛則是重叛明矣多方之篇責殷臣云我惟時其戰要囚之至於再至於三若武王伐紂之後惟攝政三年之一叛正可至於再爾安得至於三乎故知是成王政又叛也錫瑞謹案困學紀聞云大傳之序有揜誥孔廣林疑揜卽奄揜誥卽成王政然無明文可攷史記不載成王政篇目周本紀於多士無佚之後多方之

前有東伐淮夷殘奄遷其君薄姑之文東伐淮夷殘奄即此序所云東伐淮夷踐奄也遷其君薄姑即下篇將蒲姑序也史記不載篇名已詳事實是史公所據今文書序亦以成王政將蒲姑二篇與多方相次皆在周公反政之後矣今古文旣無殊旨則孔傳成王即政親征之說甚合經義鄭君偶有不照以成王踐奄與周公踐奄誤合爲一遂疑編次有誤近儒不攷史記必欲崇鄭抑孔不知書序孔子所作史記今文序與馬鄭古文序不異乃妄議移孔子之序以就鄭說眞所謂甯道孔孟誤諱言鄭服非矣孔疏申傳不誤引費誓爲證則非是史記魯世家曰伯禽即位之後有管蔡等反也淮夷徐戎亦並興反於是伯禽率師伐之於肸作肸誓是伯禽伐淮夷在居攝奄叛時不在反政後奄再叛時孔疏不攷史記之文乃謂成王即位始封伯禽殊誤

**成王旣踐奄將遷其君於蒲姑周公告召公作將蒲姑**○今文作薄姑○史記周本紀曰召公爲保周公爲師東伐淮夷殘奄遷其君薄姑釋文云蒲如字徐又扶各反馬本作薄漢書地理志曰成王時薄姑氏與四國共作亂成王滅之以封師尙父錫瑞謹案薄姑氏即蒲姑氏蓋今文作薄也古文書序以召公爲保周公爲師君奭篇之序史公據今文說以爲將蒲姑之序者召公爲保周公爲師本是反攻後事非踐阼時事君奭乃周公踐阼時作今文家說是也

殘奄因奄再叛與大傳所云三年踐奄並非一事前之奄君名薄姑後之奄君遷於薄姑亦非一人詳見多士篇攷證江聲陳喬樅說皆非是

**成王歸自奄在宗周誥庶邦作多方**史記周本紀曰成王自奄歸在宗周作多方錫瑞謹案周公居攝三年踐奄王不親行此序云成王歸自奄乃奄再叛而王親征之塙證詳見本篇攷證

**周公作立政**○今文篇次在周官後

**成王既黜殷命滅淮夷還歸在豐作周官**○○今文篇次在立政前史記周本紀曰成王既絀殷命襲淮夷歸在豐作周官興正禮樂度制於是改而民和睦頌聲興魯世家曰成王在豐天下已安周之官政未次序於是周公作周官官別其宜作立政以便百姓百姓說堯典正義曰孔以周官在立政後第八十八鄭以周官在立政前第八十六江聲說案此敘與上三敘相承次則事相聯接皆在周公攝政三年時也立政經云孺子王矣則是周公致政成王之後其先後之次自當先周官而後立政宜從鄭本王鳴盛說周禮疏引鄭志趙商問有云成王周官是攝政三年時事此語必本於康成立政是成王

卽政時事自應在周官後也錫瑞案僞孔固謬江王二說亦非史記以周官立政二篇相接連文爲義則二篇是一時所作何得分周官爲攝政三年事立政爲七年致政事乎史記云天下已安官政未次序於是公作周官立政若攝政三年時方踐奄日不暇給尙未建侯營洛何得云天下已安亦未制禮作樂何遽能次序官政史公以作周官立政列於周公反政之後在豐將沒之前則今文家說必不以作周官爲攝政時事矣魯世家云成王在豐與周本紀云在豐相合本紀云既絀殷命襲淮夷亦與古文書序同者蓋周官篇中必有絀殷命之語故序追溯前事言之如多士多方皆去克殷已久而皆追述克殷之事今周官篇亡無以攷見其文而據史記所列次序與古文書序不同必不以絀殷命爲此時事也鄭以成王政至周官皆爲攝政時事與古文序及史記所引今文序皆不合江王曲意祖鄭不攷古義陳喬樅引其說又不加別白但知立政次周官後鄭本與史記合不知鄭以周官爲攝政三年作與史記大不符疏失甚矣

**成王既伐東夷肅愼來賀王俾榮伯作賄肅愼之命**。○今文作息愼。○史記周本紀曰成王既伐東夷息愼來賀王賜榮伯作賄息愼之命釋文曰肅愼馬本作息愼云北夷也攷史記五帝本紀北發息愼集解引鄭元曰息愼或謂之肅愼東北夷是鄭本亦作息愼與史記合釋文又曰俾馬本作辨江聲本作畀說云畀賜也書或爲辨辨古班字班亦賜也王以息愼所貢分賜榮伯也隸古定本凡俾字作卑與畀字無異而其傳或解爲予或解爲使唐天寶中詔以時字改其文凡其傳之解爲使者悉改作俾故此畀字正義本亦改作俾史記録此敘作王賜榮伯據賜義則字當改爲畀錫瑞案江說是也段玉裁泥於卑畀不同部謂史記語未完序文當作王俾榮伯賄肅愼作賄肅愼之命共十三字殊嫌專輒

**周公在豐將沒欲葬成周公薨成王葬于畢告周公作亳姑**史記魯世家曰周公在豐病將沒曰必葬我成周以明吾不敢離成王周公既卒成王亦讓葬周公於畢從文王以明予小子不敢臣周公也錫瑞謹案史記不載作亳姑之序而此數語在作周官立政之後與古文作亳姑序合是即亳姑序也下文周公卒後秋未穫云云與金縢後半篇文同孫星衍疑金縢秋大熟以下爲亳姑文誤入證以史記孫說信而有據大傳曰周公致政封魯老於周心不敢遠成王欲事文武之廟公疾曰吾死必葬成周示天下臣於成王及死成王葬之畢而云示天下不敢臣故公封於魯身未嘗居魯與史記文同是史公引伏生說也詳見金縢篇攷證

周公既沒命君陳分正東郊成周作君陳禮記鄭注曰君陳蓋周公之子伯禽弟名篇在尙書今亡又毛詩譜曰周公子伯禽封魯次子君陳世守采地正義曰鄭元注中庸云君陳蓋周公子者以經云周公既沒命君陳猶若蔡叔既沒命蔡仲故也錫瑞案史記不載君陳書序今文說無可徵戴記與夏侯尙書同一師承坊記緇衣皆引君陳篇文鄭注禮記多引今文家說或有所據未必但以序文同蔡仲而臆斷君陳爲周公子也正義引鄭坊記注作中庸注誤

成王將崩命召公畢公率諸侯相康王作顧命

康王既尸天子遂誥諸侯作康王之誥史記周本紀曰成王將崩懼太子釗之不任乃命召公畢公率諸侯以相太子而立之成王既崩二公率諸侯以太子釗見於先王廟申告以文王武王之所以爲王業之不易務在節儉毋多欲以篤信臨之作顧命太子釗遂立是爲康王康王卽位徧告諸侯宣告以文武之業以申之作康誥段玉裁說按康誥當云康王之誥太史公於般庚曰三篇於顧命康王之誥別爲二篇皆依孔子序尙書語若依伏生書則皆不分矣錫瑞謹案伏生傳經二十九篇實當并數康王之誥疑今文博士增入大誓乃合顧命康王之誥爲一篇耳史記分顧命康誥之序爲二卽本伏生之

書說見本篇攷證史記於康王之誥曰康誥與康叔之誥曰康誥正同康王之康爲謚號康叔之誥稱康亦當爲謚號說見康誥篇攷證史記曰申告云云蓋隱括顧命一篇之義或以節儉毋多欲解丕平富不務咎之文以篤信臨之解底至齊信之文義亦可通然史記明分顧命康誥爲二篇丕平富等語在康誥篇中不當引以解顧命

**康王命作冊畢分居里成周郊作畢命**

○今文冊作策畢下多公字○史記周本紀曰康王命作策畢公分居里成周郊作畢命漢書律厤志曰康王十二年六月戊辰朔三日庚午故畢命豐刑曰惟十有二年六月庚午朏王命作策豐刑劉逢祿說鄭所見逸篇不可考要非此篇也三統術劉歆所造不可信聞之師說康王命作冊句畢分居里成周郊句畢命非命畢公畢終也周公相成王致太平成文武之德大誥所謂曷敢不于前甯人攸受休畢梓此畢謂用懌先王受命也周公成王未竟之業至康王始畢之故曰成康之隆刑措四十餘年不用錫瑞謹案古文冊字史記引皆作策蓋用今文畢下古文書序脫公字不辭史記多一公字此古文書序不如今文之一證也莊述祖執古文誤本反疑史記公字爲淺人所加謂畢命非命畢公當訓終其說新奇別無證據史記明明有公字可信以爲淺人所加可乎書序述聞所引莊說多拾宋人餘唾而加以穿鑿不可

從劉逢祿魏源
顧信之何也、

**穆王命君牙爲周大司徒作君牙**○今文作君雅○禮記緇衣引作君雅鄭注君雅書序作牙假借字也君雅周穆王司徒作尚書篇名也釋文云君牙或作君雅是古文尚書別本亦有作雅字者緇衣則據今文作雅也

**穆王命伯冏爲周太僕正作冏命**○今文冏作䍐○史記周本紀曰穆王即位春秋已五十矣王道衰微穆王閔文武之道缺乃命伯䍐申誠太僕國之政作䍐命集解應劭曰太僕周穆王所置蓋太御衆僕之長中大夫也漢書古今人表伯䍐列上中第四等師古曰[illegible]王太僕也王應麟漢藝文志攷證尚書大傳囧命爲䍐命是今文作䍐命說文夰部云䍐从夰䀠周書曰伯䍐是許君所據古文亦作䍐[illegible]文書序云太僕正史記作申誠太僕國之政則其義不同蓋今文家說太僕即周禮之太僕不必作太馭解師古曰穆王太僕是也國之政謂國之政事太僕掌內朝之法職雖卑而位親任重故申誠以國政

**呂命穆王訓夏贖刑作呂刑**○今文呂作甫○史記周本紀曰甫侯言於王作修刑辟命曰甫刑集解鄭元曰書說云周穆王以甫侯爲相段玉裁說大雅崧高鄭箋云甫侯相穆王訓夏贖刑按呂命穆王訓夏贖刑八字一句謂呂侯

命穆王也鄭注緇衣云傳說作書以命高宗錫瑞案史記曰甫侯言於王段說與史記合詳見本篇攷證

**平王錫晉文侯秬鬯圭瓚作文侯之命**○今文無平字○史記晉世家曰天子使王子虎命晉侯爲伯賜大輅彤弓矢百旅弓矢千秬鬯一卣珪瓚虎賁三百人晉侯三辭然後稽首受之作晉文侯命索隱曰按尚書文侯之命是平王命晉文侯仇之語今此文乃是襄王命文公重耳之事代數懸隔勳策全乖太史公雖復彌縫左氏而系家頗亦時有疎謬裴氏集解亦引孔馬之注而都不言時代乖角何習迷而同醉也然計平王至襄王爲七代仇至重耳十一代而士三侯又平王元年至魯僖二十八年當襄二十年爲一百三十餘歲矣學者頗合討論之劉伯莊以爲蓋天子命晉同此一辭尤非也錫瑞謹案史公用今文說與鄭君古文說不同索隱不攷今古文之異妄詆史公非也史記一書引經多據今文不盡用左氏詳見本篇攷證段玉裁說按此及自序曰嘉文公錫珪鬯作晉世家第九劉向新序善謀篇亦稱晉文公之命皆用今文尚書說也如金縢篇多用周公以天子禮葬魯魯得郊祭之說

**魯侯伯禽宅曲阜徐夷並興東郊不開作費誓**○今文作肸誓肸一作鮮一作獮○

史記魯世家曰伯禽卽位之後有管蔡等反也淮夷徐戎亦並興反於是伯禽率師伐之於肹作肹誓集解徐廣曰一作鮮一作獮索隱曰尚書作粊誓今尚書大傳作鮮誓鮮誓卽肹誓古今字異義亦變也鮮獮也言於肹地誓衆因行獮田之[illegible]以取鮮獸而祭故字或作鮮或作獮案索隱說[illegible]是[illegible]本篇攷證

秦穆公伐鄭晉襄公帥師敗諸[illegible]還作秦誓○今文穆作繆崤作殽○史記秦本紀曰繆公敗[illegible]殽復[illegible]明[illegible]將兵伐晉以報殽之役晉人皆城守不敢[illegible]是繆公乃[illegible]殽中尸發喪哭之三日乃誓於[illegible]申思不用蹇叔百里[illegible]之謀故作[illegible]誓令後世[illegible]記[illegible]穆作繆崤作殽蓋用今[illegible]入陳[illegible]縱說[illegible]篇之敘近儒戴震古今文尚書辨言序爲伏生[illegible]所無王[illegible]書後案言敘亦從孔壁中得以今文二十[illegible]爲大誓先大夫著右海經辨辨今文尚書有敘伏生[illegible]敘而不併大誓討論經典立十有七證以明之[illegible]三家[illegible]尚書[illegible]則伏生所傳不得謂無敘伏生所傳有敘[illegible]大誓乃後出則伏生二十九篇不得不以百篇之敘當[illegible]文[illegible]爲縱謂漢儒或說尚書二十九篇者法曰斗七宿[illegible]七二十八篇其一曰斗矣故二十九篇此蓋言二十八篇之[illegible]總於敘象二十八宿之次皆繫於斗故以二十八宿喻二

十八篇以斗喻百篇之敘也錫瑞謹案陳氏解斗七宿似涉傅會
以□
有序□二十十□之一不如併數康王之誥爲塙而謂伏生尚書
經考辨今文□□尚書有序史記所引乃其塙證近人著新學僞
書序襲史記非史記□較陳氏十七證甚力謂史記所載篇目乃
云作某某塙是序文體例□其並錄□辨□然史記本紀世家所
體例亦如此若謂史記非采書□采其體逸周書之序其
自言所作耶抑史公別采一書耶□某某當作何解豈史公
□□□□□書序究此書何名
作耶

今文尚書攷證卷三十

受業袁□□夏□慶校